《民事程序法研究》编委会

（以姓氏拼音为序）

蔡　虹　蔡彦敏　姜建初　景汉朝　李　浩　李仕春　刘荣军
潘剑锋　齐树洁　宋朝武　谭　兵　汤维建　田平安　姚　红
张晋红　张卫平　章武生　赵　钢

编委会召集人

张卫平　李　浩

【第九辑】

民事程序法研究

中国民事诉讼法学研究会会刊

ON CIVIL PROCEDURE

- 中国民事诉讼法学研究会 主办
- 执行主编　韩　波

- 2013年6月

刊 首 语

司法改革与诉权保障

■ 齐树洁

司法是社会正义的最后一道防线,司法改革是我国政治体制改革的组成部分。1997年9月,党的"十五大"不仅提出了"依法治国"的基本方略,而且明确提出必须"推进司法改革,从制度上保证司法机关依法独立公正地行使审判权和检察权"。这是自我国实行改革开放政策以来,执政党首次在正式工作报告中提出司法改革的口号,其意义极其重大,我国司法改革由此进入了蓬勃发展的新时期。15年来,伴随着改革开放的不断深入、依法治国方略的全面落实和民众司法需求的日益增长,我国司法改革有条不紊地向纵深推进,取得了丰硕的成果。

诉讼程序的民主化、科学化和规范化是司法改革的重要内容,也是司法制度适应社会变迁、与时俱进的具体体现。2012年8月31日,全国人大常委会通过了《关于修改〈中华人民共和国民事诉讼法〉的决定》。新民事诉讼法从完善调解与诉讼相衔接的机制、进一步保障当事人的诉讼权利、完善当事人举证制度、完善简易程序、强化法律监督、完善审判监督程序和完善执行程序等方面对民事诉讼的具体制度加以修订和补充。此次增设的诚实信用、公益诉讼、小额诉讼等新规定受到了社会各界的高度关注。

一个国家的司法制度应当保障在全社会实现公平和正义。就诉讼制度而言,每一个人能否"接近"法院并获得公正的司法救济,是衡量一个国家司法水准高低和法治实现程度的重要标尺。法谚有云:"救济先于权利","没有救济的权利不是真正的权利"。如果某一权利在受到侵犯之后,受害者根本无法诉诸司法裁判机构,也无法获得任何有效的司法救济,那么,该权利的存在将毫无意义。为此,国家有义务为国民提供司法保护,即以国家的审判权保护国民的合法权益。换言之,为实现民事诉讼的目的,必须对国民开放诉讼制度,使国民享有向国家请求利用这一制度的权能,即诉权。

"二战"以后,随着诉权理论研究的逐渐深入,世界各国在诉权保障的问题上生发共识。许多国家纷纷确认接受司法裁判权是人民享有的一项由宪法保障的基本权利,并在宪法体系中为诉权寻找适当的根据和实现的途径。在诉权的现代化转型过程中,传统的诉权概念逐渐被裁判请求权、诉诸司法权、程序保障请求权、接近正义权、接近司法权等现代话语所取代,与此同时,对于诉权的规定和保障也呈现出显著的国际化趋势。我国改革开放以来,伴随着经济体制的转型和社会的变迁,我国的司法制度进行了多项改革。党的"十七大"明确了司法改革的目标要求,提出了权力的优化配置和司法行为规范化的具体路径,推动了司法体制内部和外部两方面的改革向纵深发展。基于社会、经济、政治发展的现实需求,在世界司法改革潮流和国际人权公约的推动下,我国的司法改革朝着加强公民诉权保障、追求司法公正和效率、讲求司法为民等方面进行不断努力,并取得了一定的成效。在此期间,我国学界对于诉权理论的研究也表现出强烈的价值诉求和浓厚的现实关怀,不少学术论著围绕诉权保障的制度建设从多个方面加以探讨和研究,例如,从诉权宏观完善的角度提出诉权入宪的观点;又如,从扩大可诉范围、完善民事诉讼的主管和管辖制度、起诉受理制度、构建公益诉讼制度,以及对诉权滥用加以规制等方面探讨诉权保障的具体措施。这些研究成果为民事诉讼目标的确立和实现奠定了坚实的理论基础。

2012年6月,国务院新闻办公室发布《国家人权行动计划(2012—2015年)》。新的行动计划将民众获得公正审判的权利作为人权的重要内容纳入宪法保护的范畴,提出以诉讼程序为载体,通过完善民事诉讼中的起诉、受理和开庭前准备程序,建立小额诉讼制度、公益诉讼制度,完善保全制度、证据制度、送达制度、裁判文书公开制度和审判监督程序等,保障当事人的诉讼权利。由此,我国的民事诉权已经超越了单纯的诉讼法意义而实现了向宪法诉权的转型,并力图在宪法和法律构筑的恢恢法网中对诉权予以具体有效的保障。在诉权保障宪法化和国际化的趋势下,我国对民事诉讼制度作出适时、全面的调整,无疑顺应了诉权理念的发展规律。此举不仅有助于进一步提升人权保障的制度化和法治化水平,而且对于保障人民的各项基本权利,实现人权事业的全面发展均具有重要而深远的意义。

起诉权是诉权保障的逻辑起点,也是民众接近正义的首要入口。但长期以来,法院基于各种原因,对某些案件既不受理,也不作出不予受理的裁定,导致大量纠纷拥堵于司法大门之外。起诉难的沉疴始终潜伏在司法制度的运行过程之中而难以彻底根治,致使各种批评声此起彼伏,改革呼声日益高涨。为回应诉权保障不力、制度供应不足的现实,新民事诉讼法规定,人民法院应当保障当事人依照法律规定享有的起诉权利,对符合起诉条件的,必须受理。在此基础上,新法为诉权的实现设置了更加灵活多样的救济途径。

需要指出的是,诉权的真正外延并不限于与起诉相关的权利。为此,新民事诉讼法赋予当事人启动鉴定程序权、增设行为保全制度、强化执行措施、加大对拒不执行的惩处力度等方面采取切实有效措施,保障当事人的诉权得以真正实现。对我国而言,将"诉权保障"确立为民事诉讼的最高目标,不但是完善立法的必要条件,也是公正司法的当务之急。

目 录

■ 刊首语

001 齐树洁　司法改革与诉权保障

■ 学理研析

001 王学棉　民事诉讼法基本原则层次论

012 刘　澍　司法生态：我国民事诉讼检察监督
制度架构的逻辑取向
——基于法律社会学的深描

030 肖　晗　质证权内涵解析

037 马爱萍　王　玉　民事诉讼中抗辩的识别

044 陈慧慧　从证明妨碍行为到主客观证明责任
——在民诉制度框架内发展证明妨碍并回应
2012民诉法修正案的相关思考

070 袁中华　劳动合同争议中的证明责任分配
——以劳动合同履行请求权为核心

■ 制度探究

087 柯阳友　起诉权保障与起诉和受理制度的完善

097 张艳丽　如何落实"调解优先，调判结合"
——对新《民事诉讼法》有关"审前调解"的
理解与适用

112 邵　军　新民事诉讼法有关执行检察监督的若干思考
——以与民事执行救济的关系为视角

122 周建华　论调解协议的司法确认程序

136 胡　辉　确认调解协议案件若干程序规则的司法适用探析

145 刘金华　论举证时限制度

155	胡思博	民事裁定适用范围考
176	宫　雪	新民事诉讼法鉴定启动权问题刍议
		——以当事人权利与法官权力的博弈为视角

■ 实务探微

187	黄海涛	试探司法裁量权的价值实践功能
199	刘本荣	新民诉法第209条对现行民事抗诉办案模式的影响

■ 研讨实录

209	《民事诉讼法》修改系列研讨会(三)会议实录

■ 研究会年鉴

253	中国民事诉讼法学研究会2012年度学术活动大事记
257	中国民事诉讼法学研究会2012年年会综述
260	民事诉讼法学研究会2013年工作计划

学理研析

民事诉讼法基本原则层次论[*]

■ 王学棉[**]

摘 要 学术界对于我国民事诉讼法的基本原则的定义与外延之所以众说纷纭,没有定论,最根本的难题在于无法确保基本原则能够贯穿于民事诉讼法的始终。原因在于我国的民事诉讼法包含的内容过多,且各家观点都没有明确各基本原则的适用范围。要彻底解决这个问题,唯有将民事诉讼法的内容分为不同的层次,并明确各个基本原则的适用范围。当民事诉讼法所指的内容发生变动时,基本原则的具体外延也将随之发生变化,从而确保基本原则贯穿于民事诉讼法的始终。

关键词 民事诉讼法 基本原则 层次

我国于1982年颁布了《中华人民共和国民事诉讼法(试行)》,该法开宗明义地将第一章的标题定为"任务和基本原则",并在该部分规定了大量体现基本原则的条文。自此开始,民事诉讼法基本原则就成了民事诉讼法学界的一个重要课题。1991年制定《民事诉讼法》时,对第一章的修改主要表现在以下几个方面:一是将第一章的名称修改为"任务、适用范围和基本原则"。二是对部分体现基本原则的条文作了调整。具体是:(1)对调解原则重新作了定位,由《民事诉讼法(试行)》中的"着重调解"改为"自愿与合法调解";(2)删除了《民事诉讼法(试

---

[*] 本文系教育部人文社会科学研究青年基金项目:当代民事诉讼思潮研究(11YJC820032)课题成果。

[**] 华北电力大学人文学院教授,法学博士。

行)》所确立的"巡回审理、就地办案原则";(3)明确提出了平等原则;(4)增设了关于涉外民事诉讼的同等原则和对等原则。2007年修改《民事诉讼法》时则未涉及第一章。2012年再次修改时,对第一章的修改有三处:(1)在第13条新增了第一款:"民事诉讼应当遵循诚实信用原则。"(2)将第十四条修改为:"人民检察院有权对民事诉讼实行法律监督。"(3)删除了第16条。遗憾的是,虽几经修改,直至今日,"关于民事诉讼法基本原则的含义和体系的理解,可以说仍然是我国民事诉讼法上较为混乱的问题之一"。①

关于民事诉讼法基本原则的争论,主要体现在两个方面:②一个是民事诉讼法基本原则的定义,另一个是它的外延。就定义而言,主要有两类观点:第一类观点认为,民事诉讼法基本原则是指在民事诉讼的整个过程中或在某些诉讼阶段或重要诉讼阶段起指导作用的准则。这种观点从上个世纪80年代一直延续到今天。如出版于1983年的一本教材认为:"民事诉讼法的基本原则,就是在处理民事争议过程中和在民事诉讼的主要阶段起着指导作用的准则。"③该观点在20世纪90年代出版的教材中被继续延续:"民事诉讼法的基本原则,是指在民事诉讼的整个过程中,或者在重要的诉讼阶段起指导性作用的准则。"④"民事诉讼法基本原则,是在民事诉讼整个过程中,或者在重要的诉讼阶段,起指导性作用的准则。"⑤到2008年出版的教材,采纳的仍是这一概念。"民事诉讼法的基本原则,是指在民事诉讼的整个阶段或重要阶段起指导作用的准则。"⑥"民事诉讼法基本原则,是指在民事诉讼的全过程或者在民事诉讼的重要阶段,起指导作用的行为准则。"⑦

第二类观点认为,"民事诉讼法基本原则,是指贯穿整个民事诉讼法和民事诉讼过程的根本性和指导性规则"。⑧ "只有贯穿于民事诉讼活动的全过程的,起指导性作用的准则,才是民事诉讼法的基本原则。只在某个诉讼阶段起作用

---

① 江伟主编:《中国民事诉讼法专论》,中国人民大学出版社2005年版,第85页。
② 实际上还有一个争议是关于要不要在民事诉讼法典中设立基本原则的问题,只是这个问题没有成为焦点问题。本文暂不讨论该问题。参见陈桂明、李仕春:《诉讼法典要不要规定基本原则——以现行〈民事诉讼法〉为分析对象》,载《现代法学》2005年第6期。
③ 柴发邦主编:《民事诉讼法教程》,法律出版社1983年版,第65页。
④ 柴发邦主编:《中国民事诉讼法学》,中国人民公安大学出版社1992年版,第7页。
⑤ 刘家兴主编:《民事诉讼原理与实务》,北京大学出版社1996年版,第62页。
⑥ 常怡主编:《民事诉讼法学》,中国政法大学出版社2008年版,第53页。
⑦ 宋朝武主编:《民事诉讼法法学》,中国政法大学出版社2008年版,第72页。
⑧ 张卫平著:《民事诉讼法》,法律出版社2009年第2版,第19页。

的准则,不应当作为民事诉讼法的基本原则"。①

对于第一类观点,有学者认为其存在下列缺陷:第一,含义过于宽泛,从而使一些不具有"基本准则"性质的规则也被认为是民事诉讼法的基本原则,没有区分基本原则与具体原则。在"重要(或主要)的诉讼阶段起指导作用"或"某个诉讼阶段起指导作用"的准则,充其量只能是这一阶段的一个具体原则。而且,"在重要(或主要)的诉讼阶段起指导作用"其本身就是一个难以准确界定的极为模糊的概念。持这一观点的学者并未对此作出清晰解释。第二,不符合基本原则的效力贯穿始终的要求。反对者最终支持了第二类定义。②

实际上,第一类观点除了上述不足外,还有一个重要的缺陷就是内涵不清晰,进而导致无法清晰界定民事诉讼法基本原则的外延。根据逻辑学上内涵决定外延的原理,如果概念内涵清晰,完全可以确定其外延。遗憾的是,持第一类观点的学者们不但没有在民事诉讼法基本原则的外延上达成共识,反而相距甚远。持第一类观点的早期学者认为《民事诉讼法(试行)》第一章中除任务、适用范围外,都是基本原则。因此,罗列出多达十几项的基本原则,如民事审判权由人民法院行使的原则、独立审判的原则、民事检察监督原则、两审终审原则、公开原则、使用民族语言文字原则、支持起诉原则等。③ 在1991年《民事诉讼法》颁布后,学者们倾向于将民事诉讼法的基本原则分成两大类:各诉讼法共有的原则和民事诉讼法特有的原则。但对于两者分别包括哪些具体原则,仍没有达成一致。对于共同原则,有的认为包括四个:审判独立原则;以事实为根据,以法律为准绳原则;民事检察监督原则;民族语言文字原则。④ 有的认为包括六个:民事审判权由人民法院行使原则;人民法院依法对民事案件独立进行审判原则;以事实为根据,以法律为准绳原则;适用本民族语言文字原则;人民检察院对民事审判活动进行法律监督原则;民族自治地方可以制定变通或补充规定原则。⑤ 有的认为包括七个:除了前述六个原则外,还包括对诉讼当事人在适用法律上一律平等原则。⑥

对于民事诉讼法特有原则也是如此。有的认为包括三个:诉讼当事人平等原则;辩论原则;处分原则。⑦ 有的认为包括六个:诉讼权利义务同等原则;诉讼

---

① 王琦:《民事诉讼法基本原则若干问题的思考》,载《海南大学学报》(人文社会科学版)2003年第2期。
② 参见江伟主编:《中国民事诉讼法专论》,中国人民大学出版社2005年版,第86页。
③ 参见柴发邦主编:《民事诉讼法学》,法律出版社,1987年版,第65~100页。
④ 宋朝武主编:《民事诉讼法法学》,中国政法大学出版社2008年版,第75页。
⑤ 常怡主编:《民事诉讼法学》,中国政法大学出版社2008年版,第54页。
⑥ 江伟主编:《民事诉讼法》,中国人民大学出版社2004年第2版,第57页。
⑦ 张卫平著:《民事诉讼法》,法律出版社2009年第2版,第20~28页。

权利义务对等原则;民事诉讼当事人有平等的诉讼权利原则;自愿和合法调解原则;辩论原则;处分原则。① 有的认为包括七个:同等原则;对等原则;当事人诉讼权利平等原则;法院调解原则;辩论原则;处分原则;人民法院指导、监督人民调解原则。② 内涵一样,外延却不能统一,这就充分说明了第一类定义存在严重问题。

第二类观点在坚持基本原则的本质特征——效力须贯穿于民事诉讼法的始终,较第一类观点坚定。这是不是意味着第二类观点就不存在任何缺陷呢?也不是。第二类观点在基本原则外延上的差异虽没有第一类观点那么大,但也存在一些小分歧,如有的认为包括三个:当事人平等原则、处分原则、辩论原则。③ 有的认为包括四个:当事人平等原则、处分原则、辩论原则和诚实信用。④ 抛开这些小分歧不说,持第二类观点的学者们至少都认为平等原则、处分原则、辩论原则是民事诉讼法的基本原则。若考察一下这三个原则的效力能否贯穿于民事诉讼法的始终,可以发现,平等原则与处分原则虽不存在什么问题,但辩论原则的效力却不能贯穿于民事诉讼法的始终。辩论原则具体包括三方面内容:(1)裁判必要之主要事实如果未在当事人辩论中出现,法院不能将其作为判决的基础。换言之,法院不能将当事人未主张的主要事实作为其判决的基础。(2)法院应将双方当事人均无争议的主要事实作为其判决的基础,即法院受当事人自认之约束。(3)法院进行证据调查,应以当事人提出的证据为限。与辩论原则相对的是职权探知主义。其表现为:第一,法院裁判之基础不以当事人主张的主要事实为限;第二,法院对于当事人之间无争执的事实必须在进行证据调查且确信其为真实后才能作为裁判之基础;第三,法院能依职权调取证据。⑤ 辩论原则仅适用于当事人间的系争利益具有私益性、能任意处分的纠纷,如财产纠纷。当事人之间争执的如果是与公益有关的、私人不能自由处分的纠纷,如人身纠纷,就不能适用辩论原则,而只能适用职权探知主义。我国最高人民法院 2001 年颁布的《关于民事诉讼证据的若干规定》第 8 条规定:"诉讼过程中,一方当事人对另一方当事人陈述的案件事实明确表示承认的,另一方当事人无需举证。但涉及身份关系的案件除外。"该条的后半句清晰表明我国人身关系诉讼采纳的就是职权探知主义,而非辩论原则。除此之外,"在非讼程序中,辩论主义受到排斥,法院采职

---

① 常怡主编:《民事诉讼法学》,中国政法大学出版社 2008 年版,第 54 页。
② 宋朝武主编:《民事诉讼法法学》,中国政法大学出版社 2008 年版,第 75 页。
③ 张卫平著:《民事诉讼法》,法律出版社 2009 年第 2 版,第 20~26 页。
④ 江伟主编:《中国民事诉讼法专论》,中国人民大学出版社 2005 年版,第 89 页。
⑤ [日]中村英郎:《新民事诉讼法讲义》,陈刚、林剑锋、郭美松译,法律出版社 2001 年版,第 174~180 页。

权探知主义,法院有职权探知的义务"。① 鉴于我国的身份关系诉讼和非讼程序都包含在民事诉讼法中,既然辩论原则不能适用于身份关系诉讼和非讼程序,那它怎能贯穿于民事诉讼法的始终呢?

一方面认为辩论原则是民事诉讼法基本原则,可以贯穿于民事诉讼法的始终;但另一方面它又不适用于身份关系诉讼和非讼程序,不能贯穿于我国民事诉讼法的始终,这无疑是一个悖论。为什么会出现这种悖论呢?是民事诉讼法基本原则的效力根本不应该贯穿于民事诉讼法的始终,还是辩论原则根本就不是民事诉讼法的基本原则?这个问题能否解决呢?如果能解决,该如何解决呢?

鉴于"原则一词的核心意项皆为根本原则",②效力要贯穿始终乃自然之理。任何法律的基本原则都是如此,概莫能外。比如民法,"民法基本原则的效力须完全贯彻于民法规范始终,才能完成民法基本原则对全部民法规范的价值导向作用,效力贯穿民法始终遂成为民法基本原则的特征。"③显然,问题并不出在民事诉讼法基本原则的效力要贯穿于民事诉讼法的始终上。那问题是不是就出在辩论原则上呢?

实际上,辩论原则是不是民事诉讼法的基本原则,取决于如何理解民事诉讼和民事诉讼法。我国学术界对于何谓民事诉讼、何谓民事诉讼法,或者说对于民事诉讼、民事诉讼法的外延有着不同的理解。概括起来,大致有以下各种观点:

第一种观点认为:"民事诉讼是指民事审判活动和民事审判程序、民事强制执行活动和民事强制执行程序。"④"民事诉讼法是国家制定的,规范法院、当事人和证人等诉讼参加人进行民事诉讼程序规范之总和。民事诉讼法既是法院审判和执行的程序规范,又是当事人及证人等诉讼参与人进行诉讼活动的程序规范。"⑤按照该观点,民事诉讼就包括争讼程序、非讼程序和执行程序,民事诉讼法就是规范争讼程序、非讼程序和执行程序的法律,辩论原则自然就无法贯穿于民事诉讼法的始终。

第二种观点认为:"民事诉讼,就是人民法院在双方当事人和其他诉讼参与人的参加下,依法审理和解决民事纠纷案件和其他案件的各种诉讼活动,以及由此产生的各种诉讼法律关系的总和。"⑥"民事诉讼法,就是国家制定或认可的,

---

① 江伟主编:《中国民事诉讼法专论》,中国人民大学出版社2005年版,第438页。
② 徐国栋:《民法基本原解释——成文法局限性之克服》,中国政法大学出版社1992年版,第8页。
③ 徐国栋:《民法基本原解释——成文法局限性之克服》,中国政法大学出版社1992年版,第45页。
④ 邵明:《民事诉讼法学》,中国人民大学出版社2007年版,第23页。
⑤ 邵明:《民事诉讼法学》,中国人民大学出版社2007年版,第69页。
⑥ 常怡主编:《民事诉讼法学》,中国政法大学出版社2008年版,第9页。

调整民事诉讼法律关系主体的行为和相互关系的法律规范的总和。"①按照该观点,民事诉讼就只包括争讼程序和非讼程序,民事诉讼法就是规范争讼程序和非讼程序的法律,辩论原则也无法贯穿于民事诉讼法的始终。

第三种观点认为:"民事诉讼,是指民事争议的当事人向人民法院提出诉讼请求,人民法院在双方当事人和其他诉讼参与人的参加下,依法审理和裁判民事争议的程序和制度。"②"民事诉讼法,是指国家制定或认可的,规范民事诉讼程序和民事诉讼法律关系主体权利义务的法律规范的总和。"③按照该观点,民事诉讼就仅指民事争讼程序,不包括非讼程序,民事诉讼法也仅指规范民事争讼程序的法律规范。如果此种观点中的民事争讼程序仅指处理财产纠纷的争讼程序,辩论原则无疑是民事诉讼法的基本原则,能贯穿于民事诉讼法的始终。如果此种观点中的民事争讼程序既包括处理财产纠纷的争讼程序,又包括处理人身纠纷的争讼程序,那辩论原则同样不能贯穿于民事诉讼法的始终,也就不是民事诉讼法的基本原则。

既然对民事诉讼、民事诉讼法有不同的理解,学者们所划定的民事诉讼法基本原则的外延会存在差异也就不难理解了。无疑,只有解决了如何理解民事诉讼、民事诉讼法这个前提问题,民事诉讼法基本原则外延问题才能得到彻底解决。对民事诉讼、民事诉讼法有无唯一正确的理解呢?如果有,对民事诉讼、民事诉讼法的哪种理解才是正确的呢?

笔者认为,上述各种对民事诉讼、民事诉讼法的理解不存在谁对谁错的问题,而是一个如何根据本国的历史、文化进行选择的问题。从世界各国、各地区来看,民事诉讼法所包含的内容各不相同。如我国的《民事诉讼法》看似包括三部分——争讼程序、非讼程序和执行程序,但由于争讼程序既可以解决财产纠纷,又可以解决人身纠纷,实际上就相当于包括四部分:解决财产纠纷的争讼程序、解决人身纠纷的争讼程序、非讼程序和执行程序。德国的《民事诉讼法》包括的内容比我国还多,除了与我国相同的四大部分外,还包括仲裁程序。日本的《民事诉讼法》则不一样,仅包括处理财产纠纷的争讼程序;处理人身纠纷的程序单独制定有《人事诉讼程序法》和《家事审判法》;非讼程序单独制定有《非讼案件程序法》;执行程序单独制定有《民事执行法》。我国台湾地区的"民事诉讼法"包括处理财产纠纷的争讼程序和处理人身纠纷的争讼程序;执行程序单独制定有"强制执行法";针对非讼事件单独制定有"非讼事件法"。④ 由此可见,如果

---

① 常怡主编:《民事诉讼法学》,中国政法大学出版社2008年版,第13页。
② 张卫平:《民事诉讼法》,法律出版社2009年第2版,第5页。
③ 张卫平:《民事诉讼法》,法律出版社2009年第2版,第14页。
④ 督促程序和公示催告程序仍在台湾地区的"民事诉讼法"里。

是在日本,辩论原则效力就能贯穿于民事诉讼法的始终,但在德国、我国和我国台湾地区则不行。

　　这是不是意味着辩论原则在我国不再是基本原则呢?这个问题不能一概而论。是不是基本原则要看相对于谁而言,或者说要看基本原则的论域是什么。因此,要解决民事诉讼法基本原则问题,必须采取分层理论。之所以要分层,首先是要解决不同法律基本原则之间的关系。从法律的效力等级看,各个法律之间呈现出一种层级结构,即金字塔结构。宪法是国家的根本大法,效力等级最高;刑法、民法、民事诉讼法是基本法律,效力等级次之;而合同法、物权法又是民法的子法,其效力等级最低。处于塔尖的基本原则无疑是最高的基本原则,如法治国原则、社会国原则、尊重人性尊严的原则及自主决定与个人负责的原则。[①]这些基本原则通常体现在宪法中。如我国宪法就规定了人民主权原则、基本人权原则、法治原则等基本原则;[②]这些原则进一步具体化,就形成了部门法的基本原则。例如,在刑法的领域,进一步发展出罪刑法定原则、刑法适用面前人人平等原则、罪刑均衡原则等。在民法领域,发展出了平等自愿原则、公平和等价有偿原则、诚实信用原则和权利不得滥用等基本原则。[③]部门法的基本原则进一步具体化,还会形成该部门法之子法的基本原则,如物权法定原则、一物一权原则和公示公信原则就是民法子法中的物权法的基本原则。[④]一个法律的基本原则还可以被不断具体化,直至形成一些适用范围更小、支配领域也更为狭窄的"具体原则"。因此,是基本原则还是具体原则,要看是相对于谁、在什么范围内而言。例如,物权法定相对于物权法而言是基本原则,但相对于民法而言则是具体原则。上一层次法律的基本原则虽然对下一层次的法律具有约束力,但由于上一层次法律的基本原则并不是下一层次法律的组成部分,因而并不是下一层次法律的基本原则。下一层次法律的基本原则,就更不是上一层次法律的基本原则。基本原则的效力范围与其直接生存空间是两个完全不同的问题。鉴于处于不同层次效力上的法律相互独立,不同层次的法律都有自己的基本原则。如物权法定原则仅是物权法的基本原则,契约自由仅是合同法的基本原则,它们都不是民法的基本原则,原因即在此。同理,民事诉讼法作为宪法的下位法,无疑必须遵守宪法的基本原则。尽管宪法基本原则的效力可以贯穿于民事诉讼法的

---

① [德]卡尔·拉伦茨:《法学方法论》,陈爱娥译,商务印书馆 2003 年版,第 348～349 页。
② 许崇德主编:《中国宪法》,中国人民大学出版社 1996 年版,第 41 页以下。
③ 徐国栋:《民法基本原则解释——成文法局限性之克服》,中国政法大学出版社 1997 年版,第 55 页以下。
④ 杨立新:《物权法》,中国人民大学出版社 2009 年第 3 版,第 10 页。

始终,但也不是民事诉讼法的基本原则。否则的话,依次统计下来,民事诉讼法的基本原则必将数量庞大、蔚为壮观。由此可见,民事诉讼法的基本原则实际上指的就是民事诉讼法特有的基本原则。

其次是要解决民事诉讼法内部各个基本原则之间的关系。在探究民事诉讼法基本原则时,还需依据我国民事诉讼法所包含的内容不同,将民事诉讼法进一步分为不同的层次。我国民事诉讼法可以分为四个层次:第一层次的民事诉讼是指实然的,由我国立法机关通过的包括解决财产纠纷和人身纠纷的争讼程序、非讼程序和执行程序在内的民事诉讼法。第二层次的民事诉讼法是指学理上的,仅包括争讼程序和非讼程序的民事诉讼法。第三层次的民事诉讼法也是指学理上的,包括解决财产纠纷和人身纠纷争讼程序的民事诉讼法。第四层次的民事诉讼法同样是指学理上的,仅包括解决财产纠纷争讼程序的民事诉讼法。各层之间的关系可以图示如下:

第一层次	解决财产纠纷的争讼程序	解决人身纠纷的争讼程序	非讼程序	执行程序
第二层次	解决财产纠纷的争讼程序	解决人身纠纷的争讼程序	非讼程序	
第三层次	解决财产纠纷的争讼程序	解决人身纠纷的争讼程序		
第四层次	解决财产纠纷的争讼程序			

对民事诉讼法进行分层的目的在于确定基本原则的论域,然后针对不同层次的民事诉讼法,分别确定基本原则。需要特别指出的是,民事诉讼法内容的分层有别于前述法律之间的分层。法律之间因为是相互独立的,上一层次法律并不包括下一层次法律,因而各层次法律的基本原则也相互独立。我国民事诉讼法各层次的内容之间却是一种包含关系,第四层次的内容为第三层次包含,第三层次为第二层次包含,依次类推。在形式上,这些内容共处于同一法典之中。当以上一层次内容为论域时,下一层次的基本原则就不是上一层次的基本原则;当以下一层次的内容为论域时,上一层次的基本原则却是下一层次的基本原则。倘若下一层次的民事诉讼法内容在形式上从第一层次中独立出去了,则上一层次的基本原则就不是该层次的基本原则了。

通过论域来讨论民事诉讼法的基本原则,学界已经有人尝试,只是细化不够,最终未能达到目的。如有学者认为,"审判程序和执行程序共同的基本原则或基本原理,主要有程序参与原则、比例原则、诉讼安定原则和诚实信用原则等"。① 该观点显然已经意识到了民事诉讼法基本原则应当能同时适用于审判程序和执行程序。但该观点没有对审判程序作进一步细化,导致提取出来的基本原则事与愿违。该学者所谓的比例原则"是指目的和手段之间的关系必须具有客观的对称性,即禁止任何国家机关采取过度的措施,并且在实现法定目的之前提下,国家行为对公民的损害应当减少到最低限度";"诉讼安定,是指法官和当事人应当按照法定程序有序地进行诉讼,其诉讼结果(判决)的确定力得到充分保障。"② 实际上,在争讼程序中,根本不存在国家行为对公民的损害。如果说诉讼成本也是一种损害,这已经为程序效益所囊括,无须单独再设立一个比例原则。实际上,该原则主要适用于行政法领域,考虑执行行为与行政行为极其类似,该原则充其量只能适用于执行程序。程序安定原则涉及的是判决的确定力,显然不适用于执行程序。由此可见,比例原则、诉讼安定原则并不能同时适用于本文所细分的四类程序。程序参与原则因其不适用于非讼程序,故不能适用于整个民事诉讼法。

诚实信用应不应当成为民事诉讼法的基本原则,学界争议很大。③ 这个问题取决于从哪个角度来认识诚实信用。如果从法官是否要受当事人不诚信行为的约束角度看,它就不是能涵盖审判程序和执行程序的基本原则。因为它不适用于解决人身关系纠纷的争讼程序,自然就不能贯穿于民事诉讼法的始终。比如,日本学者一般都倾向于否认诚实信用原则可以适用于人事诉讼程序,其理由是人事诉讼案件关系高度的公益性而必须发现客观真实。④ 我国也不例外。最高人民法院《关于民事证据若干问题的规定》第75条规定:"有证据证明一方当事人持有证据无正当理由拒不提供,如果对方当事人主张该证据的内容不利于证据持有人,可以推定该主张成立。"该规定显然意在惩罚不诚实的当事人。但在身份关系案件中,由于当事人对诉讼标的不具有处分性,且适用职权探知主义,无论当事人如何不诚信,法院都负有探明实体真实的责任。为此,即使当事人一方采用妨碍对方当事人举证的消极态度,法官在依据具体的证据资料通过自由心证难以形成内心确信的情况下,认定相对方当事人就有关证据所主张的

---

① 邵明:《民事诉讼法学》,中国人民大学出版社2007年版,第78页。
② 邵明:《民事诉讼法学》,中国人民大学出版社2007年版,第80、84页。
③ 江伟主编:《中国民事诉讼法专论》,中国人民大学出版社2005年版,第104～105页。
④ [日]谷口安平:《程序的正义与诉讼》(增补本),王亚新、刘荣军译,中国政法大学出版社2002年版,第176页。

事实为真实是被严格禁止的。① 如果仅从诚实信用的约束主体看,鉴于其可以指导当事人和法官的诉讼行为,②而无论是审判程序还是执行程序,都存在法官和当事人,故该基本原则能涵盖审判程序和执行程序。

基于前述方法,下文分两步来确定民事诉讼法的基本原则,先是确定各类程序的基本原则,然后确定不同层次民事诉讼法的基本原则。

明确了民事诉讼法基本原则的效力特征与论域特征,就可以依次确定各类程序的基本原则。就解决财产纠纷的争讼程序而言,既然是平等主体之间的财产纠纷,平等原则与处分原则自然是基本原则。除此之外,该程序中的一个基本矛盾是当事人与法官之间的矛盾,即在案件事实与证据上谁约束谁、谁控制谁的问题。由于当事人之间的财产问题无论法官如何裁决,都不会涉及社会公共利益,法官没有必要突破当事人提出的事实主张与证据,遵循当事人自我责任更为有利,辩论原则便应运而生。由于辩论原则的存在,使得法官必须受当事人的约束,一旦当事人不诚信,容易导致法官错判,故还需诚信信用原则来辅佐,以约束当事人。③

就解决人身纠纷的争讼程序而言,同样是平等主体之间的纠纷,平等原则、处分原则与诚实信用原则自然也是基本原则。在该程序中,无疑也存在当事人与法官之间的矛盾,但由于人身关系裁判会涉及社会公共利益,法官不能完全受制于当事人提出的事实和证据,因而需采用职权探知原则。

就非讼程序而言,虽不解决纠纷,而是认定事实,但同样是发生平等主体之间,故平等原则、处分原则与诚实信用原则仍然是其基本原则。但认定事实与解决纠纷终究是完全不同的两码事,程序设计已存在天壤之别,基本原则自然也不会雷同。故在事实主张与证据问题上采用职权探知主义而不是辩论主义。

就执行程序而言,解决的是经法院裁判的平等主体之间权利义务的兑现问题,无疑要遵循平等原则、处分原则与诚实信用原则。考虑到只有执行法官积极主动,才能兑现权利人的权利,因而还需要一些其他的基本原则来协调当事人与执行法官之间的关系,通说认为包括执行标的有限原则、依法执行原则、全面保

---

① 廖中洪主编:《民事诉讼法·诉讼程序篇》,厦门大学出版社 2005 年版,第 273~274 页。

② 诚实信用对当事人诉讼行为的指导可参见张家慧:《当事人诉讼行为与诚实信用原则》,载《诉讼法论丛》第 6 卷。该原则对法官自由裁量行为的约束可参见陈桂明、杜丹:《以诚实信用原则规制法官的自由裁量》,载《中国人民大学学报》2009 年第 6 期。

③ 当然,这仅是诚实信用原则存在的根据之一。如今该原则已发展到既约束当事人,也约束法官。详细论述参见杜丹:《诉讼诚信论——民事诉讼诚信信用原则之理论及制度构建》,法律出版社 2010 年版。

护当事人合法权益原则、强制与说服教育相结合原则以及执行经济原则。①

在明确了各类程序的基本原则后,就可以讨论民事诉讼法基本原则了。这个问题完全取决于论者所指的民事诉讼法系哪一层次。如果指的是第四层次的民事诉讼法,其基本原则自然就有四个:平等原则、处分原则、辩论原则和诚实信用原则。如果指的是第三层次的民事诉讼法,基本原则必须是两类程序都共有,则只能是平等原则、处分原则和诚实信用原则。如果指的是第二层次的民事诉讼法,基本原则必须是三类程序都共有,同样只能是平等原则、处分原则和诚实信用原则。如果指的是第四层次的民事诉讼法,基本原则必须是四类程序都共有,就更只能是平等原则、处分原则和诚实信用原则。由此可见,四个层次民事诉讼法共有的基本原则只有平等原则、处分原则和诚实信用原则。

各个层次民事诉讼法基本原则之间以及各个具体程序基本原则之间的关系如下表:

民事诉讼法的层次	程序种类及各程序独特的基本原则				各层次基本原则
	辩论原则	职权探知	职权探知	执行标的有限、依法执行原则等	
第一层次	解决财产纠纷的争讼程序	解决人身纠纷的争讼程序	非讼程序	执行程序	平等原则 处分原则 诚实信用
第二层次	解决财产纠纷的争讼程序	解决人身纠纷的争讼程序	非讼程序	诚实信用、平等原则、处分原则	
第三层次	解决财产纠纷的争讼程序	解决人身纠纷的争讼程序	平等原则、诚实信用、处分原则		
第四层次	解决财产纠纷的争讼程序	辩论原则、诚实信用、平等原则、处分原则			

说明:各层次民事诉讼法的基本原则即各层次后半部分的黑体字。各具体程序的基本原则即该程序独特的基本原则加上所在层次的基本原则。

---

① 谭秋桂:《民事执行法学》,北京大学出版社2010年第2版,第56~61页。

司法生态:我国民事诉讼检察监督制度架构的逻辑取向
——基于法律社会学的深描

■ 刘 澍*

摘 要 民事诉讼检察监督问题是一个在我国学术论争中严重失衡的话题。论争的失衡已经在立法与司法解释中造成了不当后果。而深究其原因,就在于我国法学界在本议题的研究中误用了注释法学方法,导致研究视域始终局限于法本体论范畴之内。实质上,我国民事诉讼检察监督得以实现的原因在于权力生态系统的深刻微调,但这并不是一种有利的结果。因为检察机关对于民事诉讼的深度介入将在司法生态意义上进一步破坏纠纷解决机制的正义性和效率性。着眼于长远,我国应当在遵循司法生态的前提下,确保法院司法审判权的完整性,将民事诉讼检察监督定位于违法监督。

关键词 民事诉讼 检察监督 法本体论 司法生态 法院调解 纠纷解决机制

引 言

这是一个百家争鸣、知识创新的时代,但同时也是一个歧见横生、利益与权力争夺的时代。在当前法学界内,对于检察监督议题之争论可谓盛况空前。综观全局,可以说迄今为止,还没有任何其他一场争论能够引起法律各界如此之长久的关注,也没有任何其他一场论争能够如此深层次地触动学界、立法、司法和检察等实务界的神经。如果对检察制度史略加考察,则不难发现,有关检察监督制度的争论在我国至少已经延绵了一个多世纪。而在新中国成立后,检察监督制度走过的路程依然极为崎岖。从 1957 年反右倾扩大化伊始,检察制度逐渐成

---

* 淮北师范大学政法学院副教授,北京师范大学法学院诉讼法学博士研究生,主要研究诉讼法学与司法制度。基金项目:教育部 2010 年人文社科青年项目:"大调解对中国司法生态的影响——以沪、苏、皖、湘法院调解为实证分析对象"(10YJC820077);中国法学会 2012 年部级法学课题:"社会管理创新视域下多元化纠纷解决机制内外协调与整合研究"[CLS(2012)D203]。

为批判的对象,"文革"时期则被轻而易举地废除。改革开放以后,随着反腐斗争逐渐步入深水区,检察监督问题又重新被人们关注。乃至90年代初期,废除检察机关设置的言论又开始不断高涨。诚然,"文革"时期检察制度被废弃有着"四人帮"不良蛊惑的因素。已而,综观我国近代以来检察制度及其学理历史,我们不能不承认,检察监督制度理论基础不牢、制度设置不佳、实践操作不畅的弊端一直以来没有得到有效的解决。尽管近来相关学理论争逐渐肯定并离开了检察刑事公诉,但是,更为炙手的话题在民事诉讼检察监督领域得以引爆。尽管各界对此进行了长期的探讨,但依然没有给出令人信服的成果。相反,实务中的行动也多引发歧见。当前,民事诉讼检察监督问题的最高成就是"十七大"推动的结果,即最高人民法院、最高人民检察院(以下简称"两高")共同达成的司法解释和人大常委会的民事诉讼法修改。单就《意见(试行)》而言,多年的检法冲突以检察机关胜利而告终。然而,随后新民事诉讼法(以下简称"民诉法")则在民事诉讼检察监督问题上"大撤一步"!① 这说明,不仅检法合作没有得到人大常委会的认可,同时也给当前占据主流地位的支持强化民事诉讼检察监督的学说予以当头棒喝!立法部门的"打压"并非空穴来风。在笔者看来,此种行动完全是明智之举。根源就在于,表面一致的民事诉讼检察监督研讨成果实则存在诸多"陷阱",并不符合我国司法生态之内在逻辑,也不符合纠纷解决机制的内在需要。就此,本文从学理研究层面入手,以法社会学方法为分析工具,对此为一浅薄见解,以求教于方家。

一、话语失衡:现行民事检察监督论争的非理性现状

从某种意义上来说,学术研究是一种油然而发的专业见解。因此,学术研究力量的分配往往并不带有人为预先分配的色彩,从而更能体现出研究过程的中

---

① 最高人民法院和最高人民检察院于2011年3月10日颁发的《关于对民事审判活动和行政诉讼实行法律监督的若干意见(试行)》(以下简称《意见(试行)》)实际上是应"十七大""深化司法体制改革"的需要而出台的。为落实司法体制改革,2008年中央政法委颁发了《关于深化司法体制和工作机制改革若干问题的意见》,积极推动"两高"之间达成共识。据笔者考察,在《意见(试行)》中,"两高"就以往激烈争议的民事行政检察监督焦点问题基本达成了一致。然而,让笔者惊讶的是,此种"一致"竟然在多处关键问题上没有得到新修订的民诉法的认可!这体现在:(1)对于《意见(试行)》中检察建议的法律效力规范问题,新民诉法没有认可,也没有规定法院采取对应性措施的义务。相反,《意见(试行)》规定,对人民法院出具的关于检察人员违法监督的"书面建议",人民检察院有书面回复的义务。(2)《意见(试行)》规定了检察抗诉人员出席法庭时可以出示检察机关调查收集的证据。然而,新民诉法对此置之不理,其第210条只赋予了检察机关调查核实的权利,间接否认了检察机关的取证权。(3)至于"两高"之间达成的建立"沟通协调机制",新民诉法也未置可否。

立性和研究结论的可靠性。换言之,一个学术主题研究力量的分配能在相当大的程度上为该议题研讨结论的可行性提供侧面证明。越是论争充分、对抗力量越均衡的研究成果,往往越能经得起时间和实践的考验。而检察监督争议从我国近代检察建立开始就一直如影随形,相关研究力量的分配也由此逐渐不断呈现出来。

(一)论争的展开

光绪三十二年(1906 年),清政府颁布了《大理院审判编制法》。依据该法,晚清政府在各级审判厅内附设各级检察局,检察制度在我国得以建立。然而,该检察监督制度建立以后,围绕检察制度之存废问题产生了大争论。① 民国学者杨荫杭曾批判道:"司法改革以来,最不惬人意者,莫如检察官垄断追诉权。"检察制度"如日本人之食鱼,生吞活剥,不暇烹调。"② 当然,最为激烈的论战则产生在检法两实务部门之间。③ 初步争论的结果导致了对检察制度的不利。南京国民政府以"体察现在国情,实无专设机关之必要"为由裁撤所有检察厅,代之以检察处或检察署。综观当时的学术论争,研究人员虽然主要为检察机关人员和法院系统人员,但是论证双方之间能够保持大致的平衡。

然而,反观当前国内有关民事诉讼检察监督之论争,则学术见解在短暂的歧见之后呈现出了高度的一致性,失去了起码的理性。究其原因,就在于论争没有体现出学术自由的真谛。

现阶段检察监督之议题发轫于 20 世纪 90 年代,民事诉讼检察监督只不过

---

① 陈则民等:《废检察制度运动》,1922 年版,中国国家图书馆存。

② 张建伟:《几十年前争论的硝烟——检察百年感言(二)》,载《检察日报》2006 年 12 月 15 日。

③ 在当时,法院系统的代表人物为河南省汲县地方法院院长王命新和四川巴县地方法院院长方仲颖。他们认为:(1)检察机关"提起公诉百不获一"。(2)检察官"与法院院长同操司法行政之权……每每挟全院法警以自重,遇事捣乱,纪律荡然"。(3)检察官办案"唯多数敷衍塞责,每每受理案件,草率结束"。而作为检察系统的代表,最高法院检察署检察长郑烈、四川高等法院首席检察官毛家骐等人认为:(1)检察制度"摘奸发状、保障公益"。(2)废除检察制度而行自诉危险巨大:①增繁诉程序;②上诉激增;③给架讼敲诈以便利机会;④被告信誉易受影响。在学术界,观点发生较大的分化。作为废除派的学术急先锋,厦门大学法商学院的张庆桢认为:(1)检察机构介入刑事诉讼浪费司法资源,"每一侦查起诉,公文往返必须经历数种机关,或更迭数次程序,不仅案件稽迟,人民多受羁累"。(2)检察职权难于行使,"检察官所起诉之案件,多数由于告诉告发,其以职权检举者,可谓绝无仅有"。(3)有损司法权威,"检察官有时迫于环境,碍于感情,往往息于上诉……尤甚者,凭借其地位、摧残民权,滥押无辜,有损司法之威信"。而支持检察制度的学者耿文田和刘钟岳等则持不同意见,把检察制度存在的问题归咎于"办理之未臻完善"。参见最高人民检察院研究室:《检察制度参考资料》(第二编)"旧中国部分",1980 年印行,第 214~219 页。

是刑事诉讼检察监督议题之接力者。由于1979年刑事诉讼法赋予检察机关以大量的刑事裁量权,诸如免予起诉权等的恣意扩张,导致了社会各界掀起了一股质疑检察制度合理性的思辨浪潮。① 废除检察体制的学说立即遭到了检察系统的激情反驳。论争的结果显而易见,废除说迅速失去市场,并被检察权即法律监督权说所取代。显然,民事诉讼检察监督之议题是在以检察监督不具有可怀疑性的前提下得以展开的。就目前来看,主要存在三种不同的声音,即弱化说、强化说和改造说。

从争辩过程的角度来观察,弱化说仅昙花一现,很快被淹没在强化说的海洋之中。弱化说主要质疑了民事诉讼检察监督之理论基础与可操作性两个方面。该说认为,我国民事诉讼检察监督的理论根据在于"有错必究"的司法原则,但是该原则本身存在诸多方面的问题:其一,错案本身是个伪命题,一个案件并非只能有一个唯一的标准答案;其二,实践中对案件进行司法判断的两个标准,即事实标准和法律标准,本身都存在非确定性。② 再者,弱化说认为,民事诉讼检察监督与我国社会趋向于建设自由市场主导的社会管理理念格格不入。现代自由主义要求建立与之相适应的新型民事诉讼结构,即"民事审判必须要从全面干预的审判观念转变为尊重当事人意思自治的审判观念,从片面追求实质正义的审判观念转变为实体公正与程序公正并重,质量与效益并重的审判观念。"③ 据此,民事诉讼检察监督的范围要尽可能缩小,最好站在当事人、法院和第三人之后。最后,在技术障碍方面,弱化说形成了许多较有力的观点:(1)民事诉讼检察监督混淆了刑事抗诉与民事抗诉;(2)无法解决有错必究与既判力之间的矛盾;(3)打破了民事案件诉讼两造间平等格局;(4)法院独立审判地位受到挑战;(5)浪费司法资源;(6)给玩弄诉讼者大开方便之门;(7)检察机关很难发现司法不公,监督

---

① 最初有不少学者从比较法角度出发,认为检察权实质上是行政权,法律监督机关不切合实际,极力主张取消检察机关之设置,按照侦检一体化的模式进行改造,以期国家权力结构朝着西方三权分立与权力制衡之模型发展。取消检察机关设置的学术主张在上世纪末期主要以人民大学的陈卫东教授为代表。陈教授和他的弟子认为,检察权在本质上是行政权,只是带有部分司法权的特征;并且检察权的主要职能是公诉职能。参见陈卫东:《侦、检体化模式研究——兼论我国刑事司法体制改革的必要性》,载《法学研究》1999年第1期;郝银钟:《检察权质疑》,载《中国人民大学学报》1999年第3期;夏邦:《中国检察院体制应予取消》,载《法学》1999年第7期;陈卫东:《我国检察权的反思与重构——以公诉权为核心的分析》,载《法学研究》2002年第2期等。

② 黄松有:《检察监督与审判独立》,载《法学研究》2000年第4期。

③ 胡华军:《论现代民事诉讼结构与检察监督》,载《河北法学》2001年第3期。

行动不具有可操作性。① 如此等等，不一而足。遗憾的是，曾经为法院系统人士所主导的弱化说在当前除了为极个别学者所赞同外，几乎不明原因地销声匿迹。相反，以检察系统为领军队伍的强化说异军突起，从各个不同的角度对民事诉讼检察监督的理论基础、必要性、可行性等方面进行了几乎滴水不漏的强势论证。

在理论基础方面，强化说认为民事诉讼检察监督主要有如下几个坚实的法理基础：(1)宪政基础，即我国宪法第129条明确赋予了检察机关以法律监督权，而且民事诉讼法将此项权力具体化为监督法院民事诉讼。(2)法理学基础，即按照权力分立和权力制约的法理，检察机关在国家权力结构中拥有如同法院司法审判权平等的法律监督权。(3)法文化基础，即无论古今中外，监督司法裁判活动在大陆法系国家和英美法系国家均普遍存在，在我国历史上更有起始于西周且一直被承袭下来的各种法律监督机制。(4)认识论基础，即在辩证唯物主义认识论下，案件事实和法律适用是可以被探知的，即使不能给出唯一司法裁判答案，但至少可以发现错案。②

从民事诉讼检察监督之必要性方面来看，强化说主要提供了如下几个方面的理由：(1)现实需要，即司法不公和民众对于公平正义的需求需要检察机关介入；(2)权力监督的需要，即法院内部发生产生有效的监督措施，必须由检察机关从外在提供此种力量；(3)纠正错案的需要，即从实践来看，法院对于审判中造成的错案通过自身职权纠正或依当事人申请再审纠正的可能性较低，检察机关有必要提供强有力的救济。③

在可行性方面，强化说着重从构建主义出发，设计了种种民事诉讼检察监督程序机制。这些构建方案在广度上囊括了几乎所有的民事诉讼活动，即但凡诉讼行为有可能违法或有可能错误的领域，检察机关均可以介入。而在监督强度方面，早先极端的观点认为，只要符合国家利益，"它可以适用于检察机关介入民

---

① 陈德辉、程晓斌：《论民事检察监督理念与现行制度的改造》，载《人民司法》2002年第4期；李红新、林山泉：《民事行政案件检察监督之我见》，载《江南大学学报》（人文社会科学版）2002年第4期。

② 前述观点曾为检察系统的同志所反复论证，尤其是最高检朱孝清副检察长撰写的《中国检察制度的几个问题（上、下）》，载《人民检察》2007年第8期和第9期，论述最为全面。其他可参见邹建章：《论民事检察监督法律关系》，载《中国法学》1997年第6期；杨立新：《民事行政诉讼检察监督与司法公正》，载《法学研究》2000年第4期；徐悦、王昭雯：《略论民事检察监督的职能配置与程序设计》，载《华东政法大学学报》2010年第1期；黄生林：《民事检察权优化配置论纲》，载《河南社会科学》2011年第1期。

③ 赵绘宇、黄卓昊：《救济、分权与检察监督——构建我国民事执行权的三重制约机制》，载《华东政法大学学报》2010年第3期；尹伊君：《检法冲突与司法制度改革》，载《中外法学》1997年第4期。

事诉讼的各种场合","可以不受某一诉讼立场的限制"。① 不过,最近的观点大多主张停留在程序性监督层面之上,不能替代法院作出最后的决定。②

改造说主要是为学界所坚持,是一种相对宽和的主张。不过,值得注意的是,近年来检察系统的很多同志也以学者的身份加入了这一阵营。改造说之所以能在当前大行其道,与学术的倾向性存在很大的关系。绝大多数学者,尤其是权威学者坚定地认为,不应取消或限制,而是改造并实现民事诉讼检察监督。理由在于:第一,我国现行宪法和法律明确规定了检察机关的民事诉讼检察监督权,民事诉讼法应该落实宪法规定。"姑且不论现阶段进行的审判改革的合法性,即使不正确,无论怎么样改革,在法律未作出明文修改之前,任何人都不能也不应该借口改革而否定民事检察监督制度。"③第二,我国司法制度不能走西方道路。"我国现阶段以法律至上、权利本位的公民法律意识为核心的现代法律文化还未成熟,执法腐败现象在一定程度内是存在的,权力的运行必须要有所监督。""而无论从现有法律框架下,还是考虑审判权、行政权和检察权之间的平衡来说,将法律监督职能赋予检察机关是具有合理性的。"④李浩教授甚至断定:"现在需要讨论和研究的问题已经不再是检察机关要不要对法院的民事执行活动实施监督,而是应当如何构建我国民事执行检察监督制度。"⑤也正是在学术界普遍接受民事诉讼检察监督制度可行性的前提下,如何改造现行之相关机制则成为当下的热点话题。这些话题主要集中在监督性质、监督范围、监督方式、监督效力等方面。

(二)严重失衡的学理论争

综观我国百余年来有关检察监督论争及检察体制的变迁,一个显著的特点就是上世纪末以来的研讨呈现典型的非理性话语失衡局面。笔者之所以得出这一结论,主要来源于以下几个方面的考察:

第一,从研究力量之投入来看,显然,检察系统占据了绝对优势地位,这导致检察监督议题之研讨失去了对话的平等性。如果以检察、法院和学术界的成果

---

① 王桂五:《试论检察机关在民事诉讼中的地位》,载《政法论坛》1989年第3期。
② 王莉:《论民事检察权的边界》,载《人民检察》2011年第5期;韩跃武、邓保阳:《达成法律共识是民事检察的治本之道》,载陈桂明、王鸿翼主编:《司法改革与民事诉讼监督制度完善》,厦门大学出版社2010年版,第313页。
③ 田平安、李浩等:《中国民事检察监督制度的改革与完善》,载《现代法学》2004年第1期。
④ 赵晓耕、刘涛:《论中华人民共和国检察监督职能的形成与发展》,载《法学家》2006年第3期。
⑤ 李浩:《目的论视域中的民事执行检察监督对象解读》,载《法商研究》2011年第2期。

为观测点,则不难发现研究力量的巨大失衡。据笔者对中国期刊全文数据库的考察(截止日为 2011 年 11 月 10 日),新中国成立以来,各界发表了关于检察监督议题的文章累计 7178 篇,其中检察系统的同志发表 4183 篇,占发文总数的 58.3%;法院系统的同志仅发表 87 篇,仅占 1.2%,导致"机关声音"不正当地主导了学术研究。

第二,学术"偏爱"现象明显。这体现在:一是以检察系统为主办方或主要参与方的研讨会在全国大量召开。二是检察系统大量批设了有关检察体制、检察规律和检察监督等方面的课题,这些课题大力推动了检察系统内部和学术界之间的合作研究。三是以检察系统为主导的专题研讨形成了大量学术成果,并在诸多核心刊物刊发。① 从某种意义上来说,检察系统不断推动检察体制研讨,迎合了学术界研究成果评价机制的需要,引导学术研究不断朝有利于强化说方向发展。可以说,强化说主导地位的形成与此有着非常密切的关系。

相反,作为强化说直接对立面的法院系统则表现出了令人诧异的"缄默"态度。如果以国内重要报纸为观测点,也不难发现两个系统之间有关研究成果的强烈反差。② 实际上,笔者从一些法官那里了解到,之所以法院不再提弱化说,一个重要的因素是中央政策不支持司法独立,也不支持检察监督弱化说。而学术界也似乎是紧随此种政策安排而运作。

比学界头脑更为冷静且更为中立的倒是立法者。"根据《宪法》和《人民检察院组织法》的规定,我国的检察机关属于司法机关,检察监督主要反映司法权内部的检察权与审判权之间的相互制约关系,检察权主要制约审判权的滥用。"③ 实际上,新民事诉讼法充分体现了立法者之宽缓、中立的态度——仅仅赋予检察机关以抗诉和建议的权利。其中,抗诉权被尽可能地"安排"在当事人申请之后;而检察建议权则只是对实践做法的一个笼统认可。由此可见,在此场论争中,法院不战而胜,而学界则似乎落得了一个更为尴尬的场地——话语权丧失殆尽!已而,学界是如何失去其话语权的呢?或者说,挽救学术研究之颓势又应当如何

----

① 不仅《人民检察》、《人民检察官》和《中国检察论坛》等检察系统内的刊物刊发了大量的检察监督论文,而且其他刊物也开始陆续热衷于检察监督之议题。《法学》2007 年第 8 期、《河南社会科学》2010 年第 1 期和第 2 期,就曾以专题研讨的方式刊发了一系列相关论文。显然,这些研究成果都是有利于检察监督的。

② 从笔者对"中国重要报纸全文数据库"的搜索来看,2000 年到 2011 年 10 月间,累计发表与"民事检察监督"主题相关的文章共计 117 篇。其中,《检察日报》累计发表关于民事检察监督强化论调的文章共计 63 篇。其余报刊发表的相关文章大多数是学者和检察系统的同志,而且绝大部分持强化说。相映成趣的是,同一期间内,《人民法院报》总共才发表 2 两篇相关论文,两篇均持弱化说。

③ 扈纪华:《关于民事诉讼中的检察监督问题》,载《河南社会科学》2011 年第 1 期。

展开呢?也正是本文的根本指向性所在。

二、法本体论:我国民事诉讼检察监督学理研究的死结

学术研究具有明显的时代特征,也极容易为各种世俗的力量所左右。随着经济全球化的不断拓展,社会主体之各种思辨能力均以风暴般的速度迅速占领各个领域。我国学术领域也很快地遭受到了此种风波的冲击。这体现在,各种学术机构开始热情豪迈地向经济利益靠拢;学者们潮水般地从学术领域隐退;学术立场和面向在深层次上为政治、权力、利益所束缚。由此,立足于学术领域,却未能通过自身的话语权引导各种学科的发展在我国已经不是法学界的失败,而近乎是全体性的失败。"当今中国的人文学术和社会科学在其快速的扩展进程中,却正在遭遇到学术话语上的真正困难——这种困难并不是个别的或偶然的,毋宁说,它们是整体性的并且是关乎本质的。"[①]

(一)注释法学:法学研究方法论的误用

从当前我国学界对于民事诉讼检察监督之研究进路的角度来观察,大都沿袭这种逻辑思路,即理论基础—问题所在—解决出路。在此种研究范式中,最为重要的工具就是理论基础的设定,因为其决定了问题分析的模型和解决思路的走向。在民事诉讼检察监督问题中,理论基础主要涉及两个方面的问题,一是理论分析的原点问题,即研究思路的起点问题(从哪里来);二是理论分析的价值导向或目的倾向问题(到哪儿去)。

在理论原点问题上,学界大致有如下几种学理设定:(1)以宪政体制为检察监督的原点。这是当前绝大多数学者坚持的观点。[②](2)检察机关监督法院民事诉讼的理论原点在于其代表了国家利益或者公共利益的代表人。[③](3)检察机关在民事诉讼中的地位受制于民事诉讼模式。[④]

首先,以宪政体制为我国检察监督制度之理论原点经不起学理的考量。从法律规范效力来看,宪政体制的确是最为坚实的理由,因为我国宪法明确赋予了检察机关以法律监督权。而宪法是国家的根本大法,具有最高的法律效力,《民事诉讼法》必须予以落实。然而,学界所没有考虑到的是,宪法规范只能提供法

[①] 吴晓明:《论当代中国学术话语体系的自主建构》,载《中国社会科学》2011年第2期。

[②] 宋朝武:《当代中国民事检察监督的变革方向与路径考量》,载《河南社会科学》2011年第1期;黄生林:《民事检察权优化配置论纲》,载《河南社会科学》2011年第1期;汤维建:《民事诉讼法的全面修改与检察监督》,载《中国法学》2011年第3期。

[③] 王桂五:《试论检察机关在民事诉讼中的地位》,载《政法论坛》1989年第3期;颜运秋:《公益诉讼理念研究》,中国检察出版社2002年版,第195页。

[④] 江伟、邵明、陈刚:《民事诉权研究》,法律出版社2002年版,第83页。

律效力的制高点,无法提供理论证成的制高点。从理论研究的角度上来说,以宪政体制为我国检察监督制度的理论原点仅仅只是走到了宪法的"面前",而没有走入其"背后",显然缺乏正当性。而这一点,恰好印证了邓正来先生之判断:"迄今为止,中国的学术研究或法学研究,在绝大多数情况下和在根本的层面上讲,乃是不关注学术研究传统或理论脉络的。"①

其次,以检察机关是国家利益或公共利益代表人作为其监督法院民事诉讼的理论原点更难以立足。实际上,此种论调只是对宪法规范授予检察机关以法律监督权的一种扭曲式的文义延伸。这在我国宪法和其他法律规范中既没有明文的依据,也无法进行合理解释。从我国宪政结构体系来看,立法权下行政权、军事权、检察权和司法权四权并列。如果检察权自诩能够代表公共利益,那么其必然带来一个无法解决的冲突,即其他三权也代表公共利益。何况这也和中共中央"三个代表"重要思想直接冲突,因为中国共产党才"代表最广大人民的根本利益"。

最后,以民事诉讼模式为我国检察监督理论依据的观点也绝难以成立。"诉讼模式是关于民事诉讼程序的基本要素及诉讼主体在民事诉讼中的地位、作用和相互关系的基本概括。"②监督机制只是民事诉讼模式的一个子内容。我国超职权主义民事诉讼模式强调的是法院在诉讼活动中的主导地位,这与民事诉讼检察监督的理论依据完全是两个问题,甚至是冲突的直接根源。

反观学界的理论进路,不难看出,国内对于检察监督理论依据的分析走的是一种非纯正的注释法学路子。实际上,注释法学本身是一种非常重要且处于基础性地位的研究方法,在西方历史上对法学的发展起到过极为重要的推动作用。近年来,由于解释学的兴起,注释法学备受批评,人们对其产生了普遍误解。实际上,如果对西方法学史略加考察则不难发现,注释法学绝不是一种思维简单化的研究方式。"法学研究中的注释方法并不必然地与保守性、滞后性相联系,它也是一种积极的变革性研究手段。"③有意思的是,当下国内绝大多数学者在贬斥注释法学的同时,还误用着注释法学。这一点在民事诉讼检察监督议题上以我国宪法规定为理论原点就是明证。实际上,我国宪法只是规定检察机关是法律监督机关,并没有表明其是只针对法院诉讼行动的监督机关。如果更加全面地理解宪法文本中"法律监督机关"之含义,更为准确的理解方式应该为对所有党政机关及其工作人员的监督。然而,学术界为何不愿意作这种更为一目了然的理解?显然,这就是对注释法学的一种误用。

---

① 邓正来:《学术自主性与中国法学研究》,载《社会科学战线》2007 年第 4 期。
② 段厚省:《证明评价影响因素分析》,法律出版社 2009 年版,第 196 页。
③ 葛洪义:《探索与对话:法理学导论》,山东人民出版社 2000 年版,第 69 页。

(二)法本体论:我国民事诉讼检察监督理论研究的困境

如果说注释法学方法论的误用在视域上遮蔽了民事诉讼检察监督的理论研讨,那么更为根本的原因还在于我国法学研究缺乏宏观的哲理指导,或者更直接地说是一直在法本体论的怪圈中"绕弯弯"。

在哲学学说史上,近现代西方"本体论"学说越来越从狭隘的视域中解放出来,从关注人本身,发展人本身,到更高层次地揭示人类生存的基础以及人类世界的未来意义。后现代主义则试图站在未来之可能的视角来审视人类现在的合理性。受这种思潮的影响,我国法学也曾一度反思自身。然而,此种反思多局限于法理领域,在部门法领域则少有涉及。同时,受法制缺陷性因素的长期影响,有利于新制度创设的构建主义依然受到各部门法学者的青睐。于是,用法学之内的某种法理来证成某种法律制度本身的合法性与合理性,则成为部门法领域的常规方法论。具体到民事诉讼检察监督议题上,虽然有个别学者注意到了研究方法之本体论闭合性问题,并意图从"超于法律规范"的宏观视角来开阔视野,①可惜的是这并没有引起学界的足够重视。

可见,从民事诉讼检察监督之过往研究路径来看,大多数学者走的是法本体论的路子。此种研究范式虽然有利于在体制之内建构较为精细的具体法律制度,但同时也存在一个致命的问题,即当这种制度之发轫平台存在问题的时候,那么,由其演绎而来的制度构建也将面临整体的危机。以民事检察建议为例,此种制度正因为缺乏理论平台的支持而一直软弱无力。本文以为,解决我国现行民事诉讼检察监督机制之弊端,决然不能停留在法本体论的层面上,而应当深入实质。正如伽达默尔所言:"我们一般所探究的不仅是科学及其经验方式的问题——我们所探究的是人的世界经验和生活实践的问题。"②因此,如果彻底解决我国民事诉讼检察监督之困境,则必须要在方法论上引入更为宏观的阐释方法。

三、司法生态:我国民事诉讼检察监督的理论出路

"哲学的进步不在于任何古老问题的消失,也不在于那些有冲突的派别中一方或另一方的优势增长,而是在于提出各种问题的方式的变化,以及对解决问题的特点不断增长的一致性程度。"③法学虽然已经从哲学中分离了出来,但是法学在本源意义上依旧是哲学的一部分。在对问题的解决过程中,法学更重要的

---

① 王亚新:《民事审判监督制度整体的程序设计——以〈民事诉讼法修正案〉为出发点》,载《中国法学》2007年第5期。
② [德]伽达默尔:《真理与方法》(上册),上海译文出版社1999年版,序言2。
③ 艾耶尔:《二十世纪哲学》,上海译文出版社1987年版,第19页。

任务不是去构建某种即时性的可操作机制,而是对法律现象提供解释和指引。对于制度性机制的构建,严格来说并不是法学学者的使命,而是立法部门与法律适用者的担当。因此,本文此处的主要任务就是从更为宏观的角度来解释民事诉讼检察监督机制背后的机理。

(一)社会需求:我国民事诉讼检察监督的理论依据

"法律乃是经由理性发展起来的经验和经由经验检测的理性。"[①]任何法律规范从产生、修改到废除都是一个非常复杂的过程。然而,我们经常看到的现象是,很多法律规范虽然被生产出来,但是很少或是很难在社会生活实践中发挥其所被期望的作用。我国民事诉讼法律监督机制就是这样的。

实际上,与前文提到的我国民事诉讼检察监督理论依据所完全不同的是,这一机制的思想基础或理论依据更为正统的说法应当是来源于列宁的法律监督思想。[②] 而列宁法律监督思想的精华部分就是如何维护法制的统一。"法制不能有卡卢加省的法制,喀山省的法制,而应是全俄统一的法制,甚至是全苏维埃共和国联邦统一的法制。"[③]"检察长的责任是使任何地方政权机关的任何一次决定都不同法律抵触。"[④]由此可见,在列宁法律监督思想中,检察机关就是被作为落实法制统一的国家机关而设计出来的。实际上,列宁法律监督思想是一种接近极端的理想主义,因为"使整个共和国对法律的理解绝对一致"的图景是根本无法实现的幻想。

然而,我们应当关注的是,为什么在前苏联没有得到完整实施的列宁法律监督思想会被新中国所采用呢?就这一问题,一般来说都简单地将其归因于马克思列宁主义的国家学说。[⑤] 然而,论者们忽略了当时国内对于法律秩序的需求和传统法文化的积淀。在建国初期,国内百废待举,检察机构的建制主要出于迎合行政管理层面的需要。这一点完全可以从检察体制顺应国家机构调整以及财

[①] [美]罗斯科·庞德:《社会学法理学》,邓正来译,载《法制与社会发展》2003年第5期,第3页。

[②] 洪浩:《论我国检察监督制度局限性及其重构》,载《武汉大学学报(哲学社会科学版)》2008年第3期。

[③] 《列宁全集》(第43卷),人民出版社1987年版,第195页。

[④] 《列宁全集》(第43卷),人民出版社1987年版,第195页。

[⑤] 慕平主编:《法律监督原论》,法律出版社2008年版,第62页;胡玉鸿:《司法公正的理论根基——经典作家的分析视角》,社会科学文献出版社2006年版,第352页;晏向华:《检察职能研究》,中国人民公安大学出版社2007年版,第52页。

政负担而变动的历程中得以观察出来。① 当然,中国历史上还存在一个传统的心理因素——对于地方权力和部门权力膨胀的担忧,这也构成了对检察监督制度的接纳。这一点可以从我国古代以降的各类监察机构设置中得到解释。

改革开放后,随着经济快速增长和社会结构的变迁,中国出现了第一波爆炸式的民间法律诉求。而这显然是出乎国家管理高层意料的。加之,"为权利而斗争"成为一种时髦的口号,导致社会纠纷解决诉求之洪流迅速涌向各级国家机构。与此同时,社会经济发展导致地方政权和群众自治组织权威弱化。因而,在应对这一波浩荡的法律需求过程中,负担纠纷解决职责的法院从原来的边缘部门一跃而起,迅速成长为一个全新且显赫的部门。然而,法院本身处于权力的矛盾结构之中,其既无足够的资源,也无足够的动力为纠纷解决提供形式正义意义上的解决方案,无法得到平息的纠纷解决诉求只得进一步向权力上端寻求救济,从而形成了浩浩荡荡的上访大军。显然,国家管理高层根本无力应对此种海量的诉求,开始寻求各种有效的应对措施。鉴于正当其责的法院部门无法有效解决纠纷诉求,国家管理层开始向法院施加压力,而推动检察监督进入民事司法程序则被视为其中的一个重要举措。正是在此种意义上,民事诉讼检察监督实质上是权力干预司法的一种内在体现,这导致了两个方面的结果:一是进一步削弱了法院的纠纷解决职能;二是导致了国家权力配置层面的微观调整,尤其是刺激了检察系统扩展自身权力的欲望。

由上不难看出,国内现行学理对于民事诉讼检察监督的阐释并没有面对社会法律需求给出正面的回答,而是意图在规范意义上的权力结构中寻找逻辑结论。这也就是包括学界和"两高""合意"均未能为立法部门所采用的根本原因。

(二)司法生态:我国民事诉讼检察监督的理论出路

"法律律令乃是从其对社会利益的保障中获致其终极权威性的,即使法律律令的直接权威源出于按政治方式组织起来的社会。"② 对于我国民事诉讼检察监督制度而言,其实质的理论出路在于如何应对社会法律诉求,而绝非从现行法律规范进行静态推演。

本文以为,任何一个社会的权力系统本身存在一种无法尽言的内在逻辑结

---

① 建国初期,检察机构的建制由人民政协直接授权给中央人民政府委员会来决定。根据《中央人民政府最高人民检察署试行组织条例》(1949年),国家废除了审检合一体制,仿照前苏联建立了垂直领导体制的检察组织体制。很快,由于国家财政吃紧,为减轻负担,《中央人民政府最高人民检察署暂行组织条例》(1951年)将检察体制改为双重领导体制,各级检察署成为政府的组成部分。1954年宪法颁布后,为保障法制统一,检察体制又改为垂直领导体制。而在"文革"期间,检察机关被撤销,其职权被交由公安机关行使。

② [美]罗斯科·庞德:《社会学法理学》,邓正来译,载《法制与社会发展》2003年第5期,第3页。

构,可称之为权力生态系统。"一切有权力的人们使用权力一直到遇到界限的地方才休止"。① 这不仅说明权力制约的需要,同时也表明了权力自主扩张的内在逻辑性。然而,权力并不是如其所愿能够为所欲为的,它要受到其社会基础、合作者和消费者的实际制约,并通过内部的复杂运动达到某种均衡状态。在历史上,从来就不存在放任不羁的权力。即便在中国长达两千余年的皇权专制史上,作威作福的皇帝也只是个"牌位"。其背后的逻辑在于,在君权神授的"政治舞台上,幕后比幕前在中心意义上更为重要"。② 毋庸讳言,在我国现行的权力生态系统中,审判权和检察权只是其中的两个分支(组成权力生态系统之下的一个司法生态子系统)。当前法弱检强的局面并非中国宪法或法律赋权的结果,从更深意义上来说,是我国社会权力生态系统的非刻意安排。

如果社会文化条件是对应于自然生态系统中的"无机环境",那么,支配社会管理与运作的权力则大致可以对应于"生物群落"。一方面,权力只能在客观意义上的社会文化环境下为生产、分解、消费行为;另一方面,每一种权力又像是各种"生物群落"在适应系统整体需要的意义上寻求构建自身相对独立的子系统(即子生态系统)的机会。实际上,作为一个"活"的生态系统,任何一种权力的缺位或残缺,均会自动带来其他权力的填补行为(更多意义上是一种权力竞争行为)。正所谓"天高皇帝远,民少相公多"。检察权作为一个监督者,在中国历史上从来就不是一个自赋清闲的部门,更像是一个东拼西凑的"四不像"怪物,而且在权力生态系统中的地位往往应大格局的变化而不断发生调整。不过有一点是相对确定的,那就是检察(监察)部门在中国历史上从来是深入干预司法的,甚至是始终部分地享有司法终审权。这是我国所无法"被安排"的一个内在社会逻辑。个中的原因最为重要的方面大抵可以归咎于社会最高控制权实质上无法被替代。

当前,宪政结构意义上的权力安排显然仅仅只是一种摆设,或者说在实践中完全是一种扭曲的展现。这不仅在于处于卑位的行政权实际上处处盖过处于尊位的立法权,而且也在于其无法在实际上与党权③相抗衡。随着社会结构的改变,党权在现实意义上更像是但又远强于当前宪政结构意义上的行政部门。可以说,在权力生态系统中,审判权和检察权必须在特殊的中国社会基础上适应党

---

① [法]孟德斯鸠:《论法的精神》(上册),张雁深译,商务印书馆2000年版,第154页。
② [美]黄仁宇:《万历十五年》(增订纪念本),中华书局2006年版,第256~257页。
③ 所谓党权,在本文语义上是指中国共产党对全国的领导权。作为最广大人民根本利益的代表者,党权是中国公共利益的最高代言人,应当拥有对于整个社会资源的无用阐释的控制权。然而,按照党政分离的原则,党权对我国社会生活的实际管理应当受到限制。它主要通过将自身的意志转换为法律规范和政策、方针来予以落实,从而从理论上来说,党权的存在与运作并不能带来对立法权、行政权等权力的"被替代"。

权、行政权和立法权所实际设定的权力格局。这是一个大的方面。而在微观意义上(司法生态意义上),作为查缺补遗的检察权,不仅享有了历史传来的部分司法终审权(再审启动权),而且在应对社会纠纷解决的诉求过程中始终作为司法审判权的对立物存在:审判权强,则检察权弱;反之,审判权弱,则检察权强。在当下,在面对海量的社会纠纷化解任务中,首当其冲的法院无法通过审判权有效化解纠纷,进而招致了权力格局的宏观不利。于是,这为检察权提供了一个"补强"的机会。正是在此种意义上,民事诉讼检察监督从"实废"到"实现"不是检察权追求的结果,而是中国权力生态环境发生了深刻微调的结局。法院系统的非抵抗反倒是一种更高层次的理性行动,①因为此种强制接受基本上符合了当前的司法生态需要。

转换视角以观之,极为矛盾的是,如果我们按照纠纷治理的逻辑来观测,民事诉讼检察监督实质上是司法生态系统遭到破坏的结果。原因在于,法院系统之所以无法应对纠纷解决,最为重要的原因是它没有"终审权"。而检察机关对于民事诉讼的更进一步介入恰恰强化了此种效果。从某种意义上来讲,现行"大调解"格局的形成正是肇端于"司法最终原则"的不断没落。司法审判的非终局性导致各种纠纷纷纷上行,寻求更高层次的解决。此种巨大且络绎不绝的"信访潮"造成了权力高层的尴尬局面:在国际上被指责为漠视人权,在国内则引发了普遍的"仇官"情结。而对法院而言,司法审判权没落的苦果则转化为一种更切合自身实际的方式加以承担。这就是放弃判决,寻求合意解决。简言之,即弃判迎调。"大调解"所导致的司法资源短缺被法官的私人投入所替代,而替代的结果则直接招致了司法审判工作的私人化。司法审判私人化逐渐强化了法官的个人力量,反倒又进一步刺激了权力寻租市场。正是基于此种"口实",民事诉讼检察监督才实际得以"成行"。然而,这正是正式制度安排下错误逻辑的推演结论,既不能抵抗,也不好抵抗。

而检察监督的加入对于司法生态而言又会造成什么样的结果呢?按照流行的观点,检察监督有利于"维护和谐的司法秩序",有利于"实现司法公正、提高司法效率",有利于"支持法院做好执行工作"。② 显然,这纯粹是一种假定的结果。而更为符合实际的情形也许是随着检察监督权力的强化,因检察建议和抗诉引

---

① 随着"为权利而斗争"运动的落幕,法院系统从原来的显赫部门开始走向暂时的低潮阶段。实际上,近年来司法改革难以深入推动,意味着中国的权力生态系统并不容许破坏权力高层结构的正式行动存在。法院系统从"判决"全面转入"调解"正是此种低潮的产物。可以预言,作为曾经试图挑战权力高层的"叛逆者",审判权在未来很长一段时间内的权力格局意义上将处于被打击状态。

② 杨荣新:《略论强制执行的检察监督》,载《人民检察》2007 年第 13 期;李立:《论民事执行检察监督机制建立的正当性》,载《法学杂志》2010 年第 1 期。

发的再审案件增多,法院将更进一步倾向于放弃判决而选择调解。不难预料,检察监督将引发司法效率的进一步下降,纠纷解决诉求向检察机关转移;同样没有终审权的检察机构也将面临诉求责难,检察官们将与法官同仁们承担类似的苦恼。

事实上,法律是一种复杂的社会现象。群体、联合体和各种关系中的内在秩序乃是法律秩序的基础。① 任何法律一旦被生产出来都将引起人们的社会博弈。我国民事诉讼检察监督机制的构建起源于社会的法律需求,应当面向此种需求。只有符合司法生态之内在规律性,检察监督才能真正对民事诉讼有所助益。

四、违法监督:我国民事诉讼检察监督机制的合理取向

正如前文所言,民事诉讼检察监督在我国实质上是司法回应社会法律诉求的一种反映,是中国权力生态格局微调的结果。尽管此种结局符合了司法生态的内在调整需要,但是它并不符合纠纷解决的需要。换言之,它只是片面地符合了权力生态系统的调整,但依然无法面对社会实际。下面,本文将顺应司法生态的需要,从制度完善意义的角度对民事诉讼检察监督作进一步分析。

(一)民事诉讼中检法合作可能导致的问题

2011年3月,最高人民法院和最高人民检察院在中央政法委员会的协调下联合发布《意见(试行)》。这表明长期以来的检法冲突将因此而减弱。从该司法解释来看,虽然检法之间依然保持了较大的距离,但总体上拉近了两者的关系,体现出了检法合作的强烈意愿。这在很大程度上给持强化说的学者以鼓舞。就此,有学者认为,检察监督原则作为民事诉讼中的重要制度性杠杆,肩负着制约审判权、解构审判权、保障诉权、完善诉讼结构的历史使命。② 但笔者并不看好此种高格调的检法合作关系,理由在于民事诉讼检察监督将因此而面临多个方面的挑战:

首先,检察监督法院调解将导致法院结案方式受到限制。从《意见(试行)》来看,检察机关对法院生效之判决、裁定和调解均有权进行审查,认为符合抗诉条件的,应当提出抗诉。检察监督对法院调解进行抗诉是为了维护国家利益或社会公共利益,这似乎具有非常坚实的理由。然而,这将导致巨大的危险。原因就在于,这将从构成要件方面对法院调解进行彻底打击。其一,抗诉将造成法院调解之消极法律标准和检察机关之积极利益标准之间的冲突。按照现行规范,

---

① [奥]欧根·埃利希:《法社会学原理》,舒国滢译,中国大百科全书出版社2009年版,第45页。
② 汤维建:《民事诉讼法的全面修改与检察监督》,载《中国法学》2011年第3期。

法院调解的审查标准为不违反法律禁止性规定。这一标准意味着法院无须对调解协议作实质审查。而检察机关之积极利益标准在于保护国家利益和公共利益,意味着检察机关可以对调解协议作实质审查。其二,对调解协议的抗诉将导致法院司法审判权受限制。对法院调解的抗诉意味着调解违法,法院将害怕再次抗诉而只能以判决的方式结案。这显然构成了对法院司法职权的妨碍。如果任由此种监督方式发展,则法院调解终将处处违法,处处与国家利益和公共利益之间形成抵触。最终,以当事人合意为基础的调解将成为过去时,人与人之间的诚信将因检察机关的干预而荡然无存。

其次,检察机关当庭出示其调查收集的证据将破坏整个诉讼结构。民事诉讼构造以当事人之间的平等对抗为基础。如果检察机关当庭出示其调查收集的证据将带来如下几个难题:第一,该证据必将对一方或双方当事人产生不利影响,进而破坏法庭上双方当事人平等对抗的诉讼地位。第二,法庭难以处理该证据。依据现行立法,只有经过质证的证据才能作为法院裁判的依据。如果法庭上双方当事人都不对该证据进行质证,那么,法院将面临无法处理该证据的难题。第三,造成检察机关与诉讼当事人之间的攻击防御不对等。依据《意见(试行)》,检察人员当庭出示检察机关调查收集的证据后,可以"对当事人提出的问题予以说明"。问题在于,此种"说明"对检察机关没有任何的约束力,检察机关机关无须对自身出示证据的行为承担任何意义上的法律责任。这将从根本上破坏法律面前人人平等的原则。第四,如果检察机关出示的证据失实,由此而引发的诉讼延迟、错误裁判等司法成本与损害责任应当由谁来承担则处于不明状态。

最后,检察建议的泛滥将催生出更为完整的司法腐败利益链。按照《意见(试行)》,检察建议将成为一种几乎没有任何限制的监督方式,而且检察机关及其经办人员无需对此承担任何法律责任。相反,对于法院而言,其必须在法定期间之内作出书面回复。尽管法院可以找理由搪塞,但这毕竟意味着检察机关"盯"上了法院。存在即是对他人的命令。由此,检察机关将对法院握有单方面的压迫性力量。如果腐败分子对此加以利用,那么,检察建议将成为其最佳入口。

(二)违法监督:民事诉讼检察监督的合理定位

当我国正在如火如荼地推动民事诉讼检察监督制度建设的时候,我们曾经的朋友、社会主义检察监督制度的输出者——俄罗斯,正在大刀阔斧地砍、截检察监督制度。1992年,《俄罗斯苏维埃联邦社会主义共和国检察机关法》取消了检察机关对法院的监督。1993年,经全民公决的俄罗斯宪法也肯定了检察监督的废除动作。俄罗斯在2001年、2002年颁布新的刑事诉讼法典、民事诉讼法典和仲裁诉讼法典中,检察机关的权力进一步萎缩。在民事诉讼中,俄罗斯检察机关不再拥有监督者的身份,而仅仅在三种情形下可以作为诉讼当事人参加诉讼:

(1)检察长可以为了不确定范围的人的利益而提起诉讼;(2)检察长为了公民利益而提起诉讼的权力;(3)检察长参加由利害关系人提起的诉讼及提出结论的权力。但这一权力受到行使期限的严格限制。① 而在大陆法系国家和英美法系国家,也几乎找不到与我国现行检察监督制度类似的制度设置。如果从一种实在法的视角来观察,"我国现行的审判监督模式正在形成一种'审判监督压制司法独立并最终破坏司法公正'的状况"。②

本文以为,任何权力都存在一个生态问题。现代权力作为集合体也是由具体的自然人来加以操作的,因此,权力本身带有浓厚的生态、利益与伦理色彩。当前,检察权能够获得对民事诉讼监督的权力,其最坚实的理由就在于司法低效益、司法不公和司法腐败等问题。至于检察机关代表国家利益或者代表公共利益,这纯粹是一种理论上的强词夺理,检察机关与其他国家机关并没有本质上的区别。如果检察机关能够代表国家利益和公共利益,那么,法院和行政部门也同样可以。何况,检察机关作为一个国家部门,自身也有利益诉求,也存在权力寻租的问题。也正是在此种意义上,现代法治国家首要的任务是权力治理,而不是用权力治他人。正如麦迪逊所言:"如果人都是天使,就不需要任何政府了。如果是天使统治人,就不需要对政府有任何外来的或内在的控制了。"③本文以为,我国赋予检察机关监督法院司法的确切理由,是在权力制约机制软弱无力的背景下,通过增加监督主体的方式来提高防范司法腐败的成本和减少司法错误的概率,进而达到遏制司法不公,提高司法质量的目的。由此,民事诉讼检察监督就应当停留在司法审判权的外围,而不是深入内部。毕竟,检察权与审判权是两种完全不同的权力,两者均得到宪法的授权,应当处于平行的地位。检察权不得代行审判权,反过来,审判权也不得代行检察权。那种将检察机关提起民事诉讼视为"民事公诉",并浓墨重彩地加以推介的观念,将在无意中培养特权,破坏法治。按照这观念推演,我国民法和民事诉讼法将荡然无存,因为检察权的强势扩张必将与自由、民主等现代理念背道而驰。

事实上,民事诉讼检察监督应将着眼点放在法院之违法行为上。具体说来,在确保司法审判权自主理性和完整性的前提下,检察机关主要监督法院违法不受理案件的行为、违反法定审判程序的行为、违法裁判的行为、违法损害当事人诉讼权利的行为和司法腐败的行为等。此外,作为宪法明文授权的法律监督主

---

① 韩成军:《俄罗斯检察制度变迁对我国检察制度改革的启示》,载《中州学刊》2011年第2期。
② 江伟主编:《民事诉讼法专论》,中国人民大学出版社2005年版,第414页。
③ [美]密尔顿杰、杰伊、麦迪逊:《联邦党人文集》,程逢如等译,商务印书馆1980年版,第264页。

体,检察机关可以因国有资产流失、环境污染等特殊情形而代表国家和社会提起民事诉讼。但此种诉讼不属于检察机关通过民事诉讼对法院实施法律监督的范畴,而是检察机关对加害主体的一般法律监督。因而在检察机关提起的民事诉讼中,检察机关只能作为普通民事诉讼当事人参加诉讼,不享有任何的法律特权。

结　语

"人们最终认识到,根本就不存在一把单一的可以打开社会科学之门的钥匙,也根本不存在一种全涉且充分的方法。"① 对于民事诉讼检察监督之议题,从不同的角度切入将得出不同的结论。不过,可以确定的一点是,随着我国社会结构的快速转型,人们对权利越来越珍视,也越来越倾向于通过规则化的方式来解决身边的纠纷。从长远来看,我国社会纠纷的治理并不能够通过众多权力主体的频频介入而得到有效解决。相反,通过权力制约以确保法院司法权之形式正义下的司法中心主义才是未来的出路。

---

① [美]罗斯科·庞德:《社会学法理学》,邓正来译,载《法制与社会发展》2003年第5期,第3页。

质证权内涵解析*

■ 肖 晗**

摘 要 新民事诉讼法在1991年民事诉讼法的基础上继续规定了质证规则,这间接地肯定了当事人的质证权,并且保障了质证权的实现,完善了证人和鉴定人出庭作证规则、增设了专家辅助人协助质证规则。然而,民事诉讼法学理论上对于质证权的概念、性质、地位、构成要素及其内涵等诸般基础性问题却鲜有论及,以致对"质证权"一词难谓有真正的认知和深刻的理解。质证权作为程序参与权、质证行为实施权以及证据异议权,其内涵十分丰富,包括到场权、证据出示权、证据辨认权、证据质询与辩驳权等九大权能,是一组权利的集合。

关键词 民事诉讼 质证 质证权 内涵

一、新民事诉讼法对质证权的间接规定

新民事诉讼法第68条规定,证据应当在法庭上出示,并由当事人互相质证;第200条又规定,如果原判决、裁定认定事实的主要证据系未经质证的,则当事人可以向法院申请再审,法院也应当再审。这两个条文是民事诉讼法284个条文中仅有的直接使用"质证"概念的条文,尽管不是使用"质证权"的概念,但我们可以从中推断,参与质证或者实施质证行为,其实就是当事人所享有的一项重要的诉讼权利。而且从新增或有所变化的条文看,新民事诉讼法强调证人、鉴定人应当出庭作证,当事人还可以申请有专门知识的人(即所谓专家辅助人)出庭就鉴定意见或专门问题提出意见,这实际上是为当事人行使质证权提供制度保障。可见,民事诉讼法虽然没有像规定取证权、举证权那样直接使用"当事人有权……收集、提供证据"之类的明确语言,却已间接地肯定了质证权的存在。然而,民事诉讼法学理论上对于质证权的概念、性质、地位、构成要素及其内涵等诸般基础性问题却鲜有论及,以致"质证权"一词虽不绝于耳且有声名日隆之势,却难

---

* 基金项目:教育部人文社会科学研究规划基金项目《民事诉讼证明权及其保障研究》(09YJA820019);湖南省教育厅人文社科重点课题《民事诉讼证明权研究》(09A064)。
** 湖南师范大学法学院副教授,法学博士。

谓对其有真正的认知和深刻的理解。鉴此,笔者拟作一抛砖引玉之谈。

二、质证权的定性

在笔者看来,所谓质证权,是指当事人及其诉讼代理人所享有的与对方当事人及其诉讼代理人在法庭审理过程中围绕证据的真实性、关联性、合法性,针对证据资格及证明力问题进行质疑、说明与辩驳的权利。可见,质证权是与质证相关联的诉讼权利。而质证具有静态与动态双重意义的含义,即:从静态上看,质证是法庭审理(具体为法庭调查)之重要一环,是审理程序的一个组成部分,因此,可将质证称之为质证程序(包括"通知出庭—出示证据—辨认证据—质疑证据—反驳质疑"等步骤),当事人及其诉讼代理人参与质证的实质就是参与质证程序;从动态上看,质证是由出示证据、质疑证据以及对质疑进行说明、辩解或反驳等诉讼行为组成,基此,可将质证称之为质证行为,当事人及其诉讼代理人参与质证的实质就是实施质证行为。这样,在理解质证权的性质时,便可将其定性为程序参与权和诉讼行为实施权。再者,质证的核心要素或者本质特征在于对出现于法庭审理中的证据材料进行质疑,即对证据材料是否具备证据"三性"特征提出疑问和辩驳,以帮助法官甄别和确认定案根据。简言之,"质证"是因"疑"而问,因"疑"而质,其目的是动摇法官对对方当事人出示之证据材料所形成的有利心证。因此,从这一角度看,质证权的本质是依据法律和事实而享有的对其不利证据的一种异议权。

三、质证权的应然内涵

由于质证包含着静态与动态的双重含义,这就使得质证权成为一个集合概念。按照质证程序的进程,质证权应当包括以下九项权利内容:

1. 到场权(或称受通知权)。接受法院通知到场陈述或作证,是进行质证的基础,因为如果法院不通知,当事人及其诉讼代理人、证人和鉴定人均无从知晓法院何时组织质证,也就无法正常地参与质证。故到场权是质证权的一项基础性权利。对此项权利可从两个方面理解:一是当事人自己在质证时有权接受法院通知到场质证。如果有的当事人未接到通知,法院在当事人及其诉讼代理人缺席的情况下即进行证据交换或证据调查并予以认证,以致该当事人未能充分表达意见,便构成证据突袭,是对该当事人质证权的侵犯。二是要求证人、鉴定人到场接受质询的权利。为保障证人证言、鉴定意见的真实性,预防和排除虚假证言、虚假鉴定意见,证人、鉴定人作为质证对象时也应当受法院通知到场作证,以接受当事人及其诉讼代理人的质询。在国外,这属于直接、言辞原则或交叉询问规则调整的范畴。对此,新民事诉讼法第73条规定:"经人民法院通知,证人应当出庭作证。"证人只有在因健康原因、路途遥远交通不便、不可抗力或其他有正当理由不能出庭的少数特殊情形下,经人民法院许可,才可以通过书面证言、视听传输技术或者视听资料等方式作证。第 78 条规定:"当事人对鉴定意见有异议或者人民法院认为鉴定人有必要出庭的,鉴定人应当出庭作证。经人民法院通知,鉴定人拒不出庭作证的,鉴定意见不得作为认定事实的根据;支付鉴定费用的当事人可以要求返还鉴定费用。"这两个条文明确肯定了证人、鉴定人的受通知权。最高人民法院发布的《关于民事诉讼证据的若干规定》(下称《证据规定》)第 55 条和第 59 条也分别规定了证人、鉴定人应当出庭作证,以接受当事人的质询。此之所谓"出庭作证",强调证人、鉴定人作证的场景是在法庭之上,其实质就是证人、鉴定人作证必须到场。可见,到场权作为质证权之基础性权能具有充分的法律依据。

2. 证据出示权。如果说通知当事人及其诉讼代理人、证人和鉴定人等到庭是为质证所作的准备活动,属于基础性工作,那么,真正意义上的质证活动则始于一方当事人向法庭和对方当事人出示证据。出示证据的方式包括宣读、展示、播放等。[①] 为避免遗漏有的当事人的质证权,质证应依照规定的顺序进行。质证顺序的安排其实就是按照出示证据的先后排列的:(1)原告出示证据,被告、第三人与原告进行质证;(2)被告出示证据,原告、第三人与被告进行质证;(3)第三人出示证据,原告、被告与第三人进行质证。人民法院依照当事人申请调查收集的证据,作为提出申请的一方当事人提供的证据。人民法院依照职权调查收集的证据应当在庭审时出示,听取当事人意见,并可就调查收集该证据的情况予以说明。证据出示权还包括出示原件(原物)请求权,即对书证、物证、视听资料进行质证时,一方当事人有权要求对方当事人出示证据的原件或者原物。但有下列情况之一的除外:(1)出示原件或者原物确有困难并经人民法院准许出示复制件或者复制品的;(2)原件或者原物已不存在,但有证据证明复制件、复制品与原件或原物一致的。

3. 证据辨认权。一方当事人出示证据以后,另一方当事人有权对证据进行辨认。所谓辨认,就是指在法庭的主持下,由一方当事人对对方当事人出示的证据材料的真实性乃至准确性,从形式到内容进行辨别和确认。其目的在于明确辨认者对所出示证据的态度,以便决定是否需要继续进行质证。辨认的结果有认可和不认可两种。前者,可不再进行质证;而后者,则需作进一步质证。认可,一般采用明示方式,如承认对方当事人宣读的合同书、自书遗嘱在内容和形式上都是真实的,法庭对这种合同书、自书遗嘱之类的证据应予确认。对此,《证据规定》第 72 条订有明文:"一方当事人提出的证据,另一方当事人认可或者提出的

[①] 江伟主编:《民事诉讼法》(第二版),高等教育出版社、北京大学出版社 2004 年版,第 197 页。

相反证据不足以反驳的,人民法院可以确认其证明力。一方当事人提出的证据,另一方当事人有异议并提出反驳证据,对方当事人对反驳证据认可的,可以确认反驳证据的证明力。"认可,也可以表现为不予反驳的默示方式。对此,《证据规定》第8条第2款可为依据:"对一方当事人陈述的事实,另一方当事人既未表示承认也未否认,经审判人员充分说明并询问后,其仍不明确表示肯定或者否定的,视为对该项事实的承认。"

4. 证据质询与辩驳权。一方当事人出示的证据为另一方当事人否认后,否认者应当向法庭说明否认的理由(如,指出出示方所出示的证据系伪造或变造而成、系采用非法手段收集而来,证人有被贿买的嫌疑,证人与出示方有近亲属关系,鉴定人不具有鉴定资格,书证存在形式瑕疵等),对方当事人也有权要求否认者说明否认的理由。否认理由陈述完毕后,出示证据者还可针对否认理由进行反驳,以进一步阐明己方所出示证据的真实性、合法性等。质证者如有不同意见,还可再行反驳。如此循环往复,在"质询—反驳—再反驳"中,所出示之证据资料是否具有证据能力与证明力便愈益明朗,从而为法庭确认证据奠定坚实的基础。对此,有学者论道:"质证方陈述完否认的理由后,出示方还可以针对否认的理由进行反驳,然后再由质证方对反驳的理由进行辩驳,直至法庭认为该证据已审查核实清楚。"①

5. 发问权。有学者指出,当事人在法院进行证据调查时,不能只是消极地听闻,更应积极地参与调查过程,而有发问权,以随时主张自己之实体利益和程序利益。发问之对象,不仅包括证人,还包括鉴定人。② 新民事诉讼法第139条第2款规定:"当事人经法庭许可,可以向证人、鉴定人、勘验人发问。"《证据规定》第60条针对质证也明确肯定当事人的发问权,即:"经法庭许可,当事人可以向证人、鉴定人、勘验人发问。"此外,在证据调查或质证时,当事人相互之间也可以发问,即质证方经法庭许可后可以向出示方提出各种问题,除非所问与质证目的无关,出示方应遵守诚实信用原则如实作答。必要时,审判人员也可以向当事人发问。

6. 委托专家辅助人协助质证权。专家辅助人,是指由当事人聘请,帮助当事人向审判人员说明案件事实中的专门性问题,协助当事人对案件中的专门性问题进行质证的人。新民事诉讼法第79条对这一权利作出了增补性规定:"当事人可以申请人民法院通知有专门知识的人出庭,就鉴定人作出的鉴定意见或者专业问题提出意见。"《证据规定》第61条则有更加细化的规定:"当事人可以向

---

① 江伟主编:《民事诉讼法》(第二版),高等教育出版社、北京大学出版社2004年版,第198页。

② 沈冠伶:《诉讼权保障与裁判外纷争处理》,北京大学出版社2008年版,第6页以下。

人民法院申请由一至二名具有专门知识的人员出庭就案件的专门性问题进行说明。人民法院准许其申请的,有关费用由提出申请的当事人负担。审判人员和当事人可以对出庭的具有专门知识的人员进行询问。经人民法院准许,可以由当事人各自申请的具有专门知识的人员就有案件中的问题进行对质。具有专门知识的人员可以对鉴定人进行询问。"可见,专家辅助人有利于解决案件中的专门性问题。虽然专家辅助人也是由具有专门知识的人担任,也要对专门性问题进行分析说明,与鉴定人在某些方面有相似之处,但专家辅助人并不等同于鉴定人:(1)两者的产生方式不同。鉴定人的产生方式主要有商定和指定两种,一方当事人单方面委托鉴定的情形并不多见。而专家辅助人的聘请,前提是当事人提出申请和法院审查同意。一旦获得法院许可,双方当事人即可各自聘请自己的专家辅助人。因此,鉴定人一般不存在原告方的鉴定人或被告方的鉴定人,但专家辅助人则可分为原告方的专家辅助人和被告方的专家辅助人。(2)两者所起的作用不同。鉴定人的作用在于运用其专业知识、专门技能对鉴定客体进行分析、鉴别后得出结论性意见。这种鉴定意见是民事诉讼法定证据形式之一,有"专家证据"之称,审查属实后有极强的证明力。而专家辅助人只是帮助当事人对某些专门性问题作出解释、说明,或者是在涉及专门性问题的质证时协助当事人。①

7. 质证结果知情权。质证结果,即质证的效力,包括程序性后果和实体性后果。质证的程序性后果有二:一是法官认证或不予认证。即质证程序结束后,庭审法官当庭判定当事人提出的某一或某类证据具有可采性或不具有可采性。二是当事人提出质证程序异议。依据正当程序理念,一旦当事人的质证权受到限制或剥夺,致使当事人的质证行为受到阻碍,则对有关证据的调查视为未曾发生或不存在。因此,如果非因当事人自身原因导致未能充分质证或未能质证的,主张者可以提出不得将该证据作为定案根据的主张或提出质证程序违法的异议。质证的实体性后果,就是在质证程序中一方当事人对对方提出的证据消极地不加反驳,即应视为诉讼上的承认。② 对质证的这些结果,法官应在法庭上或裁判文书中,以口头或书面的方式告知当事人,使其既知其然又知其所以然。如果当事人认为某一或某类证据在庭审质证时应当确认而法官却未予认证的,则当事

---

① 江伟主编:《民事诉讼法》(第二版),高等教育出版社、北京大学出版社 2004 年版,第 149 页。

② 常怡主编:《民事诉讼法学》,中国政法大学出版社 2005 年版,第 227 以下。

人享有证据确认请求权。这种请求权可从《证据规定》第74条①推导出来。

8.质证程序中的异议权。这是指在质证过程中,当事人有权对法院的职权行为或者对方的质证行为提出质疑,并要求法官对此项质疑之声明作出回应。在质证程序中,一方当事人可能受到来自法院和对方不当行为的损害,异议权可以保障庭审质证在均衡的情况下进行。概括而言,当事人在质证程序中的"异议权"主要涉及以下三个方面内容:第一,针对对方当事人在质证程序中的不当行为和质证行为提出声明,并要求法官对此作出回应,以制止对方当事人的这些行为。第二,针对法官的诉讼指挥权,包括法官依职权询问的行为提出异议。第三,针对法官不当认证时的异议。主要是在针对未经质证的证据,法官自行认证,以及虽经质证,但法官的认证结果超出了当事人质证意见的范围的情况。关于当事人的异议权,我国民事诉讼法并没有明确规定,刑事诉讼程序对当事人的异议权作了规定,例如最高人民法院《关于执行〈中华人民共和国刑事诉讼法〉若干问题的解释》第147条规定:"审判长对于向证人、鉴定人发问的内容与本案无关或者发问的方式不当并提出异议的,审判长应当判明情况予以支持或者驳回。"借鉴于此,民事诉讼法或相关司法解释应当对质证权所包含的异议权加以规定。

9.质证保障权。这体现为两个方面:(1)法官应平等保障当事人的质证权。质证是冲突的双方当事人对对方出示的证据资料进行审查,以确认或否定其证据资格和证明力进而影响法官内心信念为目的的诉讼活动,因此,法官应尊重当事人的质证权,使双方当事人有充分、平等的发表意见的机会,不得剥夺或限制一方或其中一些当事人质证的机会。在质证中,法官应恰当地组织和指挥当事人及其诉讼代理人的质证活动,既不能限制他们的质证,也不能放任自流,而要使其紧紧围绕证据的真实性、关联性、合法性和证据的证明力进行质证。同时,在质证中,法官并非质证的主体,而是质证活动的主持者,应当保持中立,既不能参与当事人之间的质证,也不能发表倾向性意见。(2)当事人在质证程序中的申请权。申请权是指当事人要求法院为一定诉讼行为的权利。在质证程序中,它主要体现为申请法院询问证人,申请法院询问对方当事人,申请法院委托鉴定等。当事人在质证程序中的申请权,表达了当事人对庭审质证运作的权限分配,是当事人程序主体性的必然要求,同时也是与法院协同促进诉讼所必需的。(3)质证意见受尊重权。法院应当尊重当事人及其诉讼代理人在质证中所发表的意见,不仅应在庭审笔录上明确记载,而且在裁判文书上对采用或不采用某种质证

---

① 《证据规定》第74条规定:"诉讼过程中,当事人在起诉状、答辩状、陈述及其委托代理人的代理词中承认的对己方不利的事实和认可的证据,人民法院应予以确认,但当事人反悔并有相反证据足以推翻的除外。"

意见也要有所反映。当事人也可以要求法官在庭审或者裁判文书中公开其心证,故这种权利也被称为心证公开请求权。这里借用一位刑事诉讼法学者谈及辩方证明权时对该权利的解释:"心证公开请求权是辩方享有的请求法官将其对于案件事实、证据以及法律适用的认识、评价和理由进行公开、披露并进行解释的权利。"①可见,该权利的核心是当事人要求法官公开心证并进行解释,以保障自己的权利。从权力制约的法理看,也只有通过赋予当事人这一权利,才可能有效监督和制约法官的心证,防止其滥用权力,武断专横地判断和取舍证据,进而促其形成公正、合理的心证。同时,法官公开心证以保障当事人的证明权也是一项法定要求。《证据规定》第64条规定:"审判人员应当依照法定程序,全面、客观地审核证据,依据法律的规定,遵循法官职业道德,运用逻辑推理和日常生活经验,对证据有无证明力和证明力大小独立进行判断,并公开判断的理由和结果。"第79条规定:"人民法院应当在裁判文书中阐明证据是否采纳的理由。对当事人无争议的证据,是否采纳的理由可以不在裁判文书中表述。"(4)证据突袭防止权。根据民事诉讼法第200条第4项规定,对原判决、裁定认定事实的主要证据未经质证的,当事人可以申请法院再审,检察院也可以提请抗诉,法院应当再审。可见,各级法院在审理民事案件时,应当保障当事人的质证权,不然,当事人可以此为由提起上诉或者申请再审。(5)质证笔录核对权。《证据规定》第62条规定:"法庭应当将当事人的质证情况记入笔录,并由当事人核对后签名或者盖章。"如果当事人对笔录有异议,可以要求补正,从而保障其质证意见符合本意,保障质证权的有效实现。

---

① 余茂玉:《刑事诉讼证明权研究——以辩方为视角》,中国人民公安大学出版社2010年版,第36页。

民事诉讼中抗辩的识别*

■马爱萍** 王 玉***

摘 要 抗辩是当事人对抗相对方主张的一种防御手段,"抗辩者承担证明责任,否认者不承担证明责任"这一条古老的证明责任分配规则表明了抗辩在证明责任分配上的特殊意义。然而,在司法实务中,混淆抗辩与其他诉讼防御手段的情形十分常见,在证明责任的分配上往往无所适从或存在逻辑上自相矛盾的尴尬现象,侵犯当事人的合法权益。因此,本文从抗辩与其他诉讼策略的区别入手,寻找抗辩自身的特征,找到准确识别抗辩行为的方法,以期为司法实践提供参考。

关键词 抗辩 诉讼策略 证明责任分配 抗辩识别

一、抗辩在证明责任分配上的意义

抗辩制度起源于罗马法,是法律为被告提供的据以对抗原告之诉的一种辩护手段或制度可能。它是指当事人通过主张与相对方主张的不同事实以排斥相对方主张的一种防御方法。辩论主义这一诉讼理念,要求对构成裁判的基础事实的获取和证明交由当事人承担,而抗辩恰恰是实现辩论主义最为基本的手段和方式,它使得抽象的证明责任得以具体化。

在诉讼过程中,当事人必须主张相应的事实,法院的裁判也必须建立在当事人主张的事实的基础上。为了说服法官作出于己有利的判决,当事人要对其希望适用的法律的要件事实承担证明责任。"主张"在诉讼上有陈述、提出事实之意。从广义上讲,原告、被告均可提出主张;原告提出要求支持其诉讼请求的主

---

* 本文为教育部人文社科研究项目《医疗纠纷证明责任的分配》(项目编号:12YJA820046)、中国法学会法学研究课题《医疗纠纷解决机制研究》(项目编号:CLS(2012)D205)、山西省法学会法学研究课题《医疗纠纷解决机制研究》(项目编号:SXLS(2012)B19)、山西省高等学校留学回国人员科研资助项目的阶段性成果。

** 山西大学法学院教授,主要研究方向为民事诉讼法、证据法。

*** 山西大学法学院民商法专业民事诉讼法方向在读研究生。

张,被告可以否认和抗辩。当事人要对自己的主张承担证明责任,但不能认为只要主张某一事实,就一定承担证明责任,因为还要考虑当事人所主张的事实的性质如何。抗辩在证明责任分配上的意义就表现在,当事人以抗辩的形式对抗相对方的诉讼主张时,就要承担证明责任。因为,抗辩方提出的抗辩事实是独立于诉讼请求并对诉讼请求起到阻碍作用的事实主张,是抗辩方为了法官适用对其有利的法规范而为的防御行为,其应当承担证明不能时的败诉风险,即证明责任。这一点也将在下文中予以阐述。

二、抗辩与其他诉讼策略的区别

在当事人双方的攻击防御过程中,针对一方的主张,另一方可能以若干不同的理由来进行防御。这些防御方式不仅影响着当事人的诉讼成败,对法官来说,掌握"抗辩"、"否认"及"反诉"等归属于民事诉讼法学基本范畴的不同防御方式也不可或缺,是法官理解证明责任分配的钥匙。

(一)抗辩与否认对证明责任分配的影响

诉讼中,一方当事人提出诉讼请求,另一方为了维护自身利益而通过抗辩与否认这两种防御方式来反驳相对方的诉讼请求。"抗辩者承担证明责任,否认者无需承担证明责任"①是一条古老的证明责任分配规则。当事人采取的防御方式直接决定了当事人所负担的证明责任。

所谓否认,即不承认,它是指当事人主张相对方主张的事实为不真,或对相对方的申请或主张予以否定。根据当事人否认的内容和形式不同,在学理上一般将否认分为单纯否认、积极否认和推定否认。单纯否认,又称全部否认,指当事人主张相对方的主张事实为不真实,对相对方的主张事实直接予以否定。例如,在金钱借贷纠纷中,对返还金钱请求权提出"从未借过"主张即为单纯否认。积极否认,又称间接否认或附理由的否认,指当事人承认相对方主张的要件事实存在,但从积极方面提出一定的理由否认对方主张的效果事实。例如,针对金钱债权请求权提出"这笔钱是你赠与给我的"的主张即为部分否认。由于赠与关系与借贷关系并不属于同一法律关系,因此被请求者的主张属于否认而非抗辩,请求人仍应该对借贷关系的发生承担证明责任。推定否认,是指当事人以不知或不清楚相对方的主张事实为由,对相对方的主张事实予以否定。② 如针对金钱债权请求权提出的"我不知道或不记得"的否认主张。

在诉讼过程中,若双方当事人各自提出主张但均无法证明,事实处于真伪不明时,若反驳一方的主张是否认,证明责任由提出请求一方承担,否认该事实的

---

① 陈刚:《证明责任法研究》,中国人民大学出版社2000年版,第233页。
② 陈刚:《证明责任法研究》,中国人民大学出版社2000年版,第237页。

当事人不承担证明责任,即不要求该当事人证明权利根据事实不存在或者没有发生。否认者只需使法官的心证处于真伪不明或者对待证事实无法形成高度盖然性的认识即可;但若是抗辩,提出抗辩的一方需要对自己的主张承担证明责任,提出足以让法官达到内心确认的证据,否则将承担败诉的风险。

(二)抗辩与反诉在诉讼防御中的运用

反诉指在已经开始的民事诉讼中,本诉的被告以本诉的原告为被告所提出的旨在抵销、吞并或排斥其诉讼请求的独立的诉讼请求。反诉是本诉的被告向本诉的原告提出的一种独立的反请求[1],设置反诉制度的目的在于通过一次诉讼将当事人之间的有关纠纷全面解决,避免多次诉讼可能产生的矛盾裁判。

抗辩和反诉作为诉讼中的两种防御方式,在对抗诉讼请求上有一定的相似性,但是它们之间也有很大不同,清晰地认识两者的不同对于准确识别抗辩行为,从而合理分配证明责任有着很大的启示作用。反诉虽与本诉有一定的牵连性,但其本质上仍是一个独立的诉,本诉的撤诉或不成立不影响反诉的存在。而抗辩则不然,抗辩是对抗请求权的武器,旨在防御,故抗辩完全依附于本诉,贯穿于诉讼的全过程,本诉不存在,抗辩也随之消失。总之,反诉是一种独立的诉讼请求,是被告的专属权利;但抗辩不是一种请求权,而是一种诉讼权利,体现了双方当事人进攻、防御的一种衡平关系,是双方当事人都可为的一种防御行为。

三、民事诉讼中抗辩的识别

抗辩对于证明责任分配的意义如此重要,又极易与其他诉讼行为混淆,影响事实的准确认定和公正判决。因此,找到诉讼中识别抗辩的技巧,科学合理地分配当事人双方的证明责任,在诉讼中有着重要的意义。

(一)抗辩之事实源于实体法的法律规范

德国学者罗森贝克对证明责任分配的研究建立在对实体法律规范的分析基础之上,他认为,每一方当事人均必须主张和证明法律效力对自己有利的法规范[2],以期有利于己的法规范被法官适用。罗氏将实体法律规范分为基本规范和相对规范两大类,基本规范即权利形成或产生规范,是当事人据以提出诉讼请求的实体法依据;相对规范即妨碍或消灭权利形成规范效力的实体法规范,包括权利妨碍规范、权利消灭规范及权利排除规范,这些规范包含基本规范的全部构成要件,只是以权利一开始即不产生或者在事后已于消灭予以对抗。按照罗氏的基本证明责任分配规则,当事人要想适用于己有利的法律规范,提出诉讼请求的人应就权利形成事实承担证明责任,反驳诉讼请求的人应就权利抗辩事实承

---

[1] 常怡主编:《民事诉讼法学》,中国政法大学出版社2001年版,第71页。
[2] [德]莱奥·罗森贝克:《证明责任论》,庄敬华译,法律出版社2002年版,第104页。

担证明责任。

所谓抗辩,即在相对规范的指引下所为的诉讼防御行为,诉讼请求所指向的相对方在适用相对规范对抗请求权时就需要对自己提出的事实理由予以证明,因为该方当事人希望于己有利的法规范可以得到适用,并产生对己有利的法律效果,否则将会承担败诉的风险。我们在识别当事人对诉讼请求的反驳是否属于抗辩行为时,首先就要分析该对抗行为所依据的实体法规范是否属于相对规范。如果反驳诉讼请求的一方当事人提出的对抗诉讼请求的事实理由并非提出了新的诉讼请求,也不是对权利产生事实的完全否认,而是依据相对规范予以反驳,证明对方的诉讼请求所依据的事实要么在产生之初即不合法,或者在产生之后已予消灭或存在其他妨碍其效力发生的其他事实,那么,当事人的这种反驳行为即属于抗辩,且要对抗辩所依据的事实承担证明责任。

与抗辩从法律规范之间的相对性关系出发不同,当事人若是"否认",即认为相对方主张的要件事实为假,则无需承担证明责任。因为当事人并不是依据与基础规范相对立的法规范而提出否认,而是依据基础规范所作的对某一事实是"假"的主张。如果要求否认一方当事人也承担证明责任,那就会导致同一事实从正反两个方面要求当事人双方均承担证明责任的自相矛盾的情况出现,当事实处于真伪不明时,双方当事人都会被法院判处败诉,这显然是不合逻辑的。由此看来,也可以从另一个角度来判断一项事实是抗辩还是否认,即通过原告的请求来辨别。如果这项事实的存在并不意味着原告所述事实的不真实,它就不是一项否认而至少是一项抗辩,甚至有可能是反诉(反请求)。①

(二)抗辩或抗辩事实在形式上的特征

抗辩是当事人依据实体法相对规范而作出的反驳对方主张的行为,抗辩的事实与其他反驳和对抗行为的事实理由相比具有自身的特点。

首先,抗辩必须是积极的事实。对于相对方主张的事实,抗辩方不是说"不",否则就成立对相对方主张的否认,而是说"是,但是……"。从法律规范来看,抗辩所依据的实体法规范完全包含权利产生的基本规范的构成要件,只是其后又附加了对抗基本规范效力的内容,通常是用但书的形式表达(是—但是),相对方抗辩时往往依据相对规范使得一个或数个对抗的反作用得以正当化。例如,存在借贷合同即为权利形成的依据,而存在借贷合同,但是一方是无行为能力的,合同无效;或存在借贷合同,但已经履行的,借贷关系消灭;或存在借贷合同,但已经超过诉讼时效的,法律不予保护等,就分别属于权利妨碍、权利消灭及权利排除的事实抗辩。从证明责任的角度看,这些"但是"的规定是有利于抗辩方的,如果抗辩方希望适用这些对应的实体法规范的话,就要对其抗辩的事实承

---

① 尹腊梅:《民事抗辩权研究》,知识产权出版社 2008 年版,第 67 页。

担证明责任。当然,当事人要依据实体法对抗辩事实承担证明责任,但不能机械地理解为在具体的案件中,当事人负有证明责任的事实都必须直接体现为实体法规范中所列举和描述的事实。① 法律中所列举的是一种抽象的法律事实,是对日常生活事实的高度概括和提炼。具体的案件中,当事人应当证明的是具体的事实,即法律事实在现实生活中的多种表现。

其次,法规范的措辞是查明属于基本规范还是相对规范的解释方法。这种情况是指,当事人一方反驳对方的主张时所援引的实体法规范并不完全是规范的"是—但是"的形式,要判断反驳行为是抗辩还是否认、反诉,更多时候要借助法规范的措辞来分析法规范的性质,进而对反驳行为的性质予以分析,以准确适用证明责任分配规则。法规范中常常存在一些特定的词语,如"消灭、丧失、取消、终止、解除"②或者"不在此列"、"除外"、"这个不适用于"、"不适用该规定"、"限于"③等,均表明属于权利的消灭或妨碍权利产生的抗辩;除此之外,法规范中还存在用否定的条件从句表示对抗权利产生的含义,即将"不"置于条件词"如果,以……为限。只要"之后,或者仅用反身代词或人称代词"其、他与这些条件词相分离"。④ 因此,当事人作出反驳行为后,其依据的事实如果按照实体法的形式或句意分析,符合相对规范的构成要素,则属于抗辩,应当按照证明责任分配的一般原则来分配证明责任。

(三)抗辩独立于法官判决的演绎推理过程

诉讼审判的过程在于认定某一事实(小前提),然后对其适用法律(大前提),最后求得一定法律效果(结论)的三段论的演绎推理过程。"法官知法"的预先假定排除了当事人对于法律本身证明的必要性;当事人需要对其主张的事实予以证明,当事实真伪不明时就要发挥证明责任规范对法官裁判活动的指导作用。

在诉讼中,对有争议的主张是属于诉讼理由,还是构成抗辩的构成要件,罗氏建议将有争议的主张纳入判决演绎推理中去从而作出判断⑤。如果这一有争议的主张在为诉讼主张所提供的演绎推理中不起任何作用,那么,它要么不重要,要么仅作为权利妨碍、权利消灭或权利排除规范的前提条件有意义,也就是说,这一有争议的主张应当由被告承担证明责任。这种方法的合理性源于法官在作出判决的过程中,有着不同于"民间的思考方法"⑥。在我们看来,或者说从

---

① 翁晓斌:《论我国民事诉讼证明责任分配的一般原则》,载《现代法学》2003年第4期。

② [德]莱奥·罗森贝克:《证明责任论》,庄敬华译,法律出版社2002年版,第125页。

③ [德]莱奥·罗森贝克:《证明责任论》,庄敬华译,法律出版社2002年版,第132页。

④ [德]莱奥·罗森贝克:《证明责任论》,庄敬华译,法律出版社2002年版,第133页。

⑤ [德]莱奥·罗森贝克:《证明责任论》,庄敬华译,法律出版社2002年版,第255页。

⑥ [德]莱奥·罗森贝克:《证明责任论》,庄敬华译,法律出版社2002年版,第118页。

实体法的角度来看,只有当法律规定或当事人约定的权利产生的所有前提条件都已经具备,且不存在权利妨碍或权利消灭的情形时,请求权的存在才予以承认,但这种思考方法并不适用于法官。法官的工作就是审核,原告只需证明权利形成规范的要件事实,直到被告证明权利妨碍、消灭、排除事实之前,法官必须承认权利形成规范的效果,确认权利形成并且至今仍然存在。也就是说,在法官作出是否支持原告的诉讼请求的判决的演绎推理过程中,并不积极主动地代替被告去主张并查证是否有阻碍原告请求权效力发生的情形。在演绎推理过程之外,被告依据相对规范提出的对抗原告的事实即为抗辩,它与成立诉讼的法规范的前提条件毫不矛盾,只是在其后又增加了"带有相反的征兆"[①]的情形,与请求权相对立。

例如,被告主张,原告所要求其履行的合同是附条件的,他的主张构成了诉讼意义上的抗辩,更确切地说是构成了权利妨碍规范的构成要件,因为这一主张与成立诉讼的法规范"只是要求订立合同"的前提条件无关。如果原告自己主张合同的订立是无条件的,在法官的演绎推理中这些主张是完全多余的,因为法官对原告的诉讼请求是否予以确认的过程中仅考虑"是否订立了合同"。如果被告对原告的主张不(通过"否认")接受,法官既不能在判决的构成要件中再现它,也不需要在判决理由中考虑它,影响法官判决的仅仅是被告那些属于抗辩范畴的主张。

(四)抗辩与当事人的角色无关

在诉讼过程中,原告提出诉讼请求,被告根据相对规范予以抗辩,以妨碍或消灭请求权效力的发生;但这种抗辩往往不会在被告的抗辩中终止,而是原告又依据相对规范的相对规范(我们称之为妨碍之妨碍规范[②])与被告的抗辩相对抗,被告此时也可再针对原告的再抗辩提出再再抗辩。这种反复可以一直持续。也就是说,每一个法规范的效力可因另一个法规范的效力而被妨碍或被消灭[③],这样就出现了一再反复的抗辩过程,即原告主张、被告抗辩、原告再抗辩、被告再再抗辩等。因此,抗辩本身是当事人的一种防御行为,是对抗相对方主张的一种手段,它和当事人在诉讼中的角色无关。

最为典型的例子,原告诉请被告支付价款,被告抗辩原告在订立合同时无相应的民事行为能力,因此主张撤销合同(《合同法》第47条第2款);原告再抗辩其法定代理人行使了追认权(《合同法》第47条第1款);被告反抗辩在合同被追认之前,已经行使撤销权(《合同法》第47条第2款)。无论是再抗辩还是再再抗

---

① [德]莱奥·罗森贝克:《证明责任论》,庄敬华译,法律出版社2002年版,第254页。
② [德]莱奥·罗森贝克:《证明责任论》,庄敬华译,法律出版社2002年版,第107页。
③ [德]莱奥·罗森贝克:《证明责任论》,庄敬华译,法律出版社2002年版,第107页。

辩,都是以法律规范适用效果相对性为基础的,是抗辩的特殊表现形式。原告主张再抗辩的目的在于反驳被告抗辩事由成立的效果,使得请求权不受妨碍地发挥其全部效力,当事人的权利得到充分满足。被告主张再再抗辩的目的在于排斥原告再抗辩,巩固其主张的抗辩事实成立所产生的法律效力,进而实现制约请求权行使的效果。

抗辩的这种特性,在判断当事人的反驳行为是属于抗辩还是反诉上能够发挥重要的作用。在前文我们谈到,抗辩和反诉是当事人对抗相对方的两种诉讼策略,反诉是被告专属的权利,而抗辩则是双方当事人都享有的权利,也就是说,被告既可以选择抗辩的方式,也可以选择反诉的方式来对抗原告的诉讼请求。当被告提出的相反主张,究竟应归属于抗辩还是必须以反诉的形式提出,在司法实践中存在诸多混乱的情形。例如,原告诉请被告返还工程款,被告以质量不符合要求予以对抗,那么,被告这种对抗是一种抗辩,还是必须以反诉的形式提出?(此处,暂不考虑反诉提起应符合的其他程序条件)本文认为,不能仅仅依据被告的主张与本诉有关联性、对抗性,即要求被告提起反诉,否则其合法权利得不到保护,这是对被告享有的合同履行抗辩权的一种剥夺,当事人有权自主选择何种诉讼策略。判断的标准是,如果被告以原告履行合同不符合约定为由对抗原告诉讼请求,要求驳回原告诉讼请求,并未提出新的诉讼请求,则法院不应再要求提起反诉;如果被告主张的事实理由中提出了新的诉讼请求,且其请求数额超过原告的请求数额,那么,法院可以根据"不告不理"原则及当事人可以自由处分权利的原则,告知当事人选择抗辩或反诉。当事人选择抗辩,则法院对超出的诉讼请求不予审理;选择反诉,则应按照相应程序要求提起反诉。

四、结 语

当事人主义的诉讼模式,要求在诉讼过程中体现辩论主义和当事人处分原则,重视程序的价值,实现民事诉讼的平等性和对抗性。基于实体法相对规范的抗辩及其他诉讼策略,不仅在实现当事人双方的诉讼权利上起着重要的作用,而且在证明责任的分配上有着特殊的意义。因此,寻求抗辩的识别方法,准确区分抗辩与否认、反诉,能够促使当事人理性选择有效的诉讼策略,提高审判效率,合理、科学地分配证明责任。

从证明妨碍行为到主客观证明责任
——在民诉制度框架内发展证明妨碍并回应 2012 民诉法修正案的相关思考

■ 陈慧慧[*]

摘 要 以《侵权责任法》第 58 条第 23 款为逻辑起点,以医疗损害赔偿诉讼为具体情境,整合梳理并评析反思我国现有的粗糙且分散的涉及证明妨碍的相关制度条文;通过对证明妨碍法律规制的正当性根基和制裁性效果在比较法层面的挖掘和解读,并结合对医疗损害赔偿诉讼相关案例的援引和分析,论证有必要在民诉法修改的框架内完成对证明妨碍行为法律规制的构建,以确保在证明责任和证明标准规则的整体架构内设置逻辑自洽、体系严谨、协调统合、灵活机动的证明妨碍制度。在深入探讨解析证明妨碍制度的定位与功能、厘清重构主观的证据提出责任概念的前提下,明确证明妨碍规则与主客观证明责任的关联,强调我国的证明妨碍制度需以贯穿诉讼全过程、着眼于公平正义和诚实信用原则的证据提出义务作为正当性根基,设计出情境化、多元化的救济和制裁规则。证明妨碍的制度设计须立足于矫正纠偏证明妨碍事由所导致动态变化的诉讼两造因资源占有、风险控制和证据偏在所致的武器失衡、竞技不公的局面以及事实开示解明的效率最大化诉求,在司法审判层面强调法官以补偿、惩罚、阻却的制度功能为指引而为适时释明,并着眼于在现有证明责任的框架内,以平衡维系诉讼地位的公平对等和实质正义。由 2012 民诉法修正案明确举证时限规则和证据交换程序赋予当事人就专门性问题申请鉴定的权利的逻辑顺延,确认且强化当事人确保鉴定顺利进行的提供证据责任是应有之义。结论部分对于我国现行分散的证明妨碍规则作全面梳理,并提出在民诉法修改框架内须采取"普遍性抽象规则+具体情境化适用"的立法模式,从规则和操作的层面为民事证明制度体系的渐近性变革开辟广阔的视野前瞻。

关键词 证明妨碍 客观证明责任 主观举证责任

《侵权责任法》第 58 条规定,患者有损害,因下列情形之一的,推定医疗机构

---

[*] 清华大学法学院 2010 级诉讼法专业博士生。

有过错:(1)违反法律、行政法规、规章以及其他有关诊疗规范的规定;(2)隐匿或者拒绝提供与纠纷有关的病历资料;(3)伪造、篡改或者销毁病历资料。从目的解释的层面作合理理解,《侵权责任法》第58条属于过错的客观化情态表述;若依据文义解释的路径,第58条第2、3款所规定的行为是典型的证明妨碍行为,一方当事人在诉讼前或者在诉讼过程中,通过特定行为故意或过失地使得另一方当事人不能公平地利用证据,从而导致对该另一方当事人产生不利的裁判后果。鉴于在诉讼事务进程里有关事实及证据材料的分布极不均匀,导致在个案中常会出现事实和证据材料偏在非举证人一方支配领域内,证明妨碍人出于胜诉的动机考量会采用不当手段为举证人利用证据实现其合法权益制造障碍,这种恶意或重大过失行为不仅侵犯了对方当事人的诉讼权利与合法利益,还严重限缩了法院通过司法程序发现事实真相的能动性。在我国审判实践中,证明妨碍行为早已普遍存在,立法条文却缺乏对此类行为系统整合的规制,现有规则的杂乱零散直接影响到司法以实务灵活有效的适用规则来制裁遏制证明妨碍行为、强化诉讼效率和程序正义。在民事诉讼法修改草案被普遍热议和焦点关注的大背景下,在证明责任和证明标准整体的结构框架内,设置出逻辑严谨、体系统合、功能定位准确、司法操作便捷的证明妨碍制度正是本文为之努力方向。

一、我国证明妨碍制度的司法实务图景

笔者以法院的一个真实案例①作为讨论的起点,通过关注诉讼审判的现实需要,梳理关联制度规则,进而在理论阐释和学术辨析层面形成有针对性、有说服力、有实用性的能化解法官心证之惑的命题讨论。

审视全案事由,不论基于怎样的前提,医院方无法提供鉴定必需的原始单据和病历资料,符合《侵权责任法》第58条第2款所述,属典型的证明妨碍行为。对于法官而言,司法实务关注的核心问题是,在本来原告和被告双方客观证明责任界分清晰明确的诉讼进程里发生证明妨碍行为导致证据偏在和举证失衡的情形下,法官的自由裁量权和释明权应当怎样发挥作用来赋予证明妨碍行为人相应的制裁,以矫正利害相关当事人两造的程序利益失衡,便利诉讼推进,回复公平竞技的诉讼秩序,进而确保诉讼判决高效、终局权威和实体正义彰显。本文基于司法裁判的操作需要,尝试从法理逻辑和价值评判的视角,打通诉讼实务操作与证明妨碍学理研究的误区和壁垒。

医疗损害赔偿诉讼的事实认定与法律适用的核心,在于医疗行为与损害结

---

① 2006年9月20日,孙女士的丈夫因左上肺肿物被医院收住院,同月27日,医院为孙女士的丈夫进行切除术,当晚患者因大量失血死亡。当日,手术医师为孙女士书写手术过程。后孙女士起诉至一审法院,称丈夫死亡系医院实施手术人员将丈夫肺动脉缝合处撕裂导致大出血死亡。事发后,医院隐瞒事实真相,编造假病历,隐藏体温单、麻醉记录等重要病历,企图推卸责任。故要求医院赔偿住院伙食费、陪护费、丧葬费、死亡赔偿金、精神损害赔偿金等共计27万元。医院辩称,在对患者进行肺动脉缝合结扎处破裂出血部位缝合过程中,因患者肺动脉压力高、血管壁薄等原因,终因大量出血、休克造成循环衰竭死亡。医院对患者的诊断正确,手术治疗方式适当,操作无误,抢救及时,整个诊疗护理行为没有违反有关诊疗常规之处。患者的死亡是人体差异产生的医疗意外。患者去世后,其亲属胁迫主刀医师书写手术记录,并强行带走麻醉记录和胸片等资料。因病历中缺少重要的麻醉记录原件而不能装订归档,将病历保存于医疗科是正当合法的,患者家属以病历未存放于病案室而否认整个病因的真实性于法无据。故请求驳回孙女士诉讼请求。一审法院审理中,医院先后申请了医疗事故及司法鉴定,但均因鉴定材料中缺少原始麻醉记录单未能进行。一审法院经审理判决后,医院不服,上诉到北京市二中院。二中院审理中,医院坚持主张麻醉记录单原件是患者亲属拿走的。二中院经审理认为,医院对包含麻醉记录单在内的医疗病历负有保管责任,且一般情况下医疗病历应在医院保存,现医院不能提供麻醉记录单的原件,且主张系患者家属拿走了麻醉记录单原件,故医院应对其该项主张承担举证责任。现医院提供的证据不足以证明其主张,对医院关于麻醉记录单原件被患者亲属拿走的主张不予采信。因医院不能提供麻醉记录单原件,致使案件无法通过鉴定确定医院在诊疗过程中是否具有过错及上述诊疗行为与患者的死亡是否具有因果关系,故医院应承担不利的法律后果。2011年3月,北京市第二中级人民法院终审驳回医院上诉,维持原判。

果及其因果关系的司法鉴定结论。由于本案中原始麻醉单据等关键病历资料的缺失而直接导致鉴定无法进行,因此使案件事实的开示陷于真伪不明的境地。由是本案中还需要提炼和厘清的重要命题有:在证明妨碍行为导致的举证不能、事实认定停滞而使案件陷入真伪不明的情境下,相对应的法律制裁规则与法定适用于事实真伪不明情况下的证明责任分配制度有着怎样的关联与区别?证明妨碍的制裁体系在证明责任制度的框架内如何定位和设计才能最大化地发挥其制度功能?制裁证明妨碍所引起的举证责任移转与举证责任倒置如何在各自的作用领域并行不悖又相辅相成,从而确保实体正义以及程序主体对等与程序实质参与?

依据医疗损害责任的过错归责原则[①],负担提出证据证明医疗行为损害、过错、因果关系责任的患者当事人将陷于不能自主的举证不能而濒于败诉。诉讼遭遇搁浅、事实认定停步不前、患者一方当事人却必须承担源自医院过错的败诉困境,显然违背实体正义和程序效率,患者非因自身过错而承受败诉风险不具有合理正当性。本案二审法官正是基于矫正举证能力失衡和纠偏竞技不公平对等的考量,在裁判理由部分明确表示:"医院对包含麻醉记录单在内的医疗病历负有保管责任,且一般情况下医疗病历应在医院保存,现医院不能提供麻醉记录单的原件,且主张系患者家属拿走了麻醉记录单原件,故医院应对其该项主张承担举证责任。现医院提供的证据不足以证明其主张,对医院关于麻醉记录单原件被患者亲属拿走的主张不予采信。因医院不能提供麻醉记录单原件,致使案件无法通过鉴定确定医院在诊疗过程中是否具有过错及上述诊疗行为与患者的死亡是否具有因果关系,故医院应承担不利的法律后果。"分析审视其背后的法理逻辑,笔者以为:负有保管义务的医院因过错导致的证明妨碍行为直接引起的法律制裁效果,医院须负担在鉴定不能的情况下证明自身医疗行为无过错、与损害间无因果关系的证据提出责任,否则就会因为无法使法官形成对己方有利的心证而败诉。且在本案中医院方在庭审辩论阶段提出新的主张,自然需要负担新主张的证据提出责任;如若不能完成这一随诉讼进展而衍生的举证责任,就必须承受法官自由裁量所达成的不利心证而导致的败诉结果。

笔者需要强调的是:在本案的诉讼进程里,行为意义上的举证责任在诉讼两造间发生过两次移转,而作为判决核心的结果意义上的证明责任,依据法定的风险负担规则,在诉讼伊始就已然确定地分配给双方当事人。由是证明妨碍行为的法律制裁与证明责任的分配和倒置截然区别开来,在制裁效果表现为举证责任移转的诉讼进程里,结果意义上的证明责任分配规则从未更改和移转。在明

[①] 《侵权责任法》第6条:行为人因过错侵害他人民事权益,应当承担侵权责任。根据法律规定推定行为人有过错,行为人不能证明自己没有过错的,应当承担侵权责任。

确此概念逻辑的基础上,笔者将以证明妨碍的法律制裁规则体系为核心命题,着重从学理根基、制度架构、功能定位、规则细节、司法实务等角度层层铺垫,具体展开本文的研究讨论。

二、证明妨碍法律规制的法理基础

证明妨碍的不法逻辑起点是证据提出与妥善保存义务的违反。学理上需要解决的问题是,不负担举证责任的一方当事人负担证据提出和保存义务的法理基础,以及义务产生的时间和效力范围如何确定。

(一)诉讼协力之法定义务前提

在现代福利国家的语境下,传统大陆法系的民事诉讼所抱持的"任何人均不必开示对己不利之证据"及"不被要求协助他人权利之证明"的修正发展理念补充,衍生出旨在矫正司法资源配给不均和证据偏在的"社会的诉讼观"。"司法竞技理论"日益重视强调"诉讼协力理念"和武器平等原则。"即使在以对抗为基调的诉讼结构下,两方当事人表现于程序中的相互作用也不仅仅是对立、争斗,同时还有协力合作的成分或侧面。"①法官在加强对于诉讼进程推动和包括举证在内的诉讼行为指引的同时,证据法层面也催生出非负证明责任的一方当事人事实陈述及证据提出的协助义务、诉讼阐明义务以及证据保全义务。"任何当事人都有义务在负证明责任的当事人对具有法律上重要意义的、有理由的主张进行阐明时给予协助。如果某个诉讼明显即将来临,则无证明责任的当事人有义务在'合理预期'的范围内保存所有的、预计在诉讼中可能会有价值的证明手段。"②

法国民诉法基于"没有人必须帮助对手去赢得诉讼"和严格保护私人领域、私人和商业秘密的理念,将非负证明责任当事人的事实解明义务融入法官的实质诉讼指挥权,当事人因为自己诉讼行为对于证据文书的引用和法官出于对信息占有和事实发现的动态诉讼进程的变化作出的自由裁量而承担特殊的诉讼阐明义务。同时,依据法律规定、契约约定或交易习惯,当事人就特定证据负有作成义务、保存义务时,如果因其可归责事由而未作成或保存证据方法,致他造当事人在诉讼中碍难使用之情形,就该义务违反行为所致事实不能证明之诉讼状态,其于诉讼上仍应负责。当诉讼已被可期待的或已经提交法院,就将产生这种证据保存义务。值得注意的是,"非但诉讼将近或纷争已经发生之情形,当事人

---

① 张友好:《论证明妨碍法律效果之择定——以文书提出妨碍为例》,载《法律科学》2010年第5期。

② 毕玉谦:《民事诉讼文书提出协力义务与立法设计》,载《人民法院报》2010年12月29日,第007版。

即便于诉前,也负有证据上之协力义务,基于此种当事人间之特殊关系,当事人于诉前也有证据之作成、保存义务"。①

德国判例法基于固有义务的概念,明确对审前毁损证据的行为施加不利后果,从而将实体法层面规定的或者基于契约、自愿行为或法定的证据保存提出义务拓展到程序法层面,并延伸到诉讼之前。事实上,立法者无法就繁纷复杂的无数起司法个案中相关当事人所应承担的具体法定义务逐一加以设定。从理论和实务上来看,证明妨碍的义务前提,可能会来自于法院对某种司法原则的扩张性解释,比如当事人间的武器平等和地位均衡原则,进而源自于公平与社会正义的基本理念。司法审判中即便在特定情形下缺乏法律上所规定的某种具体法定义务,也应允许法院根据个案情形援引抽象的司法原则与社会公平正义的理念,作为实施妨碍行为制裁的法定依据。

(二)诚实信用原则

最早的支撑证明妨碍制度来自罗森贝克的经验法则说②,一方当事人因惧怕诉讼结果之不利负担而作为或不作为,使得对方的举证成为不可能。此说有其逻辑合理性,但支撑的证明妨碍范围过于狭窄,无法包容诉前保存义务和基于过失或无过错主观心理的证明妨碍。接续多元并存的学说还涉及损害赔偿义务说③、实质正义说等,均能自成体系,自圆其说,却只能涵盖证明妨碍的片面情形而不能周延。德、日证明妨碍的正当性根基着眼于司法实践指引约束的需要,而英美证明妨碍则更强调维护诉讼程序的公平正义和对拖延诉讼和恶意毁损证据材料的惩戒。

而后德国学者巴特·格日哈里特主张的由诚实信用原则派生的"与先行行为矛盾的举动的禁止"是证明妨碍制裁的正当性基础。笔者以为,诚信原则说则是基于法官和当事人共同协力探明真实的需要,从当事人的角度强调真实义务,从法院的角度强调释明义务。正是在以强调当事人真实义务为出发点而建立的诉讼中的诚信原则之上衍生出不再片面强调诉讼当事人之间对立抗争的关系,转而挖掘其协同关系的层面。诚实信用原则将以往关于证明妨碍法理基础的诸多学说提炼统摄其下,贯穿实体法和程序法,使得"实体法上协力义务与诉讼法上协力义务皆服膺于同样的法律思想,即尽可能地以发现真实实现当事人的权

---

① 黄国昌:《民事诉讼理论之新开展》,北京大学出版社 2008 年版,第 219 页。
② 黄国昌:《证明妨碍》,载台湾《月旦法学教室》2004 年第 25 期。
③ 该说认为不负举证责任当事人对另一方当事人证明活动的妨碍具有侵害行为的性质,因此,基于补偿思想,被妨碍一方当事人享有实体法上的损害赔偿请求权,相对的,不负举证责任当事人就是这项权利的义务人。笔者以为,固然能够赋予当事人实体请求权予以救济,但就损害程度如何确定存在操作难度。当事人通常仅对被妨碍的证据方法在将来诉讼上是否具有显著性有所认识,而对其可能具有的意义程度如何并不明确。

利保护,以及以符合当事人间武器平等及迅速之程序确保权利可以适时的实现"。① 证明妨碍行为使实体证据利益在当事人之间呈现出不平衡的分布,考虑到诉讼结构对等以及利益与义务存在的一致性,实体法上的证明负担平衡和程序法上的证据提出平衡作为诉讼协力义务的两个面向,统一于诚实信用原则寻找到妥当的利益标尺和义务边界。辩论主义所确定的当事人自由竞技仍是基础准则,协助义务须在"法律不容许当事人享有因违法的证明妨碍行为所获取的利益"的指引之下确定义务的范围和期待可能性。同时,在规则不完备的情况下,原则的适用具有灵活性和补充性。

从历史发展的眼光来观察,将诚实信用原则作为证明妨碍制度的法理基础,仅是证明妨碍雏形观念的延续,只是从一个侧面来论证。伴随着丰盈的生活事实持续折射进证明妨碍的制度框架,其功能效用的多元表达以及因应社会新问题的进化能力,使证明妨碍制度的学理基础在运行实践和学理积淀必能汲取生命力和能量,得以生发并形成良性循环的自然生长机制。

三、证明妨碍的法律制裁效果考察

值得注意的是,法官固然需要严格依照成文法来规范司法适用和制裁证明妨碍行为,然而具体到每一特定类型的诉讼案件里,发生在诉讼阶段的不同时点、作用于不同当事人间都决定着立法规则无法恰如其分、周全细致的涵盖所有的特定情形详加规定;从比较法的角度,无论是德日代表的大陆法系由法官行使自由裁量权或参照示范案例对证明妨碍所导致的不利益予以纠偏,还是英美代表的普通法系秉承判例法的优良传统指示约束法官遵循类似情境下的相同判决,殊途同归的追求在纷繁复杂的证明妨碍特殊情境下选择最恰当的制裁方式来确保矫正妨碍行为所造成的利益失衡和利害损失,同时,法官积极能动的释明和指引将有效的分配审判资源和实体程序规则,最大化的补救损害。

早期有关证明妨碍制度所发挥的回复公平这种单一的功能已经进化为多元化的体系:不同类型的惩罚措施取决于上述每个不同功能所遇到的具体情节。考虑到虽然德日为代表的大陆法系与英美法系在法律文化思维、诉讼程式、庭审结构以及证据规则方面的差异,决定了证明妨碍制度架构下赋予法律效果的政策性目标与实现方式各具鲜明特色,但均可归结于三个层面的规制路径:程序法、实体法以及公法制裁。

(一)程序法规制路径

程序法规制层面是比较法视野下最通行普遍的制裁性法律效果:德国以证明责任转换说与证明标准降低说为判例之主要学说,德日学界还存在着"证明度

---

① 潘天庆:《民事诉讼法上证明妨碍之研究》,东吴大学硕士论文,第72页。

降低说"、"证明度分层理论"、"不利司法拟制说"、"证据评价说"等学说。英美法系证明妨碍之制裁效果主要集中于"诉讼公平之考量"、"对拖延诉讼之制裁"之综合分析,法院得为直接终局判决、排除妨碍者之证据提出、给予陪审团不利推定之指示、命妨碍者负担费用等手段,以回复证据对抗上的不公平状态。

德日立法均以文书提出义务对证明妨碍行为进行规制。如日本民诉法第224条第1款:"对造不服从提出文书命令的,法院可以认定对方当事人所主张的关于该文书的记载为真实。"①立法上规定对于故意证明妨碍之行为,德日在立法上均以拟制该主张被妨碍的待证事实为真来进行处理,由此对不负举证责任的当事人实施严厉的处罚。对于重大过失所致之证明妨碍,得为自由证据评价。自由证据评价的基础是对证明度的自由裁量,法官得以优势证据原则判断。归于证据评价学说的证明度降低学说或证明度分层理论实际就是依据自由裁量的证明度对该行为的可责性进行认定,以优越盖然性作为认定事实的证明度标准。然而,该方法首先涉及法官对该证据证明力的评价,而后需以此为量来降低举证方的证明度,最后在待证事实之盖然性进行综合评价,并以此得出判决。法官的自由心证是建立在对案件整体概观认知和辩论旨趣基础之上,如此僵化区分证明度的法律效果设置显然是虚幻而不切实际,并且动摇法官之证据自由评价的基本。

德国联邦法院以判例法发展出证明责任减轻或者证明责任倒置。文书提出义务的规则设计也是建立在证明责任减轻或倒置的学说理念之上。虽然有学说认为证明责任倒置的一个客观要件是当事人有义务保存证据手段或者不为妨害行为,但德国联邦最高法院不以这一客观义务为要,而是完全取决于行为人的主观态度,并要求:证明妨碍人的过错必须既针对销毁(或拒绝提供)证明对象而言,又针对毁灭其证明功效而言,也即对对方当事人的证明处境产生不利的影响。

两大法系国家在证明妨碍制裁性法律效果赋予方面的程序性规制方式渐进趋同:

(1)推定证据本身记载的事实内容为真

罗森贝克的经验法则说,假定申请人关于该文书之主张为假,那么持有人不会也没有必要不提出文书,即便没有法律上的不利后果的承担,如没有特别的不利益而无谓地不提出,也会影响法官之心证,从而作出对己不利的判断。故根据经验和常识,当事人不提出文书且无正当理由,在没有相反证据的情况下,可以

---

① [日]斋藤秀夫:《注解民事诉讼法》(5),第一法规出版株式会社1983年版,第264页,转引自占善刚:《证据协力义务之比较法研究》,中国社会科学出版社2009年版,第264页。

作出该文书之内容为真的推定,这样不仅最大可能地符合实际,也有效地实现了回复与救济之功能。显然在文书持有人拒不服从文书提出命令或开示请求时,推定该文书之内容为真实最为合理有效。除上文已有例证,德国民事诉讼法第427条规定:如果对方当事人不服从提出证书的命令……就可以把举证人提供的证书缮本视为正确的证书。我国台湾地区"民事诉讼法"第345条也作类似规定。《大清民事诉讼律草案》第427条也规定:"相对人不从提出书状之命者,受诉审判衙门得认立证人关于该书状之主张为真实。"理由谨按:"相对人不从提出书状之证据决定,其受不利益之推定,固无可疑,故设本条以拥护立证人之利益。"相关判例也明确指出:"使用他造所执之文书为书证,声请法院命他造提出,如其应证之事实,系属重要且声请正当者,法院应命他造提出;如他造无正当理由而不提出,自得认举证人关于该文书之主张为正当"。①

英美法证明妨碍的制裁也是基于"经验法则"理念的,"所有的事情应被推定不利于破坏者"。② 因为被告所持有证据而拒绝交出,可以推定该证据所承载的事实内容是真实,法官得给予陪审团不利推定的指示。

(2)拟制待证之法律事实为真

依循前述规则推定证据资料的内容为真,前提是知悉证据所承载内容。而如同第58条第23款的情形,在证据偏在、信息不对称、专业分工闭锁性决定的类似于医疗侵权纠纷等"现代型"诉讼中,负举证责任一方自始至终均未参与资料文书的制作和保管,主观上尽其所能也不能接触了解到资料内容,要求其具体化文书之内容属期待不可能,从而也就无从推定文书内容为真。此时,"倘不得认他造所主张依该文书应证之事实为真实,将不足以保障他造之证明权……特别是文书证据构造性偏在当事人一造之情形,倘持有文书之当事人无正当理由拒不从命履行其提出、开示文书之义务,法院即可认他造关于依该文书应证之事实为真实"。③ 日本和台湾地区在新近民诉法典的修订中都增订"法院审酌情形得认他造关于该文书应证之事实为真实"一款。法官直接认定待证事实为真,固然能回复纠偏两造对立的证据偏在和武器失衡,却饱受学者质疑:"对于不服从文书提出命令之制裁效果,只要达到与当事人提出文书之相同效果,使拒不提出者不能获得其通过不提出所可能获得的利益,即当事人不能从其不当行为中获

---

① 黄国昌:《民事诉讼理论之新开展》,北京大学出版社2008年版,第219页。

② Terence Ingman, *The English Legal Process*, Fifth Edition, Blackstone Press Limited.,1983,pp.120~123. 转引自毕玉谦:《关于创设民事诉讼证明妨碍制度的基本视野》,载《证据科学》2010年第18卷(第5期)。

③ 黄国昌:《证明妨碍法理之再检讨——以美国法之发展为借鉴》,载黄国昌:《民事诉讼理论之新开展》,北京大学出版社2008年版,第243页。

利即为已足,而无须进而认定文书应证之事实为真实"。① 于此情境,"纵令当事人提出文书亦未必能据以认定其应证之事实为真实,如容许法院得逕行认定依该文书应证之事实为真实,则使不提出文书比提出文书对他造更为有利,无正当理由而过分优遇他造,反而违背当事人间之公平"。②

英美法国家的法官给予陪审团不利于证明妨碍行为人一方指示还包含有类似的情况,即在行为人主观恶意为证明妨碍的情况下,只要另一方当事人能够证明"情况证据要件",即负举证责任一方当事人需证明被毁之证据与待证事实之间存在因果关系,法官得在此条件下判断该证明妨碍行为与不利之待证事实间逻辑上的关联性,若不能建立起这种关联性,则无法进行推定。必须提醒注意的是,此处使用的是推定,属于不可推翻的推定,近似于德日国家的法律拟制效果,均是不可推翻的。英美法证据规则强调"情况证据"的先决条件,不仅是基于补偿回复举证失衡的价值考量和惩罚威慑的制度功能考虑,而且是建构在确认经验法则的基础上。不可推翻反驳的是法官对于举证失衡和证明妨碍的价值评价和法律制裁效果,但先决"情况证据"所要求的因果关联是允许反证和推翻的,如此与德日的制裁性法律效果略有不同。然而在两大法系渐进融合的趋势下,判例法的积累发展似乎将条件有所放宽。如第六巡回法院将主观归责要件降低到了"一般过失"。学理上亦有主张"拒绝提出"或者"毁灭"证据的主观恶意足以使法院作出该项制裁,当事人需要证明的仅仅是该"证据本身"与案件具有关联性,而弱化"情况证据"的条件适用。笔者以为条件放宽的原因正是法律效果赋予的逻辑内核发生了改变,由强调高度盖然性的经验法则基础转向"公平矫正"与"制裁惩罚"的价值衡平立场。

由是在证据法范畴内于能够知悉或应该知悉证据资料之具体内容等情形时,为防免其获得超过证据证明之利益,只要推定内容为真即为已足,而不应拟制待证事实为真。但是,"在申请人与文书相距甚远,客观上难能知悉或合理推知该文书之具体内容等情形,只有拟制文书之应证事实为真,方能对拒不提出文书者,发挥有效制裁之作用"。

(3)排除妨碍人所提交的证据和直接做不利判决

排除妨碍人所提交的证据、直接为终局判决是英美法上,法院对证明妨碍所进行的最为强力的制裁。前者适用的前提是当负有证明责任的原告在对有关证据采取调查、收集、鉴定等利用方法之后,因未加采取必要的保全性措施,导致该证据事后再由被告一方当事人加以利用作为抗辩手段时已丧失其有效价值,或者发生遗失或者毁坏等不堪利用的情形,救济的目的在于双方当事人能够在平

---

① 许士宦:《文书之开示与密匿》,载台湾《台大法学论丛》第32卷第4期。
② 黄国昌:《民事诉讼理论之新开展》,北京大学出版社2008年版,第219页。

等地利用证据的条件下公平对抗。两种方式属于极度严厉的制裁手段,法官得直接形成事实认定、驳回该方当事人的全部诉讼请求或者作出缺席判决。此情境仅适用于极为恶劣的情节,采取其他有效措施均无法救济和回复才予以适用。

由是总结可得,法官在评估采取何种制裁性法律效果的施加时关注的核心考量因素是证明妨碍行为所造成的证据占有失衡和诉讼对抗不公如何有效迅速地被矫正补偿至均衡状态即可,仅在证明妨碍行为人主观故意或重大过失的心理状态之时,才会以惩罚性后果赋予无过错的受损当事人更占优势的诉讼地位,进而威慑阻却恶意证明妨碍的再度发生,如此也印证上文论述的证明妨碍制度功能和价值评判的层级性和递进性。

(二)实体法规制路径

针对第三人的证明妨碍行为是无法在证据法层面予以实现救济功能和阻却功能的,故而实体法层面允许提起独立的侵权之诉或者合同违约之诉请求损害赔偿。在证据持有人毁损或不提出证据时,基于实体法之不履行义务行为,自然可通过提起独立的诉讼予以救济,而在对第三人拥有这种请求权时必须通过提起独立之诉实现救济补偿,尤其是提起独立之诉而获得惩罚性赔偿,足以有效阻却威慑。德国《民事诉讼法》第429条:"第三人在有与举证人的对方当事人相同的原因时,负有提出证书的义务;但强制第三人提出证书,必须通过诉讼的途径实行。"笔者以为,英美诉讼程序内针对证据开示的制裁手段足以对各种证明妨碍行为起到矫正和制裁作用;而在证据法范畴内的推定证据资料或拟制待证事实为真已是"最有效、能够避免偏离诉讼轨道,且能够最为公正地补偿受害人,是最好的救济手段"。① 允许针对第三人提起独立之诉是否会对财产处分权的自由构成威胁,即使是基于保管成本和安全等原因,也不能无限制地对相对人苛以过重的负担,是否会造成无休止的讼累和诉讼延迟,这些都值得思考和权衡。Texas高等法院拒绝提起独立诉讼的一个重要理由,就是认为这将导致重复诉讼和鼓励对于程序争点进行效率低下的再诉讼。

(三)公法制裁路径

以公法手段制裁证明妨碍,出于对于侵犯公法诉讼秩序和司法权威的责难性和被惩罚性,惯常的手段是罚金和强制交付等强制措施。美国联邦民诉规则:法院得科处拘禁或罚金,直至其遵守法院命令。当适用直接强制的措施需考虑证据利用人与案外人的利益平衡保护,避免苛求第三人过重负担。奥地利民诉法要求法院在作出强制交付裁判前,必须对第三人进行询问,使其有答辩的机会。台湾地区"民诉法"赋予第三人对此裁定提出上告的权利,以谨慎的对待基于他人之诉讼乃被要求协助举证的案外第三人。

---

① 骆永家:《证明妨碍》,台湾《月旦法学杂志》2001年第69期。

四、证明妨碍制度的定位与功能

(一)证明责任视角的证明妨碍制度分析

证明妨碍制度在证明责任的视野内存在制度功能和法律技术两大契合点。首先,制度功能上殊途同归于败诉风险的分担和证明负担的减轻。程序保障理论视角下的证明负担减轻主要经历以下三个阶段:证明责任理论框架内的调整、自由心证领域内的举措(诸如大致推定、证明妨碍的法律制裁和降低证明标准等策略)与证据信息收集手段的扩充。从上文对程序法路径的证明妨碍法律制裁效果的考察可得,除直接作出终局判决外,证明妨碍的法律效果表现为证明责任的免除、减轻或者移转给对方当事人,事实上也只有经此进路才能矫正和补偿当事人因证明妨碍行为而造成的武器失衡、举证困难、证据偏在的实质诉讼不公平。由此进路证明妨碍制度与证明责任的分配和移转同归,均是减轻缓和诉讼当事人的证明负担,真正实现当事人间的武器对等和公平竞技。

证明责任制度设计旨在合理分配案件事实不可证明的风险。这种贯穿诉讼全过程的风险可能来自三个方面:一是案件的当事人在本案诉讼过程中未尽全力提供其掌握范围内的全部证据(如有证不举或超过举证期限举证);二是案件当事人在纠纷发生前或发生时未谨慎及时制成、保存证据,以至在诉讼时虽然竭尽全力收集、提供证据,仍不免事过境迁而无法取得;三是当事人按通常的注意程度制作、保存或保全了案件证据,但由于事件本身的特殊性或当时科学技术的局限性造成的认识,不能使得案件事实清晰而仍陷于真伪不明。[①] 证明妨碍制度与上述第一种风险类似,当事人承担不利后果的基础源自其自身"过错"行为。证明妨碍行为的法律制裁正是基于救济、惩罚以及阻却三个目标来实现其矫正和平衡的制度诉求的。采用救济的目标,在于回复对抗状态上的均衡,使得被妨碍人与证明妨碍人之间就现已进行的诉讼程序"保持平等的对抗局面"。设置制裁的目标,体现了应当对那些就公正、公平地实现正义构成威胁的行为加以制裁的司法意愿。阻却是基于对未来可能发生的证明妨碍行为,间接地采用法律明定之制裁措施加以遏制的考量。上述原则对应不同的制度性目标:其一,补偿矫正功能,即使受到损害的一方当事人重新回复到发生证明妨碍行为之前所享有的境遇;其二,中立性功能,确保证据发现程序的准确性,维系诉讼秩序,推进诉讼进程;其三,惩罚性功能,即对证明妨碍人进行惩罚以阻止未来有可能发生证明妨碍行为所波及的范围。三大功能目标彼此关联制约。阻却功能的实现在很大程度上要依赖于惩罚功能之实施,而惩罚功能的实施又是以阻却目标之达成

[①] 胡学军:《解读无人领会的语言——医疗侵权诉讼举证责任分配规则评析》,载《法律科学》2011年第3期。

为目的。救济功能之应限于回复至无此妨碍之状态,以避免"被妨碍者因此取得比未被妨碍时更有利的地位"之不当结果。

从法律技术的角度切入,证明责任分配和证明妨碍法律制裁均是建构在法律拟制的基础之上。证明妨碍的法律规制恰是基于当事人过错行为以致证明不能而造成案件事实无法认定情况下的一种法律的普遍性拟制,是一种基于综合利益平衡和价值排序的理性拟制,是一种克服有限理性的制度性保障措施,实质是法律通过进行某种拟制——将要件事实拟制为"真"或"假",进而依据法律规范作出裁判。

证明妨碍制度作为一种为进行裁判而设置的法律装置,必然有其正当性的问题,主要包含两个方面:一是作为整体(裁判机制)的正当性,二是具体案件(指某一类型案件)中的正当性。证明妨碍的法律制裁本质上是一种合理有效的纠错机制,即使不能完全解释案件的真相,也可凭借高度的盖然性法则和普适的公平正义,实现妥适的逻辑推理和价值排序。将技术与伦理有机结合,证明妨碍法律制裁的个案正义体现在法律规制效果和手段的多元化、体系化上。然而多元的标准体系必须统辖于主导的精神内核之下,才能平衡法的灵活机动与统一安定间的张力。这一精神内核便是基于证明妨碍制度在民事诉讼程序框架内的定位与功能,与诉讼模式、诉讼架构和诉讼理念以及改革的进路和节奏密切关联。

大陆法系与英美法系国家在诉讼体制和程序构造上所存在着的辩论制与对抗制的本质差异,加上事实出发型与规范出发型相异的诉讼思维模式,对于证明制度设计有着决定性的影响和制约作用。大陆法系属于规范出发型诉讼,证明责任的分配是法官根据实体法律规范的要件事实分类遵照执行。要件事实的主张和证明遵守自上而下的进路,一方当事人承担举证的行为责任,而对方可反证或抗辩与之回应。法官在理性评价双方证据的基础上比较权衡,根据内心确信形成的证明标准作出裁判。如果势均力敌、任何一方均未占据压倒性证明优势或者事实无法查证、真伪不明之时,则依照实体法预先明确的、负客观证明责任的一方当事人败诉。而在英美法系的事实出发型诉讼中,当事人先提出可诉性事实,并提供关键证据予以支持,双方围绕案件争点展开交叉询问和论辩,证明的进路是由中心向边缘扩散延展。法官在遵守法定证据规则对证据的真实性、关联性和有效性基础上采纳相关证据,就每个争点事实判断。英美国家证明标准度要求较低且相对宽松,法官并不认真关注成文法中隐含的风险分担规则及深意,而专注于特定案件事实的特别争点。如果当事人证实特定事实的证据没有达到需要的标准,且不足以说服陪审团,在这种情况下要承担陪审团针对该项事实作出不利裁判。相比较而言,紧随事实发现和质证论辩进展在当事人之间分担和转换的证据提出责任成为胜败之关键。对抗制的优势在于当事人为争取有利的诉讼结果尽全力提供证据,法官在结合双方证据明确争点是否成立的基础上,就疑问进一步要求某一方当事人继续提供证据。而分配提供证据责任的标准则可能是证据的分布与控制、举证能力对比和事实探知成本等实际个案评价标准。相对于大陆法系追求的严密逻辑性及严格稳定性,英美法系证明责任分配更注重经验与个案平衡,强调因地制宜的灵活机动。在两大法系迥异的诉讼构造和文化背景之下,证明妨碍法则在证明制度框架内的表现形式和规制路径必然有所区别。大陆法系的证明妨碍制度需建立在一系列普遍抽象概括、彼此关联辅助的基本法则之上,进而在具体诉讼阶段和诉讼事项上由立法者综合考量政策、公平、证据所持或证据距离、方便、概然性、经验规则、请求变更现状的当事人理应承担的证明责任等元素,详细生发出精巧严密的技术性规则;英美法系的土壤则更适宜松散灵活、情境化复杂多变的证明妨碍制裁手段的运用。法官超然中立,完全依据交叉询问、争点查证、事实探知的需求和当事人提出证据的力量对比,尽可能推进质证辩论的充分发挥和案件开示的迅捷高效。

(二)证明妨碍行为制裁与主客观证明责任

证明妨碍制度自身逻辑最难以自洽的问题在于,不负有证明责任的当事人拒绝或无法提供证据却由法院对其作出不利益的裁判的基础何在。想厘清这一问题,需要考察客观证明责任与举证责任(指主观证明责任)的关系。

笔者前文已强调,证明妨碍的法律制裁效果与证明责任的倒置虽同归,却也相异。无论是大陆法系抑或英美法系,证明责任都是一个含义深远、内容深刻的概念。德国证明责任双重学说明确区分了主观证明责任和客观证明责任,前者是对当事人举证行为的规制规则,而后者是对法院认定事实的适用规则。德国的证明责任体系是以客观证明责任为基础展开的,从而指引主观举证责任来帮助法官认定事实、作出裁判的武器和工具。客观证明责任作为主观证明责任的逻辑起点和原动力,将主观证明责任作为客观证明责任的具体表现和实现中介。

固然,德国民诉基础理论以其精致、精准而著称,但如果停留在上述以庭审为重心铺展开的"结果—行为"的逻辑框架内,就无法理解何以在客观证明责任和败诉风险负担在诉讼之开始就由实体法确定的前提之下,证明妨碍制度的法律制裁效果能够直接改变由客观证明责任所决定的举证责任分担规则;固然证明妨碍制度的正当性是建立在诉讼协力义务和诚实信用原则的根基之上,但基于罗森贝克证明责任规范说的客观证明责任与举证责任直接对应的关系,无法解释质证辩论阶段,证明一方当事人负有证明责任的要件事实的证据在对方当事人的占有或掌控之下,对方当事人协助提示证据的义务根据;也无法周延在向前延伸的诉答往来、审前准备阶段,不负担证明责任的一方当事人需要由于不能提供之于对方当事人有利的证据而承受不利益的法律后果。更重要的是,罗氏规范说之下的举证责任仅限于庭审辩论阶段,审前准备阶段的证据收集行为无法用举证责任予以涵盖,因而在此阶段的证明妨碍法律制裁足以变更证明责的正当性基础无从论证。笔者以为,与证明妨碍法律规制密切关联的是直接激励和决定当事人诉讼行为的主观举证责任,其内涵和外延须着眼于诉讼快速、高效的推进和公平、正义的理念,将其贯穿诉讼全程来指引当事人的证据收集、提示和质辩等所有证据提出行为。英美法系证据法则里所采用的提供证据责任恰好是一个极好的模型和母本。

与德国法的双重含义说相似,证明责任在美国法中也存在分层理论[①],即证明责任可分为说服责任和提供证据责任。提供证据责任本身具有双重含义,它描述了诉讼过程中哪一方应当举证,因而是在双方之间转换,而不可能同时由双方承担。提供证据责任的满足与否最终由法院确认。而法官的心证则受到相互作用的司法政策和程序推进两方面的影响。依循此逻辑进路重构之后的主观举证责任,我们将之更直观地称为证据提出责任包含抽象和具体两个层面。德国学者普维庭的观点与笔者所理解的主观证明责任逻辑相合:"主观证明责任可能是抽象的,在诉讼程序开始前,问谁应当证明什么时尤其如此;而在诉讼程序进行当中,一旦问及谁这时必须举出特定的证明时,它也就可能是具体的。"[②]在主观证明责任逻辑中,最基础和具决定性的是作为起点的抽象主观证明责任。在客观证明责任和主观证明责任的各自逻辑下均有具体提供证据问题,当事人提供证据的原因和动力是因为独立于具体案件的抽象主观证明责任已有设定;而在客观证明责任逻辑下,承担实体法预置的证明责任的当事人为避免事实真伪不明的出现而不得不先提出证据。

在厘清证据提出责任概念的基础上,以医疗侵权诉讼为例,具体来理解证明妨碍制度与主客观证明责任之间的关联。考虑到证据偏在的潜在不对等和患者的天然弱势地位,由获取保存证据相对便利且具备专业能力素养的医方尽可能多的承担主张自身医疗行为无过错的证据提出责任,似乎成为一种合情合理的选择。反观社会现实已是今非昔比,患者一方俨然高居媒体舆论一边倒为其摇旗呐喊的强势姿态,专业医闹、天价索赔、动辄拳脚相向、辱骂砍杀医生的新闻报道铺天盖地,伴随着患者自我防卫、敌视对立心理的极度膨胀,以及医务人员的

---

① 美国学者赛耶(Thayer)于1890年在《哈佛法学评论》发表其论文《证明责任论》中率先归纳出"双重含义说",主张证明责任包含主观证明责任和客观证明责任两层含义:(1)前者强调行为意义上当事人需提供证据证明己方主张的责任,因此又被称为行为意义上的证明责任、形式的证明责任、虚假证明责任、举证责任、证据提出责任或义务、推进诉讼的证明责任等;(2)后者则是解决案件事实真伪不明与法官裁判义务之矛盾的最后救济,因此又被称为结果意义上的证明责任、实质上的证明责任、事实的说服责任、判定的风险或责任、固定的证明责任、诉辩中的证明责任等。

② [德]汉斯·普维庭著:《现代证明责任问题》,吴越译,法律出版社2000年版,第14页。

明哲保身、如履薄冰、息事宁人,以暴力与不信任为主旋律的医患关系呈现出尖锐对抗之下的势均力敌。笔者以为,《侵权责任法》第 54 条明确医疗损害归责原则为过错责任是完全合理的。归责原则所主导的证明责任分配旨在确定在医患双方已尽全力收集和提出证据的基础上,案件仍陷于真伪不明时的败诉风险承担;而与之相对涉及证明妨碍行为的第 58 条针对由于医院单方行为导致证明不能、证据缺失的情形,借由利益评价和价值排序的法律拟制技术,并结合其他诉讼程序内的证据开示、证据失权、表见证明等各种相辅相成的配套规则设计,来矫正和平衡医患间信息不对称和证据偏在问题。

　　由是证明妨碍制度与客观证明责任分配本质上对应作用于证明责任内在的行为和结果责任两个层面。前者证明妨碍制裁的正当性是基于证据提出的行为责任,后者直接指向败诉结果风险的承受。客观的结果责任在诉讼最开始就有法律预先分配给一方当事人,而主观的证据提出责任将根据诉讼进程时时变化的证据资料实际分布、攻击防御方法以及事实和法律主张增减,在两造当事人之间移转,以实现证明负担的合理减轻和实质的公平竞技。在笔者看来,第 54 条和第 58 条的过错归责与证明妨碍以法律技术的精密配置和价值伦理的综合平衡恰好形成互补辅助之势。灵活机动的主观证据提出责任能够适时回应诉讼推进中妨碍事实认定和公平竞技的关联要素变化,通过证据提出责任是否充分圆满履行作用于法官的自由心证,到达证明效果层面的被证明、未被证明或真伪不明,最终依据客观证明责任分配作出公正裁判。值得注意的是,学界长久以来在证明责任概念的理解认知上将《证据规定》中的"举证责任"都理解为客观证明责任,这与医疗侵权诉讼的现实操作性和逻辑一致性是相背离的。"举证责任"指的就是行为意义上的提供证据加以证明的责任。患方负证明责任,而医疗机构应对过错及因果关系事实负提供证据责任,两者并不产生逻辑矛盾。笔者考虑到医疗侵权诉讼纠纷确实存在证据偏在、专业知识壁垒、医患间信息不对称、对抗失衡的关联要素,以提供证据责任的分配与转换规则来推进诉讼进程,精准事实认定无疑是灵活机动、公正高效的必然选择。对于证明妨碍制度具体到在医疗侵权诉讼中的理解,强调的是重构之后的客观证明责任分配与主观提供证据责任负担的分离。客观证明责任由主张损害赔偿的患方承担,但不负证明责任的医方应负证据开示义务,由证明妨碍制度实现证据提出责任的两造移转,配合大致证明、表见证明、事实推定等技术手段达致证明标准的适时下降,以缓和减轻患者的证明负担,平衡和矫正诉讼两造的地位失衡。

(三)作为制裁效果的证据提出责任移转与证明责任倒置

　　案件中每个要件事实、每个争点的查证辨明,均对应着一个在证据收集提出和质辩鉴定遭遇人为破坏、阻碍的潜在危险;诉讼的诉答阶段、审前证据提出和交互开示阶段、举证质证阶段、庭审辩论的证明妨碍行为都可能导致待证要件事实陷于举证不能的真伪不明,需要法官根据实质的证据资料占有、证据风险控制情况的动态发展、结合经验法则、因果关联盖然性的认知理解程度,秉承实质公平正义和利益衡平的立场去调整和再分配证据提出责任,使之对于事实发现解明和诉讼风险负担,以及诉讼效率秩序的保障是最有意义的。在此意义上,证明妨碍制裁规则与证明责任倒置拥有并行不悖的作用空间和制度价值。

证明责任倒置的适用对象是客观证明责任,倒置的动因在于立法者或法官基于公平正义的价值立场和诚实信用的黄金原则,综合平衡考量实际证据分布、当事人的举证能力、事实探知的难度与成本,对于实体法原则性的客观证明责任作类型化个案的微调和改变,因此仅仅是部分特殊的案件会发生客观证明责任的倒置。与之毫不重叠的是,证明妨碍的制裁规则贯穿于证明活动全过程,证据提出责任的移转是伴随着双方当事人根据案件事实发现和认定的推进过程在两造间来回往复。普维庭教授指出:"证明活动与客观证明责任无关。加之责任系以当事人的活动为前提,否则当事人就得承担不利后果,因此,与客观证明责任无关。客观证明责任的概念与当事人的活动没有丝毫联系,它针对的是真伪不明。"[1]客观证明责任针对事实状况的不可解释性风险所进行的分配,在每一个诉讼开始之前就已经存在,就像实体法的请求权规范一样。笔者以为,认定事实是一种特殊的思维方式和连续过程,双方当事人通过举证从相反的两个方向照亮案件事实真相,诉讼过程中接近事实真相的过程永远是螺旋式接近的。可以说,当事人以立论、论证、驳论之循环往复的攻防,围绕起裁判者心证不断成立、削弱、消灭的中轴。法官心证不断波动,证明责任反复转移,历经证据数量的交替上升、证明力的轮番增长、法官心证的反复修正,案情逐步恢复、渐趋清晰,法官在查明事实的基础上正确适用法律、明确各方权责以终结诉讼;在特殊情况下,如待证事实无法恢复和明晰,或法官无权拒绝裁判,此时则应遵行法谚:自由的证明评价王国停止之时,正是客观证明责任的统治开始之时。

在具体的司法实践中,能够更深刻地感知证据提出责任的移转和客观证明责任的适用之间的联系和区别。法官内心事实认定的天平每次偏向和波动,证明责任的每次转移都存在一个拐点:一方当事人举证不能或举证不足,未能说服法官动摇其既有心证,则败诉风险未能解除,证据提出责任的转移无须启动;反之,不仅败诉风险得以暂时舒缓,而且证据提出责任亦发生转移,对方当事人转而需要积极举证进行反驳以求证据提出责任的再次逆转。以借款合同案件为例,原告提供借据一份以证明借贷关系成立,被告否认该书证为自己亲笔签名;此时被告需负担提出证据证明签名为假,以说服法官形成签名为假的心证,否则

---

[1] [德]汉斯·普维庭著:《现代证明责任问题》,吴越译,法律出版社2000年版,第175页。

法官便可依据原告已完成客观证明责任而判决原告胜诉。被告单纯的否定并不影响客观证明责任是否倒置,此时证据提出责任实质上已发生移转。

(四)证明妨碍制度设计的理论预设

证明妨碍责任长久以来在我国的诉讼程序和证据法规则层面未能引起特别重视的理论根源,在于自1991年出台并确立现行的民事诉讼法基础框架以来,数次的民诉法修改主要是强调当事人主义和辩论主义的转向和变革,始终秉承的是大陆法系经典的诉讼结构和诉讼理念,忽视建立明确、健全的审前程序。庭审中心主义的改革方向固然对于巩固以当事人主导的对抗辩论式诉讼模式作为基础纲领的民事审判变革成果功不可没,但是视野囿于以庭审为核心,直接后果是未能给予法庭辩论之外的证据收集方式的广度,证据获取的强度、力度以及保障性制裁等基础性环节没有给以足够的重视,审前程序的缺失加诸于双方当事人,一般意义上的主观举证责任毫无存在的空间,使得证明妨碍制度的根基事实解明开示义务和证明协力义务成为镜花水月,由此客观证明责任威慑之下的单方当事人证明负担被加重,诉讼进程的推进遭遇障碍与延迟,进而危及诉讼权利的实现和司法正义的彰显。客观证明责任局限在庭审心证环节,作用于遭遇案件事实真伪不明的待决情境,严格约束法官如何适用法律规范进行事实认定的自由裁量权,仅能在质证和法庭辩论阶段指引和驱使具体当事人之间举证责任的分担和实质公平正义的矫正衡平。显然,证明妨碍行为贯穿于证据的收集、保存、提出和质辩的全过程,作为其行为制裁正当性法理根基的举证责任已不足以容纳证明妨碍制度的前提要件。对当事人课以客观证明责任使之承担败诉风险的程度必须对等地赋予其相适应强度的证据收集权力和配套制度保障。

提供证据责任贯穿始终的分布于证据开示、交互诉答的准备程序阶段,即决裁判、指示裁决等审前分流程序序列,质证辩论、交叉询问的开庭审理程序部分;而说服责任则囿于属于正式审理程序的范畴。传统研究所强调的客观证明责任发挥作用的主战场局限在开庭审理和宣判阶段。因此,要在我国民诉法修改的框架内实现逻辑自恰、体系一致、协调统合,需要在学理层面重新理解和阐释主观的证据提出责任的逻辑框架,在诉讼法规范层面配置基于诉讼全过程公平正义和诚实信用的证据提出的权利和义务,并课以相应的责任制裁、保障手段和救济途径。

具体到证明妨碍制度体系的规制和表达,民诉法渐近修改的框架决定着必须遵循和延续大陆法系辩论制的诉讼结构、规范出发型的思维模式和逻辑抽象的立法传统,在证据及证明的总则部分简明概括,原则性地规定出一般普适性的证明妨碍行为的义务前提、行为要件、制裁效果及责任方式,在充分、深入、全面的阐明证明妨碍制度的功能和定位的大前提下,具体到相关规制领域适用情境化的规则和措施,以纠偏和矫正,确保诉讼效率和公平正义。

设置证明妨碍制度本旨在于以制裁性的法律效果赋予、维护一种在当事人通过武器平等、公平对抗来借以发现事实真相的诉讼秩序。在个案当中,具体分析和甄别妨碍人在主观上归责性的高低,借以划分和判断妨碍人的过错程度,以便采用相应的法律适用效果,具有充分的合理性与妥当性。当法院认定妨碍人实施了某一具体证明妨碍行为时,综合考量个案的诸种情形,从公平性角度对被妨碍人在证明标准、证明方式上加以适度调整,将成为不可避免的程序性选择。而在如何作出选择和判断问题上,则主要取决于妨碍人在主观上的可归责性,同时也取决于妨碍行为所针对的有关证据材料或证据方式的重要程度以及是否具有可替代性。也就是说,法院在这种情形下要充分地考虑到妨碍人的妨碍行为在个案当中所造成不公平状态的情形,采取适当的制裁措施。在某种程度上,妨碍人在主观上的可归责性决定着证明妨碍行为对审判秩序与司法公信力危害的程度,尤其是针对那些主观故意或者重大过失情形,必须采取相应的惩罚性制裁措施,不仅限于回复和纠正失衡状态。只有在妨碍者因此取得了比未妨碍时更不利的地位时,方能阻却和威慑妨碍者在权衡"绝对不会比提出证据更为不利"的诱因下故意或重大过失实务毁损、隐匿或拒不提出证据。

四、证明妨碍现有法律规制的梳理评析

我国现行证明妨碍的制裁规则,散见于效力参差、内容交错、体系隔离的多部门法律法规中,笔者就其规定细则和司法适用作简要的梳理评析:

1. 我国现行立法将证明妨碍行为与妨碍民事诉讼行为混同对待,将其解读为包含对审判活动和秩序所造成的妨碍,并设置诸如拘留、追究刑事责任这类较为或者极为严厉的公法制裁、惩罚手段。仅从公法角度,以维护司法秩序为主要目的,片面忽视从诉讼证明和程序推进的角度来作出妥当的制度安排,未能与当事人的举证责任负担及事实认定相联系。这一职权主义诉讼模式的后遗症是直接导致证明妨碍制度未能发挥其应有的功能。而在现实社会条件下,面对错综复杂的社会矛盾,法院缺乏必要的司法权威与公信力,使得法院对于即便出现《民事诉讼法》第102条所出现的妨碍民事诉讼的情事,也显得顾虑重重、鲜少适用。

2. 《侵权责任法》第58条第2、3款是典型的证明妨碍规则,其立法旨趣包含回应医疗损害赔偿诉讼中常见的证明妨碍行为而作的特别规定,亦可能为在证据法层面设置普遍适用的证明妨碍规则作先期的尝试和铺垫。

回归到规则设计的合理性层面,值得考量和反思的是:何以第58条将制裁证明妨碍行为的法律效果仅限于拟制认定[①]医疗机构的过错,而不是拟制患者

---

① 关于拟制的详细论述见本人另篇论文:《反思医疗损害责任的举证责任分配》。

主张的待证事实为真实？尤其是《最高人民法院关于民事诉讼证据的若干规定》（以下简称《证据规则》）第75条①已有实质的立法创新在先。

两者对比来看，同样是规制证明妨碍行为，同样是法律基于诚实信用的公共利益考量以及补偿救济立场，第58条的第2、3款是《证据规则》第75条在医疗损害赔偿领域的具体化，理应适用相同的法律效果。显然，立法者制造了一个前后不一致的困境：第75条的法律效果是拟制认定因证明妨碍而受损一方当事人所主张的待证事实成立，第58条却仅限于拟制认定实施证明妨碍行为人的过错成立。

3. 如果再结合《侵权责任法》第61条来审视第58条，笔者以为，第2、3款规制的对象限定在恶意故意行为上，并不包含违反第61条过失未作记录和未妥善保管病例资料的情形，否则将和第1款重复规定。医疗机构通过检查、化验等诊疗手段掌握和了解患者的生理、病理状况，全程调控治疗进度，当然地具有实施证明妨碍行为的便利性条件，典型的如伪造、篡改、销毁病历，还有些具有较大隐蔽性的证明妨碍行为，如在因药物或输液造成损害的情形下，不及时保存药物、血液，或未及时进行化验，导致日后无法进行鉴定。在德国，针对违反记录义务与诊疗结果保全义务的行为，法院一般推定医生从未采取过相关的治疗措施；此时，医生可以承担主观证明责任来推翻此推定。同时，如果要认定对证据保管不妥、遗失或毁灭为证明妨碍行为的前提是行为人具备保管该证据的法定或约定义务，或具有程序前义务，如法院将某物采取诉前证据保全查封等，由是可得在立法层面明确规定第61条是合理必要的。

4. 单独考察《证据规则》第75条，其本身在立法技术和言辞表述上就存在着以下的欠缺疏漏：

①对证明妨碍行为形式的规定过于狭窄。仅规定了持有证据的一方当事人拒不提供证据的情形，对于隐匿、伪造证据、毁灭证据、妨碍证人作证、妨碍勘验行为、遗失证据等其他证明妨碍行为并没有加以规定。

②概念术语的使用不够科学严谨。例如，将证明妨碍行为的主体规定为"一方当事人"，而并没有具体区分是哪一方当事人，因为实施证明妨碍行为的当事人是否是负举证责任的一方当事人对该规则具有重要意义，并且该规定没有涵盖案外第三人实施证明妨碍行为的情形。又如，对"无正当理由拒不提供"中的"正当理由"没有明确的界定，我们通常理解的"正当理由"应是符合法律规定，不违背某种法律预设的义务的阻却违法性的具体事由。此处具体指代何种情形，显然需要立法或司法解释，使其明晰化、具体化，以便于司法实践的指导性和可

---

① 《证据规则》第75条："有证据证明一方当事人持有证据无正当理由拒不提供，如果对方当事人主张该证据的内容不利于证据持有人，可以推定该主张成立。"

操作性。

③本条文将"情况证据"列为前提条件,强调"对方当事人主张该证据的内容不利于证据持有人"的情形适用。这就要求负担主张责任的一方当事人就该被妨碍的证据主张的事实是否与案件有关,是否不利于对方当事人承担举证责任,但在证据已被妨碍毁损甚至灭失而无法取得、无法查明的情况下,明显是不可能举证的,由是让举证不能的当事人承担败诉风险是完全不符合公平正义原则的。

5. 2002 年施行的《医疗事故处理条例》(以下简称为《条例》)包含针对医疗诉讼中的证明妨碍的特别规定,也有相应的医疗损害争议发生后将证据加以保存的措施和程序。① 但是存在与侵权责任法第 61 条相同的问题,有法定的义务界分,却无相应的违反制裁保障规制,一旦违反将被课以怎样的处罚机制和法律效果尚属空白。进而,从医疗知情同意规制的层面考虑,《条例》没有明确规定在证据程序的启动上,医疗机构是否负有告知义务,即医疗机构是否有义务要告知患者需要对哪些资料和物件进行共同封存和启封,以及是否有义务告知患者要进行尸检。这一点在法律上具有重要意义。如果医疗机构有该告知义务而没有履行,导致现场实物和病历资料等没有双方确认便封存和启封,以及无法进行尸检,导致日后鉴定困难或无法鉴定,使得患者客观证明责任成为实际不可能,显然医疗机构就构成了证明妨碍。如果法律不课以医疗机构此种告知义务,那么,在上述情况下就很难判定医疗机构的不告知和擅自封存行为就构成证明妨碍。当然,在医疗机构告知患者相关的程序和规定之后,患者负有和医疗机构一起封存现场实物与病历资料的义务,以及需要签字同意进行尸检。如果患者不履行此义务,使得日后鉴定困难或无法鉴定,使得医疗机构举证困难,则患者构成证明妨碍。笔者认为,鉴于医患双方的信息不对称以及医疗机构的专业性,应当课以医疗机构对于这些程序的启动义务以及将程序告知患者的义务,并明确规定违反这些义务的后果。

---

① 《条例》第 18 条规定:"患者死亡,医患双方当事人不能确定死因或者对死因有异议的,应当在患者死亡后 48 小时内进行尸检;具备尸体冻存条件的,可以延长至 7 日。尸检应当经死者近亲属同意并签字。""拒绝或者拖延尸检,超过规定时间,影响对死因判定的,由拒绝或者拖延的一方承担责任。"拒绝或拖延尸检致使死因无法明确,这显然是一种证明妨碍行为,对其制裁是"由拒绝或拖延的一方承担责任"。《条例》第 16 条规定:"发生医疗事故争议时,死亡病例讨论记录、疑难病例讨论记录、上级医师查房记录、会诊意见、病程记录应当在医患双方在场的情况下封存和启封。封存的病历资料可以是复印件,由医疗机构保管。"第 17 条规定:"疑似输液、输血、注射、药物等引起不良后果的,医患双方应当共同对现场实物进行封存和启封,封存的现场实物由医疗机构保管。"

五、基于 2012 民诉法修正案的回应和展望

上一章对我国现有证明妨碍规则的整理分析已经关注到,并值得称赞和鼓励的是,2010 年 7 月浙江省高级人民法院民一庭《关于审理医疗纠纷案件若干问题的意见(试行)》①,2010 年 11 月《北京市高级人民法院关于审理医疗损害赔偿纠纷案件若干问题的指导意见(试行)》②以及 2011 年 11 月《最高人民法院最高人民法院关于审理医疗损害责任纠纷案件适用法律若干问题的解释(征求意

---

① 第 10 条:"当事人应当提交由其持有的所有涉案病历资料等证据材料;拒不提供的,应承担相应不利的诉讼后果。"第 11 条:"当事人对病历资料及其他鉴定所需证据材料的真实性、完整性有异议,应当明确提出异议内容,并说明理由。一方当事人无正当理由拒不同意、不配合共同封存或启封病历资料、现场实物等证据材料的,应承担相应不利的诉讼后果。"第 12 条:"涉案病历资料存在下列瑕疵的,人民法院应当区分情况做出处理:(一)当事人以伪造、篡改、销毁或其他不当方式改变病历资料的内容,致使无法认定医疗行为与损害后果之间是否存在因果关系及有无过错,应承担相应不利的诉讼后果;(二)病历资料内容存在明显矛盾或错误,制作方不能做出合理解释的,应承担相应不利的诉讼后果。"第 13 条:"因涉及医药专业性问题,人民法院可以根据当事人的申请或依职权决定,委托医学会或其他司法鉴定机构进行医疗损害鉴定。当事人应当配合鉴定,无正当理由拒不配合,应承担相应不利的诉讼后果。"参见:http://www.nbyx.org.cn/fgwj.aspx?Id=44&CategoryId=5,下载日期:2012 年 2 月 9 日。

② 第 14 条:"当事人遗失、涂改、抢夺病历,或以其他不正当手段改变病历资料的内容,导致医疗行为与损害结果之间的因果关系不明或有无过错无法认定的,应承担不利的法律后果。"第 15 条:"一方当事人对对方保存或控制的病历的真实性、完整性有异议的,应当明确提出异议内容,并说明理由。当事人提出合理质疑的,由保存或控制病历的另一方当事人进行解释证明。"第 16 条:"患者就医后死亡,医患双方当事人不能确定死因或者对死因有异议,医疗机构未要求患者一方进行尸检,导致无法查明死亡原因,并致使无法认定医疗行为与损害结果之间是否存在因果关系或医疗机构有无过错的,医疗机构应承担不利的法律后果。医疗机构要求患者一方协助进行尸检,但因患者一方的原因未进行尸检,导致无法查明死亡原因,并致使无法认定医疗行为与损害结果之间是否存在因果关系或医疗机构有无过错的,患者一方应承担不利的法律后果。"第 17 条:"对下列医疗专门性问题,当事人双方有权申请进行医疗损害鉴定。"第 18 条:"人民法院认为需要委托医疗损害鉴定的,一般应要求患者一方申请鉴定。患者一方申请鉴定的,患者一方和医疗机构均应当提交鉴定所需的病历资料。"参见:http://china.findlaw.cn/lawyers/article/d34931.html,下载日期:2012 年 11 月 8 日。

见稿)》①的相关条文,对医疗鉴定的启动、程序进行以及诊疗病历的保存、提示及鉴定,证明妨碍行为的法律制裁已有明确详细的规定,从侧面印证我国证明妨碍规则在理论和实践层面取得较为迅速和长足的进展。2012民诉法修正案与证明妨碍制度相关并有着积极意义的是第16条,从诉讼基本法的高度确认当事人自主启动鉴定的权利,为证明妨碍制度框架所必须明确的提供证据责任铺垫出先期的逻辑基础。"当事人可以就查明事实的专门性问题向人民法院申请鉴定"的条款,赋予当事人启动鉴定程序的权利。同时双方当事人协商确定鉴定人的规则设计也蕴含着两造诉讼协力义务的负担,以确保实质的司法竞技公平和效率的程序推进。延展此规则设计的逻辑进路,当事人主义诉讼模式下自主启动鉴定则必然要求其相应负担提供鉴定必须证据材料的义务,以及承受提供不能的风险和不利后果。2012民诉法修正案第13条和相关司法解释对于举证时限和证据交换的规则架构将审前程序纳入证明责任制度的视野,由立法层面承认本文基于实践意义所强调的贯穿诉讼全程的证据提出责任。

  2012民诉法修正案在涉及民事证据和证明制度部分的突出特点,就是针对实务中已经普遍遵守、规范操作并运行良好的制度经验予以明确界定,诸如最高

---

① 第11条:"(与病历相关的举证责任和诉讼后果)当事人应当提交由其保管的涉案病历资料等证据材料,包括客观性病历资料和主观性病历资料;拒不提供的,应当承担相应不利的诉讼后果。一方当事人无正当理由拒不同意、不配合共同封存或者启封病历资料、现场实物等证据材料的,应当承担相应不利的诉讼后果。当事人遗失、涂改、抢夺病历资料,或者以其他不正当手段改变病历资料的内容,导致诊疗行为有无过错或诊疗行为与损害后果之间是否存在因果关系无法认定的,应当承担相应不利的诉讼后果。"第12条:"(拒绝、拖延进行尸检的诉讼后果)患者就医后死亡不能确定死因或者对死因有争议,医疗机构未及时要求进行尸检,致使诊疗行为有无过错或诊疗行为与损害后果之间是否存在因果关系无法认定的,医疗机构应当承担相应不利的诉讼后果。医疗机构要求进行尸检,并告知患者一方不进行尸检的风险,患者一方无正当理由拒绝、拖延进行尸检,致使诊疗行为有无过错或者诊疗行为与损害后果之间是否存在因果关系无法认定的,患者一方应当承担相应不利的诉讼后果。"第13条:"(医疗损害鉴定启动、交费和不配合鉴定的诉讼后果)当事人可以申请进行医疗损害鉴定。必要时,人民法院可以依职权委托进行医疗损害鉴定。当事人申请进行医疗损害鉴定的,应当预交鉴定费。人民法院依职权委托进行医疗损害鉴定的,可以要求医疗机构预交鉴定费,案件审结时,鉴定费由败诉方承担。当事人应当配合鉴定,无正当理由拒不配合的,应承担相应不利的败诉后果。"第17条:"(瑕疵病历资料的认证)涉案病历资料存在下列瑕疵的,人民法院应当区分情况作出处理。(一)当事人以伪造、篡改、销毁或其他不正当方式改变病历资料的内容,致使诊疗行为有无过错或诊疗行为与损害后果之间是否存在因果关系无法认定的,应当承担相应不利的诉讼后果;(二)病历资料内容存在明显矛盾或错误,制作方不能做出合理解释说明的,应当承担相应不利的诉讼后果;(三)病历书写仅存在错别字、未按病历规范格式书写等形式瑕疵的,不影响对病历资料真实性的认定。"参见:http://www.ls010.com.cn/sunhaipeichang/2012-03/1393.htm,下载日期:2012年11月8日。

人民法院关于举证时限的司法解释、举证时限在司法实务中的普遍适用被修法所采纳明确规定举证时限制度以及举证迟延的法律后果。诸如在 2001 年最高人民法院《关于民事诉讼证据的若干规定》中就已经赋予当事人启动民事鉴定的权利。审判实务中只有在必须经由鉴定程序才能查明事实但当事人又不申请的情况下,才由法院依职权启动。将实践中已经运用得非常成熟并且行之有效的经验做法上升到法律规范的高度,体现出民诉法稳健务实的推动渐进式变革的理念和路径,而证明妨碍制度体系的建构完善也必须立足于这一框架和思路之下。

六、我国证明妨碍法律规制的视野前瞻

如前理论准备部分的论述,从证明妨碍制度的整体建构而言,首先,需要在立法层面建构起证明妨碍法律制裁的法定义务基础。立足于矫正与纠偏特定个案类型的特定情形下,随着诉讼进程推进而动态失调的资源占有分配不均等,举证能力强弱偏差的诉讼对抗不公正,需要在立法层面明确法官在诉讼推进中可充分行使释明权,适时妥当地分配举证责任,以便在司法实践中具体化非负举证责任的一方当事人有关事实陈述及证据提出的协力义务,由是在具体司法裁量的层面能借助其与诉讼真实义务、阐明义务以及诉讼促进义务具有内在的关联同构性而扩张为一般化的普遍义务。参照我国台湾地区有关最新修法的成果,并结合我国最高人民法院有关司法解释的成例性经验,在立法上就民事诉讼有关证明责任及其分配的一般性法则作出规定的同时加以设定,对此,可作如下表述:"当事人主张有利于己的事实,就其事实负有事实陈述及提供证据的责任,但法律另有规定,或者根据个案情形显示公平的,不在此限。因双方当事人就事实陈述及提供证据导致争议事实最终难以认定的,法院应当根据证明责任分配规则作出裁判。"此外,在上述作出原则性规定的基础上,在《民事诉讼法》中对所涉及事实及证据调查过程分别作出相应的阶段性规定。诉讼协助义务具体化为事实解明义务和证据提出义务。秉承大陆法系国家的传统事实解明义务的赋予和承担通过举证责任的转换倒置予以实现,证据提出义务最典型的表征是文书提出义务。

其次,从比较法的角度来观察,针对个案当中所出现的证明妨碍情形,具体选择何种证明妨碍法律适用效果,是由法院对被妨碍人所提出的证据以及根据妨碍人的妨碍行为进行法律上的评价之后才作出最终判定的。英美法系有则倾向启动基于实体法规范、先例判决,以及对不当职业行为控告调查的刑事诉讼程序、独立的侵权之诉程序和职业规范程序来制裁证明妨碍,赋予受损一方当事人以自由选择权。如上文论述,证明妨碍制度的价值功能诉求——补偿、惩罚和阻却,是分层递进的关联制约,具体到制裁性法律效果的赋予需要综合考虑设置多

重手段、多元救济、层次分明、差异适用的体系化框架,根据对被妨碍人所造成不公平的程度、妨碍人的主观归责状态、妨碍行为涉及妨碍证据的重要性、妨碍行为所造成的证明困难度、公共政策上的考量以及个案的具体情形,允许法官在逻辑一致、衔接紧密的条文规则约束之内,灵活机动化解实务难点误区和类型化个案的司法解释,选择最有效的保障诉讼两造公平竞技、武器均等,最大效率的发现事实,推进诉讼的法律制裁效果的适用,对于法官自由裁量的规范指引和司法审判的权威一致亦能有所助益。

在证据法规制的层面,优先适用证据提出责任减轻和移转的再分配机制予以纠偏和回复公平对抗、武器对等的诉讼正义;在证据资料被毁损灭失、隐藏而难以恢复之时,依照情境条件选择施加推定证据文书所载内容或拟制待证事实为真实的制裁性法律后果;同时须区分故意和重大过失的主观恶意与一般过失的可归责性差别,在具体情境价值评判和利益衡平的基础上,考虑给予无过错一方受害当事人更优势的地位和更优厚的补偿,进而有力地惩罚和威慑证明妨碍行为人,采纳诸如排除证明妨碍人提出的证据、直接为终局判决等措施。出于维系保障司法审判权威和庭审秩序井然、程序推进效率,公法层面的制裁路径必不可少,但无疑在具体手段设置上,无需不相称的、严厉的限制人身自由的强制手段和刑罚措施,罚金与强制交付已经足够惩罚和阻却违法,辅助以申请复议和诉请赔偿的救济途径以平衡保护。

在证据法之外,是否还需要在实体法上提起独立之诉制裁证明妨碍的救济路径? 笔者认为,不能简单地一概而论。正面思考实体法上之救济,固然为当事人回复公平增加了一道实现途径,但除程序诉讼易导致诉讼拖延,从而相对人增加诉累、浪费司法资源外,更重要的是如果过分纠缠于这种诉讼,也可能会模糊真正的争点,错过收集证据的最佳时机。似乎只有在针对第三人诉请独立侵权或违约之诉以制裁其证明妨碍行为时才有些许必要。从反面角度来看,必要性的欠缺是以证据法上提供了充足的获取证据的手段为前提的,如若程序规则的救济手段不足,对一些重要证据也难能说无须通过提起实体法上的诉讼来予以弥补。在美国,由于实行联邦和州两套法律体系,对于证据法上之获取证据之手段也纷呈多样,因而对于是否需要实体法上之补充相对应地错综复杂,需具体情境具体对待。但有一点是不容否认的,即不管证据法规制层面是否提供充足有效的救济补偿,实体法上之救济手段都不无存在的意义,这在证据法上没有提供时自不待言,即便程序法上提供了充足的手段,当事人也可理性地选择最有利于自己的救济手段,从而最大限度地提升了当事人收集事证之能力。

更深层次到现行的《证据规则》第75条的细节化完善,需要将其统合证明妨碍多重救济手段的框架之内。强调"情况证据"作为先决的限制条件,所涉证据必须是对待证的事实主张具有重要关联,实质上是举证责任人应尽的相当证明责任,以保证当事人拒不提交的证据与待证事实之间确有联系。通常意义上,此种相当因果关联被理解为唯一性或关键性。唯一性即当事人在穷尽其他途径后仍无法完成举证责任,而对方的证明妨碍行为使得这种关键性的证明不可能。法官承担释明义务,特别直言告知妨碍行为人关于隐匿毁损拒不提供的法律后果。这无疑能有效防止证明妨碍制度在诉讼中被恶意滥用。当事人主观证明责任的风险负担同客观的证据提出责任原则上是一致关联的。证据规则第25条以及最高人民法院有关司法解释便是从这一基本原则出发,要求提出某种诉讼请求及事实主张的一方当事人承受提供包括书证在内的相应证据材料的负担,否则要承担不利的裁判后果。然而,实践里常见的情形是对举证人有利的事实和证据常常会因客观构造及分布上的不均衡状态,而为非负证明责任一方当事人(或诉讼外第三人)所持有,为加速诉讼进程且查明事实真相,非负证明责任一方当事人应负有证据提出协力义务。遗憾的是,我国《民事诉讼法》及相关司法解释并未作出明确规定。欠缺证明妨碍行为前提义务及构成要件的配套规则,使得证据规则第75条缺乏可操作性而不能发挥举证责任倒置的矫正衡平效果,使得举证人在履行其主观证明责任层面上缺乏制度性的保障机制,严重妨碍诉讼的公平与正义。

劳动合同争议中的证明责任分配
——以劳动合同履行请求权为核心

■ 袁中华*

摘　要　在以劳动合同履行请求权为诉讼标的的案件（即劳动者请求支付劳动报酬的案件）中，证明责任如何分配常常是事实裁断者难以决断的问题。对此借助于司法解释并不能予以妥当的解决，而需要依据规范说的学理对劳动实体法进行解释而寻求答案。这种司法解释的进路将案件中可能出现的各种主要事实归入到"请求原因（原告证明）、抗辩（被告证明）、再抗辩（原告证明）"的体系，从而明确了用人单位和劳动者各自所承担的证明责任。

关键词　劳动合同履行请求权　证明责任　请求原因　抗辩

在劳动争议的处理过程中，受限于双方当事人的举证能力以及审理时限，事实问题往往难以真正有效地查清。① 法官或者仲裁员常常不得不借助证明责任而进行最终的裁断。② 因此，对于事实的裁判者，证明责任如何分配就是一个无法回避的问题。在这些劳动争议中，劳动者可以根据《劳动合同法》的相关规定提出多种请求，诸如要求确认劳动关系、给付劳动报酬、给付加班费、给付经济补偿金或者赔偿金等，其中最为常见、最为基础的则当属给付劳动报酬的请求。以

---

* 清华大学法学院博士研究生。本文为北京市支持中央在京高校共建项目"民事诉讼法修改与多元化争议解决机制的完善"的部分成果。

① 一般认为，劳动者的举证能力相较于用人单位而言，处于不利地位，其举证能力较为低下。但以笔者的观察得出的结论是，在实际操作中，用人单位（特别是对于管理并不规范的小企业）的举证能力也并不强。例如就劳动者是否严重违反用人单位纪律、劳动者是否严重失职和解除通知是否送达到劳动者等问题，用人单位常常难以有效举证。此外，由于劳动争议本身的处理方式为"一裁两审"，较普通民事诉讼更为复杂，而且争议的久拖不决容易影响到劳动者的日常生活，因此在各级劳动争议的处理过程中都较为强调效率。

② 鉴于无论举证责任还是证明责任，实际上都是来源于德国法上的"Beweislast"（直译为证明负担），至于到底使用哪一个概念则仅仅取决于使用者的偏好（比如我国实务界偏好使用举证责任，而学术界则偏好使用证明责任，台湾地区则一律都使用举证责任），因此笔者在行文中不区分两者。

民事诉讼法学的视角来看,上述的每一个请求都构成一个独立的诉,即构成一个独立的诉讼标的,而要求给付劳动报酬案件的诉讼标的则为基于劳动合同的履行请求权。① 如就所有类型的劳动合同争议案件中的证明责任问题进行论述,非本文力所能及,而鉴于履行请求权在劳动合同法上的基础性地位,笔者仅选取要求给付劳动报酬(即以劳动合同履行请求权为诉讼标的)这种较具代表性案件的证明责任问题进行分析,这种分析的思路和结论也有助于其他类型劳动案件的证明责任问题的处理。② 作为分析工具,笔者选取了在学术界较为主流且在司法解释中也有所体现的规范说。这种分析的意义不仅在于对司法实践中所出现的具体问题给予学理上的回应与解析,并就相关学术理论对于实践问题的解释力与可用性进行检验和证明,同时,也有助于对我国与证明责任相关的法律规范及司法解释的不足之处进行检讨,并思考如何进行弥补。

一、可能的解决途径

在追索劳动报酬的案件中,尽管劳动者主张的请求是单一的,即给付劳动报酬,关联的事实却完全可能是多元的。双方完全可能就劳动是否签订、劳动者的入职时间、劳动者的工资标准、劳动者是否履行劳动义务、用人单位是否已给付劳动报酬、劳动者在工作中是否存在违反规章制度或者严重失职、劳动合同的效力(关系到是否解除、撤销或者无效)、劳动者的请求是否已超过诉讼(或仲裁)时效等一系列的事实发生争议。而就这些事实,其证明责任到底分配给何方当事人,则常常会产生截然不同的效果。根据证据法的基本理论,当事人对于自己承担证明责任的事实进行的证明,称之为本证,在证明标准上需要达到高度盖然

---

① 本文对于诉讼标的采旧说,即旧实体法说,将给付之诉的诉讼标的限定为实体法上的请求权。当然,旧说在理论上存在着无法良好地说明消极确认之诉的标的以及无法良好应对请求权竞合的问题,但实际上这些问题主要来自于法律理论上的诘难而非司法实践的拷问。例如,请求权竞合在我国实体法(尤其是合同法)对此持否定态度的背景下在我国其实并不构成问题,而在日本以及我国台湾地区,旧说在司法实践中依然占据统治地位,可以充分说明旧说并非不堪重任。而新说也并非完美无缺,实际上也存在过于割裂实体与程序的缺陷。诉讼标的的新旧之争,可参见陈荣宗:《民事程序法与诉讼标的理论》,台湾大学法学丛书编委会1977年版,第326~449页。

② 一般而言,基于债权契约所生的请求权可以分为两类:一是主契约请求权,即履行请求权;二是次契约请求权,例如损害赔偿请求权等。相较而言,前者比后者无疑是更为基础而且更容易实现,因而当事人要求实现权利时一般也会优先考虑。劳动合同法上的请求权也可以作这种主次之分,而基于劳动合同的履行请求权(主契约请求权)在整个请求权体系中也理应处于最为基础的地位。就合同履行请求权在请求权体系中的地位和特征,可参见王泽鉴:《民法思维:请求权基础理论体系》,北京大学出版社2009年版,第61~62页;[德]迪特尔·梅迪库斯:《请求权基础》,陈卫佐等译,法律出版社2012年版,第30页。

性,如果在辩论终结时该事实依然处于真伪不明的状态,则本证方需要承担败诉后果;而对该事实,否认者(也即不承担证明责任的一方)进行的证明称之为反证,仅仅需要动摇法官的心证即可,在本证方未提出证据或者未进行充分证明时,反证方甚至无需进行任何举证活动即可胜诉。因此,给付劳动报酬的案件的证明责任如何分配,无论是对于双方当事人的证明活动还是对于法官或者仲裁员的裁判活动,都具有重要的意义。而就该问题,目前尚无明确的法律规定,但从司法解释中并不难找到与此关联的规范。笔者尝试以司法解释对此问题进行解决。

(一)完全的倒置

就给付劳动报酬案件的证明责任问题,关联最为密切的当属《关于审理劳动争议案件适用法律若干问题的解释一》(以下简称《劳动争议解释一》)和《关于民事诉讼证据的若干规定》(以下简称《证据规定》)这两个司法解释中的相关条文。2001年4月30日起施行的《劳动争议解释一》第13条规定:"因用人单位作出的开除、除名、辞退、解除劳动合同、减少劳动报酬、计算劳动者工作年限等决定而发生的劳动争议,用人单位负举证责任。"而其后2002年生效的《证据规定》第6条则完全沿用了上述规定。在司法实践中,上述条文是处理劳动争议的证明责任问题时最为关键的依据。考察这一规定的宗旨,则在于考虑到劳动争议案件中由于劳资双方举证能力的强弱差别较大,因此需要给予弱势地位的劳动者以特别照顾,因此在证明责任问题上减轻了劳动者的证明责任,而将这种不利益交由用人单位承担。甚至有学者直接指出,相对于"谁主张,谁举证"的分配原则,这对于劳动者而言就是证明责任的倒置。① 而在该规定出台之后,不少法官和当事人也认为,劳动法上证明责任分配不同于普通民事案件,实行完全的倒置原则。

这种"倒置"能否解决本文所提出的问题?劳动者追索劳动报酬一般都发生在用人单位作出"开除、除名、辞退、解除劳动合同、减少劳动报酬"之后,应当理所当然地适用《证据规定》第6条,由用人单位承担证明责任。但用人单位就何种事实承担证明责任?如果未作任何限定,则用人单位应当就诉讼中出现的所有主要事实承担证明责任。但这种逻辑是无法让人接受的。如果这样处理,那也就意味着劳动者可以在起诉和庭审中不提交任何证据,显然这种方式与日常的司法实践和相关司法解释是矛盾的。例如,《证据规定》第1条就规定"原告向人民法院起诉或者被告提出反诉,应当附有符合起诉条件的相应的证据材料"。因此这种做法并不符合司法解释上的相关规定,也很难得到法官们的支持,在立

---

① 毕玉谦主编:《〈最高人民法院关于民事诉讼证据的若干规定〉解释与适用》,中国民主法制出版社2002年版,第57页。

案时就面临不少问题。即使退一步讲,允许原告在起诉时不提交证据,但原告在庭审时也不提交任何证据的做法也会产生许多问题。例如,原告(劳动者)主张自己在劳动合同存续期间怀孕,那么医院的病历、婴儿的出生证明等证据实际上都掌握在原告手中,被告对此既不了解也很难得到;但如果缺乏这些证据,则原告所主张的事实几乎无法被查清,整个庭审也由于缺乏足够的攻击防御方法①而无法继续进行。而且根据《证据规定》第2条,"当事人对自己提出的诉讼请求所依据的事实或者反驳对方诉讼请求所依据的事实有责任提供证据加以证明",如果原告不提出任何证据,则几乎必然陷于败诉的后果。

因此,我们暂时可以搁置《证据规定》第6条,因为该条对于用人单位承担证明责任的事实未作出明确的限定,使得该条在处理本文所提出的给付劳动报酬的案件时缺乏充分的解释力和可用性。

(二)借助于合同法上的证明责任分配

如果不能适用《证据规定》第6条,是否还有其他法律或者司法解释的条文可以适用?鉴于劳动合同尽管存在一些特殊性(例如对契约自由的限制),但其本质上依然是合同的一种,因此就劳动合同的证明责任问题在理论上还可供选择的还有《证据规定》中关于普通民事合同的证明责任分配的规则,即该规定的第5条。

《证据规定》第5条规定:"在合同纠纷案件中,主张合同关系成立并生效的一方当事人对合同订立和生效的事实承担举证责任;主张合同关系变更、解除、终止、撤销的一方当事人对引起合同关系变动的事实承担举证责任。对合同是否履行发生争议的,由负有履行义务的当事人承担举证责任。"该条一般被认为采用了罗森贝克的规范说,其分配方式尽管存在一些瑕疵,但总体而言还是较为合理的,而且在合同法的司法实践中也被频繁使用。而在劳动合同纠纷案件的司法实践中,法官也常常会借鉴该条文处理证明责任问题。此外,许多地方行政系统针对劳动争议所制定的仲裁规则也几乎照搬了该条。例如《江苏省劳动人事争议仲裁证据暂行规则》第7条规定:"在履行合同争议案件中,主张合同关系成立并生效的一方当事人对合同订立和生效的事实承担举证责任;主张合同变更、解除、终止的一方当事人对合同关系变动的事实承担举证责任。"类似的表达还出现在《山东省劳动人事争议仲裁证据规则》(2011)第8条,《北京市劳动人事争议仲裁证据规则》(2011)第3条。这些仲裁规则对于仲裁员的司法实践应当具有较强的约束力。

如果将上述规则应用于本文所提出的问题,则答案并不复杂。至此,问题似乎已经得到了完美解决,但其实不然。首先,第5条自身就存在一些尚未解决的

---

① 攻击防御方法指当事人在审理过程中所提出的事实主张和权利主张。

问题,例如,已有学者指出该条对合同生效要件的证明责任考虑不足,以及对消极义务的履行的证明责任问题未作考虑。① 因此,该条尚有进一步解释和改进的空间。其次,第5条本身也并未涵盖合同案件中所可能出现的所有证明责任问题,例如司法实践中常见的当事人主张合同的无效、不安抗辩权、先履行抗辩权等情形,因此该条尚不够全面和完整。而且在劳动法实践中还可能出现双方就劳动关系是否存在、劳动合同解除的合法性、劳动者的工资标准、入职时间等问题进行争议,而这些问题在第5条也均未涉及,因此仍然需要我们进一步讨论。更关键的是,将这种解决一般合同案件的证明责任分配规则适用于劳动合同法领域,是否具有足够的正当性与可行性?对此尚无论者提及,由此也需要我们进一步论证。

当然,笔者认为,该条总体而言依然是较为恰当的,因此问题的关键在于如何就该条在劳动法上的适用进行进一步的解释和论证。这实际上是一个民事诉讼法学的解释学问题。对此,作为这种解释的工具,笔者选取的是德国学者罗森贝克的规范说。② 这种选择的依据首先在于制度层面。《证据规定》第5条本身就被认为是较为明显地体现了规范说的基本原理③,《证据规定》的其他条文如第2条以及常常被认为是证明责任倒置的第4条中的部分条款,实际上也符合规范说的分配原理④,因此适用规范说分析证明责任问题在制度层面自有其正当性基础。同时,在理论层面,规范说本身也是解决证明责任问题的主流学说。尽管关于证明责任的学说林林总总,但在德国、日本、台湾地区民事诉讼实务中占据主流的依然是罗森贝克的规范说或其修订版本。而在我国学术界,尽管并不缺乏对该规范说某些缺陷的质疑,但鉴于该学说标准明确、可操作性强等优

---

① 李浩:《民事行为能力的证明责任对一个法律漏洞的分析》,《中外法学》2008年第4期;张卫平:《民事诉讼:关键词展开》,中国人民大学出版社2005年版,第259页。

② [德]莱奥·罗森贝克:《证明责任论》,庄敬华译,中国法制出版社2002版,第95~205页。

③ 宋春雨:《〈证据规定〉的理解与适用》,载《人民司法》2002年第2期。最高人民法院民事审判第一庭:《民事诉讼证据司法解释的理解与适用》,中国法制出版社2002年版,第23页。

④ 张卫平:《民事诉讼:关键词展开》,中国人民大学出版社2005年版,第259、266~271页。

点,依然有众多学者认为它是解决我国法上证明责任问题最合适的选择。① 近年更有不少学者直接运用该学说对中国法上较为具体的证明责任问题进行了解释与批评,但就劳动法领域则几乎未见先例。② 笔者采用规范说就本文的问题进行分析,实际上也有助于就该学说对于我国劳动法上的证明责任问题的解释力与可用性进行检验和证明。

二、请求原因

罗森贝克规范说的核心原则为:主张某一法效果的当事人需要就该法效果产生的构成要件的事实承担证明责任。而这种法效果主要指请求权的产生或者否定。围绕请求权,民法规范可以分为:(1)基本规范(原则规范),即能使请求权得以产生的规范,主张请求权的当事人(一般为原告)对即请求原因③也即该规范的构成要件事实承担证明责任;(2)相对规范(例外规范),即能否定请求权的规范,主要包括权利妨碍规范、权利消灭规范和权利受制规范,否定请求权的当事人(一般为被告)就该类型规范的构成要件事实承担证明责任。④ 劳动者主张给付劳动报酬,也就是主张劳动合同法上的劳动合同履行请求权,由此需要就该权利的构成要件事实即请求原因承担证明责任。而这种构成要件事实,在《证据

---

① 张卫平:《民事诉讼:关键词展开》,中国人民大学出版社 2005 年版,第 273 页;翁晓斌:《论我国民事诉讼证明责任分配的一般原则》,载《现代法学》2003 年第 8 期;李浩:《证明责任与不适用规范说——罗森贝克的学说及其意义》,载《现代法学》2003 年第 4 期。当然,也有学者认为规范说有相当多的缺陷需要克服,但即使这样,批评者也赞同规范说的主流地位,对此可参见毕玉谦:《"一强多元"模式下的证明责任学说——以克服"规范说"局限性为重心》,载《政法论坛》2011 年第 2 期。

② 徐涤宇、胡东海:《证明责任视野下善意取得之善意要件的制度设计——〈物权法〉第 106 条之批评》,载《比较法研究》2009 年第 4 期;张江莉:《不当得利中"无法律上原因"之证明》,载《政法论坛》2010 年第 2 期;张心恬、王文军、陈蔚如:《不当得利"没有合法根据"要件的证明责任分配》,载《政治与法律》2011 年第 6 期;胡东海:《论合同生效要件之证明责任分配》,载《法律科学》2011 年第 4 期;吴泽勇:《论善意取得制度中善意要件的证明》,载《中国法学》2012 年第 4 期。

③ 请求原因(Klagegrund),指权利形成规范(基本规范)的构成要件,本是规范说的一个非常重要的概念,其后也被要件事实论所借鉴。对此可以参见[德]莱奥·罗森贝克:《证明责任论》,庄敬华译,中国法制出版社 2002 版,第 77~78 页、第 122 页。但中译本将 Klagegrund 译为"诉讼理由"并不恰当,或许译为"请求基础"更能较好地体现其与请求权基础(Anspruchsgrundlage)之间的密切关系,但为了更好地进行交流,笔者还是采用要件事实论的这种译法。

④ [德]莱奥·罗森贝克:《证明责任论》,庄敬华译,中国法制出版社 2002 版,第 104~111 页。

规定》第 5 条,则主要分为合同订立和合同生效,适用于劳动合同案件,则分别体现为劳动合同订立与劳动合同的生效。如此分配方式是否合理? 笔者对此分别进行分析。

(一) 劳动合同订立

罗森贝克认为,主张合同权利的当事人,只要证明当事人通过相对应的意思表示,对所有重要条款达成一致即可。① 也即主张合同履行请求权的当事人只需证明合同的成立,其理由在于合同成立是合同履行请求权的前提条件。例如《德国民法典》第 241 条规定:"根据债务关系,债权人有权向债务人请求给付。"② 即债务关系存在,当事人就享有履行请求权。而我国《合同法》第 8 条也规定:"依法成立的合同,对当事人具有法律约束力。当事人应当按照约定履行自己的义务。"尽管在表达上与德国法存在一些差异,但该条可以被视为表达了合同履行请求权的规范。因此,主张合同履行请求权的当事人应当就合同的成立承担证明责任,这点毋庸置疑。而在劳动法上合同履行(主张履行请求权)案件中,也应当由原告就劳动合同的成立承担证明责任。

但《证据规定》第 5 条使用的是并非"合同成立",而是与此相似的概念"合同订立"。对此需要指出的是,严格来说,这两个概念并非能够直接替换。合同成立是指双方当事人就合同的主要条款达成了合意,即所谓意思表示一致;而合同的订立则指两个或者两个以上的当事人为意思表示并达成合意的状态和过程,即缔约各方自接触、洽商直至达成合意的过程,是动态行为与静态协议的一体。③ 因此,如果根据第 5 条,要求原告去证明"合同订立"即整个过程,实际上是明显不合理而且是毫无必要的,更恰当的选择是将第 5 条的"订立"直接解释为"成立"即可。

借助民法解释学的表达,合同成立的一般条件指:存在双方或者多方缔约主体,及对主要条款达成合意。④ 因此劳动者就合同成立承担证明责任,至少应当证明两个方面的事实:(1) 原告(劳动者)和被告(用人单位)为缔约主体;(2) 双方就劳动合同的主要条款,主要包括合同期限、工作报酬、工作内容等达成了一致。就前一个方面,实务中常常发生的争议是被告否认与原告存在劳动关系,而主张与原告建立劳动关系主体是其他单位。尤其是在用人单位变更名称或者发生分立、合并、转让时,常常会出现劳动者告错单位或者不知道告哪个单位的情形。

---

① [德]莱奥·罗森贝克:《证明责任论》,庄敬华译,中国法制出版社 2002 年版,第 268 页。
② 《德国民法典》(第三版),陈卫佐译注,法律出版社 2010 年版,第 85 页。
③ 韩世远:《合同法总论》,法律出版社 2004 年版,第 76 页。
④ 韩世远:《合同法总论》,法律出版社 2004 年版,第 77 页。

而就后一个方面,实务中常常发生的问题是双方就入职时间或劳动者的工资标准各执一词。在这些情况下,有的法官会让用人单位承担证明责任,理由是就对于这些争议事实,用人单位更容易举证。对此笔者认为,距离证据的远近和证明的难易的确是证明责任分配常常需要考虑的因素,但绝非唯一的因素。而且这种证明的困难并非一定需要通过证明责任的途径予以解决,在法解释学上还有"文书提出义务"[1]这样更好的方式可供选择。在被告主张原告的入职时间并非原告所声称的时间,或者原告的工资并非其主张的数额时,法官完全可以要求被告提出相应的文书,也即要求其承担文书提出义务,并在未提出文书之时给予其制裁。[2]

劳动者如何证明劳动合同成立?在劳动法领域,劳动关系的形成有两种形式,一是书面合同,这种形式为《劳动合同法》第 10 条所规定,是法律要求的合同方式;二是事实劳动关系,"用人单位和劳动者就某些劳动权利和义务达成口头协议,形成劳动者向用人单位提供劳动,用人单位对其支付报酬的事实上的劳动用工关系"[3]。因此,劳动者就劳动合同或者劳动关系存在进行证明,也可以区分为两种情形:已签订书面劳动合同的,劳动者直接提出该书面合同即可;未签订书面合同的,则劳动者需要证明与用人单位之间存在事实劳动关系,对此提出的证据一般为间接证据,比如银行卡打卡记录、工作制服等。[4]

(二)劳动合同的生效

根据《证据规定》第 5 条,主张合同生效的当事人应当就合同的生效承担证明责任。而主张生效的一方毫无疑问是主张履行请求权的当事人(原告)的一方,这也就意味着否定合同生效的一方(被告)就该要件不承担证明责任。对此,李浩就认为,由原告来证明双方具有行为能力的做法明显不合理,更恰当的做法

---

[1] 该义务指持有文书的不负证明责任的当事人或第三人,因举证人将该文书作为证据方法使用,而负有将其提出于受诉法院以便法院进行证据调查的诉讼法上的义务。占善刚:《文书协力义务之比较法研究》,中国社会科学出版社 2009 年版,第 68~112 页。

[2] 文书提出义务与证明责任具有诸多相似之处,而且在司法实践中常常也容易被混淆,就二者的区别和联系,非本文篇幅所能涵盖,容笔者撰文另述。

[3] 徐智华:《劳动合同法研究》,北京大学出版社 2011 年版,第 97 页。

[4] 劳社部发[2005]12 号《关于确立劳动关系有关事项的通知》第 2 条规定:用人单位未与劳动者签订劳动合同,认定双方存在劳动关系时可参照下列凭证:(一)工资支付凭证或记录(职工工资发放花名册)、缴纳各项社会保险费的记录;(二)用人单位向劳动者发放的"工作证"、"服务证"等能够证明身份的证件;(三)劳动者填写的用人单位招工招聘"登记表"、"报名表"等招用记录;(四)考勤记录;(五)其他劳动者的证言等。其中,(一)、(三)、(四)项的有关凭证由用人单位负举证责任。不过这里的举证责任,更为恰当的选择是理解为文书提出义务。

是由被告证明一方或者双方不具有行为能力。① 而胡东海则进一步指出,该条的"生效"应当限缩解释为"特别生效要件",由此原告仅仅在合同需要审批、附生效条件或生效期限等特殊情形下,才需要就这些生效要件负证明责任。②

笔者大致赞同胡东海的结论。而就合同效力的证明责任分配,罗森贝克也早有论断:"当事人尤其不需要证明,存在其他的前提条件,即法律行为由于缺乏它就无效的前提条件。相反,主张法律行为无效的对方得对法律行为无效的要件特征承担证明责任。《民法典》以下列方式对该证明责任规范作出了规定,即法律从来没有将法律行为的效力,而总是将法律行为的无效作为规范的对象。"③对此结论,可以借罗森贝克的原则——例外思维来进行论证。合同成立即宣告请求权的产生,可以被视为原则,对此种请求原因(请求权的前提性构成要件)应当由原告进行证明。与此相对,合同需要审批、合同附生效条件或生效期限等情形则是上述原则的例外,即所谓抗辩,对此应由被告证明。正如罗森贝克所说:"被要求履行合同的原告必须证明,合同是附延缓条件还是附解除条件的,是附始期还是附终期。"④而与这种抗辩相对的,则是特别生效要件的满足,构成上述例外的例外,也即所谓再抗辩。因此,笔者的观点与胡东海的差别在于:他认为在合同存在特殊生效要件时,原告需要就这些要件的满足承担证明责任;但笔者认为,即使存在特殊情形,原告在起诉时也无需就此进行证明,而仅仅是在再抗辩阶段才需要证明。

将上述结论应用于劳动法中,则原告在起诉时无需证明合同的生效要件(无论是一般生效要件还是特殊生效要件);而对此被告可以通过主张劳动合同的无效或者合同存在特别生效要件而提出抗辩,并对此承担证明责任;就存在特别生效的抗辩,原告可以通过该要件的成就而进行再抗辩,并对此承担证明责任。

三、抗辩及再抗辩

在原告就请求原因进行证明的前提下,被告可以对此进行否认或者抗辩。抗辩,指为了最终达到否定对方当事人主张的法律效果,而在承认对方当事人所

---

① 李浩:《民事行为能力的证明责任对一个法律漏洞的分析》,载《中外法学》2008年第4期。
② 胡东海:《论合同生效要件之证明责任分配》,载《法律科学》2011年第4期。
③ [德]莱奥·罗森贝克:《证明责任论》,庄敬华译,中国法制出版社2002年版,第268页。
④ [德]莱奥·罗森贝克:《证明责任论》,庄敬华译,中国法制出版社2002年版,第318页。

主张的事实(自认)的前提下又附加地提出自己负担证明责任的事实主张。① 因此,提出抗辩者承担证明责任,而否认者则无需承担。针对被告的抗辩,原告可以进行再抗辩,即在承认抗辩方所主张的事实(自认)的基础上又提出新的事实,从而否认对方所主张的法律效果,同时也回溯性地支持本方所主张的法效果。由于再抗辩的事实对于原告而言也是有利于己的构成要件事实,因此原告对于再抗辩的事实承担证明责任。"请求原因(原告)——抗辩(被告)——再抗辩(原告)……"构成了证明责任分配的体系。②

根据《证据规定》第5条,被告需要就劳动合同关系变更、解除、终止、撤销以及合同履行承担证明责任。被告的这些事实主张,也即抗辩。但除第5条所列之外,是否还有其他的事实可以作为抗辩? 根据规范说,被告提出抗辩,其法律上的依据为相对规范(包括权利妨碍规范、权利消灭规范权利阻却规范),被告可以据此提出三种抗辩,同时也应当对这三种抗辩规范的要件事实承担证明责任。这些要件事实如何识别,则需要建立在对实体法规范的解释的基础上。此外,原告的再抗辩的要件事实,同样也需要通过对实体法的解释而识别。笔者试进行这种分析。

(一)权利妨碍抗辩

权利妨碍规范,即所谓毁坏萌芽的规范,它从一开始就阻止权利形成规范的效力的产生,以至于后者根本不能发挥其效力,因而其法律后果不发生。③ 简言之,这种规范从源头上阻止请求权的产生。被告人对于权利妨碍规范的要件的主张,可以称之为权利妨碍抗辩。

权利妨碍规范在我国劳动法中的体现,主要是关于合同无效的规范,具体而言就是《劳动合同法》第26条的相关规定。由此在劳动合同履行请求权案件中,被告为否定原告所提出的请求权而提出劳动合同无效,应当就无效的事由进行证明。例如,被告主张原告构成欺诈(例如求职时伪造学历证件),对此应当承担证明责任。实践中还常常出现的是一种情况是用人单位可能是主体不合法,比如未经审批而私自设立学校,这也属于"违反法律、行政法规强制性规定"而导致

---

① [日]高桥宏志:《民事诉讼法——制度与理论的深层次分析》,林剑锋译,法律出版社2003年版,第408页。

② 关于请求原因、抗辩与再抗辩的体系,日本的要件事实论以规范说为基础进行了更深入的讨论,对此可参见许可:《民事审判方法——要件事实引论》,法律出版社2009年版,第136~146页。

③ [德]莱奥·罗森贝克:《证明责任论》,庄敬华译,中国法制出版社2002年版,第106页。

合同无效的情形。被告如果对此提出该主张,也应当就此进行证明。① 需要注意的是,上述的探讨仅仅限于合同履行请求权案件,而并非所有就合同是否无效进行争议的案件中都是由被告(用人单位)对无效事由承担证明责任的。实际上,劳动者也完全可能提出合同无效的请求,比如劳动者起诉要求确认合同无效并要求对方按照《劳动合同法》第28条的规定给付报酬。② 此时,劳动者需要就合同无效的事由承担证明责任。也就是说,合同无效的证明责任,由其主张者承担,与当事人的诉讼地位并无直接关系。

此外,值得注意的是,《劳动合同法》所规定的合同无效事由与《合同法》有所差别。关于欺诈、胁迫的手段或者乘人之危使对方在违背真实意思的情况下订立或者变更合同的情形,在《合同法》第54条处理为合同的可撤销,而在《劳动合同法》中则一律处理为合同无效。按照特别条款优先于一般条款的原理,此时应当优先适用于《劳动合同法》的规定。此外,《合同法》中规定的无效情形除违反法律、行政法规的强制性规定外,还有第52条第1~4款的四种情形,这几种情形与《劳动合同法》并不冲突,因此并未被排除适用。对此也应当允许当事人主张这几种情形而导致劳动合同无效,主张者对此需要承担证明责任。

在学理上,合同履行请求权的权利妨碍规范除合同无效之外,尚有合同的撤销。我国《劳动合同法》上却并不存在合同撤销制度。鉴于《劳动合同法》并未明确排除《合同法》上的撤销制度,当事人依然可以就《合同法》上的重大误解和显失公平提起撤销之诉。因此劳动合同也完全可能因当事人启动诉讼而撤销,合同已被(通过诉讼的方式)撤销的事实在劳动合同履行请求权案件中也可以成为抗辩,并由此需要由主张该种事实的当事人对此承担证明责任。③

(二)权利消灭抗辩及其再抗辩

权利消灭规范"只是在后来才对抗权利形成规范,以至于相关权利(作为权利形成规范)已经产生,但是由于这一相对规范,即所谓的权利消灭规范的干预,相关权利又被消灭"④。简言之,即是消灭请求权的规范。被告对于权利消灭规范的要件存在的主张,可以称之为权利消灭抗辩。

---

① 当然,在此并不意味着劳动者无法要求任何给付,只是无法要求基于劳动合同履行请求权的给付。劳动者可以依据《劳动合同法》第28条支付相应的报酬。

② 《劳动合同法》第28条规定:劳动合同被确认无效,劳动者已付出劳动的,用人单位应当向劳动者支付劳动报酬。劳动报酬的数额,参照本单位相同或者相近岗位劳动者的劳动报酬确定。

③ 如果被告并非主张合同已被撤销,而是通过主张重大误解或者显失公平而要求撤销合同,这只能解释为当事人提起的是一个反诉。

④ [德]莱奥·罗森贝克:《证明责任论》,庄敬华译,中国法制出版社2002年版,第106页。

1. 履行、解除和终止。权利消灭规范在我国《合同法》上的主要体现为第91条。该条规定了合同的权利义务终止的多种情形,具体包括合同履行、合同解除、抵消、提存、免除、混同等。而就劳动合同而言,上述情形中的合同履行较为常见,如果用人单位主张该项事实,则应当就此承担证明责任。例如,用人单位主张已经向劳动者支付了工资(现金或者转账),则应当就此提出诸如人证、银行打卡记录或者财务记录等证据予以证明。

直接可以视为劳动合同履行请求权的权利消灭规范,在《劳动合同法》中体现为第四章的相关规定,主要包括劳动合同的终止或者解除。劳动合同的终止又包含三种情形,一是双方合意解除劳动合同(第36条),二是劳动者解除劳动合同(第37、38条),三是用人单位解除劳动合同(第39条单方解除、第40条无过失性辞退、第41条经济性裁员)。这里值得注意的是,劳动合同是一种典型的继续性合同,因此它的解除效力是面向未来的,对过去已经履行的部分并无溯及力。这实际上相当于德国法上的合同终止而非合同解除。① 因此这种解除产生的后果是,解除期日发生之前的请求权并未消灭,消灭的是其后发生的请求权。

被告如果在庭审中主张劳动合同已解除,则应当就解除事实承担证明责任。就双方合意解除的事实,被告应当提供解除劳动合同协议等证据证明;就劳动者解除劳动合同的事实,被告需要提供劳动者的通知、辞职信等文件证明;就用人单位解除劳动合同的事实,被告不仅需要证明合同已被解除(包括解除合同的通知以及通知的到达),而且需要证明符合解除劳动合同的正当理由的事实存在。其原因在于用人单位不享有合同的任意解除权,仅仅在法律规定的前提条件被满足(例如劳动者严重违反用人单位的规章制度)时才可以行使解除权。因此,在用人单位单方解除劳动合同时,用人单位需要对解除的前提性事实承担证明责任,只有在这些前提事实被证明时才能说明解除具有合法性。许多人根据《劳动解释一》第13条的规定,认为这里存在所谓证明责任倒置,因为其与"谁主张,谁举证"的证明责任分配原则并不一致。② 但这种结论似是而非,因为"谁主张,谁举证"实际上并无法成为证明责任分配的原则,真正所谓的证明责任的正置应当是按照规范说的原理去分配证明责任,显然,这里的分配方式是符合这一原理的。因此,无论是否有《劳动争议解释一》第13条的规定,用人单位都应当对解除的前提事实即对解除的合法性承担证明责任,这一点实际上与合同法上的合同解除的原理相同,而并非所谓劳动法的特殊性的显现。

---

① [德]迪特尔·梅迪库斯:《债法总论》,杜景林、卢湛译,法律出版社2004年版,第391页。就劳动合同法上的终止和解除的具体阐述,参见郑尚元:《劳动合同法的制度与理念》,中国政法大学出版社2008年版,第241~338页。

② 徐小年:《谈解除劳动关系案件证明责任的分配》,载《中国劳动》2010年第9期。

就劳动合同终止,《劳动合同法》第 44 条规定了多种情形,具体包括劳动合同期满、劳动者开始依法享受基本养老保险待遇、劳动者死亡或者被人民法院宣告死亡或者宣告失踪的、用人单位被依法宣告破产等。被告如果主张上述事实而否定请求权,则应当对此承担证明责任。

2.劳动合同变更。"合同的变更,主要是在保持原合同关系的基础上,使合同内容发生变化,合同变更的实质是以变更后的合同替代了原合同。"①但这种合同的新旧交替是否消灭了原来的合同履行请求权?对此学界鲜见讨论。笔者认为,合同变更消灭的是原有履行请求权的部分客体或要素(被变动的部分),而非如同合同解除或者终止那样消灭请求权本身。因此,合同变更可以理解为部分的消灭合同履行请求权。因此,提出合同已变更的当事人主张的是权利消灭抗辩,理应就该事实承担证明责任。《证据规定》第 5 条也规定主张合同变更的当事人应当就合同的变更承担证明责任。在劳动法领域中,上述分配规则依然可以适用。例如,用人单位主张在合同签订之后调整劳动者的工资标准或者工作岗位,实际上主张的是劳动合同的变更,理应就该事实承担证明责任。这种变更在《劳动合同法》上分为两种,一种个体性的变更,即第 35 条的劳动者与用人单位协商一致的变更;另一种是集体性的变更,即使《劳动合同法》第 4 条要求用人单位在制定、修改或者决定有关劳动报酬、工作时间等事项时,应当经职工代表大会或者全体职工讨论,提出方案和意见,与工会或者职工代表平等协商确定。因此,用人单位证明合同的变更需要就上述两种事实即协商一致变更或者"经职工代表大会或者全体职工讨论,提出方案和意见,与工会或者职工代表平等协商确定"而变更的事实进行证明。

3.再抗辩。必须予以补充的是,《劳动合同法》第 42 条规定了用人单位不得解除劳动合同的情形,具体包括在本单位患职业病或者因工负伤并被确认丧失或者部分丧失劳动能力、患病或者非因工负伤,在规定的医疗期内的、女职工在孕期、产期、哺乳期等情形。该规定应当视为第 39 条至第 41 条的例外规定。与此类似的是第 45 条规定,劳动合同在出现第 42 条的情形时逾期终止,因此第 42 条也同样是第 44 条的例外规定。根据前述原则的思路,第 39 条至第 41 条若为原则,则第 42 条为其例外;同样,第 44 条若为原则,则第 42 条为其例外。因此,我们将第 39 条至第 41 条以及第 44 条视为抗辩规范,则第 42 条可以成为对抗前者的再抗辩规范。而体现在证明责任上,则是如原告主张第 42 条的相关情形,则应当对此承担证明责任。

(三)权利阻却抗辩及其再抗辩

权利阻却规范(也被译为权利受制规范、权利阻碍规范),主要指实体法上对

---

① 崔建远主编:《合同法》,法律出版社 2010 年版,第 206 页。

于权利人的权利行使,得由相对人主张一时阻却或永久阻却的规定。① 简言之,这种规范并不消灭请求权而是阻挡其行使,即给予相对人以拒绝给付的权利。被告人主张存在权利阻却规范的要件事实,可以称之为权利阻却抗辩。

在民法上,权利阻却规范主要体现为抗辩权规范,这种抗辩权根据其对请求权阻却的时间的不同,可以分为永久的抗辩权和延期的抗辩权。② 当事人在诉讼中需要对抗辩权进行主张才能得以对抗请求权,而不能仅仅是提出抗辩权存在的前提事实,因此抗辩权也被称之为"需主张的抗辩"而区别于一般的抗辩事由。在劳动法上,抗辩权主要体现在时效抗辩权和双务合同履行中的抗辩权。

时效抗辩权,因我国对劳动争议的处理采取的是仲裁前置方式,绝大部分劳动争议不能直接起诉到法院,所以时效问题在劳动法实践中就体现为仲裁时效。根据《劳动争议调解仲裁法》第27条第1款:"劳动争议申请仲裁的时效期间为一年。仲裁时效期间从当事人知道或者应当知道其权利被侵害之日起计算。"在诉讼中,如果被告提出时效抗辩,则应当证明从原告知道或者应当知道其权利被侵害之日至原告提起仲裁之日的时间已经超过1年。但这里可能存在问题的是,就对方"当事人应当知道其权利被侵害"如何去证明? 鉴于该要件无法被直接证明,笔者认为,合适的证明途径是当事人提供相关的间接证据,其后法院根据生活经验进行审查,判定是否达到一般的"应当知道其权利被侵害"的标准。

根据《劳动争议调解仲裁法》第27条第2、3款,原告可以针对时效抗辩权主张时效中断或中止进行再抗辩,并需要对此承担证明责任。根据该条第4款,原告还可以主张其提起的争议为"劳动关系存续期间因拖欠劳动报酬发生争议",因而不受该法第27条第1款的限制,而仅仅受"劳动关系终止的,应当自劳动关系终止之日起一年内提出"规定的限制。

与时效抗辩权永久性的阻却对方行使请求权不同,双务合同履行中的抗辩权仅仅是一种延期的抗辩权,它是指在"符合法定条件时,当事人一方对抗相对人的履行请求权,暂时拒绝履行其债务的权利"。③ 因劳动者与用人单位互负给付义务,一方需要给付劳动,另一方则需要给付报酬,因此劳动合同是一种典型的双务合同,自然存在双务合同履行中的抗辩权。这种抗辩权在劳动法领域中的体现,笔者认为主要包括同时履行抗辩权和先履行抗辩权。同时履行抗辩权指"当事人互负债务,没有先后履行顺序的,应当同时履行。一方在对方履行之前有权拒绝其履行要求。一方在对方履行债务不符合约定时,有权拒绝其相应

---

① 杨淑文:《民事实体法与程序法争议问题》,中国政法大学出版社2009年版,第242页。
② 王泽鉴:《民法思维:请求权基础理论体系》,北京大学出版社2009年版,第137页。
③ 崔建远主编:《合同法》,法律出版社2010年版,第137页。

的履行要求"。(《合同法》第66条)而先履行抗辩权指"当事人互负债务,有先后履行顺序,先履行一方未履行的,后履行一方有权拒绝其履行要求。先履行一方履行债务不符合约定的,后履行一方有权拒绝其相应的履行要求"(《合同法》第67条)。根据上述规定并解释规范说的原理,被告可以根据双方是否约定了履行的先后顺序而行使同时履行抗辩权或者先履行抗辩权,并就权利的前提要件即对方"未履行"或者"未按约定履行"的要件事实而承担证明责任。但此处需要修正的是,罗森贝克认为,就合同是否履行的证明责任原则上只能由债务人(履行义务方)来承担,这种原理即使在法条将不履行作为请求权的成立要件时也可以成立,如《德国民法典》第283条、第286条、第326条等情形。① 因此,如果用人单位主张尽管双方签订了劳动合同但对方并"未履行"(如未来上班),则并不需要证明对方的"未履行",反而应当由就履行义务人(也即劳动者)来证明"已履行",由此带来的证明困难,可以借助于用人单位承担的文书提出义务来减轻。

请求原因	抗辩		再抗辩
劳动合同成立	权利妨碍	合同有支付条件	条件成就
		合同有支付期限	期限到来
		合同无效	
	权利消灭	合同已被撤销	
		合同已被履行	
		合同终止	终止延期
		合同已被用人单位解除	第42条禁止解除
		合同已被合意解除	解除协议的无效、撤销
		劳动者解除合同	
	权利阻却	时效抗辩权	时效中止、中断等
		同时履行抗辩权	
		先履行抗辩权	

小　结

根据上文的分析结论,笔者将劳动履行请求权的案件中,双方当事人所可能提出的各种事实主张及其性质,以及就此承担的证明责任简化为上表。该表并

---

① [德]莱奥·罗森贝克:《证明责任论》,庄敬华译,中国法制出版社2002年版,第354页。

未列举诉讼中可能出现的所有事实,但也已经涵盖了大多数情形下常见的事实种类。这种请求抗辩与再抗辩的体系,以及这种体系背后的规范说的适用,无论在我国的实体法教学还是诉讼法教学中都极少涉及,因此对于大多数法官和仲裁员而言是相当陌生的,但它们恰恰正是证明责任分配的原理之所在。借助这种规范说的体系化思维,法官和仲裁员可以通过对实体法的解释而对于诉讼中的事实进行识别和定性,从而合理地指挥引导双方的攻击防御以及进行最终的事实裁断。

因此,本文的意义不仅在于以劳动履行请求权为标的的案件中的证明责任问题的解决,而且借助这种体系化思维,法官和仲裁员也完全可以应对在上述表格涵摄范围之外的其他类型案件中的证明责任问题。同时,本文借助规范说的相关理论进行的这种分析,实际上也是对于规范说的原理在中国法上的可用性与解释力进行的一种证明,也有助于对于规范说的中国化问题研究的进一步深入,从而促进学术理论自身的进步。最后,尽管本文的部分结论与《证据规定》第5条相同,但在许多细微之处还是存在较大差异,因此实际上正是对于我国司法解释的再解释,也有助于司法解释日后进一步的修改和完善。

制度探究

起诉权保障与起诉和受理制度的完善

■ 柯阳友[*]

摘 要 在立法层面,新民事诉讼法首次规定法院负有保障起诉权的义务和不予受理应出具裁定书,但仍维持立案审查制和过高的起诉条件,对于解决"起诉难"只是治标的良方而难以治本,符合中国国情的起诉和受理制度改革方案是以立案登记制为原则、立案审查制为例外。在司法实践层面,一是法院应严格执行新民事诉讼法第 123 条之规定,二是修订司法解释中关于不予受理的不合理规定,三是废除法院内部规范性文件等司法政策中关于不予受理的规定。

关键词 起诉权 起诉和受理制度 起诉条件 立案审查制 立案登记制

2012 年 8 月 31 日,全国人大常委会审议通过《中华人民共和国民事诉讼法修正案》,明确规定了保障当事人起诉权并完善起诉和受理程序。新民诉法第 123 条规定:"人民法院应当保障当事人依照法律规定享有的起诉权利。对符合本法第一百一十九条的起诉,必须受理。符合起诉条件的,应当在七日内立案,并通知当事人;不符合起诉条件的,应当在七日内作出裁定书,不予受理;原告对裁定不服的,可以提起上诉。"该条文的修订有三大亮点:一是明确宣示法院负有保障起诉权的职责和义务;二是为解决司法实践中法院不立案且不出具裁定书造成的起诉难开出了治标的良方;三是提出立法机关、理论界、法院和起诉人等各方能接受的一个修改方案。但其不足之处在于,维持立案审查制,对原民诉法规定的起诉条件未作任何修改,维持进入司法之门的高门槛,严把进入诉讼程序

---

[*] 河北大学政法学院教授,法学博士。

的第一关,对于保障起诉权、解决"起诉难"难以起到治本的作用。本文在解读新民诉法有关条文的基础上,探讨不符合起诉条件应作出裁定书的司法适用问题,并以起诉权保障为宗旨,对起诉和受理制度的进一步完善提出建议。

一、起诉权的概念界定

诉权是当事人享有提起诉讼或者应诉并要求法院作出公正裁判以保护其民事权益的权利,它包括起诉权、反诉权、上诉权、再审诉权和应诉权。①

据笔者掌握的资料,我国关于起诉权的定义主要有以下几种:(1)起诉权是公民、法人或其他组织为了维护自己的合法权益而要求国家审判机关行使司法权的一项重要的权利。② (2)起诉权是冲突主体的一方作为原告向法院提起诉讼请求法院给予诉讼保护的权利。③ (3)起诉权是指当自然人、法人之间或他们相互之间的民事权益发生争执或出现不稳定状态,一方向法院起诉,请求法院依法裁决的权利。④ (4)起诉权是当事人一项重要的诉讼权利,它是指民事主体认为自己的合法权益受到侵害或与他人发生争议时,享有的作为原告提起诉讼要求国家司法机关予以救济和保护的权利,即发动民事诉讼程序的权利。⑤ (5)起诉权是指程序意义上的诉权,即原告人(指公民、法人和非法人团体)因自己或依法由自己保护的人的合法权益受到侵害或发生争执时,有向人民法院请求司法保护的权利。⑥

笔者认为,起诉权是公民、法人或者其他组织作为原告,要求法院启动审判程序,就自己提出的诉讼请求进行审判并给予司法保护的权利。从外在表现形式看,起诉权是诉诸法院的权利;但从实质看,起诉权不仅是诉诸法院的权利,还包含着公正审判请求权,要求法院给予司法保护,因为当事人不只是为了起诉而起诉,行使起诉权启动诉讼程序既是手段又是目的,但不是唯一目的,程序性目的是启动诉讼程序使纠纷或者案件形成诉讼系属状态,实体性目的是保护合法权益、解决纠纷。⑦ 起诉权是诉权的最典型、最充分的体现,是诉权的核心内容,是最重要的一种诉权。

---

① 田平安、柯阳友:《民事诉权新论》,载《甘肃政法学院学报》2011年第5期。
② 张卫平:《民事诉讼法》,法律出版社2004年版,第270页。
③ 蔡彦敏:《民事诉讼主体论》,广东人民出版社2001年版,第132页。
④ 崔峰:《敞开司法之门——民事起诉制度研究》,中国政法大学出版社2005年版,第14页。
⑤ 梁宏辉:《论民事起诉权》,载《天水行政学院学报》2006年第4期。
⑥ 杨富元等:《谈谈民事诉讼中的起诉权与胜诉权》,载《法学评论》1985年第3期。
⑦ 柯阳友:《起诉权研究——以解决"起诉难"为中心》,北京大学出版社2012年版,第2页。

起诉权、上诉权、再审诉权是启动诉讼程序的诉权,基于诉权平等和审判权平等保护双方当事人的原则,应诉方享有的诉权是应诉权。应诉权是指应诉一方当事人所享有的进行诉讼并要求法院作出公正裁判的权利。我国《民事诉讼法》第 164 条规定,当事人不服地方人民法院第一审判决、裁定的,有权在法定期间内向上一级人民法院提起上诉,"不服"实质上是认为"一审法院的裁判不公正"。第 199 条规定,当事人对发生法律效力的判决、裁定认为有错误的,可以向上一级人民法院申请再审,"有错误"实际上也是认为"生效裁判不公正"。

江伟先生主持起草的《民事诉讼法典专家修改建议稿》第 4 条(诉权)规定:"当事人因民事权益或者法律规定的其他权利、利益受到侵害或者与他人发生争议,有权依照法律规定向人民法院提起诉讼,获得公正、及时的审判。人民法院不得拒绝审判。国家机关、社会团体以及个人对损害国家、集体或者公众民事权益的行为,依据本法以及其他法律规定,以自己的名义为受损害的单位或者个人向人民法院起诉的,适用前款规定。"在民事诉讼法中规定诉权,不仅可以强调对当事人实体权利与程序权利的保护,而且可以为诉权入宪打下部门法基础。诉权作为当事人请求法院对其民事权益予以审判保护的基本权利,其完整内涵不仅包括审判保护请求权,还应当包括公正审判请求权和及时审判请求权。[①] 遗憾的是,诉权未写入新民事诉讼法,但新法规定"人民法院应当保障当事人依照法律规定享有的起诉权利",仍可圈可点。

二、立案审查制视角下的起诉条件

为了解决"起诉难"的问题和实现对当事人诉权的有效保护,理论界的许多学者建议废除立案审查制,实行立案登记制,但未被立法机关采纳。新民诉法仍维持立案审查制,当事人提起民事诉讼时,法院应进行立案审查,符合起诉条件的才能受理。新民诉法第 112 条对 1991 年《民事诉讼法》第 108 条规定的起诉条件未作任何修改。立法的立案审查制和起诉条件过高与司法实践中的"起诉难"问题有密切关系。

我国的起诉条件糅合了大陆法系国家的"起诉要件"、"诉讼要件"、"权利保

[①] 江伟主编:《民事诉讼法典专家修改建议稿及立法理由》,法律出版社 2008 年版,第 7~8 页。

护要件"①的主要内容,还隐含政策性条件,合力形成了起诉的门槛高。首先,包含起诉要件。在德国、日本等大陆法系国家,"起诉要件"是指提起诉讼所必须具备的条件,又称"诉讼成立要件"。它一般包括起诉状(必须写明必要记载事项)和交纳诉讼费用,仅仅是形式性的要件,法院对原告的起诉不进行任何实体性审查。只要具备起诉要件,就可以启动诉讼程序,发生诉讼系属的效力,法院对该诉讼负有审判的义务,因此这种起诉制度又称为立案登记制度。若欠缺起诉要件,法院责令原告在一定期间内补正,补正后产生起诉的效果;如果原告没有补正,法院作出驳回诉状的命令。而我国起诉条件的内容广泛,既包括形式要件,也包括实体要件。其次,包含诉讼要件。在大陆法系国家,起诉只有符合诉讼法规定的程序性要件才能够合法系属。使起诉合法的程序性要件称为诉讼要件。由于诉讼要件是进行本案实体审理的前提条件,因此又称"实体判决要件"。如果欠缺诉讼要件,法院作出诉不合法的诉讼判决,相当于我国的裁定驳回起诉。由于起诉要件是形式性的,因此诉讼要件具有过滤不合格诉讼的重要作用。我国起诉条件的部分内容与诉讼要件相对应。最后,包含权利保护要件。在大陆法系中,具备诉讼要件后,要使法院裁判原告的请求有理,必须满足实体上的构成要件,使其主张得到认可,这称为"权利保护要件"或"本案要件"。如果欠缺权利保护要件,法院作出诉无理由的实体判决,相当于我国的判决驳回诉讼请求。我国《民事诉讼法》对诉讼请求所根据的事实和理由与起诉证据的要求,以及要求直接利害关系人才有起诉的资格,表明将部分胜诉要件融入起诉条件之中。最后,隐含政策性条件。所谓政策性条件,是指法院基于实施国家政策的考虑,就部分纠纷排除在司法解决之外。我国法院通常以"属于人民法院受理民事诉讼的范围"即主管为依据,认为当事人的起诉不属于法院主管的范围或者不属于民事纠纷而不予受理或者驳回起诉。法院在审查起诉和立案工作中将其作为政策性起诉条件,自由裁量。②

  大陆法系国家对起诉的审查包括两个阶段:第一阶段是在提起诉讼时审查起诉要件,实行立案登记制。法院书记室或类似部门仅审查诉状是否具备法律

---

  ① 在大陆法系国家,诉讼过程在理论上被分为三个阶段(即"三诉讼阶段论"):为了让法院就诉讼进行审理、判决,首先诉讼必须适法提起(第一阶段),使诉讼适法提起的要件称为"起诉要件";其次,一旦具备这一要件,事件便系属于法院,其系属在程序上必须适法(第二阶段),使诉讼适法系属所必须具备的要件称为"诉讼要件";经过以上阶段,最后就原告的请求(本案)进行审理、判决(第三阶段)。要使法院裁判原告的请求有理,必须满足实体上的构成要件,使其主张得到认可,这称为"权利保护要件"或"本案要件"。参见[日]中村英郎:《新民事诉讼法讲义》,陈刚等译,法律出版社2001年版,第152页。
  ② 柯阳友:《论我国起诉与受理制度的改革和完善》,载张卫平、齐树洁主编:《司法改革论评》(第十辑),厦门大学出版社2010年版,第202~203页。

规定的形式要件，只要提交了合法的起诉状和合法缴纳案件受理费，就启动了诉讼程序，形成诉讼系属，因此立案登记制没有设置障碍，使当事人"进入司法之门"相当容易。第二阶段是在形成诉讼系属（即进入诉讼程序）后，法院对是否具备诉讼要件进行诉讼审理。如果欠缺诉讼要件，令当事人补正；不能补正的，法院就以"诉不合法"为由作出驳回起诉的判决，即"诉讼判决"。这与我国立案后经审理认为不符合起诉条件而裁定驳回起诉是相同的，只不过我国严把进入司法之门的第一关。

立案审查制与立案登记制的重大区别是，前者在诉讼系属之前对起诉要件与诉讼要件一并审查，决定是否立案，起诉权行使的结果既有可能启动诉讼程序，也有可能不能启动诉讼程序；后者是对符合起诉要件的先登记立案后再审查诉讼要件，起诉权的行使没有遇到障碍，因为当事人起诉非常容易达到提交合法的起诉状和交纳案件受理费的条件。两者相同之处是迟早要对起诉要件和诉讼要件进行审查。

三、不符合起诉条件应作出裁定书的司法适用

针对受诉法院在7日内既不立案，又不作出不予受理的裁定，导致起诉人无法提起上诉的状况，新民诉法第123条将1991年民诉法第112条修改为"不符合起诉条件的，应当在七日内作出裁定书，不予受理；原告对裁定不服的，可以提起上诉"。这是本次修法保障起诉权的一大亮点。

根据文义解释，不管基于何种理由，法院不予受理均"应当在七日内作出裁定书"，并且第154条第3款规定，"裁定书应当写明裁定结果和作出该裁定的理由。裁定书由审判人员、书记员署名，加盖人民法院印章。"新民诉法第124条（1991年民诉法第111条）明确规定了五种情形下"告知"：属于行政诉讼受案范围，告知原告提起行政诉讼；应当仲裁的，告知向仲裁机构申请仲裁；依法应当由其他机关处理的争议，告知原告向有关机关申请解决；对不属于本院管辖的案件，告知原告向有管辖权的法院起诉；对判决、裁定已经发生法律效力的案件（准予撤诉的裁定除外），当事人又起诉的，告知原告申请再审。本次修法调整了上述两个条文的编排顺序，笔者认为，第124条的"告知"是第123条应当作出裁定书的一种例外方式。第124条第6项规定："依照法律规定，在一定期限内不得起诉的案件，在不得起诉的期限内起诉的，不予受理。"由于属于法律规定的禁诉期案件，期限是确定的，可以采取口头告知不予受理及其理由。第7项规定："判决不准离婚和调解和好的离婚案件，判决、调解维持收养关系的案件，没有新情况、新理由，原告在六个月内又起诉的，不予受理。"因起诉人与立案人员可能在有无"新情况、新理由"方面有不同认识，如不予受理应作出裁定书。

新民诉法第119条关于起诉条件的规定和有关起诉与受理的司法解释是裁

定不予受理的通常规范依据。关于起诉与受理的司法解释，涉及的内容广泛，主要有以下几种案件类型：法律界定不清或难以界定、法律无明文规定的新类型、疑难案件；群体性、敏感性案件；与政府和行政行为有关的民事案件以及单位、团体的内部纠纷；与刑事犯罪有关的民事案件。司法解释的形式多样，包括"解释"、"规定"、"批复"；解释的结论是不予受理或者应予受理，也有个别是暂不受理。新民诉法第123条规定："人民法院应当保障当事人依照法律规定享有的起诉权利。"笔者认为，有些司法解释对特定类型的案件规定不予受理不仅于法无据，而且没有法理依据，因此，新民诉法实施后，应修订司法解释中关于不予受理的不合理规定，从源头上保障当事人的起诉权。

新民诉法实施后，是否修改以及法院如何执行关于起诉和受理的司法政策，值得探讨。不属于司法解释的司法政策，不能作为法院出具不予受理裁定书的规范依据，因此面临着何去何从的问题。所谓司法政策，是指法院在解决社会纠纷、调整利益关系时所采取的基本态度、价值立场以及处理原则等。司法政策本身并不解决具体的社会纠纷，它只是为法院和法官提供一个抽象性、方向性的判断标准和价值取向，具体问题的处理由法官在实践中依据该政策并结合案件具体情况加以自由裁量。由于社会关系变化，利益格局调整，社会矛盾交织，起诉到法院的各类案件大幅度上升，法院的立案工作和整个审判工作一样，面临着前所未有的复杂局面。各级法院制定的司法政策在调控起诉权行使、指导和制约法院立案工作中起着非常重要的作用。司法政策体现在全国（或全省、全市范围）法院系统关于立案工作会议的领导讲话、座谈会纪要和高级人民法院、中级人民法院的内部规范性文件中，其中既有关于立案的宏观状况分析，也有对具体立案工作应遵循的原则和要求。总体上看，我国法院系统奉行审慎立案、把好立案关的司法政策，强调牢固树立政治意识、大局意识，把立案工作同我国当前的政治、经济、社会形势结合起来，从法律、政治、社会效果统一的角度把好立案关。法院对于案件受理遵循坚持法定受理条件、适度实体审查、谨慎适时受理敏感案件、新类型案件请示等原则，法院内部文件规定的不予受理比司法解释更多，其把好立案关的要求更具体、力度更大。司法实践中，法院不予受理但不出具裁定书的情况比较普遍，主要有三种情况：(1)有些情形没有必要出具裁定书。依照现行做法，只有对不属于法院主管范围的纠纷才出具裁定书，对不属于本院管辖或需要当事人补正材料的，不出具裁定书，由立案法官口头告知当事人向有管辖权的法院或补正材料后再行起诉，这也是绝大多数法院的通行做法。但有些当事人对此不理解，坚持要求法院出具裁定书。如果对每一起不符合立案条件的纠纷都出具裁定书，法院的立案工作量将增加许多，这会进一步加剧立案窗口人手紧张的问题。① (2)对于敏感案件、群体性纠纷等案件,尽管符合民诉法规定的起诉条件,但根据司法政策,经领导研究后,口头告知不予受理,法院让位于行政机关等有关部门处理。因为司法政策或者领导决定不能作为裁定不予受理的规范依据,所以不会出具裁定书。(3)对于法律和司法解释没有明确规定受理的新类型案件,逐级请示,避免各行其是,草率收案,造成工作被动,因此在七日内不能出具不予受理裁定书。根据新民诉法 123 条的规定,应当废除法院内部规范性文件等司法政策中关于不予受理的规定。

法院在立案程序中不履行或不当履行法定义务主要表现在:对起诉人的起诉不予理睬,一般表现为对起诉人的起诉状或口头起诉不予接收;接收起诉人的起诉状后,在法定期限内不予立案,也不裁定不予受理;对起诉人的起诉未认真审查即裁定不予受理,或草率立案后又以不符合起诉条件而裁定驳回起诉。立案审查制本身不利于保护起诉权,司法实践中法院违反法律的规定不出具裁定书,两者叠加,起诉权的保障雪上加霜,导致起诉难。

另外,法院在立案审查中应严格执行新民诉法第 123 条的规定。如果受诉法院不严格执行新民诉法第 123 条的规定,对某些案件仍然沿用过去的做法,采用口头告知的方式,不予受理但不作出裁定书,且不说明理由,实际上是 1982 年试行民事诉讼法规定的通知方式,它属于程序违法行为,剥夺了起诉人对于不予受理提起上诉的权利,侵害了当事人的起诉权。由于不予受理往往是根据上级法院的内部文件等司法政策并经受诉法院有关领导研究决定的,通过法院内部监督收效甚微,最有效的方式是起诉人请求检察机关提出检察建议寻求救济。新民诉法第 208 条第 3 款规定:"各级人民检察院对审判监督程序以外的其他审判程序中审判人员的违法行为,有权向同级人民法院提出检察建议。"另外,笔者建议民诉法司法解释可以借鉴《最高人民法院关于执行〈中华人民共和国行政诉讼法〉若干问题的解释》对起诉权行使的保障与救济措施。②

关于妨害起诉权的责任制度,最高人民法院于 1998 年出台了两个规范性法

---

① 上海市浦东新区法院立案庭:《上海浦东新区法院关于立案审查工作的调查报告》,载苏泽林主编:《立案工作指导》(2007 年第 2 辑),人民法院出版社 2008 年版,第 232 页。
② 《最高人民法院关于执行〈中华人民共和国行政诉讼法〉若干问题的解释》第 32 条规定:"人民法院应当组成合议庭对原告的起诉进行审查。符合起诉条件的,应当在 7 日内立案;不符合起诉条件的,应当在 7 日内裁定不予受理。7 日内不能决定是否受理的,应当先予受理;受理后经审查不符合起诉条件的,裁定驳回起诉。受诉人民法院在 7 日内既不立案,又不作出裁定的,起诉人可以向上一级人民法院申诉或者起诉。上一级人民法院认为符合受理条件的,应予受理;受理后可以移交或者指定下级人民法院审理,也可以自行审理。前三款规定的期限,从受诉人民法院收到起诉状之日起计算;因起诉状内容欠缺而责令原告补正的,从人民法院收到补正材料之日起计算。"

律文件:《人民法院审判纪律处分办法(试行)》第 22 条规定:"违反法律规定,擅自对应当受理的案件不予受理,或者对不应当受理的案件违法受理,给予警告至记大过处分。私自受理案件的,给予记大过至撤职处分。因过失致使依法应当受理的案件未予受理,或者对不应当受理的案件违法受理,造成严重后果的,给予警告至记大过处分。"《人民法院审判人员违法审判责任追究办法(试行)》第 5 条、第 32 条作了相同的规定。但是,它仅规定了法官的责任,回避了法院的集体责任。妨害起诉权的法律责任主体包括法院、法官和合议庭等审判组织,如果是法院领导集体决定甚至是通过司法解释或者规范性文件规定不予受理的,则对外责任主体应是法院,法官执行的是领导或者上级决定,就不能追究法官的责任,最终导致无法追究。

四、改革与完善我国起诉和受理制度的建议

近些年来,在立案方式上,是实行各国普遍采用的立案登记制,还是保留我国的立案审查制,理论界与实务界发生了严重分歧。理论界大多数学者倾向于实行立案登记制,它旨在确保诉权免遭侵害及有效行使,有助于克服现行立案审查制的随意与无序,符合诉讼法理。而实务界普遍持反对态度,认为立案登记制会引起"诉讼爆炸",耗费司法资源,使法院不堪重负;引起滥诉;妨碍法院和国家机关及其他社会组织的关系;实质上取消了主管制度;不能适应社会纠纷的复杂性,忽视了司法的有限性。各级法院立案机构因深受涉诉信访冲击、干扰之苦,对此更有抵触情绪,认为立案登记制不符合中国国情,反对激进式改革。在对立双方的激烈争论中,不能回避的重要问题是:应如何妥善处理"司法最终救济原则"与"司法解决纠纷有限性"之间的关系?立法设计者在保障公民充分享受诉权时,如何有效防止滥诉、缠诉现象的发生?

还有一些学者和实务部门提出适当地降低现行民事诉讼法规定的起诉条件,走改良主义的道路。那么,降低起诉条件降到什么程度?如果降到与大陆法系的起诉要件一样,就等于实行立案登记制。如果只是降低一点点,那么,应从我国所包含的诉讼要件中去除或者修改哪个或者哪些要件?"起诉难"的问题能够得到多大程度的解决?笔者认为,大陆法系区分起诉要件与诉讼要件,起诉要件在提起诉讼时进行形式审查,符合形式要件就登记立案,形成诉讼系属;在诉讼过程中通过诉讼审理审查诉讼要件。我国的起诉条件包括了起诉要件和诉讼要件,是在诉讼系属之前进行审查,由法院决定当事人行使起诉权能否启动诉讼程序这个核心问题,即使立案后仍要进行诉讼要件的二次审查,认为不符合诉讼要件的,裁定驳回起诉。大陆法系为了保障民众接近司法的权利,采取"先松后紧"的措施。我国为了实现控制滥诉和其他目的,采取"先紧后也紧"的制度设置。因此,我国学者所说的降低起诉条件是指适当降低起诉的门槛,并不是降低

诉讼要件。适当降低起诉条件的改良方案对于从制度上解决"起诉难"问题的成效不大,只要还实行立案审查制,法院就仍然可以实行审慎立案的司法政策并以多种理由不予受理。

立法机关维持立案审查制,着眼于解决司法实践中不予受理但不作出裁定书这个突出问题,第 123 条规定"应当在七日内作出裁定书",使法院负有作出裁定书的法定职责,保障起诉人能行使对不予受理裁定书提起上诉的权利,由上一级法院裁决是否应当受理。如果各法院能严格执行第 123 条的规定,大多数"起诉难"问题便能得到解决。笔者认为,民诉法规定了驳回起诉、虚假诉讼和恶意诉讼的制裁措施,起诉人到法院打官司要预交诉讼费和耗费时间、精力等成本,没有必要严把立案关。因此,本文提出以立案登记制为原则、立案审查制为例外的改革方案。

以立案登记制为原则,是指当事人起诉的案由只要属于最高人民法院《民事案件案由规定》中的案由,并提交符合《民事诉讼法》规定的起诉状和交纳诉讼费用,法院就应当立案登记。立案后由民事审判庭审查诉讼要件,根据案件事实和法律规定可以作出裁定驳回起诉、进行调解、对双方的权利义务作出判决等,理由是:我国民事实体法基本沿袭大法陆系的传统,注重制定法的作用,注重法律体系的完整性和安定性。《民事案件案由规定》中的每一个立案理由对应着一个或一组民事权利,只要受侵害的民事权利或发生争议的民事法律关系符合"立案理由"中的某个案由的规定,法院就应受理立案,给予法律保护。

以立案审查制为例外,是指对于法律和司法解释没有明文规定的新类型案件实行立案审查制度。法律规则上的疑难案件属于法律无明文规定的案件,实质上也属于新类型的案件。敏感案件、群体性案件中除部分属于新类型案件外,只要是属于《民事案件案由规定》的案件类型,都应当实行立案登记制,不能以任何理由拒绝受理。立案庭收到当事人提交的诉状属于新类型的案件后移交相关的民事审判庭进行审查,再决定是否立案。对于这类案件,法院如果总是一味地迁就现实,规避审判风险,消极不作为,那么,司法权在权力结构中一直就处于弱势,难以承担充分保护公民合法权益的职责。

这个方案是根据我国的法制传统(依照民事诉讼法和民事实体法行使审判权)和改革现行民事诉讼法对所有民事案件"一刀切"的立案审查制度,采取"区别对待"的方针,特别是解决为人们所诟病的法院根据法律规定应当受理而不予受理敏感案件、群体性案件的问题。本方案不如立案登记制的设计者江伟先生主张的彻底(包括实行彻底的立案登记制的支持者),因而不是"革命性"的,但比改良主义的方案(如降低现行民事诉讼法的起诉条件等)有实质性的推进,是一种改革性的方案。它的价值在于:一是废除了一般民事案件的立案审查制度,使绝大多数当事人能顺畅地进入司法之门;二是解决了敏感案件、群体性案件(除本身属于新类型案件外)的"立案难"问题,这两类案件往往并不是因为不符合民事诉讼法规定的起诉条件而不予受理,因此它去除了"法"外的因素和权势对起诉权的侵犯;三是以《民事案件案由规定》的案件为标准,可操作性强,简便易行,有利于解决司法不作为问题。

如何落实"调解优先,调判结合"
——对新《民事诉讼法》有关"审前调解"的理解与适用*

■ 张艳丽**

摘 要 "调解优先,调判结合"已成为我国的司法工作原则,其原理是"调解优先"理论和实践的正当性和必要性。为落实"调解优先,调判结合"原则,我国新《民事诉讼法》强化了"审前调解"的功能,扩大了"审前调解"的范围。本文基于对新《民事诉讼法》第122条"先行调解"和第133条"庭前调解"的理解,结合最高人民法院有关司法解释和意见规定,分析了我国"审前调解"程序的构成及有效运行应解决的问题,同时,对我国"审前调解"程序与审判程序的衔接提出建议。

关键词 调解优先 先行调解 庭前调解 审前调解

一、背景和问题:"调解优先,调判结合"原则以及新《民事诉讼法》"审前调解"的立法规定

充分重视和发挥调解在民事诉讼中的作用,已成为各国和地区司法制度改革的重要研究领域。30年的司法改革也使我国法院的调解工作经历了从否定到肯定的发展阶段。近十几年来,在构建和谐社会,解决社会转型时期诉讼案件的复杂化和多样化,建立中国特色民事审判制度背景下,我国最高法院及相关部门对于调解制度改革发布了多个司法解释和意见规定,经历了一个对调解重新认识和对审判关系重新定位过程。到目前为止,从立法到司法确立了"优先调解,调判结合"的工作原则。

"优先调解,调判结合"原则的确定是循序渐进的。2004年9月,最高人民法院制定了《关于人民法院民事调解工作若干问题的规定》(以下简称《法院调解

---

* 有关条文指新《民事诉讼法》第122条:"当事人起诉到人民法院的民事纠纷,适宜调解的,先行调解,但当事人拒绝调解的除外。"第133条:"人民法院对受理的案件,分别情形,予以处理……(二)开庭前可以调解的,采取调解方式及时解决纠纷……"
** 北京理工大学法学院教授,副院长。

规定》),确定了对民事案件可以征得当事人各方同意后"先行调解"。2007年1月,最高人民法院《关于为构建社会主义和谐社会提供司法保障的若干意见》明确指出:"强化诉讼调解,完善多元化纠纷解决机制",提出"能调则调,当判则判,调判结合,案结事了"的十六字原则。2009年7月召开的全国法院调解工作经验交流会,要求全面理解和正确把握"调解优先,调判结合"的原则,推动人民法院调解工作的新发展。2009年8月,最高人民法院《关于建立健全诉讼与非诉讼相衔接的矛盾纠纷解决机制的若干意见》(以下简称《衔接意见》),鼓励行政机关、人民调解组织、商事调解组织、行业调解组织以及其他具有调解职能组织,接受法院委托或协助法院参与纠纷解决,完善诉讼活动中多方参与的调解机制。尤其是2010年6月,最高人民法院《关于进一步贯彻"调解优先、调判结合"原则的若干意见》(以下简称《原则的若干意见》),不仅将"调解优先,调判结合"确定为工作原则,并对"调解优先,调判结合"工作目的、原则、制度、机制等作了详细规定。

在"牢固树立调解意识,进一步增强贯彻'调解优先,调判结合'工作原则的自觉性"前提下,我国新修订的《民事诉讼法》与此相适应,强调调解重要地位和作用,扩大了法院的调解时间范围,在强化起诉和受理、审前准备程序功能的前提下,为落实"调解优先"原则,增加了"审前调解"有关条款:一是第一审普通程序"起诉和受理"阶段第122条规定:"当事人起诉到法院的民事纠纷,适宜调解的,先行调解,但当事人拒绝调解的除外。"二是第一审普通程序"审前的准备"阶段第133条:"人民法院对受理的案件,分别情形,予以处理……(二)开庭前可以调解的,采取调解方式及时解决纠纷。"由此可见,无论是起诉和受理时的"先行调解",还是审前准备时的"开庭前可以调解的",都充分体现了"开庭审理"之前的"调解优先"的原则。

由于此新增两条都是规定在第一审普通程序的"开庭审理"之前,所以,本文将此称为"审前调解"。毫无疑问,新《民事诉讼法》"审前调解"有关规定,是贯彻"调解优先"原则的体现,也是近十几年来司法部门审前调解实践经验的总结和肯定。从此以后,我国法院调解从国家立法上确定了"审前调解"和"审后调解"两种模式,而且,从立法精神上也体现出在民事诉讼中要"调解优先"。"审前调解"法律地位和作用重于"审后调解",能够"审前调解"的,就不要"审后调解",要将能够调解的案件尽量在"审前调解"中"案结事了"。但是,为什么要实行"调解优先"?新《民事诉讼法》第122条和第133条中"先行调解"、"庭前调解"的含义是什么?区区两条规定能够构成相对独立的"审前调解"程序吗?新《民事诉讼法》"审前调解"规定①如何与有关司法解释和意见相结合？我国"审前调解"程序如何有效运行？本文试图说明并解决以上问题。

二、"调解优先"的原理

何谓"调解优先"？（1）"调解优先"不是立法层面的用词，它是最高人民法院在总结调解改革经验的基础上形成的一项司法工作原则，是对法院工作方法、工作机制层面的政策要求。（2）"调解优先"不仅仅体现在诉讼法中的法院调解，还体现在我国目前"大调解"背景下的非诉讼调解。（3）"调解优先"为原则或政策，并不能取代有关法律规定和制度，例如，强调优先并不意味着强制调解、调解前置，调解程序的进行必须依照具体的诉讼法律制度规定。（4）"调解优先"原则的落实和实现，必须通过具体的调解法律制度；同时，具体调解法律制度也是在"调解优先，调判结合"原则和政策指导之下制定的。

那么，为何要实行"调解优先"？最高法院将其作为司法工作原则和政策，必然有其正当性和必要性。正如2010年6月，最高人民法院《原则的若干意见》指出："调解优先，调判结合"工作原则是认真总结人民司法实践经验，深刻分析现阶段形势任务得出的科学结论，是人民司法优良传统的继承和发扬，是人民司法理论和审判制度的发展创新，对于充分发挥人民法院调解工作在化解社会矛盾、维护社会稳定、促进社会和谐中的积极作用，具有十分重要的指导意义。关于"调解优先"的原理，近十年来学者的论述也较多，②大致包括以下几个方面：（1）民事纠纷解决历史传统。调解优先合乎中国传统司法的最高境界。受中国古代"息讼"或"无讼"的观念影响，中国民事诉讼向来将调解放在首位，从"调解为主，审判为辅"，发展到今天"调解优先，调判结合"。（2）现实需要。现代转型社会纠纷复杂多样，诉讼数量增加，专业性强，以裁判为中心的纠纷解决方式已不能适应社会需求。在司法资源有限和不足的情况下，寻求社会资源、争取当事人和解的纠纷解决方式，不仅是中国几百年来解决纠纷的传统方式，自20世纪50年代

---

① 新《民事诉讼法》中与调解有关的主要条款包括：（1）基本原则中第9条："人民法院审理民事案件，应当根据自愿和合法的原则进行调解；调解不成的，应当及时判决。"（2）第八章调解第93条至第99条。（3）起诉和受理、审理前的准备第122条和第133条。（4）第十五章第六节确认调解协议案件。

② 范愉：《调解的正当性与发展趋势》，载《人民法院报》2009年10月14日；《调解的正当性与调解优先》，载《中国社会科学报》2010年3月25日；《"当判则判"与"调判结合"》，载《法制与社会发展》2011年第6期；《诉讼调解：审判经验与法学原理》，载《中国法学》2009年第6期。徐爱国：《怎么看调解优先、调判结合》，载《人民法院报》2012年2月29日。付郁林："'诉前调解'与法院的角色"，载《法律适用》2009年第4期；齐树洁：《调解优先与诉权保障》，载《2011年中国民事诉讼法学研究会论文集》。

以后已势不可挡地为世界各国所采纳。以当代美国附设法院的诉讼之外的纠纷解决方式——"纠纷解决的替代机制(ADR)"为例,按照纠纷处理的主体方式就是以第三者调解为中心。(3)司法权的社会化。传统司法权以司法裁决为核心,司法权是封闭的、单一的。随着现代意义上司法权社会性的增强,司法能动主义的加强,司法权承担了部分社会管理功能,司法权吸纳了社会力量和社会管理方式调解。现代意义的司法权包括调解权、裁决权,同时,现代意义上法官也发生分类和职能变化。① (4)调解的正当性。② 司法裁决是现代法治的支柱,也被视为纠纷的最终解决方式。虽然调解解决纠纷方式已被各国司法所接收,但是关于调解的正当性以及与判决的关系,始终是争论的话题之一。我国司法改革对调解制度也发生了一个由否定到肯定的过程,西方国家也不例外。还以美国为例,20世纪80年代,被称为美国ADR发展中的"警戒期",当时有一些著名的法学家对蓬勃发展的ADR提出了质疑。其代表人物美国耶鲁大学教授欧文·费斯(O. M. Fiss)。他在1984年发表《反对和解》③一文,认为和解是对审判制度的一种冲击,只能达到一种二流正义,是一种妥协方式,"既不应当鼓励、也不应当称赞。"与此同时,一些法学、社会学和其他学科的研究者通过经验性研究发现,调解与和解不仅在纠纷解决中的作用越来越大,而且普遍得到当事人和法官的认同。④ 格兰特教授认为,调解之所以得到快速发展,最重要的是出于法官对和解优越性的认同及其经验。(5)调解的诉讼效益。诉讼不仅追求正义,也要追求效率和效益。对于调解的诉讼效益也被理论和司法所肯定。正如有学者所言:"调解在民事纠纷解决体系中的意义自不必言,其独特优势已为实践和理论、现实和历史、国内和国际所广泛认同。与裁判相比,调解可以减少对抗性而实现

---

① 刘家良:《民事诉讼调解模式研究》,载《法学家》2011年第2期。
② 付郁林:《"诉前调解"与法院的角色》,载《法律适用》2009年第4期。
③ Owen M. Fiss:Against Settlement,93 *Yale Law Journal*,May 1984,1073.中译文节选见[美]斯蒂芬·B·戈尔德堡等:《纠纷解决——谈判、调解和其他机制》,蔡彦敏等译,中国政法大学出版社2004年版,第384~388页;全文见费斯著:《如法所能》,师帅译,中国政法大学出版社2008年版。
④ 著名法社会学家和比较法学家格兰特(Galanter)教授先后发表三篇与调解有关的论文:《"和解法官、而不是审判法官":美国的司法调解》、《民事诉讼中法官调解的出现》以1980年代美国法院民事诉讼中调解与和解的快速增长为起点,通过定量分析、调研访谈等经验实证研究方法,客观地描述了法官对调解的认识及和解促进行为,分析揭示了和解运动发展的社会背景和制度原因,并预测了其发展趋势。格兰特教授指出,在今天美国的民事诉讼中,协商与诉讼已不再是两种截然分明的程序,而是同处于一个由审判法官解决纠纷的过程中,将其称之为"诉讼和解"或许更为贴切。"在法律的阴影下谈判"成为美国法院解决民事案件的主导手段,只有不到10%的案件以判决结案。范愉:《诉讼调解:审判经验与法学原理》,载《中国法学》2009年第6期。

纠纷解决的和谐性和修复性,可以超越诉讼请求范围而实现纠纷解决的全面性和彻底性,可以降低对于证据和法律的依赖而实现纠纷解决的便捷性和低廉性,可以在权益模糊的区间避免非白即黑的结果,实现纠纷解决的合理性和公允性。"(6)当事人意思自治。意思自治是民事当事人建立法律关系和处理解决纠纷的基本原则,所谓调解是指纠纷当事人在中立的第三方(调解人)的介入下,通过谈判达成和解、解决纠纷的过程和结果。调解人的主要作用包括帮助其他人进行决策,而调解程序的开始和调解内容的形成都必须尊重当事人意思自治原则。当事人意思自治原则是形成调解正当性的基础。(7)当事人的程序选择权。基于现代司法程序相当理念,解决纠纷的诉讼法建立了案件性质和复杂程度相适应的多元化纠纷解决机制,基于现代司法当事人程序主体理念,当事人对多元化纠纷解决机制有充分的选择权。基于调解简单易行、经济效益、意思自治等优越性,当事人以调解方式解决纠纷已成为一种必然选择。总之,"调解优先"是各国诉讼理论与实践共同经验和总结,它已成为各国和地区解决民事纠纷的指导性原则。

三、新《民事诉讼法》"审前调解"①的含义以及与"调解优先"的关系

如前所述,"调解优先"原则和政策,决定了我国具体调解制度的制定。近几年最高人民法院有关调解的司法解释和意见,以及新修订的民事诉讼法有关条文,已经使调解形成多元化、立体化模式。"调解优先"的精神不仅落实在诉讼程序中,同时也反映在我国独特的"大调解"的各种非诉讼程序中。目前,我国司法和理论界关于调解形态或形式众说纷纭,莫衷一是。② 调解不仅包括诉讼(法院)调解,③而且包括非诉讼调解。诉讼(法院)调解包括审前调解和审后调解;审前调解又分为诉前调解、立案调解、庭前调解等;④非诉讼调解主要包括仲裁

---

① 指新《民事诉讼法》第122条"先行调解"和第133条"庭前调解"。
② 根据当前的调解适用实践来看,调解优先存在诉前调解、庭前调解、当庭调解、庭后调解和判前调解五种实践形态。林子焜:《浅析调解优先的实践形态》,载中国法院网,转引自中国民事程序法律网,下载日期:2012年12月29日。
③ 在法律规定"先行调解"后,第一审程序中的调解就已经覆盖了程序的各个阶段,在"起诉与受理"阶段中,有立案前的先行调解、在"审理前的准备"阶段,有第133条规定的包括立案调解和其他审前调解在内的开庭前的调解;在"开庭审理"阶段,有第142条规定的法庭辩论终结后法院作出判决前的调解。李浩:《论"先行调解"的性质》,转引自中国民事程序法律网,下载日期:2012年11月27日。
④ 根据最高人民法院2010年《关于进一步贯彻"调解优先、调判结合"原则的若干意见》第8条、第9条、第10条规定分类。

调解、行政调解、人民调解、商事调解、行业调解等。① 那么,民事诉讼法第122条"先行调解"和第133条"庭前调解"的含义是什么？它与"调解优先"关系是什么？

对新法第122条规定的"先行调解"和第133条规定的"庭前调解",本文认为应当如下理解其含义：(1)"先行调解"、"庭前调解"是法院调解。根据"大调解"②和"调解优先"精神,按照调解主体和领域来划分,我国目前调解解决纠纷包括非司法调解和司法调解两大类。所谓司法调解就是法院调解,是法院接受当事人纠纷以后,由有关法官或调解员参与行使调解权力进行的调解。(2)"先行调解"、"庭前调解"是"审前调解"。如前所述,近十年来,关于法院调解的形态或形式无论是理论界和司法实务界都没有统一的界定和说法,尤其对"审前调解"包含的几种形态说法不一,但是,对法院调解分为"审前调解"和"审后调解"两大类基本是统一的。结合新法第122条和第133条时间段的规定,两种形态都在开庭审理之前,所以本文认为"先行调解"、"庭前调解"是"审前调解"。(3)"审前调解"应包括诉前调解、立案调解、庭前调解三个环节。所谓"审前调解"就是实现调解程序和审判程序分离,将调解程序设置在开庭审理之前,由法院设置的专门调解机构和调解人员主持下进行的调解。③ "审前调解"不同于"审后调解",它是在案件受理之初、正式开庭审理之前,当事人可采取解决纠纷方式和途径还比较多,或者处于不稳定状态。由于时间跨度比较长,环节比较多,案件情况也各有不同,在强调"优先调解"原则基础上,"审前调解"可能存在不同的环节和形态。那么,"先行调解"和"庭前调解"是否就是"审前调解"应包括环节？新《民事诉讼法》立法条文和最高人民法院《衔接意见》、《原则若干意见》如何协调？为了规范统一,并将新《民事诉讼法》与最高人民法院有关意见协调适用,按照最高人民法院《原则的若干意见》调解环节第8条、第9条、第10条规定,本文认为"审前调解"环节应当包括：诉前调解、立案调解和庭前调解。所谓"诉前调解"是指法院在收到当事人起诉状或者口头起诉之后、正式立案之前,对于未经人民调解、行政调解、行业调解等非诉讼纠纷解决方式调处的案件,要积极引导当事人先行就近、就地选择非诉讼调解组织解决纠纷,力争将矛盾纠纷化解在诉前。所谓立案调解是指：法院在案件立案之后、移送审判业务庭之前,要充分利用立案

---

① 根据最高人民法院2009年《关于建立健全诉讼与非诉讼相衔接的矛盾纠纷解决机制的若干意见》,非诉讼调解主要包括：仲裁调解、行政调解、人民调解、商事调解和行业调解等。

② 参见2011年中央社会治安综合治理委员会、最高人民法院、最高人民检察院、国务院法制办公室、公安部等16个中央部门联合印发的《关于深入推进矛盾纠纷大调解工作的指导意见》(以下简称《意见》)。

③ 张艳丽：《法院调解前置模式选择：民事审前调解》,载《法学杂志》2011年第10期。

窗口"第一时间接触当事人、第一时间了解案情"的优势,积极引导当事人选择调解方式解决纠纷。所谓庭前调解是指:法院在案件移送审判业务庭、开庭审理之前,当事人同意调解的,要及时进行调解。由此可见,新《民事诉讼法》关于"审前调解"环节的规定是不完善的,与最高人民法院《原则的若干意见》规定是不统一的。为了真正落实"调解优先"原则,"审前调解"环节应按照《原则的若干意见》规定执行。同时,本文认为:新法第122条"先行调解"可以与《意见》的第8条和第9条诉前调解和立案调解相衔接;①新法第133条"庭前调解"可以与意见的第10条相衔接。所以,"审前调解"应当包括:诉前调解、立案调解和庭前调解三个环节。(4)"审前调解"方式多样化。如前所述,审前调解存在于案件起诉和受理之初、正式开庭审理之前的阶段,调解环节先后不同,因此调解的主体和方式也有所不同。根据最高人民法院《法院调解规定》第3条,《衔接意见》第14条、第15条、第16条②和《原则若干的意见》第8条、第9条、第10条规定规定,法院的"审前调解"实行的是多方参与机制,在诉前调解、立案调解和庭前调解三个阶段,参与调解的主体是多元化的,既包括法院委托的行政机关、人民调解组织、商事调解组织、行业调解组织或者其他具有调解职能的组织进行调解,又包括法院与以上组织协同进行或独自主持的调解。因此,法院"审前调解"方式也处于多样性,包括委托调解、协助调解、共同调解和独立调解。不同的审前调解方式所产生的调解结果效力也有所不同,对此本文后述有议。

---

① 李浩教授将第122条"先行调解"视为"立案调解"。李浩:《论"先行调解"的性质》,转引自中国民事程序法律网,下载日期:2012年11月27日。

② 最高人民法院《衔接意见》第14条、第15条、第16条规定:"14.对属于人民法院受理民事诉讼的范围和受诉人民法院管辖的案件,人民法院在收到起诉状或者口头起诉之后、正式立案之前,可以依职权或者经当事人申请后,委派行政机关、人民调解组织、商事调解组织、行业调解组织或者其他具有调解职能的组织进行调解。当事人不同意调解或者在商定、指定时间内不能达成调解协议的,人民法院应当依法及时立案。15.经双方当事人同意,或者人民法院认为确有必要的,人民法院可以在立案后将民事案件委托行政机关、人民调解组织、商事调解组织、行业调解组织或者其他具有调解职能的组织协助进行调解。当事人可以协商选定有关机关或者组织,也可商请人民法院确定。调解结束后,有关机关或者组织应当将调解结果告知人民法院。达成调解协议的,当事人可以申请撤诉、申请司法确认,或者由人民法院经过审查后制作调解书。调解不成的,人民法院应当及时审判。16.对于已经立案的民事案件,人民法院可以按照有关规定邀请符合条件的组织或者人员与审判组织共同进行调解。调解应当在人民法院的法庭或者其他办公场所进行,经当事人同意也可以在法院以外的场所进行。达成调解协议的,可以允许当事人撤诉,或者由人民法院经过审查后制作调解书。调解不成的,人民法院应当及时审判。"

四、"审前调解"程序的运行

为了落实"调解优先,调判结合"工作原则,必须充分发挥"审前调解"的功能和作用。根据新《民事诉讼法》和最高人民法院《法院调解规定》、《衔接意见》和《原则的若干意见》等规定,本文认为,保障"审前调解"程序的有效运行,应当理解和解决如下问题:

(一)实行调审的适当分离,设置相对独立的"审前调解"程序①

十年来关于调审分离有两种改革方案:一种认为应当将法院调解从民事审判程序中完全分离出来,建立非讼化的民事调解制度,由法院以外的组织或个人进行调解,即附设法院的 ADR,或称为诉前调解。另一种主张在保留法院调解制度的前提下实行调审适当分离,即在法院内部对调解的具体操作方式进行改革,调解仍然是由法院主持的诉讼内调解,但是,法院要设置独立专门的调解机构,由调解的法官和调解人员组成,调解的程序和调解的案件只能由调解机构人员来主持。例如,由助理法官来主持分离出来的调解程序,助理法官不进入审判程序。② 在此主张前提下,审前调解观点被提出。"审前调解"是指当事人起诉之后、法院开庭审理之前,在法院专门调解组织和人员的主持下进行的调解。如果调解不成,案件可以转入审判程序,由审判机构按审判程序进行裁判。就目前新《民事诉讼法》第122条和第133条"审前调解"规定,以及最高人民法院《原则的若干意见》第8、9、10条"审前调解"环节的内容可以看出,我国民事诉讼中已划分出"审前调解"和"审后调解",明确了"审前调解"的环节、相对独立的调解主体和机构、各个环节运作程序等,相对独立的"审前调解"程序基本形成。但是,相比较我国台湾地区有专门调解委员会进行的独立于审判程序之外的调解程序,以及美国附设法院的 ADR 调解,我国现行"审前调解"的独立功能还有很多需要完善之处。

(二)强化"审前调解"程序的特有原则

1. 坚持自愿原则

"优先调解"、"审前调解"并不等于强制调解、调解前置,所有环节的调解都必须遵从当事人自愿原则。新《民事诉讼法》第9条规定:"人民法院审理民事案件,应当根据自愿和合法的原则进行调解;调解不成的,应当及时判决。"第122条明确规定:"当事人起诉到人民法院的民事纠纷,适宜调解的,先行调解,但当事人拒绝调解的除外。"最高人民法院《原则的若干意见规定》第15条规定:"切实贯彻当事人自愿调解原则。要积极引导并为双方当事人达成调解协议提供条

---

① 张艳丽:《法院调解前置模式选择:民事审前调解》,载《法学杂志》2011年第10期。
② 翁晓斌:《论法院调解制度改革》,载《现代法学》2000年第5期。

件、机会和必要的司法保障。除了法律另有规定的以外,要尊重当事人选择调解或者裁判方式解决纠纷的权利,尊重当事人决定调解开始时机、调解方式方法和调解协议内容的权利。要在各个诉讼环节,针对当事人的文化知识、诉讼能力的不同特点,用通俗易懂的语言,进行释法解疑,充分说明可能存在的诉讼风险,引导当事人在充分认识自身权利义务的基础上,平等自愿地解决纠纷。"现代调解制度的核心是自愿,但是出于司法政策等因素的考虑,强制调解的案件数量日益增多,审前调解程序在自愿原则基础上不排斥强制调解。强制调解是指法律规定在诉诸审判前必须经过的调解,我国的立法应当借鉴日本和我国台湾地区关于强制调解的规定,①规定某些特殊类型案件和人事家事纠纷等在审判前应当调解。对此,最高人民法院《原则的若干意见》第4条规定:"对《最高人民法院关于适用简易程序审理民事案件的若干规定》第十四条规定的婚姻家庭纠纷、继承纠纷、劳务合同纠纷、交通事故和工伤事故引起的权利义务关系较为明确的损害赔偿纠纷、宅基地和相邻关系纠纷、合伙协议纠纷、诉讼标的额较小的民事纠纷,在开庭审理时应当先行调解。但是根据案件的性质和当事人的实际情况不能调解或者显然没有调解必要的除外。"对此,我们可以将其理解为我国强制调解的范围规定。

2. 遵守合法原则

合法原则是指人民法院和双方当事人的调解活动及其达成协议的内容,必须符合法律的规定,包括程序合法与实体合法。程序合法,是指在调解解决纠纷的过程中,人民法院与当事人必须遵循《民事诉讼法》、《调解规定》等法律法规、司法解释规定的程序。实体合法,本文认为,"审前调解"的实体合法不同于审判中的实体合法,应定义为相对宽松的合法,其中当事人的合意是考察合法的重要指标。对此,最高人民法院《原则的若干意见》第16条规定:"切实贯彻合法调解原则。要依法规范调解过程中法官审判权的行使,确保调解程序符合有关法律规定,不得违背当事人自愿去强迫调解,防止以判压调、以拖促调。要及时查明当事人之间的纠纷争执点和利益共同点,准确合理确定当事人利益关系的平衡点,维持双方当事人权利义务基本均衡,确保调解结果的正当性。要认真履行对调解协议审查确认职责,确保调解协议的内容不违反法律规定,不损害国家利益、社会公共利益、第三人利益以及社会公序良俗,正确发挥司法调解的功能,切实维护公平正义。"

3. 完善保密原则

调解保密性是现代社会法院调解程序发展的内在要求。② 保密原则是指调

---

① 参见我国台湾地区新"民事诉讼法"第403、404、577、587条的规定。
② 肖建华:《论法院调解保密原则》,载《法律科学》2011年第4期。

解程序中的法官、当事人及其他诉讼参与人对调解过程中的证据和调解协议负有保密义务，不得泄露给本案以外的人。保密原则是在保障当事人处分权的基础上，保护当事人的个人隐私与商业秘密，为调解的进行与调解协议的履行创造良好的环境。国外和外地区一般都有调解保密的规定，例如，我国台湾地区"民事诉讼法"第426条规定："（调解事件之保密）法官、书记官及调解委员因经办调解事件，知悉他人职务上、业务上之秘密或其他涉及个人隐私之事项，应保守秘密。"①我国新《民事诉讼法》没有明确规定调解保密原则，但在有关司法解释中已经明确规定了调解保密原则。2004年《调解规定》第7条初步规定了调解保密原则，2009年《衔接意见》第16条和第19条进一步全面规定了调解保密性原则。第16条规定："开庭前从事调解的法官原则上不参与同一案件的开庭审理，当事人同意的除外。"第19条规定："从事调解的机关、组织、调解员，以及负责调解事务管理的法院工作人员，不得披露调解过程的有关情况，不得在就相关案件进行的诉讼中作证，当事人不得在审判程序中将调解过程中制作的笔录、当事人为达成调解协议而作出的让步或者承诺、调解员或者当事人发表的任何意见或者建议等作为证据提出，但下列情形除外：（一）双方当事人均同意的；（二）法律有明确规定的；（三）为保护国家利益、社会公共利益、案外人合法权益，人民法院认为确有必要的。"要建立独立的"审前调解"程序，保证调解和审判法官的分离，实现司法公正，必须从立法上确定调解保密原则为指导来解决纠纷。保密原则的贯彻，需要做到以下内容：第一，对社会公众保密。调解法官、调解人员、调解程序的参与人，包括当事人、证人、第三人等，不得将本案的调解过程与调解协议等泄露给本案当事人以外的人。第二，对审判程序的法官保密。调解前置程序设置专门的调解法官，其目的是保证调解程序的独立、法官的中立及司法公正。调解程序的法官和参与人，包括当事人、证人、第三人等，不得以任何方式将调解过程与调解协议透漏给审判程序中的法官，这样可以避免审判法官先入为主，保证司法公正。

4. 强调不公开原则

调解以不公开为原则也是国际惯例。例如，我国台湾地区"民事诉讼法"第410条第2项明确规定：调解不得公开。我国关于调解不公开原则经历了从申请例外到完全肯定的过程。2004年最高法院《调解规定》第7条规定，"当事人申请不公开进行调解的，人民法院应当准许。"2009年《衔接意见》第19条规定："调解过程不公开，但双方当事人要求或者同意公开调解的除外。"此条规定将调解不公开上升为一项原则。调解不公开原则与调解保密原则密切相关，调解不

---

① 吴明轩：《民事调解、简易及小额诉讼程序》，台湾五南图书出版公司2004年版，第38页。

公开除了要求调解对当事人以外的公众不公开,未经双方当事人同意,调解过程不允许群众旁听、不允许新闻记者采访报道外,还要求调解协议及调解信息保密和不公开,调解人不得将其在调解过程中得知的当事人的信息透露给审判法官和其他人。"审前调解"程序以不公开为原则虽然被有关司法意见和规定予以确定,但是还必须上升到立法层面才能发挥其应有功能。

(三)构建相对独立的"审前调解"组织和人员

新《民事诉讼法》没有明确规定相对独立的"审前调解"组织和人员,但是,根据十几年来"审前调解"的实践经验,最高人民法院有关意见对"审前调解"有关工作机制和组织人员有明确规定。2009年《衔接意见》第16条第2款规定:"开庭前从事调解的法官原则上不参与同一案件的开庭审理,当事人同意的除外。"这意味调解法官与审判法官的分离。第26条规定:"有条件的地方人民法院可以按照一定标准建立调解组织名册和调解员名册,以便于引导当事人选择合适的调解组织或者调解员调解纠纷。人民法院可以根据具体情况及时调整调解组织名册和调解员名册。"第27规定:"调解员应当遵守调解员职业道德准则。人民法院在办理相关案件过程中发现调解员与参与调解的案件有利害关系,可能影响其保持中立、公平调解的,或者调解员有其他违反职业道德准则的行为的,应当告知调解员回避、更换调解员、终止调解或者采取其他适当措施。除非当事人另有约定,人民法院不允许调解员在参与调解后又在就同一纠纷或者相关纠纷进行的诉讼程序中作为一方当事人的代理人。"第28条规定:"根据工作需要,人民法院指定院内有关单位或者人员负责管理协调与调解组织、调解员的沟通联络、培训指导等工作。"第29条规定:"各级人民法院应当加强与其他国家机关、社会组织、企事业单位和相关组织的联系,鼓励各种非诉讼纠纷解决机制的创新,通过适当方式参与各种非诉讼纠纷解决机制的建设,理顺诉讼与非诉讼相衔接过程中出现的各种关系,积极推动各种非诉讼纠纷解决机制的建立和完善。"第30条规定:"地方各级人民法院应当根据实际情况,制定关于调解员条件、职业道德、调解费用、诉讼费用负担、调解管理、调解指导、衔接方式等规范。高级人民法院制定的相关工作规范应当报最高人民法院备案。基层人民法院和中级人民法院制定的相关工作规范应当报高级人民法院备案。"同样,2010年最高人民法院《原则的若干意见》第10条规定:"要进一步加强庭前调解组织建设,有条件的人民法院可以探索建立专门的庭前调解组织。要进一步优化审判资源配置,有条件的人民法院可以探索试行法官助理等审判辅助人员开展庭前调解工作,提高调解工作效率,减轻审判人员的工作负担。"以上规定说明我国独立的"审前调解"组织和人员正在构建过程中。如何进一步构建?我国应当借鉴日本和我国台湾地区调解立法的经验,在法院设置独立的机构调解委员会,由调解法官和调解员组成。调解法官与审判法官分开,前者不参加审判,后者不参加调解。为此,我国法院应以法院调解制度改革为契机,以法官职业化改革为依托,明确划分法官职权,建设与审前调解程序配套的调解法官队伍。非法官调解员的确定可以根据案件情况,邀请有关人员、有关专家参与调解,还可以委托有关单位、组织和人员作为非法官调解员进行调解,但这种委托调解应当受法院的监督和审查,其达成的调解协议由法院予以司法确认。① 法院招聘审前非法官调解员,并制作审前调解员名册,当事人可以从名册中选择调解员,也可以对调解员提出异议。为了鼓励法院外人员参与调解的热情,其参与调解时,应当向其支付车旅费、住宿费、劳务补贴等费用。

(四)明确"审前调解"程序的适用范围

"审前调解"适用范围包括时间范围和案件范围。"审前调解"是在调审适当分离模式下提出的只存在于"开庭审理"之前的相对独立程序,所以,"审前调解"不存在于法院审判程序中,正式开庭审理以后的调解是"审后调解"。关于"审前调解"时间范围,本文认为:是在当事人将案件起诉到法院,在起诉和受理、审理前的准备程序中,由有关人员对案件进行"分诊"过后,进入和适用"审前调解"程序。而且,对于同一案件诉讼请求进行了"审前调解"程序,调解未成,应当直接转入审判程序,而不能再进入"审后调解"。只有未经过"审前调解"程序的,才可以在征得当事人同意后进入"审后调解"。同时,为了提高诉讼效率,防止当事人滥用诉权,节省司法资源,案件进入"审后调解"的,也不得再转回"审前调解"程序。关于"审前调解"案件范围,应当借鉴日本和我国台湾地区有关法律规定,结合我国已有的立法规定,可根据诉讼人数、案件性质、争议内容、标的金额的不同,分为自愿调解、强制调解、不适用调解三种类型。最高人民法院《原则的若干意见》第 4 条对此作了规定:(1)强制调解。对《最高人民法院关于适用简易程序审理民事案件的若干规定》第 14 条规定的婚姻家庭纠纷、继承纠纷、劳务合同纠纷、交通事故和工伤事故引起的权利义务关系较为明确的损害赔偿纠纷、宅基地和相邻关系纠纷、合伙协议纠纷、诉讼标的额较小的民事纠纷,在开庭审理时应当先行调解。但是根据案件的性质和当事人的实际情况不能调解或者显然没有

---

① 参见关于我国司法解释中的"协助调解"和"委托调解"规定。根据 2004 年最高人民法院《调解规定》第 3 条规定:"根据民事诉讼法第八十七条的规定,人民法院可以邀请与当事人有特定关系或者与案件有一定联系的企业事业单位、社会团体或者其他组织,和具有专门知识、特定社会经验、与当事人有特定关系并有利于促成调解的个人协助调解工作。经各方当事人同意,人民法院可以委托前款规定的单位或者个人对案件进行调解,达成调解协议后,人民法院应当依法予以确认。"根据 2009 年《关于建立健全诉讼与非诉讼相衔接的矛盾纠纷解决机制的若干意见》中关于完善诉讼中多方参与的调解机制的第 14 条、第 15 条、第 16 条的规定:法院在"审前调解"时可以委托行政机关、人民调解组织、行业调解组织、商事调解组织或其他符合条件组织调解、协助调解。

调解必要的除外。(2)应当调解。要下大力气做好以下民事案件的调解工作:事关民生和群体利益、需要政府和相关部门配合的案件;可能影响社会和谐稳定的群体性案件、集团诉讼案件、破产案件;民间债务、婚姻家庭继承等民事纠纷案件;案情复杂、难以形成证据优势的案件;当事人之间情绪严重对立的案件;相关法律法规没有规定或者规定不明确、适用法律有一定困难的案件;判决后难以执行的案件;社会普遍关注的敏感性案件;当事人情绪激烈、矛盾激化的再审案件、信访案件。(3)不适用调解。对《最高人民法院关于人民法院民事调解工作若干问题的规定》第2条规定的适用特别程序、督促程序、公示催告程序、破产还债程序的案件,婚姻关系、身份关系确认案件以及其他依案件性质不能进行调解的民事案件,不予调解。

(五)提高"审前调解"结果效力

如前所述,"审前调解"包括三个环节,即按照最高人民法院《原则的若干意见》第8条、第9条、第10条规定的诉前调解、立案调解、庭前调解。根据新《民事诉讼法》、最高人民法院《法院调解规定》、《衔接意见》和《原则的若干意见》规定,由于"审前调解"法院可以委托或邀请法院之外其他机关或组织委托调解、协助调解,或者由法院独立调解,所以各环节调解途径和主体不同,①因此,各环节所产生的调解结果的效力也不同。

1.诉前调解结果:司法确认效力

所谓诉前调解,是指对属于人民法院受理民事诉讼的范围和受诉人民法院管辖的案件,人民法院在收到起诉状或者口头起诉之后、正式立案之前,可以依职权或者经当事人申请后,委派行政机关、人民调解组织、商事调解组织、行业调解组织或者其他具有调解职能的组织进行调解。当事人不同意调解或者在商定、指定时间内不能达成调解协议的,人民法院应当依法及时立案。

由于诉前调解是在当事人起诉、案件还没有正式立案之前,法院"立案窗口"认为案件有调解必要,在征得当事人同意的前提下,由当事人选择了非诉讼调解方式,将案件完全移交和委派给非诉讼调解组织进行调解,因此其所产生的调解结果不能直接产生法律效力。只有经过司法确认程序,其调解结果产生强制执行效力。根据《衔接意见》第20条规定:"经行政机关、人民调解组织、商事调解组织、行业调解组织或者其他具有调解职能的组织调解达成的具有民事合同性质的协议,经调解组织和调解员签字盖章后,当事人可以申请有管辖权的人民法院确认其效力。"新《民事诉讼法》关于确认调解协议案件第194条规定:"申请司法确认调解协议,由双方当事人依照人民调解法等法律,自调解协议生效之日起

---

① 参见最高人民法院2009年《衔接意见》第14条、第15条、第16条规定;2010年《原则若干的意见》第8条、第9条、第10条规定。

三十日内,共同向调解组织所在地基层人民法院提出。"第195条规定:"人民法院受理申请后,经审查,符合法律规定的,裁定调解协议有效,一方当事人拒绝履行或者未全部履行的,对方当事人可以向人民法院申请执行;不符合法律规定的,裁定驳回申请,当事人可以通过调解方式变更原调解协议或者达成新的调解协议,也可以向人民法院提起诉讼。"但是,根据《衔接意见》第24条规定:"有下列情形之一的,人民法院不予确认调解协议效力:(一)违反法律、行政法规强制性规定的;(二)侵害国家利益、社会公共利益的;(三)侵害案外人合法权益的;(四)涉及是否追究当事人刑事责任的;(五)内容不明确,无法确认和执行的;(六)调解组织、调解员强迫调解或者有其他严重违反职业道德准则的行为的;(七)其他情形不应当确认的。当事人在违背真实意思的情况下签订调解协议,或者调解组织、调解员与案件有利害关系、调解显失公正的,人民法院对调解协议效力不予确认,但当事人明知存在上述情形,仍坚持申请确认的除外。"

2. 立案调解结果:司法确认效力或法院调解效力

所谓立案调解,是指法院在案件立案之后、移送审判业务庭之前进行的调解。根据我国目前法律和最高人民法院意见规定,立案以后调解有四种途径,即委托调解、协助调解、共同调解和独立调解。对于委托和协助调解结果,既可通过司法确认程序产生司法确认后执行效力,也可以经过法院审查后制作调解书,产生法院调解效力。对于共同调解和独立调解结果,法院应当制作调解书,产生法院调解效力。对以上委托调解、协助调解、共同调解结果和效力,最高人民法院《衔接意见》第15条规定:"经双方当事人同意,或者人民法院认为确有必要的,人民法院可以在立案后将民事案件委托行政机关、人民调解组织、商事调解组织、行业调解组织或者其他具有调解职能的组织协助进行调解。当事人可以协商选定有关机关或者组织,也可商请人民法院确定。调解结束后,有关机关或者组织应当将调解结果告知人民法院。达成调解协议的,当事人可以申请撤诉、申请司法确认,或者由人民法院经过审查后制作调解书。"第16条规定:"对于已经立案的民事案件,人民法院可以按照有关规定邀请符合条件的组织或者人员与审判组织共同进行调解。调解应当在人民法院的法庭或者其他办公场所进行,经当事人同意也可以在法院以外的场所进行。达成调解协议的,可以允许当事人撤诉,或者由人民法院经过审查后制作调解书。调解不成的,人民法院应当及时审判。"对于立案阶段法院独立调解,①如果达成调解协议,法院应当制作调解书,产生法院调解效力。

3. 庭前调解结果:法院调解效力

所谓庭前调解,是指法院在案件移送审判业务庭、正式开庭审理之前,当事人

---

① 参见2010年《原则若干的意见》第9条规定。

同意进行的调解。此阶段的调解,是法院"立案窗口"已经将案件移送到审判业务庭,所以,调解的方式一般是独立调解,是由法院审前调解人员进行的调解,对独立的庭前调解结果法院应当制作调解书,产生法院调解效力。所谓法院调解效力,是指法院调解书一经制成,经双方当事人签收,就产生与生效裁判同样的法律效力。根据最高人民法院《调解规定》第13条规定:当事人请求制作调解书的,人民法院应当制作调解书送交当事人。当事人拒收调解书的,不影响调解协议的效力。一方不履行调解协议的,另一方可以持调解书向人民法院申请执行。

五、"审前调解"程序与审判程序的衔接

强调"调解优先",但也必须"调判结合",不能"久调不审"。关于"审前调解"程序时限包括委托调解时限和立案调解时限。根据最高人民法院《原则的若干意见》第11条规定:当事人可以协商确定民事案件委托调解的期限,一般不超过30日。经双方当事人同意,可以顺延调解期间,但最长不超过60日。延长的调解期间不计入审限。第9条规定:立案阶段的调解应当坚持以效率、快捷为原则,避免案件在立案阶段积压。适用简易程序的一审民事案件,立案阶段调解期限原则上不超过立案后10日;适用普通程序的一审民事案件,立案阶段调解期限原则上不超过20日,经双方当事人同意,可以再延长10日。延长的调解期间不计入审限。

对于"审前调解"不成的,法院应当及时将案件转入审判程序。需要强调的是:第一,参加"审前调解"的调解人员不能参加审判程序,要实行调审人员分离;第二,"审前调解"有关信息内容不能直接进入审判程序予以适用,要遵守法院调解保密原则。至于转入审判程序后从何阶段进行审理,我国台湾地区"民事诉讼法"的规定很值得借鉴。① 该法第419条规定:如果诉前调解不成功,法院可以依一方当事人的申请,按照该案件应适用的诉讼程序,直接进入法庭辩论阶段并将调解申请人申请调解之时视为提起诉讼之时。这样的规定,一方面可以打消当事人的顾虑,避免当事人对调解延误纠纷解决和增加诉讼成本的担忧,增强当事人参加调解的积极性;另一方面直接进入辩论阶段的设计,可以促进审判程序的进行,有利于提供诉讼效率。

---

① 该法第419条规定,当事人两造于期日到场而调解不成立者,法院得依一造当事人之声请,按该事件应适用之诉讼程序,命即为诉讼之辩论。但他造声请延展期日者,应许可之。前项情形,视为调解之声请人自声请时已经起诉。当事人声请调解而不成立,如声请人于调解不成立证明书送达后十日之不变期间内起诉者,视为自声请调解时,已经起诉;其于送达前起诉者亦同。以起诉视为调解之声请者,如调解不成立,除调解当事人声请延展期日外,法院应按该事件应适用之诉讼程序,命即为诉讼之辩论,并仍自原起诉时,发生诉讼系属之效力。即如果诉前调解不成功,法院可以依一方当事人的申请,按照该案件应适用的诉讼程序,直接进入法庭辩论阶段并将调解申请人申请调解之时视为提起诉讼之时。

新民事诉讼法有关执行检察监督的若干思考
——以与民事执行救济的关系为视角

■ 邵 军[*]

摘 要 增强检察监督的方式、范围以及明确程序是此次民事诉讼法修改的重点,在此之前,民事执行检察监督作为一种有效的监督方式,已在民事执行功能的实现上发挥着重要作用,但在我国未形成统一的立法规定和司法实践。2007年民诉法的修订使执行救济制度的规定有了新的突破,而今执行救济与执行检察监督在治愈"执行乱"这一痼疾上共同发挥着作用,有必要在完善执行检察监督及执行救济的基础上,对两者关系进行合理构建,以期保障我国民事执行救济制度目的的实现,对推动新《民事诉讼法》相关解释的制定有所裨益。

关键词 新民诉法 执行检察监督 执行救济

当前,我国民事执行的现状不容乐观,"执行难"与"执行乱"两大困境共存与交织,构成了很难破解的僵局。解决"执行难"、"执行乱"问题的呼声更多的是来自社会而不是法院内部,且涉及面较广,单靠法院民事执行制度改革是难以完成的。总体来看,这项改革的进程比较缓慢,运用执行检察制度加强对法院执行行为的监督,对保护执行当事人及案外人的利益显得尤为重要,新民诉法对执行检察监督制度的规定是完善该制度的重要里程碑。

执行救济是保护执行当事人、案外人权利的补救方法,当其合法权益受到执行机关违法或不当执行行为侵害时,有权请求人民法院采取措施纠正、矫正或改正,以维护其合法权益。它与执行检察监督在发挥防止法院滥用权力、保护当事人利益的功能上存在一定范围内的重合,我国《民事诉讼法》对此并未涉及,不免产生一系列问题。研究在新民诉法背景下此两者之间的界定,首先应当考察我国民事执行检察监督的现状及存在的问题。

一、我国民事执行检察监督的现状及问题

对我国民事案件执行的监督,既有源自法院系统的内部监督,又有来自权力

---

[*] 华东政法大学研究生教育院党委书记、副院长,法学副教授。

机关、党政机关、社会舆论的外部监督。2012年《民事诉讼法》修正案(以下简称"新民诉法")的通过,明确了检察机关对执行活动的监督权,这一规定符合司法实践的要求,对完善我国民事执行有着深远意义。

(一)关于执行检察监督的立法概况

1.2011年"两高会签"通知民事执行检察监督在部分地区实行

2011年3月,最高人民法院与最高人民检察院会签了两个司法改革文件,即《关于对民事审判活动与行政诉讼实行法律监督的若干意见(试行)》(以下简称《意见》)和《关于在部分地方开展民事执行活动法律监督试点工作的通知》(以下简称《通知》),其中《意见》第2条明确将人民检察院的法律监督权的范围扩大为民事审判活动和行政诉讼,《通知》对部分地方试行民事执行活动的检察监督工作进行了部署,并规定人民检察院依当事人、利害关系人申请对一定范围的民事执行活动实施法律监督,及监督采取的方式等问题。①

2.2012年《民事诉讼法》修正案将执行活动纳入检察监督

新民诉法在总结实践经验的基础上,吸收"两高"会签文件的相关内容,进一步加强了人民检察院对民事执行活动的法律监督:

第一,增加了监督方式。规定了检察监督的主要方式,将检察建议作为监督方式加以明确,地方各级人民检察院对同级人民法院已经发生法律效力的判决、裁定和调解书,发现有错误的,可以向同级人民法院提出再审检察建议。

第二,扩大了监督范围。新民诉法第14条修改为:"人民检察院有权对民事诉讼实行法律监督。"改变了过去人民检察院仅有权对民事审判活动实行法律监督的状况,将民事执行活动纳入检察机关的法律监督体系。

第三,强化了监督手段。此次修改增加第210条规定:"人民检察院因履行法律监督职责提出检察建议或者抗诉的需要,可以向当事人或者案外人调查核实有关情况。"

总的来说,现将民事执行活动纳入法律监督范围,明确了检察建议作为法定法律监督方式的地位,并强化了监督手段。虽然新民诉法对民事执行检察监督制度作了一定程度的规定,但仍未从执行当事人、案外人的角度出发,对其权利保护和救济途径进行明确而全面的规定。

(二)执行检察监督的司法实践

在新民诉法通过之前,检察机关已经开始了对民事执行法律监督的探索,但

---

① 具体而言:第一,规定了民事执行检察监督的范围,包括四种具体情形和法院执行行为严重损害国家利益、社会公共利益的情形;第二,规定了民事执行检察监督的方式,通过提出书面检察建议的方式对同级或者下级人民法院的民事执行活动实施法律监督。人民检察院对人民法院的回复意见有异议的,可以通过上一级人民检察院向上一级人民法院提出。

未形成统一实践,也未有统一的法律法规及政策文件加以指导。我国检察机关监督执行活动的实践路径大致可以分为以下三个发展阶段:

第一,个案监督方式。20世纪90年代,个别地方的检察机关以检察建议的方式或以受邀派员至执行现场的方式进行民事执行的监督①。

第二,规范性探索。近几年,民事执行检察监督开始进行规范性探索,部分地方的检察机关在人大的支持下与法院会签文件,指导和规范执行检察监督的实践,有的地方还制定地方性法规或以人大决定、决议的方式统一辖区内民事执行检察监督的进行。②

第三,统一立法指导。2011年"两高会签"文件和新民诉法对民事执行检察监督制度的广泛试行和明确规定,表明了立法机关对于这一制度的肯定,改变了过去无法可依的状态。民事执行检察监督在近二十年的探索积累了可供立法者参考的宝贵经验。

(三)执行检察监督遭遇的困境和产生的问题

1. 执行检察监督自身发展的困境

第一,关于执行检察监督的立法规定过于原则。随着2012年民诉法修正案草案的公布,民事执行活动的检察监督得到了法律确认,但是离系统规定还相距甚远,检察机关行使监督权缺乏操作性规范,也因没有制度保障,使执行检察监督手段缺乏强制力和约束力。

第二,人民法院对检察机关进行执行监督的排斥。人民法院一贯将民事执行领域视为自己的专有领域,排斥检察机关对执行活动的监督。在实践中,审判机关往往采取司法解释的方式限制检察机关的执行监督,如,最高人民法院于2000年发布的《关于如何处理人民检察院提出的暂缓执行建议问题的批复》中规定:"人民检察院对人民法院生效民事判决提出暂缓执行的建议没有法律依据。"

第三,现有民行检察部门人力及监督力度不足。检察机关现有的民事行政检察部门人力不足,难以保障民事执行检察监督职能的充分发挥。以内蒙古自治区通辽市人民检察院为例,2008年办理抗诉案件41件,刑事附带民事诉讼监督案件6件,但该院民行处仅有两名检察干警和一名书记员,③使得该院充分履

---

① 如1998年广东省深圳市人民检察院就某公司申诉案中的执行问题向法院发出《纠正违法通知书》,由此开始民事执行检察监督的尝试。

② 如2007年广东省深圳市人大常委会发布的《关于加强人民法院民事执行工作若干问题的决定》、2008年河南省洛阳市人大常委会发布的《关于进一步加强民事行政检察工作的决议》等。

③ 《内蒙古自治区检察机关开展民事执行检察监督的调研报告》,内蒙古大学优秀硕士学位论文,2010年,第10页。

行民事行政检察职能大打折扣。

2.未规范执行检察监督与执行救济的关系产生的问题

第一,产生公权与私权的博弈。民事执行制度是国家运用公权力实现已经确定的私权的程序,涉及当事人的私权处分行为,属私权性质。检察院作为国家机关,以"公权力"介入当事人私权处分的过程,可能会使其私权受到损害。因此,若不明确民事执行救济与执行检察监督的界定,将凸显公权与私权的冲突,致使执行当事人的私权置于公权力的行使之下,无法保证私权受到保护。

第二,堕入"谁来监督监督者"的命题。我国的监督体制较看重内部监督,未建立起有效的外部监督体制,重事后惩处轻事前、事中监督,重实体性监督轻程序性监督,立法对执行检察监督已开始明确,部分地区早也存在检察监督的司法实践,因此"谁来监督监督者"这一命题必然成为另一亟待解决的问题。

第三,执行乱、执行难。建立民事执行救济及执行检察监督制度的主要目的是解决我国民事执行领域现在面临的"执行乱"、"执行难"问题。造成这一司法困境很重要的原因是民事执行监督机制不健全,执行救济制度存在缺陷,且两者关系没有进一步厘清,在保护执行当事人、案外人权利等问题上缺乏两种机制之间的有效配合。

综上所述,必须合理处理民事执行救济与执行检察监督之关系,才能缓解我国"执行难"、"执行乱"的局面。

二、界定民事执行检察监督与执行救济关系的意义

结合上文对我国民事执行现状和问题的阐释,本文试从必要性和可行性角度探求民事执行救济与执行检察监督制度共同存在之合理依据。其中,两者共同存在的必要性阐释,来自比较分析两种制度和论证给予执行当事人、案外人私权及公权的双重保护;两者共同存在的可行性阐释,来自法理学制约与监督的概念和经济分析法学对执行救济与执行检察监督运行成本、收益的分析。

(一)两者共同存在的必要性

1.民事执行救济与执行检察监督的比较分析

执行检察监督是检察机关运用公权力对执行权进行的监督,执行救济是执行当事人、利害关系人及案外人补救私权受损的制度,两者具有相同的目的,也有明显的区别:第一,性质不同。执行救济是一种以私权制约公权的方式;执行检察监督则是检察机关行使宪法赋予的法律监督权监督法院的执行行为,是公权力的相互制衡。第二,主体不同。执行救济的主体是执行当事人或者与执行行为有利害关系的第三人;执行检察监督的主体则是享有法律监督权的检察机关。第三,客体不同。执行救济的客体是执行机关违背执行法律规定的违法行为及不当行为;检察监督的客体和对象,理论界并未有定论,本文认为,执行检察

监督的范围应当包括法院执行机关的执行行为,包括执行决定、执行裁定和执行实施。第四,方式不同。执行救济包括程序上和实体上的救济两种,在我国主要以提出执行异议、请求变更执行法院和提起诉讼的方式实现;执行检察监督的方式应该体现检察机关的职权特点,根据新民诉法的规定,增加检察建议作为检察机关实施监督权的方式。第五,时间不同。执行救济具有及时性的特点,一般发生在执行程序开始之后、结束之前的任何时间均可以提出;虽然检察机关在执行过程中也可以进行监督,但实践中的执行检察监督多体现为事后监督。

总之,我们不能寄希望于一种制度而"毕其功于一役",而是应当界定民事执行救济与执行检察监督之关系,促进两者共同存在发生作用。

2. 当事人案外人的双重救济

单单通过执行救济制度不能满足保护当事人、案外人合法权利的需要,还需要强大的公权力对私权进行补强,从而实现权利救济的效果。

第一,民事执行救济制度是对私权保护的充分体现。民事执行程序与审判程序不同,执行活动主要涉及当事人对私权的处分行为,属于私权性质。没有救济就没有权利,执行救济制度正是为了保证当事人、案外人的权利而设置,而这种救济在本质上也是一种权利。民事执行救济制度以保障执行当事人、案外人的基本权利为前提和基础,具备弥补执行损害、权利制约权力保障实体公正与程序公正的功能。

第二,执行检察监督制度是补强私权的重要途径。公权服务于私权社会,是保障和促进私权的工具。当公民或组织通过正当途径不能行使或不能充分行使私权时,则需要拥有公权力的国家来调整私权社会的关系和解决私权社会的矛盾。检察监督的新目的论指出,检察监督任务不仅仅是纠错,还应当支持和共进。"错误纠正了,执行工作做好了,监督单位和被监督单位的任务完成了,各方都满意,特别是执行当事人满意,使监督和被监督单位获得共赢,取得共同进步。"①除此之外,执行检察监督同样发挥着平衡私权利与公权力的作用。

(二)两者共同存在的可行性

1. 民事执行救济与执行检察监督共同存在之法理基础

(1)权力监督和权力制约不应混同

在法理学上,制约和监督是两种不同的控权形式,而我国民主法治建设的现状却是监督和制约长期不加区别,在大多数情况下可以通用。不同于西方国家的三权分立政治体制,我国是社会主义国家,比较多地运用了监督机制,再由于概念上的误区把监督理解为制约,导致我们的社会只有监督而没有制约,而没有

---

① 杨荣馨:《略论强制执行的检察监督》,载《民事诉讼法修改研讨会论文集》,最高人民检察院法律政策研究室 2011 年 3 月印,第 142 页。

制约的监督往往难以有效地发挥作用。事实上两者不但不能互相取代,制约比监督更重要。

(2)从检察监督权看中国法制建设对制约的忽视

将民事审判纳入检察监督的范围,是检察权作为具有法律监督性质的国家权力独立组成部分的具体体现。但是,有人提出"检察机关监督别人,谁来监督检察机关"等异议,其本质反映了在中国民主法治建设中,较多注重监督而较少谈到制约。司法制度本身从设定之初是一种受到外部广泛控制的权力,但其运行必须建立在内部工作有效约束机制的基础之上,司法权的制约需要建立起比较完善的、在内部工作过程中的权力制约机制。①

(3)内部制约与外部监督理论对规范执行权的启示

建立执行权内部制约机制,规范制约机制的启动途径。"救济是维护权利体系的基石,也是制约权力的有效途径。"②执行救济制度除了要保护当事人、案外人的权利,还兼具制约权力的功能,即将执行程序中的矛盾和争议外化,进而通过执行程序的内部矫正机制遏制和消化执行权力的违法问题。再加上通过内部制约机制的制衡,以及我国的公、检、法三机关实行互相制约,也就解决了"谁来监督监督者"的问题,弥补了监督体制的缺陷。另外还要完善执行权外部监督途径,建立有效的执行检察监督。因此,存在民事执行救济与执行检察监督共同存在的法理基础,具备可行性。

2. 共存之经济分析

本文以执行过程中的资源利用和诉讼成本为中心,通过探讨民事执行救济与执行检察监督共同存在的可行性,论证执行程序的优化途径。

(1)共存之司法成本

司法成本又称诉讼成本,包括广义和狭义两层含义③,执行检察监督属于广义上的司法成本,是国家对司法监督的投入;而执行救济主要来自执行当事人、案外人对不当执行行为请求救济所耗费的成本,还包括法院审查所耗费的成本,两者共同存在,并行不悖。具体而言:

第一,在司法成本的组成上来看,包括直接成本和错误成本两种,在某种程度上两者是此消彼长的关系。若通过精简程序、减少检察监督的成本,虽然直接

---

① 葛洪义:《"监督"与"制约"不能混同》,载《法学》2007 年第 10 期。
② 李浩:《强制执行法》,厦门大学出版社 2004 年版,第 349 页。
③ 广义上的司法成本是指法律审判和检察工作中的组织成本和直接、间接支出的总和,包括国家拨付法院和检察院的预算经费、法律宣传教育费用、司法监督的投入,以及司法审理(诉讼)成本等。狭义上的司法成本是指公民、组织等购买司法正义的价格,包括案件当事人为进行诉讼而耗费的金钱、时间、精力和无形的精神负担。

成本降低,但错误成本可能极高,将同时产生对司法人员腐败等的处理成本。

第二,从司法实践上看,执行率低形成无效益或低效益的诉讼成本支出,不仅来自于不能执行的裁决,还有"执行乱"引起的不当执行和不能完全执行。目前,我国现有的执行救济制度不能弥补当事人程序主体地位的薄弱,完善执行救济与构建执行检察监督是减少这部分成本的必然选择。

第三,若两者共存但不加以合理构建,不但不利于提高执行效率,反而会增加运行成本。若执行救济制度与执行检察监督两种制度没有关联,仅仅各自存在,将会产生制度漏洞,当事人有可能采用反复申诉的方式拖延执行,同时制度本身也可能出现矛盾和重叠之处,制度的冲突会无形中增加了成本,弱化了两种制度本身应有的功能和效果。

(2)共存之司法效益

效益是投入与产出的比例关系,而司法效益是指司法机关在解决法律纠纷时所带来的当事人收益和社会法律秩序稳定收益。① 对这一效益的衡量应当以法律能否及时、准确地恢复当事人之间权利平衡,以及用最低的人力、财力消耗满足人们的有效权利救济需求为标准,而不以法院裁断纠纷的多少来评价司法效益的高低。

民事执行程序应当以效益为中心是毋庸置疑的,根据以上标准,应当重点考察能否及时、准确地恢复当事人之间的权利平衡,用最低的成本满足人们有效权利救济的需求。具体而言:第一,错误成本的加大是导致效益降低的不可忽视的因素。通过执行救济和检察监督制度能够预防和纠正以上行为,降低执行的错误成本,有利于提高民事执行的效益。第二,民事执行的效益是执行投入与产出的比例关系,而不能理解为效率。执行救济与执行检察监督能够及时纠正民事执行错误,从而提高民事执行的效益,即使多耗费一点时间也是值得的,对于民事执行价值的实现并没有负面影响。第三,执行救济与执行检察监督相结合,能在给予充分救济权、保证执行活动合法有序的前提下,减少程序上的重复,并缩短执行时间,还可以防止当事人运用不同的救济手段恶意拖延执行。②

总之,民事执行救济与执行检察监督互相弥补共同发挥作用,是民事执行程序完善的重要标志。为使两者共同发挥应有的作用,应从经济学角度进行以下设置,从而优化程序体系设计,提高司法效率。第一,在运行成本上,执行救济在某种程度上可以起到矫正法院违法行为的功能,检察监督权并非具有时刻介入

---

① 冯玉军:《法经济学范式》,清华大学出版社 2009 年版,第 458 页。
② 肖耀敏、尹光宇、郭欣:《试论民事执行检察监督制度构建——以紧密联系现行执行救济制度为路径》,载《司法改革与民事诉讼监督制度完善——中国法学会民事诉讼法学研究会年会论文集 2010 年卷下卷》,厦门大学出版社 2010 年版,第 210 页。

的必要。第二,在运行收益上,执行救济与执行检察监督应进行合理的设置和界定,以便发挥两者效益的最大化。

三、构建民事执行权的双重制约

本文认为,民事执行救济与执行检察监督的界定是以"程序制约权力",其功能是通过界定执行救济与执行检察监督在具体实施时的时间、范围、方式、对象,体现执行活动中的程序法价值,避免制度的重复利用和冲突,以实现程序正义与实体正义、公正与效率的有机统一。

(一)界定原则

1. 谦抑性原则

与检察监督相比,由当事人依据执行救济制度的规定提出异议或申请,是一种更经济、更直截了当的救济,如果通过这种途径可以抑制违法执行行为、纠正消极执行行为,要比启动检察监督具有降低成本、提高效率的优势。为了保障私权的自治性,这就要求执行检察监督在实施时要体现谦抑性原则,同时可以预防检察监督权力的滥用,实现检察机关对民事执行的有序监督。这样就要求在具体构建时,对时间、范围、方式、对象的界定应当以谦抑性为原则。

2. 效益性原则

民事执行活动只有具备高效性才能保障执行依据的及时执行,使执行申请人的权利获得快速、权威的保护,不同于民事审判。民事执行的价值取向是坚持公正与效益的有机统一,更侧重于效益,因为效益同时决定了公正的实体结果能否实现。应当将推进法院的执行效率作为检察监督的目标,纠正怠于执行的行为,推进民事执行的高效运行。这也就要求在具体构建时,对时间、范围、方式、对象的界定应当以效益性为原则,更要注重反映公正。

(二)时间界定

在时间上,执行检察监督应当以当事人先行申请执行救济后,若对程序性救济的处理不服的,检察机关再进行审查,即初次审查的主体是人民法院,再由检察机关对执行行为中的程序性争议进行复议救济。根据2011年3月"两高会签文件"之一《通知》中的第4点规定:"当事人或者利害关系人认为人民法院的民事执行活动违法,损害了自己合法权益,直接向人民检察院申诉的,人民检察院应当告知其依照法律规定向人民法院提出异议、申请复议或者申诉。"

从某种程度上讲,将执行救济作为检察监督的前置程序,不但是民事诉讼和民事执行私权属性的基本逻辑,也是检察监督效能最大化的内在需求。

(三)范围界定

民事执行行为应区分为实体性执行行为与程序性执行行为。2007年《民事诉讼法》的修改给予执行当事人、利害关系人及案外人程序性救济和实体性救济的权利,这使得执行救济制度与执行检察监督制度在范围上发生了部分重合,对于执行检察监督的适用范围提出了相应的变动要求。《民事诉讼法》第204条规定了"案外人异议之诉"制度,即案外人对异议的裁定不服可以通过审判监督程序或另行起诉来保护自己的实体性权利,因此在执行检察监督制度的构建中不应将其包含在监督范围内,而应当只限于人民法院的程序性执行行为争议。

另一方面,根据执行检察监督的有限监督原则,检察机关应把监督重点放在执行案件的合法性上,即对违法的执行行为采取监督措施予以纠正,而不是不当的执行行为。这是因为,检察监督作为一种外部监督形式,价值体现在其保障功能的发挥,不能干预和取代人民法院的执行主体地位,对于不当执行行为应主要通过法院处理执行救济案件和内部监督途径予以纠正。但是执行救济制度的范围还包括不当执行行为,只要执行当事人、案外人认为法院的瑕疵执行行为和消极执行行为损害其利益,就可以提出请求。

(四)方式界定

陈桂明教授认为,民事检察监督应当立足于对法院行为的制约,而非对当事人自治行为的干预,应通过对法院审判的制约保障当事人民事领域自由意志的实现,缩小范围。[①] 同样,检察机关对于民事执行的监督还应受到民事执行程序自身的制约,民事执行主要涉及的是私权实现的问题,当事人具有处分权,作为公权力的法律监督权不宜主动介入,以避免造成对当事人处分权的不当干预、妨碍执行程序高效运行。由此,在执行检察监督谦抑性原则的指导下,程序的启动应当以当事人申请启动为原则,以检察机关依职权启动为例外,同时符合与执行救济制度相衔接的其他规定。

第一,当事人或者利害关系人认为人民法院的民事执行活动违法,损害了自己合法权益,直接向人民检察院申诉的,人民检察院应当告知其依照法律规定向人民法院提出异议、申请复议或者申诉。

第二,当事人对于人民法院作出的执行救济处理存在争议,认为法院的执行行为损害了其合法利益,可以向人民检察院提出启动执行检察监督程序的申请,同时提交相应的文书和证据材料。

第三,对于涉及公共利益的执行案件中存在滥用执行权的行为,赋予检察机关对执行检察监督程序的启动权,目的是为了保护社会公共利益。但实践中,绝大多数案件并不涉及公益问题。

总之,造成"执行乱"的原因有社会原因,也有法院内部的原因,有客观方面的原因,也有主观方面的原因。我们不但要完善制度,还需要净化社会的执法环境,如在完善的法律制度下维护社会信用体系。然而净化法院内部的执法环境

---

① 陈桂明:《民事检察监督之系统定位与理念变迁》,载《政法论坛》1997年第1期。

尤为重要,要严格按照新《民事诉讼法》关于执行程序的规定,明确法院职权及强制措施的手段、方法,进一步健全和完善法院民事执行机构。另外,树立全局观念,防止滥用职权等腐败问题滋生,形成良好的社会执法环境,只有这样,我国的民事执行工作才会出现崭新的局面。

论调解协议的司法确认程序

■ 周建华[*]

摘　要　调解协议的司法确认程序的本质就是在当事人合意达成的调解协议中引入法官运用司法权的审查，从而使调解协议取得强制执行的效力。调解协议在其原有合同性质之上，通过该程序附加一些司法特征；但是，附加的这些司法特征并不能改变调解协议的主要属性，即合同性质。基于此特殊界定，司法确认程序的启动可采取一方当事人单独申请的方式；法官的审查范围应以程序审查为主，实体审查为辅；调解协议的审查内容应保障当事人自愿原则的贯彻落实；司法确认结果的救济手段可以采取合同无效之诉的途径。

关键词　司法确认　调解　调解协议　调解原则

引言

21世纪初，司法调解（或称为"法院调解"、"诉讼调解"）的改革为寻求保护当事人的合意而引发了有关调审分离的讨论。学者们提出两种改革方案：一是"外部分离"，即将法院调解从诉讼程序中完全分离出来，建立非讼化的民事调解制度，由法院以外的组织或个人进行调解；二是"内部分离"，即在法院内部对调解的具体操作方式进行改革，由不同的法官分别负责同一案件的调解与审判。调解改革实施之初，第二种方案占据优势，因为"尽管第一种方案或许是更具有合理性和彻底性的改革方案，但从目前情况看，第二种方法更具有现实性、稳妥性，也最为简便易行"。[①] 在调解的内部分离中，法官依然是司法调解的主导力量，只不过是法官群体内部发生分工而已。

目前调解"过热"的现象又把调解和审判两种功能的抵触拉入大家的视野中，学者纷纷担忧这种法官主导的调解机制会影响法制建设的初期成果，即判决主导型纠纷解决机制的建立。实践中，对于调解结案和撤诉率的过度追求，给法

---

[*] 北京理工大学法学院讲师，法国蒙彼利埃第一大学法学博士。
[①] 李浩：《调解的比较优势与法院调解制度的改革》，载《南京师范大学学报（社科版）》2002年第4期。

官的职业发展规划造成一种错误的导向。"在中国法治建设的初级阶段,民事诉讼建构的基本方向依然应当是强调诉讼裁判的主导性、强调裁判程序的正当性,以顺应和推动中国社会的转型。"①判决主导型纠纷解决机制应是我国法制建设发展的方向和目标,法官应当集中审判职能的发挥,对案件精雕细琢,从中总结出可产生一般效应的指导性规则,这也正是最高人民法院近几年极力发展案例指导制度的旨意所在。当然,判决主导型纠纷解决机制并非否定调解的作用,调解鉴于它的优势是应当存在于纠纷解决体系中。同时,法官也不是不能从事调解,只不过他从主要的调解员身份隐退下来,在调解中更多从事其他的工作,例如对调解的指导、监督和审查等工作。诉讼程序中,法官把原有的调解工作大量委托给其他的社会组织和调解员来完成,这就是委托调解的产生。委托调解制度的建立和完善将是实现调审外部分离的根本途径,也将是我国调解现代化改革的基本方向。

司法确认程序的建立和完善是委托调解制度的一个重要环节。有人可能会质疑:按照目前司法实践的情况,诉讼程序内法院委托的调解所达成的协议,法院将直接以此为基础制作法院调解书,具有与生效裁判同样的法律效力,根本无需经过司法确认程序;司法确认程序适用的是纠纷提交到法院之前,由人民调解组织等民间调解组织和调解员主持达成的调解协议。笔者认为,目前法院的做法是因为它把委托调解中的调解组织和调解员看成是依附其的组成部分,从实践的设置来看,也是法院内部设立调解工作室和自己组织特邀调解员,这些调解员在工作中与法官之间的独立性有时并没有特殊强调,反而强调一种合作办公;此时的委托调解实质就是法官自身主持调解的一个侧面,法官自然制作调解书奠定调解协议的效力。然而,这种做法是约束委托调解发展的,也违背了最高人民法院的原意②,即委托调解协议应当经过司法确认程序取得强制执行的效力。从逻辑上而言,诉讼程序中的委托调解其实就已经把调解和诉讼程序分离开来,和诉讼程序外的调解没有区别;委托调解中达成的调解协议要取得效力,自然要经过司法确认程序。同时,只有当委托调解达成的调解协议能以一种强制的法

---

① 张卫平:《回归"马锡五"的思考》,载《现代法学》2009年第5期。
② 2004年最高人民法院《关于人民法院民事调解工作若干问题的规定》第3条第2款规定:"经各方当事人同意,人民法院可以委托前款规定的单位或者个人对案件进行调解,达成调解协议后,人民法院应当依法予以确认。"2009年最高人民法院《关于建立健全诉讼与非诉讼相衔接的矛盾纠纷解决机制的若干意见》第21条中说明:"经人民法院委派或委托有关机关或者组织调解达成的调解协议的申请确认案件,由委派或委托人民法院管辖。"2011年最高人民法院《关于人民调解协议司法确认程序的若干规定》第13条规定:"人民法院立案后委托他人调解达成的协议的司法确认,按照《最高人民法院关于人民法院民事调解工作若干问题的规定》(法释[2004]12号)的有关规定办理"。

律效力为依托，委托调解将获得一种权威性；注意，这种权威和法官的权威是不同的，但这种权威的潜在影响是重要的，这样才能约束当事人对自己在调解中的承诺采取慎重对待和诚信遵守的态度。因此，司法确认程序的建立和完善是调解现代化改革中的一个重要手段。

调解协议的司法确认程序主要是依赖最高人民法院的努力而确定：《关于人民法院民事调解工作若干问题的规定》(2004年)，《关于建立健全诉讼与非诉讼相衔接的矛盾纠纷解决机制的若干意见》(2009年)，《关于人民调解协议司法确认程序的若干规定》(2011年)。司法确认程序也在立法层面得到确立：(1)2010年《人民调解法》第33条规定："经人民调解委员会调解达成调解协议后，双方当事人认为有必要的，可以自调解协议生效之日起三十日内共同向人民法院申请司法确认，人民法院应当及时对调解协议进行审查，依法确认调解协议的效力。人民法院依法确认调解协议有效，一方当事人拒绝履行或者未全部履行的，对方当事人可以向人民法院申请强制执行。人民法院依法确认调解协议无效的，当事人可以通过人民调解方式变更原调解协议或者达成新的调解协议，也可以向人民法院提起诉讼。"(2)2012年8月31日第十一届全国人民代表大会常务委员会第二十八次会议通过的《关于修改〈中华人民共和国民事诉讼法〉的决定》在第十五章《特别程序》中增加第六节《确认调解协议案件》。该节包括两项法律条文：①申请司法确认调解协议，由双方当事人依照人民调解法等法律，自调解协议生效之日起30日内，共同向调解组织所在地基层人民法院提出(第194条)。②人民法院受理申请后，经审查，符合法律规定的，裁定调解协议有效，一方当事人拒绝履行或者未全部履行的，对方当事人可以向人民法院申请执行；不符合法律规定的，裁定驳回申请，当事人可以通过调解方式变更原调解协议或者达成新的调解协议，也可以向人民法院提起诉讼(第195条)。

民事诉讼法的两项新法律条文明确：(1)申请司法确认的调解协议范围，包括人民调解协议和其他依法达成的调解协议；(2)申请司法确认的时间，即自调解协议生效之日起30日内；(3)程序的启动方式，采取当事人共同申请；(4)管辖法院，即调解组织所在地的基层人民法院；(5)司法确认文书的形式，即采用裁定书；(6)驳回申请的后果，法院的驳回申请裁定应属于具有终局效力的裁定，当事人无法就此进行救济，他们只能通过调解方式变更原调解协议或者达成新的调解协议，或向人民法院直接就纠纷提起诉讼。应该说，上述关于调解协议的司法确认程序的规定还是过于简单。即使结合之前最高人民法院的有关文件看，该程序的操作仍有不少问题亟待解决。笔者将从界定司法确认程序的法律性质入手，对调解协议的司法确认程序中的几个关键问题进行探讨。

一、司法确认程序的法律性质

首先,不能把司法确认程序等同于调解协议的司法确认程序。司法确认的范围不应当只限于调解协议,而应在调解协议之外,还包含其他 ADR 机制之下促成的协商解决纠纷协议,例如和解协议,特别是律师帮助下促成的纠纷友好解决协议等。同时,我们也应细心注意到,2012 年民事诉讼法的修改并未直接将《司法确认程序》作为一节的标题,而是采取《确认调解协议案件》作为标题。立法者在我国民事诉讼法中只确立了对调解协议的司法确认程序,这体现了立法者的一种谨慎态度。因为从我国 ADR 的发展来看,调解和仲裁是我国立法者侧重发展的两种主要方式,仲裁走的是准司法程序途径,其仲裁协议的效力也早在《仲裁法》和《民事诉讼法》中规定,并无太大争议。而调解这种传统的纠纷解决方式在复兴之后发展势头较猛,成为学者探讨和司法实践改革的重点,其制度化和程序化逐渐加强,相对而言,其他 ADR 机制的发展则是"雷声大,雨点小",学者虽有所探讨,但实践中开拓的创新性方式很少;同时,ADR 的平衡机制还未完全确立,有着调解员介入的调解机制在纠纷解决中如何保护当事人的真实合意尚有不少问题需待解决,而和解中缺少中立第三人的介入,纯属当事人自己在协调,其中当事人合意的保护机制更难建立。因此,立法者暂时只将调解协议的司法确认程序规定在法典中。在此次立法中,他们对于调解协议的范围明文规定是"依照人民调解法等法律"。一方面,他们暂时限定进入司法确认程序的调解协议范围,以免范围过大而难以控制;另一方面,他们又保留这种伸缩的规定——"等法律",以备以后发展之需要。笔者认为,等我国 ADR 机制发展更为完善时,《确认调解协议案件》这一节就可更改为《司法确认程序》,而其在法典中的位置,有可能保留在《特别程序》一章,也有可能移放至我国民事诉讼法典中新设立的《ADR》一章中①。

目前而言,调解协议的司法确认程序既然设置在《特别程序》一章,显然与争讼程序是有区别的。这点在学者中不存在争议。但是,司法确认程序是属于非讼程序,还是与后者有所区分,这点在学者中存在争论。有学者认为,根据我国民事诉讼法的现行规定,诉讼程序分为审判程序和执行程序,审判程序又分为争讼程序和非讼程序;司法确认程序应属于审判程序中的非讼程序,"因为此类案件只需确认人民调解协议的效力,并不实质审理当事人之间的权利义务争议,而且此类案件适用特别程序"②。有学者则认为:"民事司法确认程序所采用的独有的审查确认方式本身,不仅从性质上决定了这种程序制度与诉讼程序、非讼程序以及特别程序之间的巨大差异,而且这种程序制度在基本结构、内容、程式、裁断方式以及其他程序构造上的特殊性,又从客观上将它与诉讼程序、非讼程序以及特别程序制度从性质和类型上作出了本质上的区分",因此,它"是不同于现行民事诉讼程序立法规定的诉讼程序、非讼程序,以及特别程序的另一类特殊程序,即独立的民事司法确认程序"。③ 笔者认为,争讼程序和非讼程序是学理根据现有的规定进行的一种归纳,而我国民事诉讼法将争讼程序之外的程序纳入特别程序中,《特别程序》一章具有开放性,司法确认程序的增设只是添加了一种新的类型,因此不能以原有的特别程序类型的综合特征对它进行衡量和限制。

---

① 关于 ADR 在我国的立法形式,有学者建议仿效英美法系专门制定《ADR 法》。笔者认为,在立法形式上可借鉴法国的做法,把 ADR 作为单独的一章纳入我国民事诉讼法典中。法国民事诉讼法典根据 2012 年第 66 号关于友好解决纠纷的法令,在原有的体系中增加新的一卷——第五卷《纠纷的友好解决》(第 1528 条至第 1568 条),旨在对司法程序外的纠纷友好解决方式作出统一的规定。法国民事诉讼法典的新体系包括:第一卷,《适合各级法院的一般规则》;第二卷,《适合各级法院的特殊规则》;第三卷,《特殊规定》;第四卷,《仲裁》;第五卷,《纠纷的友好解决》;第六卷,《适合海外领土的规则》。第五卷分为三篇:第一篇《协商调停和调解》,对司法程序外调停员和司法调解员主持调解的程序作出详细统一的规定。第二篇《律师参与下的协商程序》,则是引入新的纠纷协商机制,即当事人在律师的帮助下就纠纷的协商解决共同达成一个参与程序协议,然后根据协议约定的内容交换材料和进行沟通,寻求纠纷的协商解决。如果协商成功,则可就达成的协议向法院申请赋予该协议强制执行的效力;如果协商只是部分成功,当事人则可以向法院同时提出两项请求,即对已达成的部分协议进行司法确认和对未解决的纠纷进行审判;如果协商彻底失败,当事人则可启动向法院起诉的简便快捷程序。第三篇《一般规定》,即对法官赋予司法程序外就纠纷解决达成的各种协议以强制执行效力的司法确认程序进行规范。

② 翟小芳、张倩晗:《构建符合国情的人民调解协议司法确认制度——兼评〈最高人民法院关于人民调解协议司法确认程序的若干规定〉》,载《法学杂志》2011 年第 1 期。

③ 廖中洪:《民事司法确认程序若干问题研究》,载《西南政法大学学报》2011 年第 2 期。

正如前所述,当我国民事诉讼法典专门设立《ADR》一章时,则可将司法确认程序放置在此章中,如此体现出自身独特的特点。

法官通过司法确认程序赋予调解协议强制执行的效力,此司法确认行为的性质是特殊的。一方面,它不同于审判行为,法官在司法确认中并非运用强制力解决纠纷,而是对当事人合意解决纠纷的结果的效力进行确认,法官仅保有最低限度的审查权。另一方面,它也不同于法官亲自展开的调解行为,法官在司法确认中不介入调解协议的形成过程,而是在调解协议达成后介入,只是"事后的介入"而已。我国学者在言及法院调解的本质时倾向于界定其为当事人处分权和法院审判权的结合。其实,这里使用"审判权"有所不妥。法官在诉讼调解中使用的权力并非是一种审判权,因为审判权是以强制为显著特征的,而调解中法官不能强迫当事人进行调解,只能指导和鼓励当事人进行调解,监督调解中的不正当和不诚信行为。法官在诉讼调解中所发挥的指导、鼓励、监督等行为,也是法官权力的一部分,是位于审判权以外的其他司法权力的范畴。有学者则明确界定"调解权并非审判权①而是审判辅助权。审判权是建构在对抗式审判程序基础上审理和裁判的权力。为了实现审判权,现实地存在着辅助审判权实现的审判辅助权。审判辅助权是辅助审判权行使的权力,包括类审判辅助权和纯审判辅助权。类审判辅助权的典型就是调解权,调解可以解决民事纠纷,调解也产生具有终局性的法律文书,调解书。除不能上诉外,调解书的效力等同于判决书。纯审判辅助权,包括调查取证权、司法行政管理权、这类权力不具有纠纷解决功能,纯粹为审判权的行使提供辅助"。②虽然笔者对于调解权的属性持不同观

---

① 理由是"因为比较调解权与审判权,可以发现二者明显的差异与冲突。第一,调解人来源的开放性与审判权的专属性。提高调解效能要求调解人不局限于法官或合议庭,这显然与审判权的专属性会构成冲突。第二,调解权行使的主动性与审判权的中立性。调解权的行使方式是主动、积极的,必然会与审判权的被动性、中立性构成冲突,损害程序正义,给当事人缺乏程序保障的感受;第三,对调解效益的首要期待与审判权价值取向的公平优先性也构成冲突。目前从和谐的社会秩序出发激励调解,一个最基本的考虑就是既快又多地解决民事争议。审判权行使时,如果产生公平与效益之争,是优先考虑公平的。这两者的冲突不可避免。"韩波:《诉讼调解的实证分析与法理思辨——对最高人民法院〈关于人民法院民事调解工作若干问题的规定〉的实施调查》,载《法律适用》2007 年第 4 期。

② 韩波:《诉讼调解的实证分析与法理思辨——对最高人民法院〈关于人民法院民事调解工作若干问题的规定〉的实施调查》,载《法律适用》2007 年第 4 期。

点①,但是认同该学者关于法官在调解程序中所拥有的权力性质界定的观点,其应与审判权区别开来。因此,笔者建议法院调解的本质论述应改为"当事人处分权和法院司法权的结合"。这种私权和公权的结合导致法院调解协议的双重性质——合同本质和司法本质的结合。② 一方面,它是当事人就纠纷友好协商达成协议的行为,调解的本质实为合同。另一方面,法官在调解中会以不同形式进行介入,虽然不是对调解协议的内容起实质性决定作用,但它具有指导、监督、协助、审查等功能。这种双重性质同样也体现在法官对调解协议的司法确认结果中:法官在其原有的合同本质之外赋予其强制执行的效力,法官的审查和介入在调解协议上自然附加某些司法特征。经过司法确认的调解协议和诉讼调解协议,它们的合同本质都是主要的,两者只是司法本质所占的比重不同而已,前者要小于后者。

二、司法确认程序的启动

我国《民事诉讼法》规定,司法确认程序的启动必须以当事人的共同申请为前提。为什么必须是当事人的"共同申请"?这应该是法院对诉外调解协议中可能包含的不公平因素担忧而导致的。法官对诉外调解协议的达成没有任何介入,而且在调解协议事后的审查中也只能保持限制的介入;如果允许任由一方当事人就此提出申请,法官担心会批准很多由强势一方当事人利用优势强迫对方当事人签订的不公平调解协议。如果调解协议达成后,双方当事人对此都很满意,协议确为双方合意的结果,自然双方当事人会共同向法院提交申请,要求司法确认;如果只有一方当事人的申请,自然意味着另一方当事人对调解协议不满意,视为当事人合意的欠缺。

然而,我们认为这种推断是存在问题的。这里忽略了一种情形,即当事人确实是在合意真实的情形下达成调解协议,但事后一方当事人反悔,拒不参与司法确认的共同申请。如果面临这种情形,没有反悔的另一方当事人不能申请法院的司法确认,只能向法院提起要求对方履行调解协议的诉讼③。虽然诉讼的结果有可能是法官经过审查,认定调解协议是真实意思的合意结果,作出判决支持

---

① 调解权的属性不应当定位为法院或其他调解员拥有的"权力",而是当事人享有的"权利"。基于调解的合同性质,当事人拥有对调解程序的主控权,他们把纠纷提交给第三人来负责帮助促成调解的成功,这个第三人是被认定为没有强制权力的,即使是法官也不能运用自己的强制手段迫使当事人接受调解,否则就有违调解的自愿原则。所以,笔者认为将调解权与审判权相并而论,作为法官的两项权力的观点是错误的。

② 周建华:《司法调解:合同还是判决?——从中法两国的比较视野出发》,中国法制出版社2012年版。

③ 《关于审理涉及人民调解协议的民事案件的若干规定》第2条。

调解协议的有效执行,随后当事人向法院申请强制执行。但是,这个程序走下来,显然要比一方当事人直接申请法院批准调解协议的程序要慢,费用要高,不符合诉讼效率的原则。

调解协议达成后,如果双方当事人都不存在反悔的情形且互相信赖,自愿履行的几率自然很高,无须向法院申请司法确认。向法院申请司法确认的情形包括:(1)双方当事人互相不信赖,为增加彼此的信心,向法院申请司法确认,协议取得申请执行的依据;(2)一方不自愿履行协议时,另一方向法院申请司法确认,希望取得申请执行的依据。根据我国《民事诉讼法》的规定,第二种情形不会发生,协议签订后一方反悔的,另一方当事人就纠纷另行调解或向法院起诉。然而,这样的规定是有违调解制度设立的宗旨。

调解协议是合同,一旦签订即应对当事人产生约束力;一方反悔的,另一方可以根据调解协议向法院起诉,申请确认合同有效,要求对方履行合同义务。同时,调解协议是一种特殊的合同,与其他合同不同的是调解协议形成的过程中有调解主体的介入。根据我国现有的规定,司法确认的对象是由人民调解员、行政调解组织和其他社会调解组织主持达成的调解协议;调解主体的介入将在很大程度上消除调解协议达成中的不公平因素。因此,调解协议的公平因素要强于其他合同。并且,如果我们要大力发展诉外调解机制,就必须赋予这些组织主持达成的调解协议较强的效力,例如当事人获得单独申请司法确认的权利。具体操作方面,为确保进入调解的当事人清晰知道调解协议达成后的后果,调解员在调解程序开始时即告知各位当事人达成调解协议后,一方当事人可以向法院申请司法确认,获得对调解协议的强制执行依据。调解员甚至可以向各位当事人出具调解的权利义务告知书,如同法官在审判程序中履行阐释义务一样,调解员也有清晰明确告知当事人各自享有的权利和义务;当事人在清楚知晓后,签署这份权利义务告知书。也有人担心,这种调解权利义务告知书会逐渐沦为一种走过场的形式。因此,为确保当事人清晰知晓自己的权利,在达成的调解协议中也可明确记载当事人可以单方面申请司法确认的权利,如同裁判文书中记载告知当事人可以上诉的权利一样,此时当事人在最终权利确定时应该会慎重对待自己的权利,避免对自己权利保护的忽视。根据当事人的承诺,调解协议达成后,一方当事人可以向法院提出司法确认的申请,另一方不能无故反对和拒绝,除非他能提供证据证明调解协议的内容违反自愿原则和社会公共秩序规定,此时终止司法确认程序,转入诉讼程序。

三、司法确认程序中法官的审查

关于法官对调解协议的司法确认中的审查范围,主要有三种意见:

1. 采用形式审查。即人民法院只需要审查调解协议当事人双方是否具备相应的民事行为能力、协议内容是否明确、是否有当事人双方的签名、盖章,以及是否加盖了人民调解委员会的印章等形式条件即可。凡是具备这些形式条件的,就应当授予其强制执行力。①

2. 形式与实质审查同时并行。人民法院的司法确认,使得一般民事合同形式的调解协议具有了司法上的强制执行力。这种性质上的转变从客观上提出了实质审查要求,即只有实质性的审查才能保证民间协议在一般约束力向法定强制执行力的转变中不至于出现问题。从现实情况来看,由于调解案件所涉纠纷的多样性,以及调解过程中所涉问题的复杂性,调解协议本身存在问题、瑕疵的情况不仅是客观存在的,而且当事人双方借用调解协议的形式恶意串通,规避法律、逃避债务或者转移财产的情况也是无法避免的。如果人民法院对于调解协议不进行实质性审查,就有可能使得一些违反法律规定、侵害国家利益和社会利益以及案外他人合法利益的调解协议获得法定的强制执行力,从而损害国家、社会以及案外他人的合法利益。②

3. 程序审查为主,辅以适度的实体审查。司法确认程序,不应采取实体审查或者以实体审查为主,否则与诉讼程序无异,与确认程序灵活、简便、快捷的特征相违。③

我们认为第三种方式最为适宜。法官对于诉外调解协议的审查出现在两个阶段:第一个阶段是对调解协议进行司法确认;第二个阶段是对调解协议效力的救济审理。在第一个阶段中,法官只需对当事人呈交的调解协议进行最低程度的审查,即审查其形式条件和是否明显违反社会公共秩序的规定即可,应以程序审查为主,辅以适度的实体审查。法官审查的方式,参照适用《民事诉讼法》有关简易程序的规定,采取简易的方式,以询问双方当事人为主,必要时可听取调解员的意见。在第二个阶段中,由于一方当事人提出对调解协议效力的质疑,并提供证据证明违背自己的真实意愿,此时法官的介入将不再限于程序上的审查,而应是实质审查。第二阶段的存在就是为第一阶段中可能产生的漏洞做的铺垫。在第一阶段的审查中,另一方当事人有权利提出任何有理由的抗辩和异议,如果他提出调解协议无效事由的抗辩并有相应证据证明,法官的审查将不再限于最低程度的审查,而是转入深度的实质审查。

---

① 董少谋:《司法审查宣告程序之构建——兼评最高人民法院法发[2009]45号司法审查确认程序》,http://www.civillaw.com.cn/Article/default.asp?id=45744,下载日期:2012年8月29日。

② 廖中洪:《民事司法确认程序若干问题研究》,载《西南政法大学学报》2011年第2期。

③ 浙江省高级人民法院联合课题组:《关于人民调解协议司法确认的调研》,载《人民司法》2010年23期。

四、调解协议中自愿原则的遵守

关于调解协议的审查标准,我国《民事诉讼法》中只是简要说明:"经审查,符合法律规定的,裁定调解协议有效;不符合法律规定的,裁定驳回申请。"何谓"符合法律规定",只能根据最高人民法院发布的规范性文件进行界定。最高人民法院2009年公布的《关于建立健全诉讼与非诉讼相衔接的矛盾纠纷解决机制的若干意见》(以下简称为"《意见》")第24条列举有下列情形之一的,人民法院不予确认调解协议效力:(一)违反法律、行政法规强制性规定的;(二)侵害国家利益、社会公共利益的;(三)侵害案外人合法权益的;(四)涉及是否追究当事人刑事责任的;(五)内容不明确,无法确认和执行的;(六)调解组织、调解员强迫调解或者有其他严重违反职业道德准则的行为的;(七)其他情形不应当确认的。当事人在违背真实意思的情况下签订调解协议,或者调解组织、调解员与案件有利害关系、调解显失公正的,人民法院对调解协议效力不予确认。2011年公布的《最高人民法院关于审理涉及人民调解协议的民事案件的若干规定》第7条则规定具有下列情形之一的,人民法院不予确认调解协议效力:(一)违反法律、行政法规强制性规定的;(二)侵害国家利益、社会公共利益的;(三)侵害案外人合法权益的;(四)损害社会公序良俗的;(五)内容不明确,无法确认的;(六)其他不能进行司法确认的情形。根据最高法院司法解释的效力等级,后者的效力优于前者,调解协议的审查标准应当以后者为准。比较两个文件的内容,后者省略了调解协议不予确认的两个理由:一是调解组织、调解员强迫调解或者有其他严重违反职业道德准则的行为的;二是当事人在违背真实意思的情况下签订调解协议,或者调解组织、调解员与案件有利害关系、调解显失公正的。这两个理由都是调解自愿原则的体现。一直以来,我们在调解时坚持的首要原则就是自愿原则,那为什么调解自愿原则在第二个文件中被省略?笔者的推测是由于我国一直缺乏对调解自愿原则的可操作性实践方法,我们一直强调调解协议必须是当事人合意的结果,而如何判断是否违背了当事人的合意,是否是强制产生的结果等问题,则无从入手。所以,自愿原则的设立也是一个空洞的口号。最高法院也应是考虑到这点,所以在《关于审理涉及人民调解协议的民事案件的若干规定》中索性放弃了违反自愿原则的调解协议的不予确认。

笔者认为,无论以什么样的理由,调解中的自愿原则绝对不能放弃。调解协议的司法确认结果并未改变调解协议的性质,因此其结果应当适用民事诉讼法中有关调解的规定,自愿原则作为首要原则应当遵守。针对现实中的无奈局面,我们要做的是确保自愿原则的贯彻落实,增加可操作性的实践方法。为此,要建立调解程序中的基本原则体系。

(一)调解基本原则体系的建立

笔者提出,在调解程序中应建立金字塔式的调解原则体系:四项基本原则——自愿、保密、诚信和对等原则,组成一个等级体系,自愿原则处于金字塔之首,其他的原则位于金字塔底端,共同配合和辅助自愿原则的实施,从而实现对调解程序的规制和保护当事人的意愿。[①] 简单而言,保密原则禁止调解信息的随意披露;诚信原则将重点放在调解程序中当事人和调解员的合作方面,防止拖延等故意破坏调解程序正常进行的行为;对等原则要求调解员要做到调解程序中当事人的公平对待。这三个原则都伴随着程序形式的要求,这些要求的遵守将成为评估调解程序正当性的重要实践标准。鉴于调解的灵活性和开放性,当事人行为方面的要求,例如当事人对保密信息的披露和他们的非诚信行为等,只有在与当事人的决定性合意存在因果联系时才能成为调解协议无效的事由。然而,调解员的非诚信行为则无论其是否与当事人的决定性合意有无因果联系,都将成为合意瑕疵的无效事由。

既然自愿原则处于调解的金字塔式原则体系之首,对于上述由其他三项原则延伸的程序要求,当事人可以根据自己的自由意愿,主动放弃因不公平而导致的利益损失要求。最高人民法院也持相同意见:"当事人在违背真实意思的情况下签订调解协议,或者调解组织、调解员与案件有利害关系、调解显失公正的,人民法院对调解协议效力不予确认,但当事人明知存在上述情形,仍坚持申请确认的除外。"(《意见》第24条)

(二)调解合意瑕疵审查的操作方法

我们可以比照合同法中合意瑕疵审查的规定,总结出一些操作性强的做法。

1. 与其他合同当事人一样,当事人提出调解协议是违反自己意愿的,应当提供相应的证据,例如关于合意瑕疵内容的欺诈、误解、胁迫行为的存在,行为和合意之间的因果关系。

2. 应将损害作为附加条件。损害应当作为无效事由的辅助因素。调解协议的达成相比其他合同而言,通常有第三人即调解员的帮助。有了第三人的帮助,当事人将有更多机会觉察到非诚信行为的存在和拒绝作出不利己的承诺和提议。达成调解协议后,应当尽可能避免救济程序的重新启动,以保护协议中的合意。当然,调解程序中的保障机制不能完全消除协议中的不公平因素。因此,救济程序不能绝对关闭。在两者间需寻找中间点——损害的证明,这将增加启动救济程序的难度。

[①] 关于调解基本原则体系的构建,详情参见周建华:《司法调解的契约化》,载《清华法学》2008年第6期;周建华:《司法调解:合同还是判决?——从中法两国的比较视野出发》,中国法制出版社2012年版,第175~258页。

3. 在判断损害时,法官应结合当事人的条件考虑,对于弱势一方,应给予更多的关注和保护。如果当事人一方明显处于弱势,那么,简单的谎言和对方的沉默就能导致以诈欺行为为由的合同撤销,微小的非诚信行为便可导致合意的无效。对于强势一方,法官的审查将比较严格,只有存在严重的行为和损害结果才能证明存在非诚信的行为。当然,法官还需结合当事人的年龄、性别或其他主观条件,同时还应考虑调解员的品质和调解程序的公平对待。如果调解员很好地实现了调解中的公平对待,法官的事后介入将限制在比较小的范围。相反,由于调解程序的不公平对待产生的程序瑕疵,将允许法官的介入范围扩大。

五、调解协议司法确认结果的救济途径

调解协议司法确认的结果有可能发生错误,其原因包括:一是调解协议形成的过程中存在不公平因素,一方当事人在违背真实意愿的前提下签订调解协议的;二是当事人联合起来,通过虚假的调解协议骗得法官的司法确认,侵吞他人的财产和其他合法权益。司法确认的结果发生错误,应当如何救济?对于这个问题,我国《民事诉讼法》没有给予明确的回答。但是,我们可以借鉴《民事诉讼法》中关于调解书救济途径的第198条、第201条、第208条规定,调解书可以在法院认为确有错误,当事人提出证据证明调解违反自愿原则或者调解协议的内容违反法律的,检察院发现调解书损害国家利益、社会公共利益的情形下,启动再审程序。传统观点认为,调解书具有与生效裁判文书相同的法律效力[①],即当事人不能就调解书中已解决的纠纷再行起诉,当事人可以依据调解书申请强制执行。而司法确认裁定实际上也具有相同的效力,即当事人不能就调解协议中已解决的纠纷再行起诉,当事人可以依据此裁定申请强制执行。调解书和司法确认裁定具有相同性质,所以上述规定的推论适用是符合逻辑的。但是,笔者认为,现行《民事诉讼法》关于调解书的救济事由过于宽泛,特别是法院认为确有错误的,便可启动再审程序。何为"确有错误"?调解书中的"确有错误"显然不能和生效裁判的"确有错误"相并而论,错误的判断标准非常不明确。其他情形,包括违反自愿原则、违反法律条文中的禁止性规定(限于社会公共秩序性质的禁止

---

① 这种说法是不准确的,特别是随着判决既判力理论的发展,调解书并不具备这种等同于判决既判力的效力。既判力具有消极效果和积极效果。既判力的消极效果是指当事人等对既判的案件,不得再为争执,即一事不二讼和一事不再理。既判力的积极效果是指法院在处理后诉时,应受前诉确定判决的拘束,表现为:法院应以前诉确定判决对诉讼标的之判断为基础,处理后诉;后诉判决与前诉正确的确定判决相矛盾的,则为再审的理由。调解协议的效力若按照既判力的双重效果而言,最多只包括消极效果,而不包括积极效果。参见周建华:《司法调解:合同还是判决?——从中法两国的比较视野出发》,中国法制出版社2012年版,第284页。

性规定),损害国家利益、社会公共利益的,则可以纳入救济的事由范围。

法国学者们认为,"法官对于调解或和解协议的确认或批准旨在使当事人意愿的调解协议形式化,此是非裁判性质的司法行为,不能提起申诉救济途径,只能提起合同无效之诉。司法审查将调解协议变成司法合同(contrat judiciaire),成为'私人意愿和司法权威特殊结合的混合行为'。司法合同不适用针对争讼行为和非讼行为的申诉救济途径,而是采取合同无效或撤销途径"[1]。基于对调解协议的合同本质的注重,法国法律保留类似于合同的救济途径。我们在此不想争论应是采取合同无效之诉还是再审之诉的途径,因为即使采取再审之诉,对调解书或司法确认裁定的审查应当是与生效裁判的审查不同,法官审查的重点应集中在上述有关调解协议无效的救济事由上;或者,即使采取合同无效之诉的途径,对调解书或司法确认裁定的审查应当是与普通合同无效之诉的审查仍然是有差别的,在具体审查内容调解协议无效的内容不同于普通合同无效的内容。

最高人民法院对于司法确认裁定的案外人救济途径,有特殊规定:"案外人认为经人民法院确认的调解协议侵害其合法权益的,可以自知道或者应当知道权益被侵害之日起一年内,向作出确认决定的人民法院申请撤销确认决定。"(《关于审理涉及人民调解协议的民事案件的若干规定》第10条)这是依照非讼程序的一般法理,非讼程序所形成的法律文书不具有既判力,即非讼案件审理结束后,如果发现在认定事实或者适用法律方面有错误,或者出现了新情况、新事实,不能按照再审程序对该裁判提起再审,但是原申请人及其他有关人员可以重新申请,请求法院依照非讼程序作出新的裁判。但是,这种做法会引起操作上的烦琐和困难,因为司法确认裁定生效以后,当事人和案外人提出的异议实质上是对法院裁定所确认的调解协议有关权利、义务及其利益的争议。"鉴于这种异议在实体权利、义务上的争议性,依理在解决的方式与方法上,就应当采用诉讼的方式而不是重新确认的方式。同时,从程序法理的角度上看,如果采用重新确认的方式以及适用民事司法确认程序,不仅申请重新确定异议人与原申请确认非讼调解协议当事人双方,各自的程序地位、权利、义务等诸多问题无法确定,而且原来确认程序所规定的相关程序要素都必须进行更改,或者重新设置,致使原有的确认程序根本无法适用。"[2]因此,笔者建议将上述规定的第10条修改为:"案外人认为经人民法院确认的调解协议侵害其合法权益的,可以自知道或者应当知道权益被侵害之日起一年内,向作出确认裁定的人民法院提起确认调解协议

---

[1] 周建华:《司法调解:合同还是判决?——从中法两国的比较视野出发》,中国法制出版社2012年版,第274页。

[2] 廖中洪:《民事司法确认程序若干问题研究》,载《西南政法大学学报》2011年第2期。

无效之诉。"

结　语

　　司法确认程序是建立委托调解的重要手段,而委托调解是调解现代化改革的基本方向,因而司法确认程序应是我国调解现代化改革的重要环节之一。从各级地方法院的开创性实践,到最高人民法院相关司法解释的出台,再到《人民调解法》的颁布,最后到2012年民事诉讼法修改中《确认调解协议案件》的设立,司法确认程序在我国的建立初具形态。司法确认程序的发展在起步阶段中应当注意先厘定清楚其法律性质。在司法确认程序中,法官运用司法权对当事人合意解决纠纷的结果进行确认,决定是否赋予其强制执行的效力;在审查中,法官不能改变当事人签订的调解协议的内容,也不能对内容进行深度的实质审查,只能保留最低限度的审查,主要为形式上的审查,内容上的审查仅限于看其是否明显违反社会公共秩序性质的禁止性规定和明显违背当事人的真实意愿。法官的司法确认不能改变调解协议的合同性质,只是赋予一个特殊的司法特征,即获得强制执行的效力。既然认同调解协议是合同,合同在当事人之间即为法律,因此调解协议达成后,一方当事人在对方不履行的情况下就可直接向法院申请司法确认,取得执行依据。同时,司法确认的结果是以调解协议为主体,结果的救济方面应当围绕调解协议无效的事由出发,可以采取合同无效之诉的途径进行。当然,司法确认程序的发展不是孤立进行的,其功能的正常行使依赖于其源头——公平调解协议的形成。一方面,在调解协议的形成过程中,应当建立调解基本原则体系,督促调解员和当事人遵循调解的基本原则。另一方面,则是调解组织的完善和调解员素质的提高。调解组织的专业化和调解员的职业化将会增强当事人对于调解协议的信赖度,如此才能鼓励更多人在纠纷解决过程中选择调解,然后通过司法确认程序加固调解协议的效力。

确认调解协议案件若干程序规则的司法适用探析*

胡　辉**

摘　要　民事诉讼法在特别程序一章新增了确认调解协议案件,其适用范围应只限于依法设立的各种类型的人民调解组织主持下达成的协议;有效的申请行为包括复数当事人在内的多种形式的"共同"申请;在特殊情形下有调整级别和地域管辖的必要;合理选择受理和确认期限规范;禁止当事人选择复议、上诉、重新确认的救济方式,但是允许法定条件下的再审以及部分情形下的另行起诉;案外人的救济应该参照适用新法规定的第三人撤销之诉。

关键词　调解协议　司法确认　程序规则　司法适用

2012年8月底新修订的《中华人民共和国民事诉讼法》(以下简称《民诉法》),在特别程序一章新增了两类案件,其中之一为确认调解协议案件,审理时显然应该优先适用该章对此类案件的特殊规定(第194条和第195条),在此之外才可以适用该章的"一般规定"部分的若干条文(第177条和第180条),甚至还可能适用《民诉法》中该章以外的其他规定和其他法律的有关规定。而在此之前,2009年7月最高法院制定并经中央批准了《关于建立健全诉讼与非诉讼相衔接的矛盾纠纷解决机制的若干意见》(以下简称《衔接意见》);2010年8月全国人大常委会通过了《中华人民共和国人民调解法》(以下简称《人民调解法》);2011年3月最高法院制定了《关于人民调解协议司法确认程序的若干规定》(以下简称《司法确认程序规定》)。上述法律文件均包含审理确认调解协议案件的程序规则①,却不尽相同甚至互相冲突,因此,在司法实践中如何正确适用这些

---

* 基金项目:教育部人文社会科学研究青年基金项目"西部农村地区人民调解制度的功能强化研究"(11YJC820036);广西人文社会科学发展研究中心"科学研究工程"2011年一般项目"广西农地纠纷及其解决机制的现状研究"(YB2011002)。

** 武汉大学法学院博士研究生,广西师范大学法学院副教授,主要从事民事程序法学研究。

① 尽管笔者并不完全认同这些法律文件中关于审理确认调解协议案件的规定,但是,基于法律适用的角度,本文对规则本身的合理性不作讨论。

层次不同、效力各异的法律规范,值得深入探析。本文并不追求全面系统,仅仅选取容易产生争议、适用相对困难的几个问题展开分析,包括适用范围、申请行为、管辖法院、受理和确认期限、对当事人和案外人的救济等六个方面。

一、适用范围:依法设立的各种类型的人民调解组织主持达成的协议

实践中的调解协议,根据不同标准可以划分为不同的类型,比如根据纠纷性质,可以划分为合同纠纷和侵权纠纷调解协议;根据主持调解的主体不同,可以划分为行政机关、司法机关和社会组织所达成的调解协议等,如此不一而足。是否所有类型的调解协议都可以申请司法确认?此即为新《民诉法》中确认调解协议案件程序规则的适用范围问题。《民诉法》第177条、第194条和第十五章第六节的标题等三处出现"调解协议"一词的地方,并未在前面加上限定词,如"人民"、"商事"和"行政"等,在适用时容易被理解为包含所有类型的调解协议。[①] 细究之下,其实不然。在上述三种常见的主持调解的机构和组织之中,司法机关主持达成的调解协议显然无需通过特别程序确认其效力,而行政机关和各种社会组织主持达成的调解协议是否可以申请确认,还需要根据相关法律规定作出判断。因为根据《民诉法》第194条规定,申请司法确认调解协议,由双方当事人依照人民调解法等法律,向调解组织所在地基层人民法院提出。该条对适用范围产生影响的是"依照人民调解法等法律"和"调解组织"。"依照人民调解法等法律"要求申请时必须援引包括《人民调解法》在内的其他法律的规定,而当前的狭义层面的法律中,只有《人民调解法》规定了人民调解协议可以申请司法确认,其他法律还是一片空白。因此,此项规定可以评价为是面向未来的开放式规定。"调解组织"的用语似乎也排除了行政机关主持的调解协议申请司法确认的可能。总之,对《民诉法》第194条的分析,可以得出这样的结论:在未有新法出台之前,确认调解协议案件程序规则的适用范围只能是人民调解协议。

由此,《衔接意见》第20条所规定的行政机关、人民调解组织、商事调解组织、行业调解组织或者其他具有调解职能的组织主持达成的协议可以申请司法确认的内容,与新《民诉法》相冲突的部分应该归于无效,不能作为司法适用的依据。但是在实践中,人民调解组织以外的其他具有调解职能的机关和组织以及纠纷当事人又确实有申请确认的需要,该如何处理?笔者认为,长远来看,肯定

[①] 例如,有实务专家就提出:"除了人民调解法规定可以申请确认的以外,其他法律、行政法规、地方性法规、行政规章以及中央批准的司法改革方案中明确规定可以确认的调解协议,均属于民事诉讼法第一百九十四条规定的申请确认范围。"参见高民智:《关于调解协议司法确认程序的理解和适用》,载《人民法院报》2012年12月8日。

是需要完善立法。但是在相关立法出台之前,可以灵活采取实践当中已经大量存在的一种"救急"措施,即其他具有调解职能的机关和组织与人民调解组织共同调解、联合调解,调解成功后在调解协议上加盖人民调解组织印章,由此取得申请确认的资格。①

值得注意的是,即使是人民调解组织内部,也有不同类型的划分。根据《人民调解法》第 8 条,在我国,村民委员会、居民委员会均需设立人民调解委员会,企业事业单位则根据需要设立。而根据同法第 34 条,乡镇、街道以及社会团体或者其他组织根据需要可以参照《人民调解法》有关规定设立人民调解委员会。因此,在村民委员会、居民委员会、企业事业单位、乡镇、街道以及社会团体或者其他组织设立的人民调解委员会达成的调解协议都可以申请司法确认。但是,在上述调解协议中,法院大多对企业事业单位、乡镇、街道以及社会团体或其他组织设立人民调解委员会所主持达成的调解协议更乐于受理并进行确认,而作为调解主力军在遍布城乡的村民委员会、居民委员会设立的人民调解委员会所主持的调解,由于调解主体的法律素养相对偏低和调解程序相对不规范,对协议书以及其他附属文本若以法律的视角加以审视往往会得出质量不高的结论。②其调解协议由此会"不招待见"。这样的观点恐怕多数人不会反对,特别是在中西部农村地区,这种情形大量存在。在这样的现实国情之下,大量不规范的调解协议涌向法院,确实可能很难实现最初"疏减讼源,多元解纷"的目的。从长远发展来看,还是需要增加调解事业的投入、加强调解人员的培训和提高调解协议的质量,例如法院联合司法行政部门、地方政府开展确有实效的培训。但是,在当下法律适用的场合,符合规定的依法设立的各种类型和层次的人民调解组织所主持达成的协议都应当受理,不能区别对待。

二、申请行为:包括复数当事人在内的多种形式的"共同"申请

有效的申请行为要求申请人必须具备申请的资格并提出合格的申请,《民诉法》第 194 条和《人民调解法》第 33 条规定的"当事人"应该被解释为签订调解协议的当事人,在此范围以外的主体并无申请资格,如此解释应该并无争议。在申请问题上值得研讨的是上述条文对"双方当事人"和"共同申请"的理解和适用。

就"双方当事人"的直接理解而言,显然容易被解释为仅仅是两个民事主体,两个有着利害关系相冲突的自然人、法人和其他组织。若如是解,实践当中大量存在的由多个民事主体共同签订的调解协议则并无申请司法确认的可能。这

---

① 如交警部门和人民调解组织对交通事故纠纷进行的联合调解。
② 但是对于解决纠纷的实效,在这些调解文本中未必能够得到直接的反映。

样,对当前高发的群体性纠纷或非一对一当事人之间的纠纷解决而言,对各类调解主体的主持以及当事人参与的积极性,恐怕都是一种潜在的负面影响。所以,这样狭隘的理解显然是不利于调解和司法实践的,而立法的本意应该也并非如此。笔者认为,上述条文中的"双方当事人"一词与我国的《民诉法》的其他条文的用语相似,①是一个概称,立法的本意应该是指利益相冲突的权利人和义务人。既包括了一个权利人和一个义务人的情形,也包括了多个权利人和义务人的情形,甚至还包括他们相互之间互享权利互负义务的情形。不管是哪种情形,在特定法律关系之下,最后都可以抽象为权利人和义务人,这才是"双方当事人"的真正含义,而其外延可以涵盖并适用于调解实践当中无论是单方还是多方当事人的所有情形。

就"共同申请"的理解而言,《民诉法》第194条和《人民调解法》第33条以及有关的司法解释都强调"共同"二字,②显然要求当事人就申请一事应该达成一致的意思并表示于外部。实践当中当事人共同书写申请书;或者一方书写,另一方签名;或有其他的证据表明当事人之间就此事达成一致意见均属"共同申请"之情形。相反之情形,在一方提交申请,而相对方明确表示反对意见,这些应该都不会影响法律的适用。有疑义之处在于,一方提交申请,而其他当事人并未明确表明其意思的情形,应当如何处理?笔者认为,此种情形在实践中应会不同程度的存在。而在当事人为复数时,因为各方立场的不同也增加了"沉默"的可能性,此时更是使得经过艰苦调解工作达成的调解协议的效力存于"危险边缘"。③对此,法院应该进一步依法判断是否有可能适用类似于应诉管辖的法理,④即在程序的进行过程当中,判断该"默示当事人"是否积极参与程序,并未明确反对司法确认。若属于此种情形,可以理解为该当事人通过"参与行为"与其他当事人就申请事项达成了共同的意思表示,法院也由此取得了对案件的管辖权。

三、管辖法院:特殊情形下级别和地域管辖的调整

首先,就级别管辖而言,目前,无论是法律、司法解释的规定还是学说都认为,由基层法院管辖司法确认案件并无不妥。其中当然包含了方便当事人和调解组织参加程序、方便法院处理、符合法院的分工和标的额较小等考量因素,笔者也较为赞同。在适用时可能会出现的问题是:若调解协议的标的额超出了法

---

① 例如《民诉法》第50条、第97条和第230条中所规定之"双方当事人"。
② 最早出现在《衔接意见》第22条。
③ 例如多个当事人中只有一个或极少数不同意申请司法确认。
④ 参见《民诉法》第127条第2款:当事人未提出管辖异议,并应诉答辩的,视为受诉人民法院有管辖权,但违反级别管辖和专属管辖规定的除外。

139

律和司法解释所确定的基层法院管辖的范围,又若案件的影响(如群体性纠纷)或重要性超出了基层法院所认为的自身管辖的范围,此时基层法院是否还有管辖权?这些假设对于传统的人民调解可能性不大,但随着人民调解制度的逐步完善,其处理的标的额会呈增加趋势,案件的影响程度也会呈上升趋势,①特别是各种专业性和行业性调解组织的建立更会促成这种趋势。而当我们把目光投向行政机关和其他新型法定调解组织的调解时,就更加相信这样的结论。在此情形下,由基层法院审理似乎并不合适。此时,可以考虑根据《民诉法》第38条第2款的规定,将管辖权向上转移,由基层法院报请上级法院审理。而在未来的立法层面,在以基层法院管辖为基本原则的前提下,也可以例外考虑增加中级法院对此类案件的管辖权。

就地域管辖而言,则争议较大。中央和地方的司法文件以及学者观点一向颇有差异。②《司法确认程序规定》第2条第1款规定,由主持调解的人民调解委员会所在地基层人民法院或者它派出的法庭管辖。《民诉法》第194条规定,(申请确认)向调解组织所在地基层人民法院提出。由此可见,最近的法律文件都将管辖法院统一到了调解组织所在地的基层法院(包括派出法庭)。对于大多数人民调解协议案件的司法确认而言,其当事人住所地、调解协议履行地、调解协议签订地、标的物所在地等往往与调解组织所在地重合,由此,对于法院的调查处理、当事人参与程序以及履行和执行协议等,多无不便之处。但是,也可能存在调解组织所在地与上述联系点并不重合的情形,此时若双方当事人均不愿到调解组织所在地的法院申请确认而共同选择其他法院,则应当尊重当事人的一致选择。在法律适用上则可以考虑协议管辖制度的适用,即可以根据《民诉法》第34条的规定由当事人共同选择与争议有实际联系点的人民法院管辖。

四、受理和确认期限:冲突规范的合理选择

在容易产生适用难题的司法确认案件的期限问题上,主要是受理和确认期限。就受理期限而言,主要涉及在当事人就调解协议共同申请后,法院应当在多长时间决定是否受理,对此问《民诉法》并无直接规定。但是根据《民诉法》第177条后半段,本章没有规定的,适用本法和其他法律的有关规定。而《民诉法》中规定诉讼案件的受理期限是第123条所定之7日。但是,在《司法确认程序规定》第4条前半段明确规定,人民法院收到当事人司法确认申请,应当在3日内决定是否受理。在这两个条文相冲突的情形下,到底应该适用哪个条文呢?或

---

① 如人民调解组织对医患纠纷的调解。
② 胡辉:《人民调解协议的司法确认程序初探——以程序的启动为中心初探》,载《石河子大学学报(哲学社会科学版)》2011年第5期。

许有人认为应该适用法律的规定,因为位阶高而且是新法。但是笔者认为,应该适用后一个条文,即采用 3 日的受理期限的规定。理由在于:其一,《民诉法》第 123 条所规定的是普通诉讼案件的受理期限,而确认调解协议案件属于特别程序案件或学理上的非讼案件,参照适用似乎不妥。其二,同样根据《民诉法》第 177 条后半段,本章没有规定的,除了适用本法的规定以外,还可以适用其他法律的有关规定。在《民诉法》第 123 条不能适用此类案件的情形下,属于"本章"和"本法"均无规定的情形,自然可以适用其他法律的规定。而《司法确认程序规定》是在《民诉法》尚未规定确认调解案件时对《人民调解法》所规定的人民调解协议的司法确认程序具体适用的司法解释规定,其中不与《民诉法》直接冲突的条款自然可以有效适用。因此,在受理期限这一问题上应该适用《司法确认程序规定》3 日受理期限规定。

上述适用规则也同样适用于确认期限,只是出现了相反的效果。就确认期限而言,是法院应该在多长时间审查完毕并作出是否确认裁定的问题。根据《司法确认程序规定》第 5 条第 1 款的规定,其期限是法院受理司法确认申请之日起 15 日内,特殊情况可以延长 10 日。有立法机关专家在解读新《民诉法》第 194 条时援引了该司法解释的规定,亦即确认期限应该适用 15 日的规定。① 但值得注意的是,根据《民诉法》第 180 条,人民法院适用特别程序审理的案件,原则上应当在立案之日起 30 日内或者公告期满后 30 日内审结。《民诉法》第 180 条作为该章的"一般规定",当然适用于确认调解协议案件。这样,又出现了规范的冲突。如上所述,在适用《民诉法》和《司法确认程序规定》的关系上,只有在《民诉法》没有明确规定的场合,才可以适用《司法确认程序规定》。因此,在《民诉法》已经明确规定确认期限是 30 日的前提下,再适用《司法确认程序规定》的 15 日期限可能有违法之嫌。②

五、对当事人的救济:申请复议、上诉、重新确认的禁止以及再审的准许

如果法院作出司法确认裁定后,有当事人提出证据证明裁定在实体或程序方面存在错误,要求撤销或改变裁定,此即为对当事人的救济问题。对此,在法律适用上涉及是否允许当事人申请复议、上诉、再审和重新申请确认或起诉等诸事项。

---

① 全国人大常委会法制工作委员会民法室:《中华人民共和国民事诉讼法解读》(2012 年最新修订版),中国法制出版社 2012 年版,第 520 页。

② 尽管《民诉法》关于特别程序案件 30 日审限的规定是未曾改动的旧条文,但是适用于确认调解协议案件的新规定完全应该合乎法理。

就是否允许复议而言,《衔接意见》、《人民调解法》和《司法确认程序规定》没有规定,在确认调解协议案件纳入《民诉法》后,能否适用相关规定允许当事人提出复议?这个问题还需要回到《民诉法》中。该法规定允许复议的情形仅仅适用于当事人对回避申请的决定不服(第47条)、当事人对保全或者先予执行的裁定不服(第108条)、对罚款和拘留决定不服(第116条)以及当事人、利害关系人对执行异议裁定不服(第225条)。除此别无关于复议的一般性规定。可见,法律只在特殊情形下提供复议的救济途径。在《民诉法》没有明文规定的前提下,允许其通过复议获得救济显然并不合适。

在是否允许上诉方面,《衔接意见》、《人民调解法》和《司法确认程序规定》也没有涉及。但是,根据《民诉法》第177条的规定,显然该法第178条关于一审终审的规定应该适用于确认调解协议案件。因此,此类案件不允许当事人上诉应该不会引起争议。

就是否允许当事人申请再审、法院主动再审或检察院抗诉引发再审而言,由于涉及本质上为非讼裁判的确认裁定的法律效力,是一个较为复杂且争论较大的问题。我国台湾地区学者认为:非讼裁定确定后,固对当事人发生形式确定力,但非讼裁定有无既判力(实质确定力),学说则有争议。① 大陆地区的学者们对能否再审也提出了截然不同的看法。② 基于本文着眼于法律适用的主题,此处不拟在理论层面展开讨论。在当前的现有规则前提下,若当事人就已有裁定申请再审或到法院和检察院申诉,到底可否接受并启动再审程序?《衔接意见》、《人民调解法》和《司法确认程序规定》同样没有明文规定。在《民诉法》中,第186条、第190条和第193条分别规定了其他几种特别程序案件当事人获得救济的特别途径,即法院依当事人或利害关系人的申请撤销原判决,作出新判决。理论通说基于这些规则也认为对这些案件的裁判不能启动再审。③ 那么,能否将这些规则类推适用于新增的确认调解协议案件?笔者认为不能,因为《民诉法》上述三个条文属于特定情形下当事人或利害关系人获得的特别救济,即出现了当事人、当事人的继承人重新出现、恢复或部分恢复行为能力的新情况时,法院所提供的特别救济途径。在确认调解协议案件中,不可能存在这些类似的情

---

① 姜世明:《非讼事件法新论》,台湾新学林出版股份有限公司2011年版,第159页。
② 例如国内有支持再审的观点,参见张永进:《传统与超越:人民调解协议司法确认制度再解读》,载《实事求是》2011年第1期;刘钟琴:《人民调解协议司法确认程序的反思与建构》,载《研究生法学》2011年第1期。也有反对再审的观点,参见翟小芳、张倩晗:《构建符合国情的人民调解协议司法确认制度——兼评〈最高人民法院关于人民调解协议司法确认程序的若干规定〉》,载《法学杂志》2011年增刊;邵华:《论调解协议的司法确认:效力、价值及程序审查》,载《政治与法律》2011年第10期。
③ 江伟:《民事诉讼法(第四版)》,中国人民大学出版社2008年版,第372页。

形。而且,如有必要,立法也应当会作出类似的规定。所以,并不存在类推的事实基础,确认调解协议案件不能类推适用上述三个条文。也就不能以此为由剥夺当事人获得再审的权利。而《民诉法》将确认的裁判形式由此前司法解释所规定的"决定"改为"裁定",也为确认裁判纳入审判监督程序适用的范围扫除了障碍。因此,当事人有权根据《民诉法》第199条的规定申请再审,也可以根据第198条和第208条的规定向法院和检察院申诉,要求启动对司法确认裁定的再审程序。但值得注意的是,可以申请再审的应该是认定调解协议有效的裁定,对于驳回申请的裁定,根据《民诉法》第195条和《人民调解法》第33条第3款,当事人可以再次通过调解方式变更原调解协议或者达成新的调解协议,也可以向人民法院提起诉讼。也就是说,法律已经提供了特定的救济途径,不宜再允其获得再审的机会。

就可否另行申请确认的问题,无论裁定是准是驳,根据《民诉法》第178条关于一审终审的规定和"一事不再理"的基本规则,显然不宜使当事人重新启动确认程序。但是在可否另行起诉的问题上,如上所述,法律对此作了不同的处理。对于裁定调解协议有效的,根据《人民调解法》第33条第2款和《民诉法》第195条前半段,裁定获得强制执行效力,当事人不能再另行起诉。若当事人起诉时,可依《民诉法》第124条第5项的规定,告知原告申请再审。而对于确认调解协议无效或裁定驳回申请的,根据《人民调解法》第33条第3款和《民诉法》第195条后半段,当事人可以向人民法院提起诉讼。

六、对案外人的救济:应该适用第三人撤销之诉

在对各类型的调解更加重视的同时,实践中也产生了一个不容忽视的问题,即利用调解协议规避法律损害案外人的利益。针对这种情况,最高人民法院在《司法确认程序规定》第10条确立了一条新规:案外人认为经人民法院确认的调解协议侵害其合法权益的,可以自知道或者应当知道权益被侵害之日起一年内,向作出确认决定的人民法院申请撤销确认决定。自此,案外人获得有力的救济途径。但是,在确认调解协议案件纳入《民诉法》后,在法律适用上又产生了一个新问题。因为新《民诉法》第56条第3款新增了第三人撤销之诉,即因不能归责于本人的事由未参加诉讼的第三人,在法定情形下,可以向法院提起诉讼要求改

变或者撤销原判决、裁定、调解书。① 上述两个条文存在以下几个方面的主要区别:一是在主体上,前者的表述是"案外人",后者的表述是"第三人"。二是在期限上,前者规定为"一年内",后者为"六个月内"。三是在适用的程序上,前者并未明确规定撤销适用何种程序,但是根据其"申请"一词,应该可以推断并非适用诉讼程序;而后者则明文规定通过诉讼程序解决。因此,适用不同的条文,可能产生不同的程序法律效果并进而影响当事人的实体利益。关键的问题在于案外人要求撤销确认裁判能否适用《民诉法》第56条第3款? 容易产生疑问的地方在于该条款似乎是针对"诉讼"判决、裁定、调解书而言,而确认调解协议适用的是特别程序或诉讼法理上所言之非讼程序,其裁判为"特别"裁判或"非讼"裁判,因此不能将之适用于该条。但是,探究第56条第3款,此处所称"诉讼",应该作广义的理解,即既包括诉讼程序,也包括我国民事诉讼法所规定的特殊程序,而非指狭义诉讼程序。另一方面,新《民诉法》已经明确将司法确认的裁判形式规定为"裁定"而非此前司法解释的"决定",使得确认调解协议案件适用于《民诉法》第56条第3款更具备了充分的依据。因此,《民诉法》修改之后,可以参照新民事诉讼法第56条第三人撤销之诉的规定执行。②

小 结

在选择适用确认调解协议案件的诸多程序规则中,其基本原则是尊重作为新法和基本民事程序法的民事诉讼法的地位,与之相抵触的规则应该无效。而在民事诉讼法内部,其规则的适用顺序应该是确认调解协议案件的特殊规则、特别程序一章的"一般规定",最后才是民事诉讼法的其他规定。在上述原则的指引下,审理确认调解协议案件的疑难程序规则应作如下解:适用范围只限于依法设立的各种类型的人民调解组织主持下达成的协议;有效的申请行为包括复数当事人在内的多种形式的"共同"申请;在特殊情形下有调整级别和地域管辖的可能;合理选择适用有冲突的受理和确认期限规范;禁止当事人选择复议、上诉、重新确认的救济方式,但是允许法定条件下的再审以及部分情形下的另行起诉;案外人的救济应该参照适用新法规定的第三人撤销之诉。

---

① 该条第3款的内容为:前两款规定的第三人,因不能归责于本人的事由未参加诉讼,但有证据证明发生法律效力的判决、裁定、调解书的部分或者全部内容错误,损害其民事权益的,可以自知道或者应当知道其民事权益受到损害之日起六个月内,向作出该判决、裁定、调解书的人民法院提起诉讼。人民法院经审理,诉讼请求成立的,应当改变或者撤销原判决、裁定、调解书;诉讼请求不成立的,驳回诉讼请求。

② 高民智:《关于调解协议司法确认程序的理解和适用》,载《人民法院报》2012年12月8日。

论举证时限制度

■ 刘金华*

摘　要　证据是民事诉讼的核心内容,当事人及时向人民法院提交证据,既有利于人民法院依法及时对案件作出判决,也有利于当事人合法权益的维护。2012年8月我国新修改的民事诉讼法第65条,对举证期限的确定及当事人逾期举证应当承担的法律后果作出了明确规定,应当说是立法的一大进步。但是,这一规定的缺陷也比较明显,包括举证期限确定的职权化、证据失权的宽松化、强制措施的行政化等。本文试图对其进行梳理,提出完善法律制度的立法建议,以期进一步完善立法。

关键词　举证期限　逾期举证的法律后果　新的证据　问题与完善

从广义上讲,举证时限制度涉及举证期限的确定、逾期举证的法律后果和新的证据等。2012年8月31日第十一届全国人民代表大会常务委员会第28次会议通过了《关于修改〈中华人民共和国民事诉讼法〉的决定》,该法第65条规定:当事人对自己提出的主张应当及时提供证据。人民法院根据当事人的主张和案件审理情况,确定当事人应当提供的证据及其期限。当事人在该期限内提供证据确有困难的,可以向人民法院申请延长期限,人民法院根据当事人的申请适当延长。当事人逾期提供证据的,人民法院应当责令其说明理由;拒不说明理由或者理由不成立的,人民法院根据不同情形可以不予采纳该证据,或者采纳该证据但予以训诫、罚款。上述法律规定,对举证期限的确定及当事人逾期举证应当承担的法律后果作出了明确的规定,应当说是立法的一大进步,有利于督促当事人及时提供证据,也有利于法院及时审结案件。但是,法律规定的缺陷也比较明显,包括举证期限确定的职权化、证据失权的宽松化、强制措施的行政化等。本文着重从举证期限的确定、逾期举证的法律后果和新证据的界定几个方面对其进行梳理,提出相应的立法建议,以期进一步完善法律。

---

*　中国政法大学民商经济法学院民事诉讼法研究所副教授,法学博士,硕士生导师。

一、举证期限的确定

举证时限制度,是指负有举证责任的当事人应当在法律规定或法院指定的期限内提出证明其主张的相应证据,逾期不举证则承担证据失权法律后果的一项民事诉讼期间制度。[①] 我国1991年《民事诉讼法》没有规定举证时限制度,实行"证据随时提出主义",即当事人可以在一审、二审甚至再审程序中提出证据。这种制度设置带来了如下问题:(1)影响法院办案效率。举证无时限造成部分当事人拖延举证,使法院迟迟不能下判,而法院办案又有审限的要求,举证无期限与办案有审限的矛盾变得相当突出。(2)诉讼中出现"证据突袭"。诉讼中,一些当事人或诉讼代理人为了对对方实施意外打击,收到出奇制胜的效果,将关键性的证据藏而不露,等到开庭审理时作为杀手锏,突然抛出,使对方当事人措手不及,无法进行有效的质证。(3)增加司法成本,浪费司法资源。在诉讼中,一方当事人突然提出证据,另一方当事人往往要求给予必要的准备时间,认真审查对方提出的证据,或者收集相反的证据进行反驳。法院也需要时间审核新提出的证据。因此,法官往往不得不将正在进行的审理活动停下来,择日再开庭。多次开庭势必增加当事人和法院的诉讼成本。(4)有损生效裁判的稳定性。个别当事人故意在一审中不提供证据,而将证据在二审中提交,二审法院只能依据当事人提出的新证据将一审判决撤销,发回重审或改判。如果当事人在再审中提交关键性的证据,已经发生法律效力的判决就会被推翻,使得法院判决的稳定性受到了相当大的威胁。[②] 针对上述存在的问题,2001年12月21日最高人民法院颁布的《关于民事诉讼证据的若干规定》(以下简称《证据规定》),对当事人行使举证权的期限,以及举证期限届满后提出证据的效力问题作出了详细的规定,标志着我国从"证据随时提出主义"向"证据适时提出主义"的转变。但是,《证据规定》毕竟是司法解释,存在效力问题,同时制度设置也存在诸多不完善之处。新修改的《民事诉讼法》第一次以立法的形式规定了举证时限制度,可以说是立法的一大进步。

举证时限制度的法定化,对于解决"证据随时提出主义"产生的问题,必将起到一定的积极作用。但是,该项法律制度在司法实践运用中将要产生的问题,也不得不引起我们的注意,主要体现在以下两个方面:

(1)没有明确规定确定举证期限的时间。根据新修改的《民事诉讼法》第65条规定,举证期限由人民法院根据当事人的主张和案件审理情况确定。从现在法院案件审理程序设置看,主要包括立案阶段、审前准备阶段、法庭审理阶段。

[①] 叶自强:《民事证据研究》,法律出版社1999年版,第136页。
[②] 江伟主编:《民事诉讼法》(第二版),高等教育出版社2005年版,第190~191页。

立案法官与庭审法官分别设置,在诉讼过程中,在哪个阶段确定举证期限,是立案阶段,还是法庭审理阶段,新修改的民事诉讼法规定,根据"当事人的主张"、"案件审理情况"确定,可以理解为立案阶段和庭审阶段,法官都可以根据当事人的主张和案件审理情况确定举证时限。然而,在庭审过程中再确定举证期限,显然有违诉讼效率原则。

(2)举证期限确定职权化,即没有赋予当事人协商确定举证期限的权利。从举证时限制度的发展历程看,《证据规定》第33条不仅规定了法院指定举证期限,而且规定了当事人协商确定举证期限。新修改的民事诉讼法,仅规定了法院指定举证期限,没有赋予当事人协商确定举证期限的权利,应当说是一种退步,忽视了当事人诉讼主体的地位,体现出较强的法院职权主义色彩。①

针对上述存在的问题,本文相应地提出以下两项建议:(1)立法应当明确规定确定举证期限的时间和终点。举证期限终点问题,直接关系到当事人诉讼权利的行使,关系到举证时限制度的价值实现。目前关于举证期限的终点问题,我国理论界主要存在两种观点:一种观点认为,应当将举证期限确定为一审法庭辩论终结时;②另一种观点则主张,将举证期限确定为法庭开庭审理之日。③ 本文认为,随着我国民事诉讼法的修改,以"证据交换,明确争点"为核心的审前准备程序的设置,应当将举证期限的终点明确规定在审前准备程序终结前,并且由负责审前准备的法官确定。因为在立案阶段,法官对案件情况不甚了解,确定举证期限存在一定的困难。在庭审阶段确定举证期限,会影响庭审的顺利进行,拖延诉讼进程,而在案件审前准备阶段,随着法官对案件情况的进一步了解,可以根据案件的具体情况,确定合理的举证期限,既可以为庭审做好准备,通过证据交换确定无争议的证据,排除与案件无关联的证据,又可以保证庭审工作的顺利进行。

(2)赋予当事人协商确定举证期限的权利。在民事诉讼中,当事人是案件的当事者,是举证主体,对证据获得的难易程度了如指掌,因此由双方当事人通过协商的方式确定举证期限,是最科学合理的。赋予当事人双方协商确定举证期限,可能会产生这样的异议,即当事人在诉讼中是存在利益冲突的双方主体,由其自己协商确定举证期限不可能,利益冲突的双方当事人之间不可能找到共同点。本文认为,案件情况是错综复杂的,在司法实践中,双方当事人之间确实存

---

① 《证据规定》第33条第2款、第3款规定:举证期限可以由当事人协商一致,并经人民法院认可。由人民法院指定举证期限的,指定的期限不得少于30天,自当事人受到案件受理通知书和应诉通知书的次日起计算。
② 李浩:《民事举证责任研究》,中国政法大学出版社1993年版,第93页。
③ 陈桂明、张锋:《民事举证时限制度初探》,载《政法论坛》1998年第3期。

在利益冲突,但是,利益冲突的双方主体之间并不是不能找到利益共同点,例如,诉讼中的调解协议,就是双方当事人互谅互让达成一致的结果。随着社会经济的发展进步,公民法律意识的提高,诉讼主体的诉讼行为越来越理智,到法院诉讼主要是为了解决矛盾和纠纷,为了节省诉讼时间和费用,双方当事人存在共同协商的可能性。法院是案件的事后裁判者,诉讼是双方当事人的事情,当事人是自身利益的最好维护者,因此法律应当赋予当事人更多的自主选择权,使当事人享有协商确定举证期限的权利,只有在当事人协商不成的情况下,才由法院依法确定举证期限。而且为了防止法院随意行使指定权,损害当事人的合法权益,法律应当确定法院指定举证期限的原则,即法院指定举证期限不得少于30天。关于法院指定举证期限时间的限制,《证据规定》中已经有规定,建议将司法解释的内容纳入法律规定。

二、逾期举证的法律后果

设定逾期举证的法律后果,是为了使当事人遵守已经确定的举证期限,如果不规定逾期举证的法律后果,举证期限将变得毫无约束力。我国新修改的《民事诉讼法》规定,当事人逾期提供证据的,人民法院应当责令其说明理由;拒不说明理由或者理由不成立的,人民法院根据不同情形可以不予采纳该证据,或者采纳该证据但予以训诫、罚款。从上述法律规定可以看出,法律规定逾期举证的法律后果有两个,一是证据失权,即当事人逾期提供证据,拒不说明理由或者理由不成立的,人民法院根据不同情形可以不予采纳该证据;二是证据不失权,但要对逾期提供证据者采取强制措施,即采纳该证据,但对逾期提供证据的当事人予以训诫、罚款。

法律条文内容的规定主要存在以下问题:(1)证据失权情形的放宽,可能会导致举证时限制度难以落实。从条文规定的内容看,当事人逾期举证,拒不说明理由或者理由不成立的,人民法院根据不同情形可以不予采纳该证据,或者采纳该证据但予以训诫、罚款。但是,此项法律规定的前半段还有一项规定,即当事人逾期提供证据的,人民法院应当责令其说明理由。根据这项法律规定,如果当事人逾期提供证据,并且说明了理由,是否适用证据失权,是否适用采纳证据,对当事人训诫、罚款的规定?如果立法本意是当事人逾期提供证据,只要说明理由,理由成立,法院就可以采纳该项证据,那么,逾期举证法律后果的规定就过于宽松,缺乏对当事人行为制约的举证时限制度将无法落实。同时,逾期举证的理由成立不成立,法律规定得较原则性,一方面法官与当事人对理由成立与否可能会出现理解不一致的情形,导致当事人与法官矛盾激化;另一方面,司法实践中法官的自由裁量权过大,容易滋生司法腐败。

(2)人民法院采取的强制措施行政化。罚款是一种重要的行政处罚手段,是行政执法单位对违反行政法规的个人和单位给予的行政处罚,不需要经人民法院判决,只要行政执法单位依据行政法规的规定,作出处罚决定即可执行。行政机关在依法履行法定职责时,经常适用该项行政处罚手段依法行政。在民事诉讼中,训诫、罚款属于对实施了妨碍民事诉讼行为的人采取的强制措施,如果当事人不提供证据支持自己的诉讼主张,可以判决该当事人败诉,使其承担举证不能的法律后果,而不宜适用训诫、罚款等强制措施。从证据提供角度看,公权力不应当过度介入私权领域,当事人提供证据不是公法义务,因此对怠于行使举证权利的当事人,法律不应当规定采取训诫、罚款的强制措施,否则,可能会诱发法官滥用该项权利借罚款之名违法敛财等不法行为。

针对上述存在的问题,本文提出以下完善建议:(1)一是严格实行证据失权制度。法律规定证据失权制度,主要是为了提高诉讼效率,保证举证期限制度的贯彻落实。如果只规定举证期限制度,没有证据失权制度与之相配套,举证期限制度形同虚设。最高人民法院的《证据规定》中已经规定了证据失权制度,在司法实践施行中产生了较大的负面效应,导致出现较多的反对声音。① 新修改的民事诉讼法放宽了对证据失权制度的要求,规定当事人逾期举证,如果能够说明理由,证据可以被采纳。本文认为,《证据规定》中规定的证据失权制度在司法实践中贯彻落实失败,属制度设置不完善所致,新修改的民事诉讼法放宽该项制度的适用不够慎重,可能又会变相地重走"证据适时提出主义"的老路。因此,在完善相关法律制度的同时,应当继续坚持严格的证据失权制度。

根据《证据规定》的规定,由人民法院指定的举证期限不得少于30天,证据交换之日举证期限届满。除重大、疑难和案情特别复杂的案件外,证据交换一般不超过2次。② 上述法律规定存在的问题是,立法没有合理地协调举证期限与证据交换的关系,将证据交换作为举证期限届满的最后期限,并且限制证据交换的次数,导致当事人在举证期限内不知道该提交何种证据,证据交换之时发现还有证据需要收集、提交,但是举证期限已经届满,再收集、提供的证据不被采纳,合法权益得不到维护,对法律规定提出质疑。实际上,在诉讼进行中,当事人之

---

① 《证据规定》第34条规定:当事人应当在举证期限内向人民法院提交证据材料,当事人在举证期限内不提交的,视为放弃举证权利。对于当事人逾期提交的证据材料,人民法院审理时不组织质证。但对方当事人同意质证的除外。当事人增加、变更诉讼请求或者提起反诉的,应当在举证期限届满前提出。

② 《证据规定》第33条第3款规定:由人民法院指定举证期限的,指定的期限不得少于30日,自当事人受到案件受理通知书和应诉通知书的次日起计算。第38条第2款规定:人民法院组织证据交换的,交换证据之日举证期限届满。当事人申请延期举证经人民法院准许的,证据交换日相应顺延。第40条第2款规定:证据交换一般不超过2次。但重大、疑难和案情特别复杂的案件,人民法院认为确有必要再次进行证据交换的除外。

间通过证据交换,了解对方证据提交的情形,经过法官的释明,有时方能知晓自己应当或者需要向法院提交何种证据支持自己的诉讼主张,反驳对方的诉讼主张。而根据《证据规定》的规定,证据交换之日举证期限届满,恰恰堵死了当事人相互了解的渠道,导致证据交换之时,再想提交对自己有利的证据为时已晚。①

解决上述问题的具体方法是,将举证时限确定在审前准备阶段,延长审前准备时间,形成在举证期限内多次进行证据交换的"交换证据,整理证据——提交证据——再交换证据,整理证据——提交证据"的循环过程。首先由双方当事人协商确定举证期限,当事人协商不成的,由法院指定举证期限。根据案情需要,在举证期限内,法院可以多次组织双方当事人进行证据交换。多次进行证据交换的目的主要有两个,一是督促当事人尽快地提交证据;二是通过证据交换、整理证据,使双方当事人互相了解案件情况,法官向当事人释明需要收集、提交哪些未出示的证据,利于当事人在举证期限内收集,并向法院提交。上述整个运行过程可以循环往复进行,直至双方当事人将所有能够向法院提交的证据穷尽为止。为了防止诉讼拖延,法院可以依职权对整个运行过程进行控制。可以说,该项法律制度的确立,既有利于督促当事人及时、有针对性、全面地举证,也有利于保证法院案件审理的公正性,提高诉讼效率。同时,通过证据制度的设定,在知己知彼的情况下,还可以促进当事人达成和解协议,减轻庭审负担,充分发挥审前准备的作用。

(2)取消罚款强制措施的适用。从司法实际情况看,当事人逾期举证主要存在以下两种情形:一是当事人逾期向法院提交的证据对自己有利;二是当事人逾期向法院提交的证据对自己不利。当事人逾期向法院提交对自己有利的证据,法律应当规定严格实行证据失权制度,因为根据本文上述对举证期限制度与证据交换制度的完善,已经给予当事人充分的举证时间,除非属于新证据,当事人

---

① 在我国,无论是《证据规定》还是新修改《民事诉讼法》中规定的证据交换,目的都是为了明确和固定争点。而在美国,审前准备程序包括证据开示和审前会议两个阶段,证据开示是多样化地获取证据和信息的手段和方法,审前会议在证据开示的基础上固定争议的争点。证据开示可以多次、反复地进行,当事人可以边保存证据边收集证据,因为对方当事人披露的信息可能会是发现新证据的线索,这样在客观上要求证据交换的重复进行,也就是每当有新的证据出现,证据开示就有必要进行,双方当事人在一个互动的过程中,尽可能地发现更多的证据。我国《证据规定》确立的证据交换制度与审前会议实质上合二为一,一方面,证据交换的手段其实只有一种,即通过申请人民法院组织交换;另一方面,又规定证据交换的次数一般不超过两次,这样的限制使证据交换仅仅成为整理争点的一道工序,而不是收集证据的方式。同时,当事人收集证据是封闭进行的,直到证据开示那一天,双方才互相了解对方的实力和"武器",从本质上说,我国并没有确立严格意义上的证据开示制度。参见韩象乾主编:《民事证据理论新探》,中国人民公安大学出版社 2006 年版,第 9~10 页。

再逾期举证,已经没有任何理由,即使证据失权当事人也无话可说。如果此时还规定可以采纳该项证据,诉讼一审、二审、再审将无休止地进行,既对对方当事人不公平,也会影响诉讼效率,浪费国家的司法资源。在司法实践中,当事人往往不愿意将对自己不利的证据向法院提交。但是,如果对方当事人主张该证据的内容不利于证据持有人,并且有证据证明证据持有人持有证据,无正当理由拒不提供的,人民法院可以责令证据持有人提交证据,逾期提交的,可以对证据持有人进行训诫;拒不提交的,人民法院可以推定该项主张成立。如果因为当事人无正当理由拒不提交证据的行为,导致诉讼拖延,给对方当事人造成损失的,对方当事人可以要求赔偿。我国新修改的民事诉讼法规定的逾期举证强制措施适用范围广泛,适用条件原则,司法实践中适用不宜掌握,容易被滥用,需要立法进一步完善,予以取消。

三、"新的证据"的界定

根据1991年《民事诉讼法》的规定,我国实行的是证据随时提出主义,允许当事人在诉讼程序进行的任何阶段提出证据。《证据规定》初步实现了证据随时提出主义向证据适时提出主义的转变,即当事人应当在举证期限内提出证据,否则需承担由此导致的不利后果。2012年新修改的《民事诉讼法》以立法的形式对举证时限制度作出了规定,应当说是立法的一大进步,该项法律制度的确立,对克服证据随时提出主义产生的弊端必将产生较大的作用。但需要注意的是,一方面,举证时限制度的设置还不完善,存在本文上述的诸多弊端;另一方面,实践中各类案件的情况非常复杂,如果绝对不允许当事人在举证期限届满后提交证据未免过于严苛。因此,作为举证期限制度的例外,应当对举证期限届满后当事人可以提交"新的证据"作出专门的规定。纵观世界各国,诸多国家法律都对"新的证据"提交有例外规定,因为举证时限制度与"新的证据"本来就是一对天生的矛盾。举证时限制度体现了程序的不可逆性,而允许"新的证据"的提出必然引起程序的反复性和不安定性,弱化了举证时限制度对程序的固定作用。为了实现案件审理的公正性,立法需要平衡这一矛盾。

我国《证据规定》第41条、第44条对1991年《民事诉讼法》第125条、第179条关于"新的证据"的规定作了限制性解释,以限制"新的证据"出现的情形,并通过第46条规定,由于"新的证据"的提出,给对方当事人造成损失应承担相应法律责任,对当事人施加压力,以督促当事人遵守举证期限的规定。① 但是,关于"新的证据"的规定,在性质上应当也只能是举证时限制度的例外情形,而这种例外在实际效果上形成了对举证期限制度的限制。因此,《证据规定》所确立的举证期限制度实质上是一种相对化的举证期限制度。②

我国新修改的民事诉讼法没有对"新的证据"的范围作出明确规定。从现行法律规定看,有关"新的证据"规定存在的主要问题是:法律对"新的证据"认定标准规定的过于原则,且一审、二审在"开庭前或者开庭审理时"都可以提出"新的证据"。这样规定的结果会使某些当事人搞"证据突袭",将所谓"新的证据"不在庭前提交,而选择在开庭审理时向法庭提交。有些案件当事人提交的"新的证据"不止一份,信息量很大,涉及范围较广,使对方当事人措手不及,难以当庭对证据的真伪提出有针对性的意见,导致在诉讼中处于被动地位。同时,法官对这些"新的证据"在短时间内也往往很难判断是否属于新发现的证据,是否决定组织对"新的证据"进行质证,直接影响了庭审的质量和效果。

针对上述存在的问题,本文提出以下完善建议:(1)明确"新的证据"的认定标准。"新的证据"认定标准的确立,直接影响对"新的证据"的认定。我国《证据规定》对"新的证据"规定的认定标准是"新发现的证据",但何谓"新发现"?是主观标准还是客观标准?法律并没有作出明确的规定。③ 新修改的民事诉讼法对此问题也未涉及,导致司法实践中具体判断的随意性。为了切实保障当事人诉讼权利的充分行使,维护当事人的合法权益,保障人民法院充分高效地行使审判权,考虑到随着案件审理中新情况、新问题的出现,一些地方对《证据规定》中个

---

① 《证据规定》第 41 条规定:1991 年《民事诉讼法》第 125 条第 1 款规定的"新的证据",是指以下情形:(一)一审程序中的新的证据包括:当事人在一审举证期限届满后新发现的证据;当事人确因客观原因无法在举证期限内提供,经人民法院准许,在延长的期限内仍无法提供的证据。(二)二审程序中的新的证据包括:一审庭审结束后新发现的证据;当事人在一审举证期限届满前申请人民法院调查取证未获准许,二审法院经审查认为应当准许并依当事人申请调取的证据。第 42 条规定:当事人在一审程序中提供新的证据的,应当在一审开庭前或者开庭审理时提出。当事人在二审程序中提供新的证据的,应当在二审开庭前或者开庭审理时提出;二审不需要开庭审理的,应当在人民法院指定的期限内提出。第 46 条规定:由于当事人的原因未能在指定期限内举证,致使案件在二审或者再审期间因提出新的证据被人民法院发回重审或者改判的,原审裁判不属于错误裁判案件。一方当事人请求提出新的证据的另一方当事人负担由此增加的差旅、误工、证人出庭作证、诉讼等合理费用以及由此扩大的直接损失,人民法院应予支持。1991 年《民事诉讼法》第 125 条、第 179 条关于"新的证据"的规定,在新修改的民事诉讼法中没有改变,只是第 125 条变为第 139 条,第 179 条变为第 200 条。
② 孙辙:《新的证据和相对化的举证时限制度》,载《人民司法》2002 年第 5 期。
③ 韩波:《论举证时限的裁量空间》,载《证据科学》2010 年第 6 期。

别条款规定理解的不统一,2008年最高人民法院发布了《最高人民法院关于适用〈关于民事诉讼证据的若干规定〉中有关举证时限规定的通知》(以下简称《举证时限通知》),其中第10条对"新的证据"的认定作出了规定。根据《举证时限通知》的规定,人民法院对于"新的证据",应当依照《证据规定》第41条、第42条、第43条、第44条的规定,结合以下因素综合认定:一是证据是否在举证期限或者《证据规定》第41、44条规定的其他期限内已经客观存在;二是当事人未在举证期限或者司法解释规定的其他期限内提供证据,是否存在故意或者重大过失的情形。上述规定对"新的证据"的认定标准从主观和客观两个方面进一步进行了明确,应当说是一大进步。建议将"新的证据"的认定标准确定为:一是该证据在法院指定或者当事人协商确定的举证期限内没有出现过;二是虽然当事人意识到该证据有可能存在,但当事人并不知道该证据已经存在;三是当事人对该证据并不持有,也不知道他人持有。

(2)赋予对方当事人异议权并设置完善的责任赔偿制度。严格地讲,有关案件的全部证据都应当在举证期限内提供,举证期限届满后提供"新的证据"仅仅是例外。人民法院送达当事人的《举证通知》已经把举证不能的后果及诉讼风险告知了当事人。如果可以轻而易举地提供"新的证据",就不能达到庭前固定证据、整理争议焦点的目的。因此,对当事人提出的"新的证据"必须严格把握,对不属于"新的证据"的情形,应当不予质证。建议法律修改时增加以下两项规定:

一是赋予对方当事人异议权。一方当事人提出"新的证据",对方当事人可以提出异议,要求当事人说明"新的证据"的来源和种类。因为通常在提供这些证据时,仅仅是提供方当事人认为是"新的证据",法官和对方当事人则未必这样认为。对于这些证据,法官必须尽到释明义务,对方当事人对该证据同意质证的,法官可以组织质证;对方当事人对新证据有异议的,提供证据的一方当事人应当对该证据是否属于"新的证据"说明理由,并提供相应证据予以证明。法官根据当事人提供的证据和陈述的理由,及时决定是否属于"新的证据",是否准予质证。

二是设置完善的责任赔偿制度。在很多情况下,"新的证据"起着扭转被动局面的作用,决定着诉讼的成功与失败,直接关系当事人的合法权益,同时也涉及法律的公平和正义。在司法实践中,当事人提出"新的证据"通常涉及两种情形:一是确实属于"新发现的证据";二是该项证据本不属于"新的证据",而是当事人为了拖延诉讼,或者某些当事人为了搞"证据突袭",以达到胜诉的目的,将所谓"新的证据"不在庭前提交,而选择在开庭审理时向法庭提交。不论是哪一种情形,"新的证据"的出现都会增加对方当事人的诉讼成本。为了兼顾双方当事人合法权益的维护,彰显诉讼制度设置的公正性,我国《证据规定》第46条规定:由于当事人的原因未能在指定期限内举证,致使案件在二审或者再审期间因提出新的证据被人民法院发回重审或者改判的,原审裁判不属于错误裁判案件。一方当事人请求提出新的证据的另一方当事人负担由此增加的差旅、误工、证人出庭作证、诉讼等合理费用以及由此扩大的直接损失,人民法院应予支持。根据上述法律规定,本文提出以下两点完善立法的建议:一是将上述司法解释的规定纳入法律,以增强法律适用的效力性;二是对于前述当事人提出"新的证据"涉及的第二种情形,建议纳入恶意诉讼的范畴,在这种情况下,对方当事人额外付出了较多的人力、物力、财力和精力,法律除规定其有权要求赔偿额外参加诉讼支付的合理费用外,还有权提出惩罚性赔偿,要求恶意诉讼的当事人额外支付相应的费用,具体数额由法院根据当事人受损害的程度确定,主要目的是对恶意诉讼的当事人进行惩处,以防止此类恶意诉讼的发生。

需要注意的是,根据法律规定,在二审程序中还存在"视为新的证据"的情形,即当事人经人民法院准许延期举证,但因客观原因未能在准许的期限内提供,且不审理该证据可能导致裁判明显不公的,其提供的证据可视为新的证据。对此等新证据,几乎可以说完全要靠法官裁量,因为是否导致裁判明显不公,只能由法官来把握。[①] 因此,法律在对"新的证据"作出限制性规定外,法官的自由裁量权也是不容忽略的。本文认为,为了保证案件审理的公正性,法律应当对"新的证据"作出例外规定,明确"新的证据"的认定标准,赋予对方当事人异议权,设置完善的责任赔偿制度,并赋予法官一定的自由裁量权。

总之,为了保证诉讼公正与效率最大限度的实现,维护当事人的合法权益,法律应当对举证时限制度进一步进行完善,赋予当事人双方协商确定举证期限的权利,严格逾期举证的证据失权制度,在审前准备阶段确定举证期限,并且在举证期限内多次进行证据交换,督促、协助当事人在举证期限内及时、全面地向法院提交证据。对于有利于证据提交一方当事人的证据,在举证期限内当事人不提交或者不能提交的,除属于法定的"新的证据"范畴,严格适用证据失权制度。同时,取消罚款强制措施的适用,如果有证据证明一方当事人持有证据无正当理由拒不提供,对方当事人主张该证据的内容不利于证据持有人,人民法院可以责令证据持有人提交证据,证据持有人拒不提交的,法院可以推定该项主张成立,由此导致诉讼拖延,使当事人遭受损失的,当事人可以要求赔偿。此外,为了保证案件审理的公正性,法律应当对"新的证据"的认定标准作出明确的规定,赋予当事人对"新的证据"的异议权,设置完善的责任赔偿制度,防止恶意诉讼的发生,保证案件审理的公正性。

---

① 韩波:《论举证时限的裁量空间》,载《证据科学》2010年第6期。

民事裁定适用范围考

■ 胡思博*

摘 要 民事裁定可以算得上是我国民事诉讼法中出现频率最高的专业词汇。民事裁定作为我国民事诉讼中的法定裁判方式,是民事诉讼制度的重要组成部分,是法院意志的载体,集中体现着对当事人诉讼权利的保护。民事裁定的适用范围具有一定的广泛性,一审普通程序、一审简易程序、一审小额程序、二审程序、再审程序、非讼程序、特别程序以及执行程序中所有程序性法律问题和部分实体性法律问题均需通过民事裁定予以解决。

关键词 民事裁定 适用范围 诉讼程序问题

裁判是法院行使公权力进行判断或意欲的表现和结论,体现着法院的意思表示,是法院所实施的诉讼行为中最为重要的一种。"民事诉讼中的法院裁判,是指在两造审理的原则下,作为中立者的法官对诉讼双方当事人之间侵害或争议的存在与否及其性质归属,所作出的事实上的判断和法律上的评价,以及在此基础上形成的纠纷解决方案。"[①]

一、我国民事裁判体系的构造

(一)我国民事裁判的发展历程

"明代裁判制度中,将民事裁判分为裁定、判决和决定。民事裁定是指在民事诉讼过程中,民事受理或审理机关对所发生的有关诉讼程序上的问题所作的决断,是解决有关程序性质方面的问题的。在明代,最常见的民事裁定便是驳回起诉或上诉,当时称为'立案不行',即各级民事审理机关在接到民事起诉或上诉时,都要首先审查一下是否符合受理条件,不符合者,用裁定形式驳回。民事判决与裁定不同,是审理机关通过对案件进行实体审理以后,根据已查明的事实和证据,依据有关法律,对当事人之间的有关民事争议所作出的决断。"[②]

---

* 国家检察官学院和中国人民大学法学院联合培养博士后,中国政法大学诉讼法学博士。
① 谭兵:《外国民事诉讼制度研究》,法律出版社 2003 年版,第 352 页。
② 张晋藩:《中国民事诉讼制度史》,巴蜀书社出版 1999 年版,第 164 页。

"晚清《民事诉讼律草案》中,其将裁判分为判决、决定及命令三种。判决指审判衙门就当事人实体上及重要诉讼上请求之当否,本于当事人言词辩论所作的裁判。决定指审判衙门就简易诉讼上请求之当否或关于诉讼上指挥所作的裁判,不必本于当事人的言词辩论。命令指审判长受命推事或受托推事就简易诉讼上请求之当否或关于诉讼上指挥所作的裁判,也不必本于当事人言词辩论。对于判决得以控告或上告申明不服,对于决定及命令则不能申明不服。"①

　　"民国时期的民事裁判制度仍然沿用了晚清《民事诉讼律草案》中民事裁判的规定,将裁判分为判决、决定及命令三种。判决是审判厅就当事人之间的实体争议所作出的裁判。民国时期的民事决定和命令就相当于我们现行的民事裁定,是审判厅关于诉讼上指挥所作的裁判。"②

(二)我国现行的民事裁判体系

　　在我国,"法院裁判,是指人民法院在审理民事案件的过程中,根据案件的事实和国家的法律,针对审理案件过程中发生的各种问题所作出的判定。法院裁判由国家的审判机关根据国家的法律法规作出,体现出国家的意志。法院裁判是人民法院处理民事案件有关问题的手段,也是人民法院在审理案件过程中对案件相关问题作出判断或意见的表现形式,它体现了人民法院对具体案件及案件审理过程中特定问题的态度。"③在我国现行裁判体系中,广义的法院裁判包括法院的判决、裁定、决定、命令和通知等,而狭义的法院裁判即严格意义上的法院裁判,只包括判决和裁定。

　　"判决、裁定、决定和命令被称为裁判的四种形式,但从民事诉讼的基本价值目标即公正价值和效率价值的角度来看,这四种形式各自因其所负载的使命不完全一样,其所体现的价值侧重点也并非完全一样。一般来说,判决、裁定、决定和命令与其所体现的公正价值大小成正比,而与其所体现的效率价值大小成反比,即判决所体现的公正价值最大而所体现的效率价值最小,依此类推。因此,前者相对于后者而言,对程序保障的要求相对较高,其救济机制也相对较严密,而后者相对于前者而言,法院职权色彩相对较明显。"④

(三)民事裁定与民事判决的比较分析

　　司法裁判可分为实体性裁判和程序性裁判两大类,前者是指法官就案件所涉及的实体性争议作出的裁判,后者是指法官针对诉讼中所涉及的程序性问题作出的裁判,英国学者将裁判程序称为"审判之中的审判",将其视为一种"诉中

---

①　张晋藩:《中国民事诉讼制度史》,巴蜀书社出版1999年版,第164页。
②　张晋藩:《中国民事诉讼制度史》,巴蜀书社出版1999年版,第164页。
③　潘剑锋:《民事诉讼原理》,北京大学出版社2001年版,第401页。
④　江伟:《民事诉讼法》,中国人民大学出版社2011年版,第271页。

诉"和"案中案"。① 两种裁判均不可或缺,且后者具有相对独立性。"法官仅有实体上的裁判权是不够的,法院还必须同时拥有对各种程序性事项的裁判权,如无此项裁判权,诉讼程序便无法运行。"②程序性裁判与实体性裁判之间存在内在关联性,公正的程序性裁判可使实体性裁判得到社会公众的认可和尊重。离开了程序性裁判公正,最终裁判结果即使与客观事实相符,也不具有完整的公正性可言,程序的合理性是程序性裁判公正的基础。

"裁判就其形式而言,有判决和裁定两种。原则上本于必要言词辩论对于当事人实体上权利争点,由法院依一定之程式而为之意思表示,谓之判决。其本于书面审理或任意言词辩论,对于当事人或其他诉讼关系人所为关于诉讼程序上的争点,由法院或审判长、受命法官、受托法官所为之意思表示,谓之裁定。"③ "一般认为,法院就实体权利争点所为的意思表示,原则上以判决行之,以裁定行之者,乃属例外;而法院就程序事项所为的意思表示,原则上以裁定,以判决行之者也属例外。在德国、日本民事诉讼法中,法院关于诉讼成立要件事件的意思表示以诉讼判决形式体现,而在我国大陆和我国台湾地区,则以裁定进行。"④

从对案件实体问题和程序问题审判并存的角度而言,民事裁定和判决是居于同一体系之中的,共属民事裁判方式。判决与裁定作为最主要的两种裁判形态,其中又以判决为最典型。民事裁定和民事判决在很多原理和措施上是相似的,甚至是相通的。民事裁定只要不违背其性质,就可以援用有关判决的规定。目前国内过对民事判决的研究程度明显优于民事裁定,吸收借鉴对民事判决的优秀研究成果和有效研究手段对民事裁定的研究无疑是有着积极意义的。

表1 现行法对民事裁定和民事判决规定的比较

	民事判决	民事裁定
待处理争议	案件的实体争议	诉讼程序问题和部分实体争议
特点	在形式和救济机制上最完整	比较重视诉讼效率
当事人构造	两方对抗型	两方对抗型和单方独自型
作出时间	审判程序中全部或部分审理终结时	审判程序开始时、进行中、终结时和执行程序

---

① Micheal zander:*The Police and Criminal Evidence Act* 1984,revised secondedition,Swe-et&Maxwell,1900,page 196,转引自陈瑞华:《程序性制裁制度的法理学分析》,载《中国法学》2005年第6期,第154页。
② 张卫平:《论民事诉讼法中的异议制度》,载《清华法学》2007年第1期,第75页。
③ 王甲乙、洪慧慈、郑健才:《民事诉讼法新论》,三民书局2007年版,第233页。
④ 江伟:《中国民事诉讼法专论》,中国政法大学出版社1998年版,第184页。

续表

	民事判决	民事裁定
数量	一个,但可能通过多个先行判决、部分判决、中间判决的形式表现	可能一个,也可能多个,还可能一个也没有
形式	要式行为,必须是书面形式	非要式行为,既可书面形式又可口头形式
救济方法	上诉、申请再审、抗诉、检察建议	复议、异议、上诉、申请再审、抗诉、检察建议

(四)现行民事裁定的适用范围

民事裁定是法院在诉讼中就各种程序性事项所作的权威性、结论性认定,其形成的依据可以是广义的民事诉讼法。我国现行法中有关具体民事裁定种类的规定包括集中规定和分散规定。其中,集中规定包括《民事诉讼法》对民事裁定种类的集中式列举规定和《民事诉讼法》对集中规定的民事裁定种类的具体规定。分散规定包括《民事诉讼法》对民事裁定种类的分散规定和诸多司法解释(《最高人民法院关于适用〈中华人民共和国民事诉讼法〉若干问题的意见》、《关于人民法院执行工作若干问题的规定(试行)》)等对民事裁定种类的分散规定。《民事诉讼法》第154条中"其他需要裁定解决的事项"的规定是对民事裁定种类进行分散规定的授权。

二、民事裁定的诉讼指向

"马克思将程序与法的关系比喻为植物的外形和植物的关系、动物的外形和血肉的关系。"[①]民事诉讼作为处分权和审判权共同参与的过程,其表现为当事人及其他诉讼参与人在审判人员的主持下按照法定程序从事诉讼活动,是以履行连续不间断的法定程序为次序要件的。诉讼活动的协调、诉讼进程的推进都是以法院的指挥为基础的,法院指挥民事诉讼活动的法定方式就是民事裁定,其是法院诉讼指挥权的表现形式。民事裁定的诉讼指向既包含着其欲保护的对象,也包含着其欲限制和规范的对象。

(一)民事诉讼程序法律事实

"程序法律事实是与实体法律事实相对的一个概念,其是指能反映、协助并满足民事诉讼活动的程序要求的相关案件情况,是能引发诉讼法律关系产生、变

---

① 季卫东:《程序比较论》,载《比较法研究》第7卷第1期。

更和消灭的事实。"①当事人主张或请求相关程序措施的开展时,用于证明相关适用条件已经满足的事实即为民事诉讼中的程序法律事实。程序性事项的裁判者是代表着居中裁判司法权的法院。

民事诉讼程序法律事实作为民事诉讼法所规定的程序性事项,包括程序性争议与程序性请求事项两类。程序性争议是指原被双方对某一程序事实的合法性发生的争议,程序性请求则是指原告或被告为启动某一程序或实现某项程序权利向法官提出的申请事项。

民事诉讼序法律事实可分为动态程序性事项和非动态程序性事项两类。动态程序性事项主要是指是否准许启动、中止、恢复或终结某种程序的事实,如启动、中止、终结包括普通审判程序、简易程序、保全程序、先予执行程序、证据保全程序、证据调查收集程序、开庭审理程序、督促程序、公示催告程序、特别程序和执行程序在内的相关事实等。非动态程序性事项主要是指法院所作出的与程序运行无直接关联的决策所依据的事实,如关于回避的事实、实施强制措施的事实和实施各种执行措施的事实等。

程序法律事实作为法官作出合法裁判所必不可少的要件事实,从表面上看并不与有待裁判的实体争议直接关联,但其关系到诉讼程序的发生、发展、中止和终结,直接影响到当事人的诉讼权利,而程序活动的开展必定会对实体审理结果产生侧面影响,因此,程序法律事实对民事权利义务的最终分配也是有着重大意义的。通常程序法律事实是独立存在的,集中体现着程序意义上的价值,但是也时常出现程序法律事实与实体法律事实相竞合的情形,即某一法律事实在诉讼的某些阶段中用于支持程序问题,而在其他诉讼阶段中又可以支持实体问题。此外,某些程序法律事实并不独立存在而是依附于实体法律事实的。

程序法律事实的表现载体通常为一个或一套证据材料。当证据材料经质证、认证、被采信进而转化为定案证据时,程序法律事实的本质属性得以升华并发挥出相应功能。程序法律事实既可能产生于诉讼活动开展过程中,也可能产生于诉讼程序启动之前的民事纠纷发生过程中甚至是民事纠纷发生之前。鉴于诉讼程序有些是当事人申请开启的,有些是法官依职权开启的,有些是当事人申请开启与法官依职权开启相结合的,因而程序法律事实既可由当事人提出,也可由法官依职权探知。

(二)民事诉讼主体的程序角色

1.当事人的诉讼权利和诉讼义务

当事人的诉讼权利义务包括在审判法律关系中的诉讼权利义务和在争讼法

---

① 胡思博:《论公证对探知民事诉讼程序法律事实的积极效用》,载《北京公证》2011年第5期。

律关系中的诉讼权利义务。首先,围绕民事审判的进行,当事人有一系列的诉讼权利。根据当事人诉讼权利处分的客体不同,可将其划分为用以处分实体权益的诉讼权利和用以处分程序权益的诉讼权利。用以处分实体权益的诉讼权利包括起诉权,反诉权,承认、变更或放弃诉讼请求的权利,请求或接受调解的权利,和解权,上诉权,再审申请权,执行请求权,撤回起诉和上诉的权利等。对该类权利的行使将直接影响当事人的实体权益。用以处分程序权益的诉讼权利包括委托诉讼代理人的权利,回避申请权,收集和提供证据的权利,进行陈述、辩论和质证的权利,申请保全和先予执行的权利以及查阅复制本案有关材料的权利等。其次,当事人必须遵守依法行使诉讼权利,遵守诉讼秩序,履行发生法律效力的判决书、裁定书和调解书等诉讼义务。

2. 法官的审判权与责任

法院与法官行使审判权,并承担相应的职务责任。审判权包括审理权和裁判权。审理权包含程序控制权、询问权(证人询问、当事人询问)、释明权、证明审查权、事实认定权;裁判权包含程序事项裁决权与实体争议裁决权。① 此外,作为形式主体的法院应承担相关的审判责任。②

3. 检察机关的民事法律监督权和责任

检察官在行使民事法律监督权的同时,应该承担相应责任。③ 我国有枉法裁判罪,但是没有枉法监督罪,检察官在民事诉讼中几乎是只行使监督权力,而没有有效的责任约束,这是在立法上值得思考和有待改进的。④

4. 诉讼协助人的诉讼协助权利与义务

诉讼代理人、证人等诉讼协助人根据不同的法律规定和理由进入民事诉讼,诉讼协助人与当事人、法官之间形成诉讼协助法律关系,其要遵从民事诉讼法和

---

① 张卫平:《民事诉讼法》,法律出版社 2004 年版,第 54 页。
② 《民事诉讼法》第 43 条规定,审判人员应当依法秉公办案。审判人员不得接受当事人及其诉讼代理人请客送礼。审判人员有贪污受贿、徇私舞弊、枉法裁判行为的,应当追究法律责任;构成犯罪的,依法追究刑事责任。《国家赔偿法》第 31 条规定,人民法院在民事诉讼过程中,违法采取对妨害诉讼的强制措施、保全措施或者对判决、裁定及其他生效法律文书执行错误,造成损害的,赔偿请求人可以要求赔偿。《刑法》第 399 条规定,在民事、行政审判活动中故意违背事实和法律作枉法裁判,情节严重的,处 5 年以下有期徒刑或者拘役;情节特别严重的,处 5 年以上 10 年以下有期徒刑。此外,《法官法》、《人民法院审判人员违法审判责任追究办法(试行)》、《人民法院审判纪律处分办法(试行)》等都对作为民事诉讼法律关系实质主体的法官的职务责任都有明确规定。
③ 《民事诉讼法》第 14 条规定,人民检察院有权对民事诉讼实行法律监督。
④ 宋朝武:《民事诉讼法学》,厦门大学出版社 2012 年版。

相关法律规范,承担相应的义务。①

三、对法域外民事裁判方式的分类及适用范围的介绍②

"不同的国家对于裁判形式的界定是各不相同的,对于采取那种裁判形式解决诉讼中的具体问题,是与各国的传统以及实际情况密不可分的。"③"国外虽然法律规定中也有判决、决定、命令这样的法律术语,并且也是常用的裁判形式,但与我国的裁判形式不能简单的对应。"④

(一)我国台湾地区

"我国台湾地区'民事诉讼法'明确依照审理对象是程序性事项还是实体性事项将裁判划分为判决和裁定。判决原则上是法院对于当事人就实体上争点所为之意思表示;而裁定是就非实体之程序事项所作的判断。"⑤在我国台湾地区,法律明确规定的裁定种类包括一审裁定:执达员、法定代理人、诉讼代理人负担诉讼费用之裁定;对证人、鉴定人、通译、执有文书或勘验物之第三人处以罚款之裁定;驳回拒绝证言、拒绝鉴定、拒绝通译之裁定;强制提出文书、勘验物之裁定;驳回更正裁判声请的裁定;调解程序暂时性处置的裁定;宣告监护的裁定;驳回撤销监护声请的裁定;指定管辖的裁定、驳回移送诉讼的声请的裁定、回避声请正当的裁定、拒绝鉴定人声明为正当的裁定、准许证据保全的裁定、驳回调解声请的裁定、将简易程序改为依照通常程序的裁定、依职权将小额程序改为依照简易程序的裁定、假执行的裁定,驳回支付令申请裁定;关于参加应否准许的裁定命;关于声请命供担保的裁定;关于应否准许返还或者变换担保的裁定;关于诉讼救助的裁定;关于声明承受诉讼以及依职权命令续行诉讼的裁定;关于停止诉讼程序以及关于撤销停止的裁定;关于违背证人与鉴定义务而处以罚款的裁定;关于拒绝证言或者拒绝鉴定得当与否的裁定;以拒却鉴定人为不当的裁定;因为第三人不提出证书或者勘验物而处以罚金或者命令强制处分的裁定;关于证人或者鉴定人或提出证书勘验物的第三人请求费用的裁定;对于调解期日不到场科处罚金的裁定,关于假扣押处分声请的裁定;除权判决所附的限制或者保留;因人事诉讼本人不到场科罚金的裁定;关于保护应监护或者监护人的处分及撤

---

① 宋朝武:《民事诉讼法学》,厦门大学出版社 2012 年版。
② 谭兵:《外国民事诉讼制度研究》,法律出版社 2003 年版,第 357 页;汤维建:《外国民事诉讼法学研究》,中国人民大学出版社 2007 年版,第 75 页;张家慧:《俄罗斯民事诉讼法研究》,法律出版社 2004 年版,第 307 页。
③ 夏永全:《民事裁定概念解析》,载《西华大学学报(哲学社会科学版)》2004 年第 4 期,第 61 页。
④ 江伟:《民事诉讼法》,高等教育出版社 2007 年版,第 335 页。
⑤ 郑正忠:《两岸司法制度之比较与评析》,台湾五南图书出版公司 2002 年版。

销其处分的裁定；小额程序第二审的裁定；抗告法院裁定前，为停止原裁定的执行或其他必要处分的裁定等。①

(二) 德国

在德国，法院裁判分为判决、裁定和命令。裁定是以法院名义作出并用于解决诉讼过程中的程序事项的文书；命令则相当于法官、审判长对书记官等审判辅助人员作出的工作指令，所以命令有时也译为指示。判决、裁定和命令三者的区别在于，诉讼通常以判决而非裁定结束，命令则永远不能终结诉讼；判决由诉讼法院经强制性的言词辩论之后作出，原则上以控诉或上告形式声明不服；裁定也由诉讼法院作出，绝大多数时候裁定是领导诉讼的命令，只在具体程序中发生作用。在通常情况下，裁定在无言词辩论或在任意可选择的言词之后作出，只有在例外情况下才经过强制性的言词辩论，例外情况下可以即时抗告声明不服；命令通常情况下是涉及诉讼活动的命令，不是由诉讼法院作出，而是由审判长、独任法官、受命法官或者受托法官发布，其在通常情况下不可声明不服。

(三) 日本

在日本，裁判被分为判决、决定和命令。"审判机关及法官以法定形式针对一定事项作出具有强制性、权威性的判断或处分的程序行为统称为裁判。针对案件的实体问题作出判断或能够就此终结诉讼程序的判决就构成了裁判最重要的部分，但裁判还包括法官或审判机关所为的另外三种权威性的程序行为，即对审理中派生或附带性的程序事项(如管辖的指定、法官的回避等)作出的判断；行使所谓的诉讼指挥权对有关诉讼程序进行的事项作出的处分(如指定口头辩论及其他日期、中止诉讼等)；以及保全程序和执行程序中由审判机关或法官作出的有关财产及证据的保全或扣押、拍卖等强制执行措施。因此，在日本民事诉讼中，只有针对案件中实体问题或能够终结程序的判断称为判决，而后三种裁判则使用决定或命令的名称。"②"判决、裁定、决定，从按裁判的程序及主体所作的形式上分类。从主体方面看，判决和裁定是诉讼法意义上的法院所作出的裁判；命令则是审判长、受命法官和受托法院根据其资格所作的裁判。从程序方面看，判决应当在最为慎重的程序中进行，以言词辩论为依据；裁定或者命令可在稍微简单的程序中进行，并不以言词辩论为依据。从效力方面看，判决宣示的同时并不立即发生效力，只有判决被确定时才能产生本来的效力；裁定或命令谕知后立即生效，并非不确定或不生效。从运用上看，判决一般用于终结诉讼或其他虽属中间性的，但需要利用判决所具有的严厉性来整顿程序的情形；裁定或命令，则一

---

① 齐树洁：《台港澳门民事诉讼制度》，厦门大学出版社 2003 年版，第 134～140 页。
② 王亚新：《对抗与判定——日本民事诉讼的基本结构》，清华大学出版社 2002 年版，第 276～277 页。

般用于诉讼指挥或附属事项的解决,或者其他需要迅速处理的事项。"①

判决又被分为实体性判决和程序性判决。实体性判决即本案判决,是针对案件的实体问题即原告诉讼上请求的裁判,包括驳回请求、请求认同判决等。此外,判决未必都是以解决争议或者非争议的实体请求为目的,某些场合重大的程序性事项,也往往会以判决的形式予以处理。程序性判决即诉讼判决,是终结程序的判断,是就诉的适法、不适法以及其他诉讼问题所作的判决,如诉的驳回、驳回控诉、发回重审的判决等。如《日本新民事诉讼法》第 290 条规定,控诉不合法并且又不能补正其缺陷时,受控诉法院可以不经过口头辩论,以判决驳回控诉。判决的作出必须以双方当事人对席口头辩论的实施为法定前提。

决定和命令多以裁定形式作出,主要用于解决诉讼过程中的程序事宜和部分有关规定实体上权利的问题,前者如《日新本民事诉讼法》第 10 条规定的裁定指定管辖法院,后者如第 75 条规定的裁定命令原告提供担保。"决定、命令都是就程序性的事项所作的不依判决形式的裁判,两者只要求任意的口头辩论,在表达及告知形式和是否准许上诉等方面以简易迅速为原则。决定和命令间的主要区别在于就程序性事项是以裁判所名义作出还是以法官名义作出,即决定是以裁判所名义作出,而命令是以法官名义作出。"②

(四)法国

在法国,裁判主要有判决和裁定两种形式。判决又分为诉讼判决和非讼判决,前者以解决诉讼案件中当事人的民事争议为目的,后者则是针对非讼案件而作出。"涉及当事人的实体权利的裁判,一般被称为诉讼上的判决,而法官所作的决定仅是起一种单纯的司法行政作用,而不是解决当事人之间的权利义务争议的,则被称为非诉判决。"③《法国新民事诉讼法典》第 25 条规定,法官受理的诉讼请求中没有争议的,但依案件的性质或申请人的资格,法律要求此种诉讼请求应受法官监督时,以非讼案件裁判之。相对于判决而言,裁定主要用以解决诉讼程序问题,如中止诉讼、延期审理、终止管辖以消灭诉讼等情形。"在法国诉讼上的判决是法官对当事人之间民事争议所作出的裁判,即涉及当事人的实体权利的裁判。非讼判决尽管形式上适用了判决的表达形式,但并不是实质意义上的判决。这类似于我国民事诉讼中法院作出的裁定和决定。《法国新民事诉讼法典》的规定,裁定或命令适用于当裁判是由独任法官在紧急情况下单独作出

---

① [日]三月章:《日本民事诉讼法》,汪一凡译,台湾五南图书出版公司 1997 年版,第 335 页。

② 廖永安、雷勇:《论我国民事诉讼复议制度的改革与完善》,载《法律科学》2008 年第 3 期,第 140~149 页。

③ 张卫平、陈刚:《法国民事诉讼法导论》,中国政法大学出版社 1997 年版,第 124 页。

时,或者由独任法官为利于实施审前准备措施或执行措施而单独作出时,例如依申请作出的裁定、紧急审理裁定、审前准备司法官的裁定等。"①

在法国,"紧急审理裁定是指在法律赋予并非受理本诉讼的法官命令立即采取某种必要措施之权力的情况下,应一方当事人请求,另一方当事人到场或对其传唤后,作出的临时性裁判决定。对紧急审理裁定的上诉,可以向上诉法院提起,但如果这项裁定是由上诉法院第一院长作出的,或者是依诉讼请求数额或目的,此项裁判是终审裁判时,不准向上诉法院提出上诉。"②紧急审理裁定制度类似我国的保全和先予执行制度。"对上诉法院的判决,如同对紧急审理裁定本身一样,当事人还可以向最高司法法院提出上诉。"③

(五)英国

在英国,判决是指法院对当事人争议的实体性权利义务关系,作出实质性处理的法律表示,是对案件作出的终局性裁判。命令主要针对诉讼进行中的程序问题和其他具体问题作出,是中间判决和案件管理过程中作出的指令,有时也被称为裁定,和大陆法系国家的裁定在形式和功能上很相似。"事实上,随着民事司法改革的不断推进,两者之间的区别日益模糊,在某些情况中对其作出明确界分是非常困难的。"④另外,英国和美国还有称为令状的处分性文书,但主要用于判决在执行中,如进行财产的扣押和交付。《民事诉讼规则》并未对判决和命令作出严格的区分,在实践中两者之间往往没有明确的界线。

(六)美国

"美国联邦民诉规则第54条第1款规定,联邦民诉规则所说的判决包括在诉讼过程中法院所作出一切可能上诉的命令。因此,民事诉讼中的判决不仅包含有对法庭审理的结果作出终局性的法院判决,而且还包括法院采取的临时性保全处分的暂时禁止令或者根据当事人的申请法院作出的简易判决、缺席判决;或者根据缺乏法律根据的答辩或驳回诉讼的申请作出驳回诉讼的决定;或者根据当事人要求作为法律问题的判决申请法院所作出的法律问题判决等多种情形。"⑤

(七)俄罗斯

前苏联学者认为,"裁定是指已包括法院对诉讼过程中产生的所有(除实体

---

① [法]让·文森、塞尔日·金沙尔:《法国民事诉讼法要义》,罗结珍译,中国法制出版社2001年版,第1063页。
② 罗结珍:《法国新民事诉讼法典》,中国法制出版社1999年版,第97~98页。
③ [法]让·文森、塞尔日·金沙尔:《法国民事诉讼法要义》,罗结珍译,中国法制出版社2001年版,第762~764页。
④ 齐树洁:《台港澳门民事诉讼制度》,厦门大学出版社2003年版,第290页。
⑤ 白绿铉译:《美国民事诉讼法》,经济日报出版社1996年版,第150页。

的问题外)其他问题作出答复的法院裁判。"①

在俄罗斯,除判决以外,一审法院在审理案件的过程中还可以作出裁定。"1964 年的《苏俄民事诉讼法典》第 223 条第 1 款对民事裁定是这样界定的:第一审法院对案件不作实体解决的决定,应以裁定的形式作出。"②裁定不是对有关案件的实体问题的判定,相反,它是对案件审理、判决及执行过程中所产生的相关程序问题所作出的决定。第一审法院裁定的种类主要是因其所解决的案件问题的不同而不同。俄罗斯民事诉讼中的法院裁定大致可以分为以下六类:③

第一,因当事人和解解决争议而终结诉讼的裁定。属于这一类情况的有:因原告放弃诉讼而终结诉讼的裁定,法庭批准当事人在诉讼过程中达成和解协议的裁定。由于这类裁定通常都是经过当事人的和解而解决他们之间的争议的,因此,通常都被称之为终结裁定。终结裁定与法院判决的主要区别在于,判决中当事人之间争议是由法院进行实体解决的,而终结裁定中当事人之间的争议则是由当事人之间达成和解而解决的。

第二,阻止诉讼发生或者对争议不予审理或解决而结束案件的裁定即所谓制止性裁定。属于这类裁定的有拒绝受理起诉的裁定、根据《俄罗斯联邦民事诉讼法典》第 219 条(第 4 项和第 5 项除外)所规定的理由而终结诉讼的裁定,决定对案件不予审理的裁定,经双方当事人协商同意将案件交由同志审判会或仲裁庭进行审理的裁定。这类裁定的实质是其一般所涉及的只是由于各种理由不可能在该法院或审判机关对案件的争议进行审理和解决的问题,并不涉及案件的实体问题。这一点也正是这类裁定同从实体上对当事人之间的争议进行解决的法院判决之间的区别。

第三,保证在第一审法院解决案件以前诉讼正常进行的裁定,即准备性裁定,这类裁定同样也不涉及案件的实体问题,而只是涉及诉讼过程中发生的局部问题。法院运用这些裁定便能够保证民事案件的审理正常而合法地进行,从而有助于对案件的实体问题作出正确的判决。属于这类裁定的有:

A. 有关诉讼进行问题的裁定,其中又包括受理起诉和决定将案件移交审判庭审理的裁定,将诉状暂时搁置的裁定,中止诉讼的裁定,根据《俄罗斯邦民事诉讼法典》第 65 条及第 70 条的规定延期审理案件的裁定,延长或者恢复诉讼审理期限、将案件移交其他法院审理以及将诉讼进行合并或分开审理的裁定等;

---

① [苏联]阿·阿多勃罗沃里斯基等:《苏维埃民事诉讼》,法律出版社 1985 年版,第 258 页。
② 梁启明、邓曙光译:《苏俄民事诉讼法典》,法律出版社 1982 年版,第 77 页。
③ [苏联]阿·阿多勃洛沃里斯基等:《苏维埃民事诉讼》,法律出版社 1985 年版,第 280~281 页。

B. 吸收新的人参加诉讼及更换诉讼参加人的裁定，主要包括检察长必须参加诉讼，通知或准许第三人参加诉讼的裁定，通知正当原告参加诉讼的裁定，通知正当被告或共同被告参加诉讼的裁定，将法院审理案件的情况通知有关国家机关的裁定，准许社会代表参加诉讼的裁定，满足或拒绝有关合议庭组成人员、检察长、翻译人员或书记员回避申请的裁定以及追索扶养费案件中通知被告必须到庭及其他相关裁定等；

C. 收集证据资料的裁定，包括准许证据保全、指派鉴定人、进行现场勘验、调取或提供书证或物证、传唤证人及其他相关裁定；

D. 关于诉讼保全、不公开审理案件、科处罚金及其他类似裁定。

第四，关于制作判决和执行判决的裁定。属于这一类的裁定有对判决进行说明，将判决交付立即执行的裁定，对不需要立即执行判决的执行标的保全、对判决中的笔误、明显的计算错误进行修改的裁定，延期或分期执行判决、改变执行的程序和方式的裁定，批准或变更司法执行员关于在债权人之间分配所追索到的债务金额的计算方式的裁定，中止或终结执行的裁定及其他相关裁定等。在上述裁定中，有一些是对判决的含义进行说明的，另一些则是在有法律规定的情况下根据判决制作以前或以后所发生的有关情况而对判决的内容作判决的执行程序进行更准确的说明，其余的则是为了保证迅速和切实地执行判决。同样，其中的任何一种裁定都不能取消或从实体上变更法院业已作出的判决的内容。法院所作的退还物证或解除诉讼保全的裁定则与案件的结束有关。

第五，法院根据申请作出的关于根据新发现的情节重新审理原判决的裁定在俄罗斯民事诉讼中占有十分重要的地位。

第六，对超出本案争议范围的问题作出的单独裁定。

A. 法院在审理民事案件时，如果发现个别公职人员或公民有破坏法制或社会公共生活准则的行为，或发现某单位工作中有严重问题，则可以作出单独裁定，并将该裁定送交有关机关、企业、组织、公职人员或劳动集体以便采取相应的措施。有关组织、集体或公职人员必须在收到裁定书副本之日起的一个月内，将他们根据裁定所采取的措施通知法院。

B. 法院在作出有关单位工作问题的裁定时，应当指出这些问题具体表现在什么地方。对于涉及经济或业务活动的建议，如果法院没有查明提出该建议所涉的材料，或者这种建议已超出了法定的职权范围，则法院就不应当提出相应的建议。如涉及几个组织或组织的领导人，则法院作出的单独裁定就不仅可以送交给上级组织，而且还可以送给监察机关。法院以单独裁定通知有关公职人员或公民的错误行为时，在必须的情况下还应当在法庭上听取这些人的说明。对于单独裁定所涉及的人，法院也不应当预先断定应当给予他们什么样的处罚，这是因为在个别情况下，如果过早地将查明的违法行为声张出去，就会使这些违法行为难以得到消除。因此,法院可以不在公开的审判庭上宣读该单独裁定。但即使这种情况下,法院仍应向案件参加人和裁定所涉及的人宣布单独裁定所涉及的问题。有关在审判庭上宣布单独裁定的情况,应该在法庭笔录中加以说明。

四、我国民事裁定适用范围中的问题与对策

民事裁定作为基本的诉讼制度,既有着自身的特质,又存在着和其他诉讼制度的关联。目前我国司法实践中裁判类型的体系化还很不够,裁判类型存在着混乱和随意,裁判与处理的事项存在诸多的不相称性。就民事裁定而言,其在适用范围、运作对象、实施方法上的模糊致使法院决策的法定化、规范化和科学性还有所欠缺,对民事裁定救济体系的形成造成了范围重叠、事项遗漏等冲击,致使当事人和某些案外人的合法权益未能得到充分有效的保障。因此,在当前民事裁定制度框架内的补充和重构是完善民事裁定制度的方式和途径,力求通过合理界定民事裁定的适用范围并加强裁判方式的规范化,进而在确保民事裁定充分发挥其作用的同时,使得所有的诉讼程序问题都能得到必要的肯定和救济监督。

(一)民事裁定和决定的竞合与整合

1.民事决定制度的适用范围

就民事诉讼而言,现行法所规定的"决定"适用范围包括对于妨害民事诉讼的行为采取的强制措施①、审判人员是否回避②、是否准许顺延期限③以及诉讼费用的减缓免。此外,在审判监督程序中,各级人民法院院长对本院已经发生法律效力的判决、裁定、调解书发现确有错误需要再审的,应提交审判委员支讨论决定;最高人民法院和上级人民法院对下级人民法院生效的判决、裁定发现确有错误,有权作出提审和指令下级人民法院再审的决定。

此外,仲裁法中并没有对仲裁中对相关程序性问题的处理方式予以明确规定,裁决只适用于对实体性问题的处理。在仲裁实务中,仲裁庭通常使用"决定"

---

① 2012年《民事诉讼法》第116条规定,拘传、罚款、拘留必须经院长批准。拘传应当发拘传票。罚款、拘留应当用决定书。对决定不服的,可以向上一级人民法院申请复议一次。复议期间不停止执行。第126条规定,人民法院对决定受理的案件,应当在受理案件通知书和应诉通知书中向当事人告知有关的诉讼权利义务,或者口头告知。

② 2012年《民事诉讼法》第47条规定,人民法院对当事人提出的回避申请,应当在申请提出的3日内,以口头或者书面形式作出决定。申请人对决定不服的,可以在接到决定时申请复议一次。复议期间,被申请回避的人员,不停止参与本案的工作。人民法院对复议申请,应当在3日内作出复议决定,并通知复议申请人。

③ 2012年《民事诉讼法》第83条规定,当事人因不可抗拒的事由或者其他正当理由耽误期限的,在障碍消除后的10日内,可以申请顺延期限,是否准许,由人民法院决定。

对程序性问题予以处理。

2. 民事决定制度的特点

从现行法的规定上看,决定所处理的关系是三个层面的。首先是法院内部关系,包括审判委员会与合议庭、院长与审判员、审判长与审判人员之间的关系;其次是法院对外与当事人以及其他诉讼参与人的关系;最后,决定还解决法院与不属于诉讼参加人的其他人之间的关系。处理内部关系的决定,其拘束力只限于法院内部,对外没有拘束力;当内部决定转变为判决、裁定或对外的决定时,才可发生对外发生拘束力,这种转变是可能且允许的。

决定和裁定相比,其更重视诉讼效率,法院的职权色彩更为明显。决定一经作出即发生法律效力,除部分决定可申请复议外,其余的不能提起上诉、申请再审和提出抗诉,救济手段根本性缺乏。对于回避问题的决定,申请人不服的可以在接到决定时向作出该决定的人民法院申请复议一次。[①] 对于罚款、拘留问题的决定,被罚款人、被拘留人不服的可以向上一级人民法院申请复议一次,复议不影响决定的效力,复议期间不停止原决定的执行。[②] 鉴于决定对法院自身的约束力相对较小,作出决定的法院在决定不正确时有权根据情况变化,撤销或变更原决定。

3. 民事决定作为独立裁判方式的缺陷

决定作为一种独立的裁判方式,在运用对象上与民事裁定的区分不明朗。民事裁定和决定所处理事项的区别何在?观点一认为:民事裁定是法院就民事诉讼中的各种程序性事项所作出的有约束力的结论性判定;决定则是就民事诉讼中发生的障碍或者阻却民事诉讼活动正常推移的特殊事项进行处理所作出的具有法律约束力的判定,其所针对的既非实体也非程序的事项。观点二认为:"民事裁定是对审理和执行中的程序事项和个别实体事项作出的判定——程序事项则是指不直接涉及实体权利义务的事项;决定是在诉讼中对某些特殊事项作出的判定,与民事裁定不同的是决定所适用的事项与诉讼程序的进程有关但不直接涉及诉讼程序的变化,主要用于处理诉讼过程中发生的障碍和消除诉讼

---

① 2012年《民事诉讼法》第47条规定,人民法院对当事人提出的回避申请,应当在申请提出的3日内,以口头或者书面形式作出决定。申请人对决定不服的,可以在接到决定时申请复议一次。复议期间,被申请回避的人员,不停止参与本案的工作。人民法院对复议申请,应当在3日内作出复议决定,并通知复议申请人。

② 2012年《民事诉讼法》第116条规定,拘传、罚款、拘留必须经院长批准。拘传应当发拘传票。罚款、拘留应当用决定书。对决定不服的,可以向上一级人民法院申请复议一次。复议期间不停止执行。第126条规定,人民法院对决定受理的案件,应当在受理案件通知书和应诉通知书中向当事人告知有关的诉讼权利义务,或者口头告知。

阻却。"①观点三认为:"决定是法院为保证诉讼的顺利进行,就诉讼上的问题和关系诉讼的特定问题作出的断定,具有司法行政性质。诉讼上的问题是指适用判决、裁定和命令解决之外的诉讼上需要解决的问题,如诉的合并与分离、案件延期审理等。关系诉讼的问题是指关系着诉讼顺利进行而又不是诉讼上的问题,如对妨害民事诉讼秩序行为的排除等。不管是诉讼上的问题还是关系诉讼的问题,法院作出决定都是对特定事项的断定。"②观点四认为:"决定是就一些紧急性的程序性事项所作出的具有法律效力的结论性判定。"③观点五认为:"通常情况下民事裁定和决定的适用易于区别,但是在某些情况下可能发生混淆。例如法院如果认为当事人的再审申请符合法律的规定,应当适用何种法律文书作出判断呢?这一问题表面上是程序性问题,但实际上它是涉及法院生效裁判可能存在错误并且要加以纠正的重大问题,所以应对当事人再审申请适用民事决定开始再审程序。"④

　　笔者认为,民事诉讼中所出现的种种问题无非包括实体性和程序性两大类,至多还有实体和程序相结合的某类派生问题,绝不存在既非实体也非程序的事项。"至于什么是既非实体也非程序的事项,其与程序性事项的界限在哪里,并不清晰。在民事诉讼过程中出现的问题要么是程序问题,要么是实体问题,或者兼而有之,它们是相对而言的,不存在既非实体也非程序的事项。"⑤决定适用于诉讼中特殊事项的说法实际上是在从现行法的已有规定出发,反推其属性,从这些规定中归纳出某些倾向和特征,是一种从果寻因的颠倒性解释。"民事决定与民事裁定适用对象的差异,是从民事诉讼法和民事诉讼实践来加以归纳的,两者很难在本质上明显加以区别。"⑥现行法所规定的"决定"这一裁判方式实际上仍主要用于解决程序性问题,其与民事裁定相比,特殊性不够明显和独立,且数量很少,既无形式既判力,也无实质既判力。"现行法在规定裁判方式时也并未将其与判决、民事裁定并列,其未出现在'判决和民事裁定'这一节之中而是分散于各项具体制度之中的,貌似仅为学理性裁判。"⑦

---

① 傅郁林:《先决问题与中间裁判》,载《中国法学》2008年第6期,第165页。
② 刘家兴、潘剑锋:《民事诉讼法教程》,北京大学出版社2010年版,第245页。
③ 廖永安、雷勇:《论我国民事诉讼复议制度的改革与完善》,载《法律科学》2008年第3期,第145页。
④ 田平安:《民事诉讼法学》,中国人民大学出版社2007年版,第278页。
⑤ 廖永安、雷勇:《论我国民事诉讼复议制度的改革与完善》,载《法律科学》2008年第3期,第145页。
⑥ 张卫平:《民事诉讼法》,法律出版社2004年版,第132页。
⑦ 胡思博:《建立民事裁定救济途径体系的基础性考察——以完善我国民事裁定制度为出发点》,载《西部法学评论》2010年第5期。

4. 将适用于决定的事项全部纳入民事裁定的范围

从便于当事人理解适用并完善救济的角度出发,笔者认为对决定的单独设置已实无必要,可将目前适用于决定的事项全部纳入民事裁定的范围,以取消决定、改用民事裁定予以取代的方式理清当前民事裁定和决定的模糊关系,对其统一适用有关民事裁定的基本原理。此种调整的意义在于,首先,使得立法更趋简单明了,便于当事人的理解和掌握,避免发生混淆和误读;其次,有利于对法官的裁判行为进一步规范,以统一签发民事裁定书的正规做法取代了当前实践中常存在的"口头决定"的违法现象;再者,从理论上统一了程序性争议解决方式这一问题,通过取消侧面解答了"决定"的法律地位;最后,对民事裁定和决定适用范围的界定对裁判救济措施的完善起到了分门别类的先锋作用,"决定"所涵盖的事宜在完善民事裁定救济的基础上一并得到了救济和保护。譬如,在德国、日本等国及我国台湾地区的民事诉讼法中,法院对证人、鉴定人以及其他利害关系人处以罚款等处罚时,均使用裁定的方式,并赋予其对该裁定的抗告权。

(二)民事裁定和命令的竞合与整合

法院裁判行为的表现形式有的属于法定的,有的则是法院按照审判习惯适用的。"在人民法院的裁判中,大部分裁判是一种法律上的判定,但法院在诉讼中为解决纠纷所实施的裁判行为中有一些并不是属于判定性的行为,而是要求当事人履行一定行为的命令性行为,属于裁判机关对某一事项的表示。"[①]"命令是法院为保证诉讼的顺利进行或者对某种权利的保护,对特殊问题作出的处理断定。法院作出命令是基于法院的审判权和指挥权,是法院为保证诉讼的进行或对某种权利的保护而作出的断定。命令在诉讼的许多阶段都可作出,其一种要式行为通常采用书面形式并向当事人出示或送达。"[②]命令事项通常属于程序进行的事项或者某些无争议的事实问题,往往属于法院职权范围内的事项,具有明显的法院职权色彩。"根据我国《民事诉讼法》的规定,命令主要有调查证据的命令、解除保全的命令、支付令、搜查令、执行令等。另外,我国《民事诉讼法》当中还出现了很多责令、指令等术语,除有明确规定可以归入裁判的其他类型外,应当将其归入命令的类型。"[③]

"命令所体现的诉讼效率价值最大和法院职权行为色彩最明显,其与判决、裁定和决定的最大区别在于命令并不针对争议事项进行判断,而只是要求特定主体单方履行,其几乎按有救济机制。"[④]通常情况下,命令单纯要求主体履行某

---

① 江伟:《民事诉讼法》,高等教育出版社 2007 年版,第 335 页。
② 刘家兴、潘剑锋:《民事诉讼法教程》,北京大学出版社 2010 年版,第 247 页。
③ 江伟:《民事诉讼法学》,中国人民大学出版社 2011 年版,第 271 页。
④ 江伟:《民事诉讼法学》,中国人民大学出版社 2011 年版,第 271 页。

种行为,具有单向性,主体在接到命令后必须服从,并不以言词辩论为基础。命令具有强制性、既判力和执行性,一经作出就立即发生法律效力,主体必须履行,赋予主体的保障很少和救济,主体几乎没有救济途径,对命令即不存在上诉,也不能申请复议。① 当然,如果情况发生变化,法院可以根据情况需要撤销原命令。

对于民事决定的改革方向,有学者指出,"对于扣押令、搜查令、支付令等民事命令,基于立法沿革和习惯,可仍然沿用起名,但在立法上及理论上应当明确,这些民事命令在性质上亦属于裁定,如果在某些方面对其缺乏具体规定,则应当按照裁定的一般性规定处理。"②笔者认为,命令本无作为独立裁判方式的必要,保留其现有名称易引发混淆和误解,因此将以整体改名并整合至民事裁定之中是有利于对相关程序性事项的规范性处理的,这是顺应裁判客观化、救济化的发展潮流的。譬如,2012年《民事诉讼法》第103条规定,属于财产纠纷的案件,被申请人提供担保的,人民法院应当裁定解除保全,一改长期以来法院解除保全以命令方式的做法。

(三)民事裁定和通知、处分的竞合与整合

目前司法解释授权法院在诉讼过程中对于某些诉讼程序事项的处理可以以通知的方式进行。③ 通知和处分作为法院决策活动的表现形式,主要用于对相关诉讼程序事项依职权作出判断的情形,其遗留着社会主义法制早期发展阶段的时代烙印,其虽为法院判案过程中的意志体现,但未被纳入法定裁判方式的范畴,在运用层面上的随意性和政策性使其带有明显的行政色彩,使人容易将其与法院为内部管理所运用的事务管理型通知相混淆。

目前司法实践中对通知和处分等未被纳入法定裁判方式而又广泛被运用的法院决策手段缺乏必要的制约。这种决策和判断显然是有别于法官释明权的行使,且就救济途径而言是根本缺乏的,对其变更和解除也缺乏法定制约机制,

---

① 《民事诉讼法》第95条规定,被申请人提供担保的,人民法院应当解除保全。第254条规定,人民法院解除保全的命令由执行员执行。

② 刘学在:《民事裁定上诉审程序之检讨》,载《法学评论》2001年第6期。

③ 譬如,2002年《民事诉讼法》第126条规定,人民法院对决定受理的案件,应当在受理案件通知书和应诉通知书中向当事人告知有关的诉讼权利义务,或者口头告知。1992年《最高人民法院关于适用〈中华人民共和国民事诉讼法〉若干问题的意见》第37条规定,上级人民法院依照民事诉讼法第37条的规定指定管辖,应书面通知报送的人民法院和被指定的人民法院。报送的人民法院接到通知后,应及时告知当事人。又如,该解释第57条规定,必须共同进行诉讼的当事人没有参加诉讼的,人民法院应当依照民事诉讼法第119条的规定,通知其参加;当事人也可以向人民法院申请追加。人民法院对当事人提出的申请,应当进行审查,申请无理的,民事裁定驳回;申请有理的,书面通知被追加的当事人参加诉讼。

不符合诉讼程序法定化和规范化的潮流。

裁判方式的多元化固然必需,但重复性设定势必会影响诉讼效率,不利于当事人的了解掌握和法官的准确运用。从制度本意上看,通知和处分等方式均属于广义上的对民事诉讼程序问题处理措施的范畴,就性质来说,"通知等裁判形式亦属于民事裁定的范畴。"①将目前运用通知和处分等手段加以处理的程序性事项全部通过纳入民事裁定适用范围的形式加以规范,将通知和处分合并入民事裁定是与我国传统的司法习惯相吻合的,对其统一适用民事裁定的基本原理和法律规定是改革方向之所在。

(四)民事裁定和驳回诉讼请求判决的竞合与整合

我国对于欠缺诉讼成立要件和利益保护要件的处理方式基本相同,均以裁定的形式驳回,但对逾期实体权利的拒绝保护采用了判决的形式驳回,这是不恰当的,法院以判决的形式处理诉讼时效这一程序性问题缺乏合理性。"当前判决驳回诉讼请求既是裁判行为也是裁判结论。作为裁判行为,其是以判决的形式对实体权利的确认予以拒绝的司法行为;作为裁判结论,除用于解决时效问题外,其还频繁运用于一审案件的实体审理结果中,是判决原告因无事实根据或法律依据进而败诉的表现形态,是对实体权利的否定性评价。驳回诉讼请求的判决在处理时效问题的层面上,本意在于判定原告丧失了胜诉权,但在原告看来就是判定其败诉。时效问题的处理与实体结果的评价适用同一裁判方式,这是明显存在矛盾的。我国二审程序中规定的裁定驳回上诉申请和判决驳回上诉请求、维持原判决,再审程序中规定的裁定驳回再审申请和再审之后的判决驳回诉讼请求(原审为一审的情形)、判决驳回上诉请求(原审为二审的情形),就将对程序性问题和实体性问题的处理结果区分开来,是具有合理性的。"②

诉讼时效在程序层面上所产生的限制性、消灭性效力将致使超过诉讼时效的民事权利因不能继续得到法律上本应给予的保障而陷于失权,这是时效的根本利益之所在。从基于实体法和程序法相结合的视角出发,失权并非意味着实体权利的消灭,也非胜诉权的丧失,而是起诉权——在程序上请求法院予以保护的权利的被剥夺,利害关系人所享有的诉权的作用范围已无法及于已超诉讼时效的民事权利。因此,应该运用驳回起诉裁定对超过诉讼时效的民事权利予以制约,若期待诉讼保护的民事权利尚未超过诉讼时效的,则裁定驳回被告的申请,并对案件继续进行审理;若认为期待诉讼保护的民事权利已经超过诉讼时效的,则裁定驳回起诉。《法国民事诉讼法典》第 122 条规定,只要有在诉讼不予受理的任何一种根据,如无资格、无利害关系、已经失效、逾越期限、属于既决事项

---

① 刘学在:《民事裁定上诉审程序之检讨》,载《法学评论》2001 年第 6 期。
② 胡思博:《诉讼时效制度的程序属性研究》,载《公民与法》(法学版)2011 年第 1 期。

等,均应不予受理。需要注意的是,法国此处的不予受理与该制度在我国的含义是不同的,其更类似于我国的驳回起诉制度。"法院裁定驳回起诉后,此时作为诉讼请求基础的实体权利并没有消灭,该权利仍可得到法律认可,原告有权运用法律许可的其他替代性纠纷解决方式来实现实体权利。此外,对于驳回起诉的裁定应赋予利害关系人对该裁定请求救济的机会,利害关系人对驳回起诉裁定不服的可直接提起上诉。"①

表2 对不予受理、驳回起诉和驳回诉讼请求的裁判比较

	不予受理	驳回起诉	驳回诉讼请求
适用文书	裁定	裁定	判决
适用阶段	起诉后,受理前	受理后,审结前	开庭审理结束后
适用条件	起诉不符合条件	起诉不符合条件	诉讼请求无实体法依据
适用机构	立案庭	立案庭或审判庭	审判庭
上诉期限	10日	10日	15日

(五)民事裁定对任意性程序事项的扩展与牵制

尽管现行法对民事裁定规定的立法样式为定义加列举的"两参式",但仍将一些重要的解决程序性问题手段遗漏在了民事裁定之外,无形中损害了法院实施诉讼行为应有的规范性。因此,应进一步扩展民事裁定的适用范围,尽可能将对程序性问题的解决措施统统纳入到民事裁定的适用范围之内。扩展民事裁定的种类,既可约束法官在处理程序性问题方面的自由裁量权,又可为当事人诉讼权利的行使提供保障,还可为当事人在就程序性问题的处理结果产生争议时提供证明依据。特别是对某些可能对一方当事人的权益造成不利影响的风险性程序的启动,一定要用民事裁定加以规范和证明。

1. 运用民事裁定进一步规范管辖制度

裁定管辖作为一个学理概念,是指依据法院的裁定确定诉讼的管辖法院,其

---

① 胡思博:《民事起诉期限制度研究》,载张卫平主编《民事诉讼法修改重要问题研究》(中国法学会民事诉讼法学研究会年会论文集2011年卷),厦门大学出版社2011年版,第792~798页。

包括移送管辖、指定管辖和管辖权转移。但是在现行法规定①及司法实务中,并没有对裁定的控制作用给予充分重视,违反了上述三类管辖的实质规律。因此,对于法院之间的移送管辖、指定管辖和管辖权转移三类事项的处理应当严格采用民事裁定的方式。

2. 运用民事裁定进一步规范程序启动制度

民事诉讼法在 2007 年修订之时便对再审程序的启动进行了完整规定,增设了再审裁定和驳回再审申请的裁定,加之之前就存在的一审不予受理裁定、驳回起诉裁定构成了诉讼程序启动类裁定的现状。笔者认为,此外还应增设一审受理裁定、二审受理裁定及二审不予受理裁定,这是对当事人程序启动权的回应和保障,可一改凭借诉讼费用交纳凭据证明诉讼程序启动的不规范局面,使诉讼时效和审理期限的起算更为清晰明确。传统观点认为,"一个民事案件审结是可能一个民事裁定也没有"②。笔者认为,在对诉讼程序进行规范和对裁定制度予以完善的情况下,当事人对诉讼程序启动的申请行为要么获得受理裁定,要么获得不予受理裁定,两者是必然存在且以矛盾对立的形式择一存在的,因此,每个民事案件审结完毕时至少存在一个、通常存在多个甚至是许多民事裁定,且这些民事裁定中不乏种类相同者,不存在一个案件审结完毕其中没有产生一个民事裁定的状况。

3. 运用民事裁定进一步规范开庭审理制度

开庭审理是民事诉讼中最为重要的阶段,是对事实争点的全面调查活动,是当事人辩论权集中行使的阶段,双方的举证、质证和法官的认证都应在庭审现场予以完成,对经合法传唤而拒不到庭的当事人将适用撤诉或缺席判决。因此,对开庭审理的时间、地点、人员等相关信息应以裁定的形式进行确定和通知,这既是对法官职权活动严肃性和谨慎性的要求,同时也是对当事人诉讼权利的保障。

4. 运用民事裁定进一步规范缺席判决制度

缺席判决是在缺席方未能到庭举证答辩的情况下作出的,其判决结果也往

---

① 2012 年《民事诉讼法》第 36 条规定,人民法院发现受理的案件不属于本院管辖的,应当移送有管辖权的人民法院,受移送的人民法院应当受理。受移送的人民法院认为受移送的案件依照规定不属于本院管辖的,应当报请上级人民法院指定管辖,不得再自行移送。第 37 条规定,有管辖权的人民法院由于特殊原因,不能行使管辖权的,由上级人民法院指定管辖。人民法院之间因管辖权发生争议,由争议双方协商解决;协商解决不了的,报请它们的共同上级人民法院指定管辖。第 38 条规定,上级人民法院有权审理下级人民法院管辖的第一审民事案件;确有必要将本院管辖的第一审民事案件交下级人民法院审理的,应当报请其上级人民法院批准。下级人民法院对它所管辖的第一审民事案件,认为需要由上级人民法院审理的,可以报请上级人民法院审理。

② 常怡:《民事诉讼法学》,中国政法大学出版社 2002 年版,第 300 页。

往会对缺席方不利,因此,以民事裁定的形式确定缺席判决的采用有利于保护缺席方诉讼权益。缺席判决启用裁定中应对缺席的事实和原因予以记载。

5. 运用民事裁定进一步规范公告送达制度

公告送达作为一种拟制送达,最终引发的法律后果可能是与现实情况不一致的,那么,运用民事裁定对公告送达的启动加以规范就显得十分必要和必需。将公告送达纳入民事裁定的范畴,即赋予了受送达人对危险程序的救济权。此种救济为程序意义上的救济,不同于对所公告的判决不服而提起上诉的实体意义上的救济。公告送达作为一种程序性诉讼行为,从性质上而言是符合民事裁定的基本要求的。由于公告送达的运行可能引发危险,因而从保障受送达人的角度考虑,公告送达裁定应是可以引发救济的民事裁定。这样既使受送达人有了获得救济的权利,又使法院的行为因程序得到规范而有所约束,达到了"两便"的效果。①

6. 运用民事裁定规范诉讼费用问题

首先,将判决书中的诉讼费用承担问题剔出,用民事裁定的形式加以规定。诉讼费用的承担作为程序性事项,通过民事裁定加以明细更为合理。尽管此种做法没有将其和判决结果一并用判决书加以公布显得方便,但在性质上是更为合适的。"确定诉讼费用额之裁定在性质上属于本案判决确定后与诉讼事件有关之裁定。"②其次,对是否予准许减交缓交诉讼费用的问题也应通过相关裁定予以规范。

7. 用民事裁定对人数不确定的代表人诉讼中未参加登记的权利人的权利和义务的确定

在人数不确定的代表人诉讼③中,未参加登记的权利人在诉讼时效期间内提起诉讼的,人民法院若认为其诉讼请求成立,应当以裁定的形式准用其适用人民法院已作出的判决与裁定。

---

① 胡思博:《论公告送达对当事人诉讼权利的保障》,载《公民与法(法学版)》2009 年第 9 期,第 29~31 页。
② 杨建华:《问题研析——民事诉讼法(二)》,台湾三民书局 1999 年版,第 353 页。
③ 《民事诉讼法》第 54 条规定,诉讼标的是同一种类、当事人一方人数众多在起诉时人数尚未确定的,人民法院可以发出公告,说明案件情况和诉讼请求,通知权利人在一定期间向人民法院登记。向人民法院登记的权利人可以推选代表人进行诉讼;推选不出代表人的,人民法院可以与参加登记的权利人商定代表人。代表人的诉讼行为对其所代表的当事人发生效力,但代表人变更、放弃诉讼请求或者承认对方当事人的诉讼请求,进行和解,必须经被代表的当事人同意。人民法院作出的判决、裁定,对参加登记的全体权利人发生效力。未参加登记的权利人在诉讼时效期间提起诉讼的,适用该判决、裁定。

新民事诉讼法鉴定启动权问题刍议
——以当事人权利与法官权力的博弈为视角

■ 宫 雪*

摘 要 民事诉讼中的鉴定启动权,不仅是当事人诉讼权利的重要内容,还具有保障民事诉权得以实现的重要功能。2012年通过的民事诉讼法修正案完善了民事鉴定启动程序,促进了这一功能的实现,符合建立现代民事诉讼鉴定制度的客观要求。以鉴定启动程序中当事人权利与法官权力的博弈为视角,探讨新民事诉讼法对鉴定启动程序的完善和不足,能更好地剖析民事诉讼中鉴定启动权的价值和功能,为新民诉法司法解释的制定提出建设性意见,包括增强当事人主体地位及对法官的约束力;尽量限缩法官裁量权,保持法官中立地位;明确自行委托鉴定的法律效力,防止当事人滥用启动权等方面。

关键词 新民诉法 鉴定启动权 诉权 当事人权利 法官权力

引 言

古罗马法的著名法谚"鉴定人是事实的法官",将鉴定制度所具有的举足轻重的地位和作用一语道破。在民事诉讼中,司法鉴定作为解决专门性事实问题的重要手段,运用得相当普遍,并且鉴定的启动对案件事实的认定和法官心证的形成均会产生深刻的影响。鉴定启动制度在我国民事诉讼相关立法中的规定经历了一个不断完善的过程:2002年实施的《最高人民法院关于民事诉讼证据的若干规定》(以下简称《证据规定》)赋予民事诉讼的当事人双方申请启动鉴定的权利,使当事人对民事鉴定的启动拥有了一定程度上的自主权;现在新《民事诉讼法》又将这一规定以基本法的形式确认下来,这是对法学界理论研究成果的吸收,也是对国外先进鉴定制度立法例的借鉴。我国民事诉讼法正朝着当事人在当事人权利与法官权力的配置关系中居于主导的方向转变,在赋予当事人双方鉴定启动权的同时,也应当相应限缩法官在审查鉴定启动申请时的裁量权,这是完善鉴定启动程序的一体两面,以使我国民事诉讼中的鉴定制度能与现代西方

---

* 华东政法大学研究生教育院,博士研究生。

的司法动态相一致。

一、新民诉法推动了民事鉴定启动对诉权保障功能的实现

诉权是当事人双方都享有的、支配整个诉讼活动的权利。民事诉讼中的鉴定启动权是民事诉讼权利的重要内容,同时,民事诉讼法中鉴定启动程序的相关规定则是公民诉权实现的制度保障,新《民事诉讼法》通过对鉴定启动权主体的确认,从诉权实体和程序两个层面的内涵出发,保障公民诉权的实现。

(一)提高鉴定启动规定的法律效力以统一司法实践

理论界对于谁有权决定和委托民事鉴定以及谁有权实施鉴定的问题有较多的讨论,直到2002年实施的《证据规定》首次赋予了当事人申请鉴定的权利,初步细化了民事鉴定的具体运用规则,其中第26条[1]明确了当事人申请鉴定所应遵循的条件和方式,从而初步确立了当事人合意选任鉴定机构、鉴定人为主,法院指定为辅的选任方式。2007年民诉法的修改并未涉及鉴定程序方面,也未对《证据规定》中有关民事鉴定启动的规定加以确认,但司法实践中依照《证据规定》的方式启动鉴定已经相当普遍。

2012年8月31日第三次审议通过的民事诉讼法修正案,将《证据规定》第26条修改后以基本法的形式确定下来,解决了过去旧的上位法与新的下位法之间在法的效力上的冲突。新民诉法第76条第1款规定:"当事人可以就查明事实的专门性问题向人民法院申请鉴定。当事人申请鉴定的,由双方当事人协商确定具备资格的鉴定人;协商不成的,由人民法院指定。"同时就人民法院主动委托鉴定作了规定:"当事人未申请鉴定,人民法院对专门性问题认为需要鉴定的,应当委托具备资格的鉴定人进行鉴定。"另外,此条文中明确了当事人委托或人民法院依职权委托的鉴定人的资质要求,不再是概括笼统的"具有专门知识的人",而是"具备资格的鉴定人"[2],否则所获得的鉴定意见不得作为证据使用。

此次修改将民事鉴定启动申请权明确赋予当事人双方,对强化当事人举证责任、规范民事鉴定活动具有深远意义,同时体现了民事鉴定启动权对诉权的保障功能。对新民诉法适用加以规定的司法解释也在吸收各方各面理论学者、司法实务者探讨成果的背景之下,进入了紧锣密鼓的制定阶段。

(二)初步扩张当事人自主性以实现诉权的实体内涵

当民事诉权的实现依赖于对某个专门性问题的鉴定时,民事鉴定启动权就

---

[1] 《证据规定》第26条规定:"当事人申请鉴定经人民法院同意后,由双方当事人协商确定有鉴定资格的鉴定机构、鉴定人员,协商不成的,由人民法院指定。"

[2] "具备资格的鉴定人"是根据《关于司法鉴定管理问题的决定》(以下简称《决定》)第4条、第6条明确规定的,符合司法鉴定人的条件、取得鉴定人资格证并编入国家鉴定人名册的人。

对诉权实现的可能性产生致命影响。民事诉权的实体内涵,是指保护民事权益或解决民事纠纷的请求,即为实体意义上的诉,构成了法院审判的对象和既判力的客观范围。① 从这个层面出发,新民诉法通过适度扩张当事人在启动鉴定程序中的自主性,促进了诉权实体内涵的实现,主要体现在以下三个方面:

1. 初步扩张当事人民事鉴定中的处分权。处分原则贯穿于民事诉讼法始终,旨在维护当事人的意思自治,同时也构成对法官或审判权的制约,"审判的运作不能随意背离或超越诉之范围"②。赋予当事人就民事诉讼中查明专门性的事实问题申请鉴定的权利是初步扩张当事人处分权的重要体现,并且在鉴定人的选任方式上,当事人协商优先于法院指定方式,由当事人协商确定具备鉴定资格的鉴定人,可以选也可以不选,也体现了民事诉讼中的处分原则。

2. 初步扩张当事人民事鉴定中的程序选择权。本文认为,程序选择权与民事诉权是交叉关系,在民事诉讼开始之前,程序选择权的行使独立于诉权。日本学者棚濑孝雄在《纠纷的解决与审判制度》一书中向我们阐释了纠纷解决的不同方式,包括根据合意的纠纷解决方式和根据决定的纠纷解决方式,当事人享有选择何种方式解决其纠纷的权利。一旦诉讼开始,程序选择权便成为诉权的一种表现形式,同时对诉权起到保障作用。③ 新民诉法赋予当事人民事鉴定启动权是当事人民事程序选择权的重要体现,在鉴定人的选任方式上,当事人协商确定鉴定机构、鉴定人,可以选此鉴定机构也可选彼鉴定机构,体现了民事诉讼中的程序选择权。

3. 初步扩张当事人民事诉讼中的举证权。作为诉讼直接利害关系人的当事人,对有利于自己的专门性问题提请鉴定符合其对利于自己诉讼后果的期待心理,鉴定后形成的证据自然应归属于申请方当事人的证据体系,因此向法院申请委托鉴定应属当事人举证责任的内容和范畴。修改之前法院依职权委托鉴定所得的鉴定结论属于法院证据体系,无法归入当事人的证据体系,在客观上造成了非举证主体的法院与举证主体的当事人之间在举证地位上的错位。④ 民事诉讼上的证明责任分配原则是"谁主张,谁举证",作为负有举证责任的当事人,当然也应当享有鉴定的启动权,在司法改革强化当事人举证责任的背景之下,对鉴定制度进行改革已是大势所趋。

(三) 通过保持法官中立地位以保障诉权的程序内涵

无论何种诉讼,程序正义的最基本要求之一就是裁判者的中立性。如果法

---

① 江伟、邵明、陈刚:《民事诉权研究》,法律出版社2002年版,第155页。
② 江伟、邵明、陈刚:《民事诉权研究》,法律出版社2002年版,第327页。
③ 孟丹丹:《论民事程序选择权》,中国政法大学硕士学位论文,2010年提交,第6页。
④ 毕玉谦:《〈最高人民法院关于民事诉讼证据的若干规定〉解释与适用》,中国民主法制出版社2002年版,第226页。

官不能保持中立的地位,就谈不上诉讼程序正义,也无所谓审判结果的正当性,民事鉴定有助于揭示案件的事实真相,鉴定意见的运用也关联着程序正义的问题。① 诉权的程序内涵是指在程序上向法院请求行使审判权,旨在启动诉讼程序和从程序上请求法院行使审判权,②而民事鉴定启动程序可以保障法院审判权得以顺利实现。一般认为,"当事人平等"、"程序参与"及"公开审判"是衡量程序正义的重要因素。③

1. 通过保持法官中立以维护当事人平等权。在我国的民事诉讼向当事人主导转型的重要时期,一方面,此次民诉法的修改给予双方当事人平等的机会去协商选任鉴定人,鉴定启动的被动性要求必须经法定程序接受委托或被聘请;另一方面,法院对双方的证据和意见予以平等的关注和考虑,避免当事人对法院和鉴定机构的中立性产生质疑,虽然这样可能影响诉讼效率,但更重要的是满足司法的权威性和程序正义的要求。这两个方面正是当事人平等权不同层面的要求和含义。

2. 通过保持法官中立以维护当事人程序参与权。程序参与权,英美法上称"获得法庭审判机会"原则,为使当事人富有意义地参与民事诉讼的过程,法院应当尽可能保持中立并为当事人提供机会参与诉讼,便利当事人。这一权利同时要求当事人对裁判结果的形成发挥有效的作用和影响,因此,新民诉法将民事鉴定的申请启动权赋予当事人,让双方当事人充分参与鉴定这一重要举证活动的启动,在鉴定启动和鉴定过程中能有充分的机会表达自己的意见、观点和主张,体现了我国诉权保障程度的提高,同时促进程序正义的实现。

3. 通过保持法官中立以实现公开审判。公开审判是民事诉讼法的基本制度,但我国的公开审判与现代法治对该制度的要求还有一定差距。除形式上公开外,法官还应当对其形成和作出的诉讼裁判的过程和理由进行公开、明晰地阐明,即实质公开。民事鉴定启动程序的公开性同样也是司法鉴定程序公正的基本标准和要求。当事人有权从公开的《国家司法鉴定人和司法鉴定机构名册》中选取鉴定机构和鉴定人,并且当事人享有知情权,知悉什么样的机构和鉴定人可以从事司法鉴定活动;双方当事人协商统一委托后,有关鉴定目的、要求、内容、方式、方法及鉴定结果等都应被告知。当然,不仅仅是鉴定启动程序审查的实质公开远未达到现代法治的要求,我国民事诉讼的整个阶段在完善这一制度上还存在很大的空间。

---

① 张卫平:《鉴定的启动机制与程序正义》,载《法制日报》2005年8月6日,第003版。
② 江伟、邵明、陈刚:《民事诉权研究》,法律出版社2002年版,第153页。
③ 相庆梅:《从逻辑到经验——民事诉权的一种分析框架》,法律出版社2008年版,第249页。

二、国外立法例对我国民事鉴定启动制度的启示

鉴于鉴定意见属于诉讼过程中生成的证据,民事鉴定启动是一种制度的安排,所以有必要对国外的立法例作比较研究,从而为完善民事鉴定启动权对诉权的保障、当事人权利与法官权力的合理关系提供借鉴和资源。

(一)我国新民诉法的规定吸收借鉴了两大法系的相关规定

我国新民诉法确认的现行民事鉴定启动制度采用了大陆法系国家鉴定制度的通例,规定民事鉴定必须依当事人的申请并经法院同意而启动。另外,第78条规定了鉴定人出庭作证制度以及第79条明确了专家辅助人制度,[1]这些都是对英美法系专家证人制度的借鉴。可以看出,我国民事鉴定启动制度对两大法系相关制度的吸收借鉴,而两大法系对该制度的发展也呈现出相互吸收、相互融合的趋势。

1. 我国对大陆法系民事鉴定启动制度的吸收借鉴。目前,大陆法系国家的鉴定启动制度正以职权主义与当事人意愿相结合的模式运作。[2] 过去大陆法系国家采用职权型司法鉴定启动机制,将司法鉴定启动权限定在法院或法官,法官根据案件的需要从登记具备资质的鉴定机构名册中选任鉴定人,其权力比当事人权利要扩张得多。大陆法系各国法律虽要求鉴定人对双方当事人采取中立的立场,适用严格的回避制度,但也暴露出以下弊端:第一,鉴定人被认为是法官的科学辅助人,与法官的关系密切,容易受法官的意志左右,这无疑使本已扩张的法官权力如虎添翼;第二,当事人对法官指定的鉴定人不够信任,对鉴定的积极性不高,这源自当事人启动鉴定自主性的薄弱。因此大陆法系的代表国家陆续改革民事鉴定启动制度,加大了当事人对法官的影响,越来越多的大陆法系国家以法典的形式规定双方当事人选任鉴定人得一致意见可约束法庭决定的做法。

法国采用"双重鉴定原则",除极为简单的鉴定事项外,法官应聘请两名以上的鉴定人分别对同一事项进行鉴定。1999 年修改的德国《民事诉讼法》第 404 条规定:"法院可以要求当事人指定适于为鉴定人的人。当事人一致同意某特定人为鉴定人时,法院应即听从其一致意见;但法院可以把当事人的选定限制在一定的人数。"基于大陆法系国家对民事鉴定启动权规定的改革趋势,我国新民诉法也改变过去职权型启动模式的做法,赋予当事人申请启动民事鉴定的权利同时,保留法官在当事人不能协商一致时的指定权及对专门性问题认为需要鉴定时的启动权,这是对大陆法系国家相关法律的吸收借鉴。

---

[1] 2012 年新民诉法第 79 条规定:"当事人可以申请人民法院通知有专门知识的人出庭,就鉴定人作出的鉴定意见或者专业问题提出意见。"

[2] 包建明:《司法鉴定启动程序比较研究》,载《中国司法鉴定》2003 年第 3 期。

2.我国对英美法系民事鉴定启动制度的吸收借鉴。英美法系主要采用专家证人制度来认定专门性事实问题,广义上这一制度既包括提供的书面鉴定意见,也包括专家证人向法庭提供的言词证据。目前,英美法系国家的鉴定启动制度正以当事人主义与职权干预相结合的模式进行。过去英美法系国家采用当事人司法鉴定启动机制,更多地将司法鉴定的启动权平等地赋予诉讼当事人各方而不加限制,试图通过控辩双方的竞争对抗获得更为全面的鉴定意见,揭示案件事实真相和保护当事人获得程序利益,但也存在以下不足:第一,鉴定人容易当事人化。在美国,当事人与专家签订胜诉激励金合同,由于利益的驱使专家作出对当事人一方有利的证言,无疑增加了法官认定事实的困难。第二,对双方专家证人进行交叉询问使原本繁琐的诉讼程序变得更加冗长,法庭上"鉴定大战"常发,当事人滥用聘请专家证人自主权无疑增加了诉讼成本。因此,近些年来,英美法系国家对当事人传唤专家证人出庭作证也作了限制。

自20世纪90年代以来进行民事诉讼改革取得重大成果的英国在《民事诉讼规则》第35.1条中规定,未经法院的许可不得传唤专家证人作证,未经许可也不得将鉴定结论作为证据使用。美国也开始借鉴法官享有鉴定决定权的模式,如《联邦证据规则》第702条规定,是否使用专家证据的决定权在于事实审理者,如果事实审理者认为专家证言对其没有帮助,并且纯属多余和浪费时间就将被排除;第706条(a)规定,"……法庭可以指定经当事人同意的任何专家证人,也可以根据自己的选择指定专家证人……"在美国的诉讼实践中,如果当事人因经济困难而无力负担费用而不能聘请专家证人,但案件中的待证事实所涉及的专门性问题对认定事实具有重大影响时,法院可以指定鉴定人。通过考察英美法系国家的专家证人制度的改革,我国新民诉法赋予当事人申请启动民事鉴定的权利,又增设鉴定人出庭作证制度和专家辅助人制度,是对英美法系国家相关法律的吸收借鉴。

(二)我国民事鉴定启动制度的问题和不足

除了积极肯定此次修法的成就,还应当检视不足。我国和国外的立法例还有一定差距,特别是在当事人权利与法官权力在鉴定启动程序中的配置关系上仍不够完善,以对今后司法解释的制定提出建议。

1.民事鉴定启动制度缺乏配套的救济程序,申请人对法官无法形成约束力。法官对其认为不符合"查明事实的专门性问题"这一标准的民事鉴定启动请求不予支持,法律却未规定法官对不予支持启动鉴定所负有的告知义务,也未规定配套的救济程序,当事人只能接受这一决定,若不满则求助无门,使民事鉴定申请权由于缺乏相应异议制度的规定而流于形式,对诉权的保障功能及当事人自主性的维护缺乏实际可操作性,法官也难以保持中立的地位。法国、意大利等国家已经规定了相应的制度来帮助鉴定申请人约束法官,我国应当在即将出台的新民诉法司法解释中细化法官不予支持当事人民事鉴定申请时的救济途径。

2. 未规定预付鉴定费减缓制度和法官释明义务,阻断了当事人鉴定启动权效力的实现。法国的民事诉讼法对鉴定费用的预付作出规定,由法官根据鉴定人应获得的报酬金额及当事人数情况,决定鉴定预付款项及多方当事人各自承担的比例,并告知当事人预付期限,同时规定书记员有义务向当事人申明如果不在期限内预付则鉴定人的指定将失去效力。可以看出,法国明确了法院对当事人预付鉴定费用负有释明义务。而我国仅规定在人民法院指定的期限内无正当理由不预交鉴定费用的,应对该事实承担举证不能的法律后果,未明确法官的释明义务和鉴定费用预交的减缓制度,使当事人鉴定启动申请权的效力没有保障。

3. 新民诉法未细化民事鉴定启动申请的审查内容和标准。首先,不应当对当事人的申请不加限制,新民诉法第76条仅规定当事人就"查明事实的专门性问题"可以申请鉴定,而法官对当事人鉴定申请的审查也只能笼统地从是否为"查明事实"所必需,是否是"专门性问题",《决定》对"专门性问题"作出了较为详细的界定,但如何确定是否是"查明事实"的专门性问题却没有进行规定,应从诉讼程序上对法院行使民事鉴定申请审查权和鉴定委托权加以规范。其次,也不应当过分限制申请权,若过分限制会阻碍包括举证权、处分权等在内的诉权之实现途径,极易造成司法机关对鉴定决定权的滥用。

4. 对补充鉴定、重新鉴定的启动申请权规定缺乏可操作性。"无救济即无权利",没有设置救济制度保护的权利不能称为权利,鉴定的救济程序即我们通常所称的补充鉴定或重新鉴定,新民诉法只规定了当事人有补充鉴定、重新鉴定的申请启动权,①但该申请权没有相应的法律程序保障,这无疑不利于当事人诉权的全面保护。《证据规定》第27条虽然规定了提起重新鉴定和补充鉴定的理由,但是对于申请的审查、申请的时间期限、鉴定机构和鉴定人员如何重新挑选定等并未涉及,实践中缺乏可操作性。

5. 当事人自行鉴定引起重新鉴定现象普遍,造成诉讼程序的拖延。自行鉴定即诉讼内自行鉴定是指在诉讼前或者诉讼过程中,当事人基于向法庭提供证据的目的,委托具有司法鉴定资格的鉴定机构进行的鉴定活动。② 从我国《证据

---

① 《证据规定》第27条规定:"当事人对人民法院委托的鉴定部门作出的鉴定结论有异议申请重新鉴定,提出证据证明存在下列情形之一的,人民法院应予准许:(一)鉴定机构或者鉴定人员不具备相关的鉴定资格的;(二)鉴定程序严重违法的;(三)鉴定结论明显依据不足的;(四)经过质证认定不能作为证据使用的其他情形。对有缺陷的鉴定结论,可以通过补充鉴定、重新质证或者补充质证等方法解决的,不予重新鉴定。"

② 诉讼内鉴定与诉讼外鉴定之浅谈,http://www.lawtime.cn/info/jiaotong/shpcjianding/2011072899729.html,下载日期:2012年10月8日。

规定》第 28 条规定①可以推出,我国允许当事人自行鉴定,但是由于此条还规定自行鉴定所得到的鉴定意见,若"一方当事人有证据足以反驳并申请重新鉴定的,人民法院应予准许",所以自行鉴定所得鉴定意见的证据效力远远小于委托鉴定,在司法实践中往往引起重新鉴定,造成当事人滥用鉴定启动权的局面,不免拖延诉讼造成司法资源的浪费,更无法保障当事人诉权实现的效率,应当以法律形式明确允许对特殊情形有限地进行自行鉴定。

综上所述,我国应当借鉴大陆法系及英美法系国家有关民事鉴定启动权的规定,克服职权型民事鉴定启动制度下可能出现的法官专断、妨碍当事人诉讼权利实现的弊端,促进当事人权利的适度扩张,完善民事诉讼当事人诉权的实现路径。

三、完善民事鉴定启动程序中当事人权利与法官权力的配置关系

虽然我国 2012 年新民诉法通过修改部分内容调整了民事诉讼程序中当事人权利与法官权力的配置关系,但总体上当事人的主体地位还是偏弱,仍有改进的空间。同时,通过协调两者的配置关系,可以使民事诉讼中鉴定启动程序臻于完善,与现代西方法治的发展趋势相一致。

(一)增强当事人主体地位及对法官的约束力

1.增设配套救济程序以增强对法官的约束。在我国,法院委托鉴定获得鉴定意见的证据效力远远高于当事人自行鉴定的证据效力,因此应当对当事人申请法院委托鉴定的权利给予全面保障以避免讼累,同时增强申请人对法官的约束,这也是对保持法官独立地位和中立身份的另一推动力。法国规定了对法官命令进行鉴定的裁判决定的上诉制度,《法国民事诉讼法典》第 272 条规定:"如经证明有重大的合法理由,经上诉法院第一院长批准,对命令进行鉴定的裁判决定,得独立于实体判决,向上诉法院提出上诉。"②并规定当事人向第一院长提出上诉请求,第一院长依紧急程序作出裁定。

纵观我国,当事人仅享有的申请初次鉴定和重新鉴定的权利,法院在民事鉴定中居于主导地位不言自明。当事人作出的民事鉴定的申请请求如何对法官形成一定的约束力?本文认为,在我国,由于民事诉讼案件数量巨大,不适宜采取法国民事诉讼中的上诉制度来纠正错误的审查决定,这样会制造更加繁琐的程序,而适用附有理由的书面决定和复议制度更符合国情。第一,应当在新民诉法

---

① 《证据规定》第 28 条规定:"一方当事人自行委托有关部门作出的鉴定结论,另一方当事人有证据足以反驳并申请重新鉴定的,人民法院应予准许。"

② 罗结珍译:《法国新民事诉讼法典》,法律出版社 2008 年版,第 327 页。

的司法解释中明文规定,司法机关认为当事人申请民事鉴定不当或不应当启动鉴定程序时,应当以书面形式作出决定并说明不予启动的理由,即法官在决定不予鉴定的情形下负有阐明义务。第二,同时设置复议程序,在送达不予启动鉴定程序法律文书时,告知申请人如果不服可以向原作出不予启动鉴定程序的法院申请复议,给未被准予请求的当事人以救济的权利。这样,当事人在鉴定程序的启动上享有了更大程度的自主权。第三,值得注意的是,新民诉法将检察机关法律监督范围扩大到整个民事诉讼阶段并增加了监督方式,因此,如果在鉴定启动申请的审查过程中存在违法行为,也属于检察监督的范围。第四,确立法官违反程序审查鉴定启动申请须承担的责任,包括违反审查程序决定启动鉴定或不启动鉴定的行为无效,构成犯罪的追究相应的法律责任。

2. 规定民事鉴定预付费制度和法官的释明义务。《法国民事诉讼法》第271条规定:"在当事人不按照规定的期限与支付方式寄存预付款项的情况下,鉴定人的指定失去效力,但如法官应当事人之一的请求,依据该当事人提出的正当理由,决定延长期限或者决定撤销前述失效事由时,不在此限。诉讼继续进行,但没有寄存款项或者拒绝寄存款项的人应承担一切后果"。奥地利《民事诉讼法》第365条也有类似的规定,主要是对不享有程序救助的举证人,法官为弥补因鉴定人的鉴定所开支的费用,在确定数额后命据证人在一定的期间内预交。①

借鉴法国和奥地利的规定,在我国民诉法解释中应当增加民事诉讼鉴定预付费用缓交、免交的相应制度,保证当事人鉴定启动权效力的实现,不能一概否认未预付鉴定费用的当事人所申请委托的鉴定无法律效力。为避免当事人由于未缴纳鉴定预付费用而无法行使民事鉴定启动权,应明确法官须履行的释明义务,告知当事人如果不在期限内预付则鉴定人的指定将失去效力,以保障当事人举证权得以实现。

(二) 尽量限缩法官的裁量权,保持法官的中立地位

1. 明确法官对当事人民事鉴定申请的审查内容和标准。法官审查当事人启动申请无明确标准,容易产生法官享有较大的裁量权,无法保证当事人权利的自主性的情形。因此,应当在新民诉法的司法解释中明确相应的条件,其一以避免法院对启动程序的范围过度紧缩产生错案,其二以防止不必要的鉴定拖延诉讼的进程。日本《民事诉讼法》规定,法院若认为无须调查当事人申请的鉴定事项,或申请的鉴定事项自己能够判断,且确信依鉴定人的意见而不能变更其判断,则可以驳回当事人的申请。② 而考察我国台湾地区的鉴定启动程序,法院审查当事人申请或者依职权启动鉴定的基础性条件是证据事实"有无鉴定之必要性",

---

① 黄维智:《鉴定证据制度研究》,中国检察出版社2006年版,第256页。
② 郭华:《鉴定结论论》,中国人民公安大学出版社2007年版,第163页。

台湾地区学者认为这一条件主要涉及调查范围与鉴定的关系,即有证据关联性、调查必要性与调查可能性的待证事实,并且必须依专门知识始能回答。

　　本文认为,可以借鉴日本和我国台湾地区的规定,区分必须启动民事鉴定程序的事项的情形、启动民事鉴定的裁量情形及不必启动民事鉴定程序的情形。一方面,明确列举应当驳回当事人鉴定申请的几类情形;另一方面,规定某类案件或某些情况必须准许鉴定,例如,"当事人无法达成共识的产品质量缺陷、争议标的物的价值评估"①等。

　　2. 细化补充鉴定、重新鉴定启动申请权的相关规定。大陆法系国家对启动民事补充鉴定程序条件的规定比较宽泛,如《奥地利民事诉讼法》第326条第2款规定:"提出的鉴定不充分的,或鉴定人之间有不同意见的,法院根据申请或依职权命原来的鉴定人……再次鉴定。"②我国"对有缺陷的鉴定意见"可以进行补充鉴定,对"有缺陷的鉴定意见"可适用的情况有待细化,但也不易限制太多。在具体启动上,一方面,对具有明显瑕疵的鉴定意见,法官应当根据其诉讼指挥权主动向当事人释明其享有申请补充鉴定的权利,可以包括新发现的问题、修改补正原鉴定意见等情形,但出于当事人权利自主性的要求,具体对哪些事项应由当事人决定,以保障当事人的举证权。另一方面,对于当事人补充鉴定的申请,法官认为符合实体条件的,应当作出准予补充鉴定的决定,决定内容应当包括存在问题的具体内容及补充的要求,并通知原鉴定人进行补充鉴定和鉴定期限;而法官认为不符合实体条件的,应当作出附理由的不予补充鉴定的决定,增设当事人申请补充鉴定的异议程序,避免法官过分自由裁量产生武断的情形发生。

　　另外,对于重新鉴定启动申请权的有关规定也应细化。重新鉴定程序在法国被称为"反鉴定程序",须选任新的鉴定人,我国仅规定了民事重新鉴定的限制条件,没有规定对法官消极不启动的规制。同样,对于当事人重新鉴定的申请,法官不认可的应当作出附理由的决定并增设复议程序。新民诉法和《证据规定》没有规定申请重新鉴定的期限和次数,新民诉法的司法解释应当明确将申请重新鉴定的时间限定在庭审辩论之前,超过此期限不得提出重新鉴定申请。另外,为保障当事人举证和法庭审理的诉讼效率,申请民事重新鉴定的次数建议规定为一次。对于如何重新挑选鉴定机构和鉴定人员这一问题,应规定法院不得再启动与初次鉴定存在关系的鉴定机构和鉴定人进行鉴定,以保障重复鉴定的存在价值得以实现。

---

① 王道阳:《鉴定委托权和鉴定结论司法审查》,载丁巧仁主编:《民事诉讼证据制度若干问题研究》,人民法院出版社2004年版,第273页。
② 郭华:《鉴定结论论》,中国人民公安大学出版社2007年版,第368页。

(三)明确自行委托鉴定的法律效力,防止当事人滥用启动权

虽然在民事鉴定启动程序中,当事人权利与法官权力的博弈应当以当事人自主性的更多赋予以及法官保持中立身份和地位为原则,但并不意味着当事人启动权的无限扩张。在司法实践中同样存在由于当事人自行委托鉴定致使多头鉴定、重复鉴定甚至虚假鉴定的现象发生。因此,防止当事人滥用启动权也必须是完善当事人权利与法官权力之间合理关系的题中应有之义。

由于当事人申请和法院指定而作出的鉴定意见属于我国民事诉讼法中的法定证据,效力远远高于当事人自己聘请鉴定人作出的鉴定意见,并且在司法实践中,有部分鉴定机构不予受理非法院等司法机关委托的鉴定,因此应该从法律上给自行鉴定及所得鉴定意见的法律效力予以明确定位。本文建议,应明确可以自行鉴定的情形——对由于客观原因急需鉴定的情形,例如鉴定对象不便保存、容易变质或受损等,可以允许自行鉴定,避免因错过最佳鉴定时期影响案件事实的认定。除此之外,应当限制当事人自行委托鉴定的适用,防止"多头鉴定"造成司法资源的浪费,避免重复鉴定及引起不必要的重新鉴定。

结　语

罗马法古谚有云:"有诉才有救济。"即具有符合法律规定的诉(请求权和诉权)的可能性的案件才能提交裁判,可见,诉讼法的规定是实现诉权的制度保障。比起在大陆法系等国盛行的各种诉权理论学说,英美法系不热衷于诉权内涵等抽象理论问题的探讨,而是注重诉权规则的合理制定和有关诉权的适用问题的探讨,[①]对我国民事诉权保护产生不同方面的影响。总之,民事鉴定启动权的行使促进了民事诉权实现。目前,我国庭审方式的改革趋势是向当事人主义诉讼模式转化,调动控、辩双方的能动性是关键。虽然新民诉法对于当事人诉讼主体地位进行了加强,但是在民事鉴定启动程序中,当事人权利与法官权力孰重孰轻,仍然是值得探讨的问题。只有保持法官地位和身份的中立,才能最大限度地保障当事人诉权的行使。另外,大陆法系对于职权型鉴定启动制度审视及英美法系国家对专家证人制度的反思,警示我们照搬任何一个国家的民事鉴定启动制度都是不可取的,必须结合国家的诉讼制度及传统,分析不足和差距,进一步完善这一制度。面对两大法系的民事鉴定启动制度呈现出融合的趋势,我国如何在这一融合中找到借鉴的度并能协调好当事人权利与法官权力关系是最关键的问题。

---

① [德]K.茨威格特、H.克茨:《比较法总论》,潘汉典等译,贵州人民出版社1992年版,第133页。

实务探微

试探司法裁量权的价值实践功能

■ 黄海涛*

摘 要 本文首先对法官运用三段论处理案件的过程进行了细致的分析,探索其中法官裁量性的具体显现。现代法治需要采取其他措施对法官的司法裁量权(广义)加以引导与限制,这些措施可以分为对法官审判行为的外部监督和对法官个人心理的引导这两个方面,两者具有同等的重要性。本文重点就法官的个人价值追求如何在司法审判过程中得以实现进行了实践性的探讨,提出三段论的每一个环节都是法官价值追求实践的舞台,并重点从证据收集、举证责任分配、证明标准的掌握、法律原则的适用、法律责任的多元化选择、法律规范的个案解释这六个方面,结合实例探讨了法官妥善行使裁量权,在三段论的思维过程中实践价值追求的具体路径,对司法裁量权的价值实践功能进行了实证性的探索。

关键词 三段论 司法裁量权 价值追求 实践路径

在西方司法制度中,为防范法官的个人因素对判决客观性的影响,从"三权分立"的基本理论出发,法官被设定为严格根据"三段论"的逻辑推导方法适用法律的保守和克制的形象。在司法过程中,法官应当而且只能遵守严格的逻辑思维方式,严格依据现有的法律条文,从现有实体法律规范(大前提)出发,判定争议事件的法律关系性质,分析其事实要件,通过论证案件事实(小前提)与法律规定的"事实要件"之间的一致性,将案件纳入法律规范所调整的范畴,以演绎式

---

* 北京市第一中级人民法院民一庭副庭长、法学博士。

的三段论推理方法适用法律,根据法律规定的法律效果分配当事人各方的权利义务(结论)。在我国,对司法审判过程的理论概括也基本上遵循同样的设计,法官的审判工作同样基于"寻找大前提—认定小前提—判定法律效果"这一逻辑顺序展开,这也是讲授三段论等逻辑推导方法的法律逻辑课程成为法学本科必修课原因之一。

但现实的司法过程真的只是逻辑推理吗?"判决只是法律的复印"吗?法官真的只是法律的"自动售货机"吗?卡多佐有句名言:"司法的创造性是司法的本质。"恩吉施曾说:"法就其全部构成部分而言,是一种有机的,与人结合出现的活泼的精神产物。"① 比较法上,西方法治发展的进程已经抛弃了原来对法官保守而机械的形象设计,逐渐认可了法官在司法中的个体性和创造性,也认可了法官在审判中所拥有的广泛的裁量权。

在我国,20 世纪 90 年代初期强调法官消极性、中立性之后,"能动司法"成为法院审判工作进入 21 世纪之后的基本理念,"为大局服务,为人民司法"成为审判活动的工作主题,"法律效果、政治效果和社会效果的有机统一"成为司法首要的工作目标。要实现新形势下这些新的工作要求,执着于三段论之机械性的法官是无法实现这些要求的。

笔者认为,"三段论"并不是"一加一等于二"的数学题,三段论逻辑推演的各个环节中都存在着法官司法裁量权行使的舞台,法官在事实认定、法律适用和权利义务分配的三个阶段中对相关事务的处理均存在着自由裁量权作用的空间,而在作出这些选择时,法官个人的价值追求是确定选择结果的重要因素之一,这种在价值追求的目标指引下的三段论中的自由裁量权,正是我们作为法官实践"三个至上"、"三个效果统一"等目标要求的基本进路。以下试详析之。

一、法官裁量权在三段论中的运用

三段论能够在初始阶段被设定为限制法官自由裁量权的重要工具,其原因之一即其逻辑性。但随着时代发展,对这种逻辑性的理解逐渐摆脱了当时公众所设想的"大、小前提单一,推理过程简单,演绎结论唯一"的观念,司法三段论的灵活性逐渐为公众所认知,法官的裁量权成为决定案件最终处理结果的重要因素,并在三段论的各个环节显现。

(一)确定大前提时的裁量权

司法三段论首先需要确定案件审理所对应的法律规范,但在司法实践中,法官并不是总能顺利完成"找法"的任务,障碍在于:

1.法律规范的缺失。对具体的纠纷,法官有时难以找到对应的法律规范,如

---

① [德]卡尔·拉伦茨:《法学方法论》,陈爱娥译,商务印书馆 2003 年版,第 176 页。

驴友结伴自助游引发的侵权纠纷、离婚诉讼中的股票期权分割纠纷等。这种缺失的原因大抵有以下三个方面：一是法律部门及其条文数量的有限性，使其无法面面俱到地规范社会生活的各个方面；二是法律条文的普适性、抽象性，使其难以与社会生活中的具体纠纷做到一一对应；三是法律条文的滞后性，这种滞后的现象不仅根源于法律的稳定性要求，也是由于立法者自身精力与时间的有限性难以跟上社会进步的脚步。

2.法律规范内容的不确定性。这种不确定性除了立法技术方面的原因之外，也基于法律语言本身有引发歧义之可能。这些条文中的语言，必须通过参考立法说明、司法判例和法学理论等其他外部因素，方能准确地把握其含义，如我国民事诉讼法第108条中规定的立案条件中对原告与本案有"直接利害关系"的要求，实践中对该条款的具体含义便有理解不一致之处。

3.法律规范的冲突与竞合。刑事审判中的法条竞合、牵连犯和想象竞合犯等，是法官在审判中选择法律规范困难的集中体现。在民事审判中也存在相同情形，如对于乘客在乘坐公交车的过程中受到伤害的问题，我国合同法的运输合同一章中将其规定为违反合同义务的行为，应当承担违约责任；同时，我国侵权责任法也将此规定为侵犯乘客人身权利的侵权行为，应当承担侵权责任。

法国民法典第4条规定：法官借口法律没有规定或者规定不明确、不完备而拒绝审判者，得以拒绝审判罪追诉之。① 为解决确定法律规范依据的现实问题，法官在审判中必需综合运用法律的选择、创设、补缺、类推、解释等各种方法，达到"依法判决"的最终效果，而此过程便取决于法官的裁量权。

（二）确定小前提时的裁量权

查明案件事实，明确纠纷事实与既定法律规范设定的事实要件的一致性，是三段论中的"小前提"，是司法推论的第二阶段。但笔者认为，这个阶段本身其实可再分为"查明事实"和"对应规范"两个环节，即首先查明双方争议的事实是否真实存在，然后认定该事实是否符合法律设定的事实要件，将案件事实"要件化"。举例而言：就诉讼双方争议的合同签订过程中是否存在欺诈的问题，首先法院应当查明被告有无歪曲事实的陈述，然后认定此陈述是否构成法律上的欺诈。

当我们仔细审视三段论的这一阶段时，就会发现此中两个环节均存在着裁量的空间：

1.查明事实真伪中的裁量权

查明事实需要法官组织对当事人提供的证据材料进行质证，必要时还应当依职权主动或应申请调取证据，或责令当事人按照举证责任的要求提供证据，需

---

① 罗结珍译：《法国民法典》，北京大学出版社2010年版，第1页。

要法官判断证据的证明力大小,判断双方所提交的证据是否达到要求的证明标准,需要法官对案件事实与证据进行综合的判断,对案件事实进行最终的认定。在这一系列的过程中,法官裁量权的"身影"显现在:

(1)职权调取证据的范围。民事诉讼法第 64 条规定,当事人及其诉讼代理人因客观原因不能自行收集的证据,或者人民法院认为审理案件需要的证据,人民法院应当调查收集。其中"客观原因"、"法院认为需要"这两种情况均需承办法官在审理过程中具体决定。最高法院《关于民事经济审判方式改革问题的若干规定》、《关于民事诉讼证据的若干规定》(以下简称《证据规定》)两项司法解释试图将其中法院取证范围具体化、制度化,但其中一些关键性词语仍需法官具体确定。

(2)举证责任的分配。《证据规定》要求:"在法律没有具体规定,依本规定及其他司法解释无法确定举证责任承担时,人民法院可以根据公平原则和诚实信用原则,综合当事人举证能力等因素确定举证责任的承担"。这是对法官裁量权的明确肯定与要求。

(3)证明标准的把握。证明标准是连接当事人举证与法官事实认定的桥梁,是法官确定当事人举证情况,进而判定诉讼胜败的关键因素。对于民事诉讼中的证明标准的掌握,国内及比较法上的总结虽各有不同,分别使用了"客观真实"、"内心确信"、"证据优势"、"高度盖然性"、"主观确信"等不同概念,但现代诉讼中均认可法官对证据证明力评定的主观性、个体性。严格来说,证明标准本身并不具有唯一性、确定性、特定性。有学者将确定证明标准的努力比喻为构建一"乌托邦"①,观点虽显极端,但从中可见法官在处理此类问题时具有的裁量性。

(4)证据合法性的认定。在《证据规定》出台后,这一问题主要显现在以下两个方面:一是非法证据排除的范围,即如何适《证据规定》中"侵害他人合法权益或者违反法律禁止性规定的方法取得的证据,不能作为认定案件事实的依据"这一规定;二是举证时限期满后新证据的采纳范围,即如何具体适用最高法院《关于适用〈关于民事诉讼证据的若干规定〉中有关举证时限规定的通知》中规定的是否属于"新的证据"的考量因素,包括:证据是否在举证期限或者《证据规定》第 41 条、第 44 条规定的其他期限内已经客观存在;当事人未在举证期限或者司法解释规定的其他期限内提供证据,是否存在故意或者重大过失的情形。

2. 事实"要件化"中的裁量权

在我国,法律事实是经由特定法律系统的规则和习惯等剪裁或格式化而成

---

① 张卫平:《证明标准建构的乌托邦》,载《法学研究》2003 年第 4 期,第 60 页。

的。① 一件"原始"的社会事实,在未经法官分析、分解、定性为特定法律关系的事实要件之前,对于案件审判并无意义。但这种将社会事实与法律要件之间构建对应关系的思维过程的困难之处在于其本身就是一个法律适用的过程,法官构建案件的事实要件的行为本质上亦属于适用法律的行为,故其在法律适用中的裁量权也显现在此过程中,影响了案件最终的处理。如对于那些"知假买假"的"王海们",能否视为消费者权益保护法所规定的"消费者",法官间存在不同看法,故而导致了不同的判决结果。

(三)确定法律效果的裁量权

判定双方当事人最终的权利义务,是三段论中"效果"的体现。法官的司法裁量权表现在:

1. 法律效果中的事实认定问题

部分法条中设定的法律效果需基于对事实的认定,如合同法第113条规定,违约损失赔偿额应当相当于因违约所造成的损失,包括合同履行后可以获得的利益,但不得超过违反合同一方订立合同时预见到或者应当预见到的因违反合同可能造成的损失。该条款中规定的法律效果的最终确定,取决于法官对"因违约所造成的损失"、"合同履行后可以获得的利益"、"超过违反合同一方订立合同时预见到或者应当预见到的因违反合同可能造成的损失"这三个事实的主观认定。

2. 法律效果的法定裁量空间

为了解决法律规范的普遍性、抽象性在应对个别纠纷的不适应性,法律中设定了一定数量的授权性规定,允许法官在一定范围内灵活确定法律效果。如最高法院《关于审理商品房买卖合同纠纷案件适用法律若干问题的解释》第8条中规定,在房主"一房二卖"的情况下,无法取得房屋的买受人可以请求出卖人承担不超过已付购房款一倍的赔偿责任。此处,赔偿责任的具体数额则由法官在"不超过已付购房款一倍"的前提下酌情判定。

3. 法律责任方式的选择

民事活动中,当一方违反约定或法定义务时,其应当承担相应的法律责任,但此时该方承担责任的具体方式在"准据法"中可能是一种多元化的设计,法官必须先做一个选择题。如合同法第111条规定,质量不符合约定的,应当按照当事人的约定承担违约责任;对违约责任没有约定或者约定不明确,依照本法第61条的规定仍不能确定的,受损害方根据标的的性质以及损失的大小,可以合理选择要求对方承担修理、更换、重作、退货、减少价款或者报酬等违约责任。

---

① 朱晓阳:《纠纷个案背后的社会科学观念》,载苏力主编:《法律和社会科学》第一卷,法律出版社2006年版,第183页。

以上对三段论的分解研究表明,其各个环节中均存在一定的变数,作为司法审判主导者的法官具有充分的裁量权,对其中的变数加以控制、掌握。由此可见,"三权分立"所追求的,依据立法机关完善的法律规定以排除或限制司法者的个人因素的理想并不可行。有学者云:在法的确定性和灵活性之间寻求恰当的平衡点,是人类法律实践的永恒命题。① 如何对法官的主观性加以限制或引导,是现代法治所必须解决的重大课题。

二、司法审判中法官的价值追求

(一)司法审判中法官价值追求的意义

通过"三段论"这种逻辑手段限制法官的个人因素对审判的影响并不可行,要提高司法审判的公正性、公信力,提高审判过程与结果的可接受性、可预期性,就需要寻找其他着力点。总结当前我国在这一方面的整体思路,可以归结为司法审判内外两个层面:外部手段如完善立法,通过法制教育提高公众法律意识,通过推广统一格式合同模本的手段规范社会民事活动等,在此不作讨论。本文仅对司法审判内部的着力点的选择问题进行探讨。

就司法审判内部而言,当前亦存在两种思路:一是强化对法官的外部管理与监督手段,如制定大量的技术性、操作性规范,提高审判的标准化程度,如最高法院《关于民事诉讼证据的若干规定》第77条即详细规定了判断证据证明力的具体规则,如公文书证的证明力一般大于其他书证;物证、档案、鉴定结论、勘验笔录或者经过公证、登记的书证的证明力一般大于其他书证、视听资料和证人证言等;又如强化司法公开水平,强调法官在证据采信、事实认定、法律适用时的说明义务,提高对法官进行监督的实践性。二是强调法官在审判过程中的内心追求,如"公正、廉洁、为民"的核心价值观、"为大局服务,为人民司法"的工作主题、"三个至上"的工作指导思想、"三个统一"的工作目标等。

在法院内部,尤其在承担主要审判任务的中级法院与基层法院,强调审判管理的外部监管因其方式直接、效果明显和实施与监管的操作性强,被院庭领导所看重,而强调法官内心追求的思路则难以找到有效的实践路径。但笔者认为,仅强调外部监管,难以避免通过三段论控制法官主观性之思路的弊端。古话有云:"徒善不足以为政,徒法不足以自行。"强调法官的内心追求在当前具有非常重要的现实意义,与外部监管之间应为"车之双轮,鸟之双翼",内心追求的特点在于:

1.内心追求具有全面性,不同于外部监管受到制度规模的限制。外部监管的方式,其出发点和落脚点在于试图通过制定完善的制度规范,建立具体的监管

---

① 刘克毅:《法律原则适用与程序制度保障——以民事法为中心的分析》,载《现代法学》2006年第1期。

机制以监控法官的审判行为,在一定程度上其追求的是审判行为的"规范性"。但从本文前述内容可知,规范难免有内容阙漏之处,对法官审判的监督制度也同样存在此问题。当在"规范"法官行为时无"规范"可依时,外部监管如何开展?反观内心追求,其作为个人行为的思想上的指引,并不以具体的事件为内容,而是重在法官对审判最终的法律效果和社会效果的思考,故在"法无明文"的情况时,内心追求可以保证法官行为的正当性和规范性。

2.内心追求具有预防性,不同于外部监管的事后性。当前,外部监管主要是通过纪检监察、审限监控、绩效考核和质量考评等各种方式对法官的审判行为进行监管。外部监管的对象是行为,故监管必须是在司法行为作出之后才能作出相应的处理,而内心追求则是法官在实施司法行为时力求公正的思想状态,可以预防不当行为的发生。

3.法官的内心追求具有自律性,不同于外部监管的他律性。外部监管通过构建专项监管机制,采取各种手段对法官的审判活动进行外部监督,但百密一疏的情况无法避免,当监管手段不足,监管不到位时,外部监管的目的便无法实现。而内心追求不存在这一问题,可以随时随地控制法官的言行。

4.法官的内心追求具有主动性,不同于外部监管的被动性。外部监管的目的在于确保法官审判行为的正当性,使法官不得不顾虑其不公正审判所需承担的不利后果,但此时这种被动的选择并不能消灭其不良动机,某些不良分子仍会殚精竭虑地对比其不当审判的风险与不当利益,并寻找钻制度漏洞、打擦边球等手段,想方设法逃避监管。内心追求则不然,法官追求公正的良好意愿将促使其将聪明才智运用到更好地"为大局服务,为人民司法"之上。

(二)司法审判中法官应有的价值追求目标

法官对其职务的目的必须有高度的认识,做一名法官必须远非仅仅是一种职业,而必须是一种生活方式,必须有并且是独立的价值观持有者。① 当前,法院系统大力号召法官牢固树立"公正、廉洁、为民"的核心价值观,这是对法官价值追求的高度概括,但在司法实践的贯彻则需要将其分解为更加具体的要求。对于这一问题的研究已经有较多的阐述,在此仅简要介绍个人观点。

个人认为,法官的审判活动中追求的价值可以分为两个方面:

1.个案审判的实质公正。审判的公正性包括实体与程序两个方面的内容,在实体方面,主要体现为判决结果分配的双方当事人权利义务应当符合公正的要求,在程序方面,审判过程在保障当事人的主体性和参与权、保证法官的中立性等方面符合程序公正的要求。

---

① [日]小岛武司等:《司法制度的历史与未来》,汪祖兴译,法律出版社2000年版,第219页。

2. 司法审判的外部效果。法官在审判过程中不能"就案论案、结案了事",而应当时刻牢记司法审判所肩负的政治与社会职能,应当通过审判履行司法机关作为国家机器的重要组成部分的职能,通过审判促进国家大政方针的实施;发挥司法机关作为社会纠纷的"最后一道防线"的作用,不仅要解决已有的纠纷,更要通过审判的示范作用,预防类似纠纷的发生,促进社会和谐、稳定;认识个案纠纷的社会根源,通过审判活动惩恶扬善,发挥司法对社会道德、风气的提升作用。

在这里还有一点需要强调的是,这里的价值不仅是法律规范所体现的价值,也包括国家所推崇的价值和社会公众普遍认同的价值,这是实现"三个效果统一"的机理所在。正如一名学者所言:价值追求在法律制度中所起到的主要作用在于,他们被整合进了作为审判客观渊源的宪法规定、法规及其他种类的规范之中,法官在解释这些渊源时,必须弄清他们得以颁布与认可所赖以为基的目的和价值论方面的考虑。在司法机关自己创制一些体现某种社会价值追求的规范的场合,采纳他们也是由普遍的社会正义观念促成的。①

三、法官价值追求的实践论

有学者指出,法的价值研究包括三方面的内容,即法促进哪些价值;法本身有哪些价值,不同类别或同类价值之间发生矛盾时以什么标准衡量。② 就本文而言,个人认为,价值研究的"实践论",即研究如何通过灵活运用司法审判的各种方法实现事先设定的价值目标,更具有现实的指导意义。苏力曾云:政治敏锐、政治判断和政治考量不等于套用和搬用执政党方针、纲领和政策。③ 那么,如何在审判活动中实践价值追求,正是笔者接下来重点讨论的问题。

(一)实践价值追求的基本思路

价值追求,其作为法官的内心活动,是指导法官审判行为的心理因素。心理状态是法律界非常注重的问题之一,刑法上的故意与过失、民法上的善意与恶意,关注的都是心理状态,并明确规定了不同心理状态下产生的不同法律后果。从法院司法实践中我们可以发现,对自然人的内在心理因素的界定是以其外部行为为依据的。如在刑事案件中,同样是持刀伤人,砍向手脚可能定位为故意伤害,砍向头颈则可构成故意杀人。

而就价值追求如何实践的问题而言,这一问题首先应当以个人的客观行为

---

① [美]E.博登海默:《法律学、法律哲学与法律方法》,邓正来译,中国政法大学出版社1999年版,第504页。
② 汤维建:《市场经济与民事诉讼法学的展望》,载《政法论坛》1997年第1期,第2页。
③ 苏力:《经验的理解法官的思维和行为(代译序)》,[美]理查德·波斯纳:《法官如何思考》,苏力译,北京大学出版社2009年版,第6页。

作为分析对象和规范客体,其次必须结合其实践的具体环境确定其具体内容。法官的价值追求的实践必须符合法官审判行为的基本特点。如前文所述,司法审判是一个三段论的逻辑推演过程,但这种逻辑推演并不是"一加一等于二"这样的机械运算,法官的审判行为具有高度的创造性、自主性和裁量性。故笔者认为,司法审判中价值追求的实践应当以法官在运用三段论处理具体案件时如何发挥好创造性和如何行使好裁量权为进路。

在三段论这一思维工具的引导下,法官的审判行为按照这一过程展开,并分散在这三个阶段之中,包括对案件相关证据、事实、法律等各种事项的处理,而这些均可成为法官价值追求的切入点。以下试择其要者简论之。

(二)价值追求实践的几大进路

1. 法官调查取证范围的界定

民事诉讼法第64条规定,当事人及其诉讼代理人因客观原因不能自行收集的证据,或者人民法院认为审理案件需要的证据,人民法院应当调查收集。为了进一步明确范围,规范司法行为,最高人民法院在1998年的《关于民事经济审判方式改革问题的若干规定》中明确下列证据由人民法院调查收集:(1)当事人及其诉讼代理人因客观原因不能自行收集并已提出调取证据的申请和该证据线索的;(2)应当由人民法院勘验或者委托鉴定的;(3)当事人双方提出的影响查明案件主要事实的证据材料相互矛盾,经过庭审质证无法认定其效力的;(4)人民法院认为需要自行调查收集的其他证据。2001年,《证据规定》规定:人民法院认为审理案件需要的证据是指:(1)涉及可能有损国家利益、社会公共利益或者他人合法权益的事实;(2)涉及依职权追加当事人、中止诉讼、终结诉讼、回避等与实体争议无关的程序事项。当事人申请法院调查收集证据的前提是:(1)申请调查收集的证据属于国家有关部门保存并须人民法院依职权调取的档案材料;(2)涉及国家秘密、商业秘密、个人隐私的材料;(3)当事人及其诉讼代理人确因客观原因不能自行收集的其他材料。

对比前文所述司法解释关于调取证据范围的不同规定,我们可以发现,1998年"当事人双方提出的影响查明案件主要事实的证据材料相互矛盾"的规定不再被后续的解释所采纳,这正是我国民事诉讼向当事人主义学习,强调和保障法官的中立性的重要进步。但在当前当事人及其律师调查取证受到诸多制度上或实践操作中,合理或不合理的限制的时代背景之下,笔者认为,法官在"依职权主动调取证据"方面的克制,应当以"依申请调取证据"方面的宽松为补充,否则将不利于诉讼中还原案件的客观真实和实现社会的实质公平。

2. 举证责任分配的运用

民事诉讼中,举证责任分配的意义不仅在于确定由哪一方先提供证据,更在于在事实真伪不明时,由哪一方承担败诉后果。如在遗嘱继承案件中,在鉴定因技术原因而无法得出确定性的结论,无法肯定或否定原告所持遗嘱的真实性的情况下,法院确定举证责任由哪一方承担,即直接决定了原告能否胜诉。由此可见,法官在案件审判过程中对举证责任的分配将直接影响案件的处理结果。

值得注意的是,举证责任的分配是有价值属性的。以最高人民法院《证据规定》中对举证责任分配的列举式规定为例,其中部分属于从证明的难易、"与证明材料的距离远近"等因素考虑而作出的"技术性规定"。如在合同纠纷案件中,主张合同关系成立并生效的一方当事人对合同订立和生效的事实承担举证责任,主张合同关系变更、解除、终止、撤销的一方当事人对引起合同关系变动的事实承担举证责任。另一部分规定中,立法者、解释者(最高法院)在技术性、操作性的考虑之外,亦将其价值追求贯彻其中,如保护弱势群体、追求实质公平。典型的如规定因医疗行为引起的侵权诉讼,由医疗机构就医疗行为与损害结果之间不存在因果关系及不存在医疗过错承担举证责任;在劳动争议纠纷案件中,因用人单位作出开除、除名、辞退、解除劳动合同、减少劳动报酬、计算劳动者工作年限等决定而发生劳动争议的,由用人单位负举证责任。

在举证责任分配中实践价值追求,法院的路径不仅在于最高法院通过司法解释明确某些类案中的特定分配方案,更在于承办法官在案件中结合具体情形,根据公平原则和诚实信用原则,决定举证责任分配的具体结果。

3. 证明标准的掌握

在自由心证模式中,法官的自由评判证据并非是随心所欲,必须受到逻辑法则和经验法则的内在制约,法官认证的结果必须符合一般人类理性标准。[①] 因此,法官对个案中特定事实是否达到证明标准的判断,应当与社会公众的一般判断相适应,并服从于追求社会实质公平的最终目的,否则,其判决结果可能不仅有违事实真相,而且会引起社会公众的不满与猜疑。以离婚案件中婚外情的认定标准为例,如果一方仅提供对方与异性"勾肩搭背"的照片,法官认为未达到证明标准而不予认可,这是符合当前社会男女交往的现状的;但如果一方证明某日出差回家却发现门始终打不开,过了十分钟对方才开门,自己进去后发现还有一衣冠不整的异性在家,而法院却不予认可,认为未达到证明标准,非要求提供"抓奸在床"的证据,则显属要求过高,有悖社会公众的通常认识。

故个人认为,法官在审判中对证明标准的掌握适当的社会化和大众化、是其追求事实真相、努力实现"三个效果统一"目标的有效方法。

4. 非法证据的排除范围

司法审判中,查明事实只是手段,而不是目的。追求事实真相并非法官的唯

---

① 江显和:《自由心证及其客观化——刑事认证制度研究》,http://www.law-lib.com/flsz/sz_view.asp? no=1719,下载日期:2012年6月2日。

一追求,对查明事实真相的渴望应与社会秩序的稳定、和谐及诉讼程序的公正、高效等相协调,法官的价值追求并不以想尽一切办法查明事实为必要前提。在离婚案件中,少数当事人为了寻求在财产分割和子女抚养上的优势地位,不择手段地收集对方"出轨"的证据,如非法购买和使用一些监听监控设备、雇佣所谓的私家侦探、非法侵入他人手机、电子邮箱等。对于使用这些非法手段而收集的证据材料,法官应当确认其违法性,将其排除在定案证据之外,杜绝其对判决的影响,这不仅是对案件当事人违法行为的否定,更是对潜在的违法行为人的告诫,以防止此类违法行为的泛滥,危害社会公共秩序。

5.法律原则的适用

法律原则是尚未被具体化为可以直接适用的法规则的、与法理念有关的评价标准或价值优劣性的规定。价值导向的思考方式在法律原则的适用问题上,特别是在寻找基本的法律原则本身、对各原则效力范围的量度、对多数原则的相互作用的认识及对原则有所限制或补充时,具有特殊的意义。①

受我国现阶段法制完善水平的制约,法官在司法审判中经常面临自己价值追求的目标缺乏对应的法律制度支撑的情况,应对此困境,引用法律原则成为承办人的上佳选择,这也是在司法实践中民法通则第4条,合同法第5条、第6条、第7条和婚姻法第4条经常被引用在判决书中的重要原因。仍以离婚案件为例,婚姻法以夫妻互相忠实、照顾女方为基本原则,但是在离婚中,对于夫妻共同财产的分割比例,法律规定可以倾斜的情形只有一方隐藏、转移、变卖、毁损夫妻共同财产,或伪造债务企图侵占另一方财产的情形,而不包括对方与第三者同居的情况。此时,如果法院以法无明文为由判决认定对方只应承担几万元的赔偿责任,而驳回无过错方要求多分得财产的要求,不仅判决结果难以被公众所接受,也与法官通过司法审判倡导社会基本道德理念的价值追求相悖。此时,化解法官判决缺乏法律依据基础的难题,最恰当的选择即为适应部门法或民法的基本原则。

6.多元化法律责任方式的选择

上文已述,某一项具体的行为从不同的角度分析,可以定性为不同的法律行为,并引发不同的法律后果;即使在同一部法律之中,立法者对于某项不当行为也多规定了多种承担民事责任的方式,为社会公众提供了多元化的选择,也为法官的提供了解决问题的多种方案,为法官的价值追求提供了实践操作的空间。如对于乘客在乘坐公交车时受到伤害的情况,合同法上的违约责任需证明的事实要件相对简单,而侵权法上的侵权责任则可能对赔偿的项目和数额更有利,法官可根据合同法、侵权责任法的相关规定适当地引导当事人选择;又如对于侵害

---

① [德]卡尔·拉伦茨:《法学方法论》,陈爱娥译,商务印书馆2003年版,第105页。

案件,法官对于侵害名誉权判定的法律责任应当偏重于赔礼道歉、消除影响、恢复名誉,侵害财产权的应当偏重于返还财产、恢复原状、赔偿损失,并结合受侵害人的个人意愿、侵权人自身赔偿能力、社会关注点等灵活确定;等等。

7. 法律规范的个案解释

法律解释是法学方法论的重要研究课题,相关研究成果众多,此处不再赘述。但值得注意的是,要理解法规范就必须发掘其中所包含的(价值)评价及评价的作用范围,判断事件时应将规范所包含的评价依其意义付诸实现。① 而在具体案件审判过程中,法官对于特定法条的解释,既可以在解释方法中的文理解释、逻辑解释、系统解释、历史解释、目的解释这几种方法之间进行选择或综合运用,也可以在限制解释、字面解释、扩充解释这三种解释尺度之间上下浮动,而此时决定其选择的因素,正是法官个人在本案中的价值判断与追求。

以消费者权益保护法中规定的"双倍赔偿"为例,该法第2条规定消费者为生活消费需要购买、使用商品或者接受服务,其权益受本法保护;第49条规定,经营者提供商品或者服务有欺诈行为的,应当按照消费者的要求增加赔偿其受到的损失,增加赔偿的金额为消费者购买商品的价款或者接受服务的费用的一倍。但当"王海们"不断出现,知假买假,意图获取双倍赔偿的经济利益时,处理此类纠纷的法官们的价值判断与追求有所不同,对法律条文的解释就各有差异,判决结果自然不同:强调"消法"对像"王海们"的消费者的保护,追求司法对善意心态之救济的法官,认为"王海们"不是真正"为生活消费需要购买、使用商品或者接受服务"的人,不是"消法"所保护的消费者,故不应适用双倍赔偿的规定,判决驳回"王海们"的诉讼请求;而追求法律对不法行为人的惩处功能的法官,则会认为"王海们"的行为提高了不良商家的违法成本,有助于整治市场秩序,且其客观上确实购买了商品或接收了服务,应当属于"消法"规定的消费者的范畴,故判决支持"王海们"的诉讼请求。对此类情形的不同处理,直接原因是对"消法"相关条款内涵进行解释时的广义解释与狭义解释的不同倾向,而根本原因则在于法官的不同价值追求,法律解释即为法官此时价值追求的实践路径。

---

① [德]卡尔·拉伦茨:《法学方法论》,陈爱娥译,商务印书馆2003年版,第94页。

新民诉法第 209 条对现行民事抗诉办案模式的影响

■ 刘本荣*

摘　要　2012 年民事诉讼法第 209 条明确规定了当事人的申请抗诉权,同时还规定了保障这一权利的基本程序要素。随着申请抗诉由当事人信访性申诉权利成为法定的诉讼权利,检察机关现行的民事抗诉办案模式应当作出相应改变。

关键词　民事诉讼法　第 209 条　申请抗诉　办案模式

2012 年民事诉讼法第 209 条规定,在一定情形下,"当事人可以向人民检察院申请检察建议或者抗诉","人民检察院对当事人的申请应当在三个月内进行审查,作出提出或者不予提出检察建议或者抗诉的决定。当事人不得再次向人民检察院申请检察建议或抗诉"。这是我国法律首次用"申请检察建议"、"申请抗诉"的概念替代过去的"申诉"一词,也是我国法律首次明确规定当事人的申请抗诉权,[①]同时还规定了申请主体、受理主体、受理条件、审查期限、审查结果等保障这一权利的基本程序要素。[②]　这一新规定意味着:

1. 对当事人而言,申请抗诉不再是具有信访性质的申诉,而成为在诉讼法意义上当事人依法享有的一种诉讼权利。这种权利与起诉权、上诉权、申请再审权一样,为我国程序法明确赋予并依法保护、保障;这种权利由当事人自主支配、自由处分,不再只是被动地作为检察机关发现生效裁判错误的一种途径、来源或线索,当事人有权启动检察机关受理审查程序,也有权终止这一程序,甚至可以通

---

* 海南省人民检察院法律政策研究室主任,高级检察官。

①　民事诉讼法第 209 条中的申请检察建议或者抗诉指向的都是启动再审,这里的"检察建议"不同于民事诉讼法第 208 条第 3 款中的针对审判人员违法行为的"检察建议"。出于表述的便利和习惯,本文中的申请抗诉、申请抗诉权同时包括的启动再审意义上的申请检察建议、申请检察建议权。

②　1991 年民事诉讼法第 178 条、第 180 条仅规定了当事人对生效判决、裁定以及"提出证据证明调解违反自愿原则或者调解协议的内容违反法律"的生效调解书可以申请再审,但没有再规定其他任何内容,由此导致直至 2007 年民事诉讼法修正案出台前,当事人的申请再审权没有能真正法定化,没有有效地得到程序化保障。

过撤回抗诉申请阻断检察机关决定抗诉;这种权利的行使是一种诉讼行为,产生诉讼法律效果,一旦行使将依法启动检察机关受理审查程序,而检察机关一旦受理并审查,当事人也依法不得再次申请。

2. 对检察机关而言,不能将当事人申请抗诉作为一种职权发现的来源而"选择性"对待,而应当对于符合受理条件的一律依法受理、审查,作出决定。检察机关的职责和任务也不再仅仅只是抗诉,因为受理、审查抗诉申请不仅仅只是为了发现能抗诉的案件,同时包括了保障当事人权利这一重要的程序法目的。抗诉、不抗诉都是目的,无论是抗诉还是不抗诉也都将产生诉讼法律效果,都属于检察机关履行法定职责的内容范围。

3. 检察机关受理审查当事人抗诉申请作为一种诉讼程序的性质开始明朗化。以前,仅有抗诉具有明确法定的诉讼法效力,即只在决定抗诉这一最后结果上产生诉讼法效力。现在,受理和不予受理当事人申请抗诉、决定抗诉和决定不抗诉都具有诉讼程序上的法律效果,①从受理到决定整个过程中都有了产生诉讼法效力的节点,特别是"不得再次申请"的法定限制,强化了从申请受理一开始的诉讼法效力,使整个程序明显诉讼化。

4. 检察机关民事抗诉监督在格局上变成了依当事人申请抗诉和依职权抗诉。由此也可以说,我国传统的三种再审启动途径变成了四种,即当事人申请再审、当事人申请抗诉、法院依职权再审和检察院依职权再审。

新民诉法第 209 条的规定及上述变化,对检察机关现行民事抗诉办案模式有着最直接的影响。当务之急是修改 2001 年最高人民检察院《人民检察院民事行政抗诉案件办案规则》(以下简称《办案规则》),废止、修改其中与新民诉法第 209 条规定不一致,甚至相冲突的内容,构建我国民事申请抗诉案件受理审查新模式。

一、现行立案阶段的做法与新民诉法第 209 条相悖,应予取消

根据《办案规则》,检察机关办理民事抗诉案件的基本模式是"受理—立案—

---

① 根据民事诉讼法第 209 条、第 211 条等条文规定,受理当事人的申请抗诉产生依法审查和"不得再次申请抗诉"的诉讼法律效果;不予受理当事人申请抗诉产生符合受理条件有权再次申请的诉讼法律效果;决定抗诉产生人民法院应当裁定再审及"不得再次申请抗诉"的诉讼法律效果;决定不抗诉产生"不得再次申请抗诉"的诉讼法律效果。

审查—决定",具体是:(1)对于符合一定条件的申诉,①由检察机关控告申诉部门统一集中受理,并在受理后7日内移送民事行政检察部门审查或转办;(2)根据是否"可能"存在抗诉情形,②民事行政检察部门自受理之日起30日内作出立案或不予立案决定,通知双方当事人;(3)对于立案的案件,调(借)阅审判案卷,指定专人在3个月内审查终结;(4)根据审查情况,分别作出决定,包括抗诉或提请抗诉、不予抗诉、提出检察建议以及终止审查等。根据上述办案模式,检察机关办理民事抗诉案件实际包括了三个阶段,即受理阶段、立案阶段和审查阶段。这其中的一个突出特点是,在当事人申诉被受理之后,还有一个判断是否"可能"存在抗诉事由的立案阶段,而且只有立案的案件才正式进入审查,③开始计算三个月审查期限。这一立案阶段的规定和做法,与新民诉法第209条规定及精神明显背离,应予废止。

1.从法条规定看,根据新民诉法第209条,只要符合法定受理条件,当事人的抗诉申请就应当被受理,受理之后就应当在3个月内审查,并作出抗诉或不抗诉决定。据此,当事人抗诉申请被受理的法定效果是一律进入审查,而不是再依是否"可能会抗诉"立案或不立案;审查后的法定结果也只有决定抗诉或不抗诉两种,立案或不立案都不是法定结果、法定阶段。新民诉法实施后,现行立案阶段的存在将没有法律依据,不产生诉讼法律效力。

2.从法理看,申请抗诉是当事人行使诉讼权利的行为,受理抗诉申请不是简单的接收、转办当事人材料,而是产生诉讼法律效果的职权行为,当事人的抗诉申请一旦被正式受理就意味着将立案审查。受理之后再依是否"可能会抗诉"而立案是一种实体审查性质,最终同样是不能抗诉,有的结果是不予立案,有的则是立案后不抗诉。这些都没有体现对当事人申请抗诉权这一程序权利的平等保护,不符合程序正义。

3.从实践效果看,当前许多人不理解申诉被受理之后又收到《立案通知书》、《不立案通知书》的真实含义,不少人认为通知立案就意味着要抗诉再审,不立案就意味着申诉没有被受理,没有被审查。也有一些人利用《立案通知书》不当干

---

① 《办案规则》第5条规定:"不服人民法院判决、裁定的申诉符合下列条件的,人民检察院应当受理:(一)人民法院的判决、裁定已经发生法律效力;(二)有具体的申诉理由和请求。"

② 《办案规则》第12条规定:"有下列情形之一的,人民检察院应当自受理之日起三十日内立案:(一)原判决、裁定认定事实的主要证据可能不足的;(二)原判决、裁定适用法律可能错误的;(三)原审人民法院违反法定程序,可能影响案件正确判决、裁定的;(四)有证据证明审判人员在审理案件时有贪污受贿、徇私舞弊或者枉法裁判行为的。"

③ 《办案规则》第16条规定:"人民检察院立案后,应当及时指定检察人员对人民法院的民事审判活动或行政诉讼活动进行审查。"

扰人民法院的强制执行工作,以《立案通知书》为据要求人民法院暂缓执行。实践表明,再立案的做法不符合一般群众的思维认识习惯,而且内在地存在自相矛盾之处。因为,既然不立案就意味着不能被抗诉,为何不直接通知不抗诉;既然只有立案后才能被审查,那么,立案或不立案决定又是如何作出的,是否意味这一决定很"轻率",当事人的申诉没有被认真对待。

《办案规则》出台于2001年,体现的是检察机关依职权发现抗诉案件的目的导向,这一导向下的当事人申诉是发现抗诉的来源、线索,受理当事人申诉也实际类似刑事诉讼,是一种"线索"的受理。新民诉法第209条颠覆了这些理念基础,受理之后再立案的做法应彻底废止。

2012年新民诉法颁布后,有人仍主张:"对于当事人提出的抗诉申请,检察机关应当审查抗诉申请是否符合受理条件。符合受理条件的,于受理后及时作出是否立案的决定。检察机关决定立案以后,才可以调阅案卷,开始对当事人申请抗诉的民事裁判的合法性进行实体审查。""并于调阅审判卷宗时开始计算审查期限。"[①]这种观点在解读新民诉法第209条的规定和精神上不够准确,也很大程度上表明当前人们还没有充分认识对申请抗诉成为当事人诉讼权利的重大意义以及它们对检察机关现行办案模式的重要影响。

二、受理当事人抗诉申请产生诉讼法律效果,受理工作应进行诉讼化改造

根据《办案规则》,受理当事人或者其他利害关系人的民事申诉由人民检察院控告申诉检察部门负责,受理条件是:人民法院的判决、裁定已经发生法律效力;有具体的申诉理由和请求。由于受理条件本身比较宽泛、宽松,在许多形式审查要件方面没有具体要求,因此,实践中民事申诉的受理基本上是接收、转办当事人的申诉材料,存在重复受理、申诉材料格式不统一、材料不完整等诸多问题。如上所述,根据新民诉法第209条,受理当事人申请抗诉是一种诉讼法律行为,抗诉申请一旦被受理将产生立案审查的法律效果,并且一经检察机关受理审查,当事人将不再享有再次申请的诉讼权利。因此,现行的受理工作应按照诉讼化、规范化的要求重新设计、改造。

1. 受理部门。现行由控告申诉检察部门负责受理的做法是否应继续保留?是否应改由民事行政检察部门或者案件管理部门负责?受理主要是形式要件审查,但仍具有一定的专业性,由控告申诉部门负责符合受理与审查相分离的原则,由民事检察部门负责有利于保证案件质量。

---

① 张步洪:《新民事诉讼法讲义——申诉、抗诉与再审》,法律出版社2012年版,第94页、第100页。

2. 申请材料。应明确规定申请抗诉书应载明事项、提交文本数量,以及其他提交材料的类型及要求。

3. 受理条件。除满足新民诉法第209条规定的三种情形外,申请抗诉还应当在一定合理的期限内申请,超过这一期限的,一般应视为不符合受理条件。新民诉法没有具体规定受理期限,但是根据第209条体现的精神,当事人在被驳回再审申请后不应无限制地拖延行使申请抗诉权。这一期限宜规定为6个月,与申请再审期限一致。另外,对第209条规定的第三种情形"再审判决、裁定有明显错误"也应作出具体解释。

4. 管辖。根据新民诉法第209条,当事人申请抗诉应当是经过"人民法院驳回再审申请的",由此,申请抗诉的受理管辖一般应是受理当事人再审申请的人民法院的同级检察院,而不宜是下一级检察院。根据新民诉法第199条,"当事人人数众多或者当事人双方为公民的案件"向原审人民法院申请再审,其他的案件向上一级人民法院申请再审。这样,除"当事人人数众多或者当事人双方为公民的案件"由原审人民法院的同级检察院受理管辖外,其他大量的申请抗诉案件将由原审人民法院的上一级检察院受理管辖。这将导致绝大部分申请抗诉案件会集中在省级院、高检院,少部分案件集中在分市院,基层院也会有少部分一审生效且属于"当事人人数众多或者当事人双方为公民的案件"。当事人申请抗诉诉讼化后,管辖是一种诉讼法律行为,现行《办案规则》规定的上级院立案后交办、转办下级院的做法在性质上属于指定管辖行为,而根据诉讼法理,指定管辖不得随意滥用,应符合一定的限制条件。因此,新民诉法正式实施后,民事申请抗诉案件办理工作的"倒三角"问题会更为突出,而现行"交办、转办"做法的合法性又将受到严峻考验,这将成为新民诉法实施后检察机关面临的难题。对此,解决之道应当是根据法律的要求,充分发挥省级院、高检院在办理申请抗诉案件的核心作用,分市院、基层院应当主要在其他民事检察工作方面发挥应有作用。

5. 受理期限。应当规定在收到符合条件的申请抗诉书等材料后较短期限内完成受理立案工作,向当事人发送受理通知书等。具体时间宜在7日内。

6. 案外人申请抗诉问题。根据现行的司法解释,案外人有权申请再审,根据新民诉法第209条,经过人民法院驳回再审申请的有权向人民检察院申请抗诉,这样在实践中就会出现对接冲突问题。新民诉法第56条规定了案外人撤销之诉,案外人权益受侵害的有了合适的救济途径,而且新民诉法第209条明确规定的是当事人申请抗诉。因此,案外人申请抗诉一般应属于主体不适格,不应受理。但是,案外人可以向检察院申诉,检察机关可以依职权审查。

7. 对调解书申请抗诉问题。新民诉法第201条规定,当事人对"提出证据证明调解违反自愿原则或者调解协议的内容违反法律的"有权申请再审;第208条规定,检察机关"发现调解书损害国家利益、社会公共利益"应当抗诉。那么,当事人在被驳回对调解书的再审申请后,是否有权向检察机关申请抗诉呢?有人认为,"2012年民事诉讼法规定,检察机关只对损害国家利益和社会公益的调解书提出抗诉,这是一种依职权启动的抗诉。当事人认为调解书侵犯合法权益的,无权向检察机关申请抗诉。"①但是,受理条件不同于抗诉条件,只要满足第209条规定的"人民法院驳回再审申请"这一受理条件,检察机关就应当受理、审查,审查之后根据第208条规定的抗诉标准予以处理。因此,应当对当事人对调解书的抗诉申请予以受理,而对于经审查认为没有"损害国家利益、社会公共利益"的,应决定不抗诉。

三、调卷和听证不是必经阶段、必用手段,审查方式应多元并区分情形适用

根据《办案规则》,受理当事人申诉后视是否"可能"抗诉而立案,立案后则一律调卷,通知双方当事人正式进入审查。这一规定实际将调卷硬性作为了所有抗诉案件(包括最终决定不抗诉的案件)审查的必经阶段和必须适用的审查方式。实践中,有的检察院还规定立案后一律通知双方当事人听证。这些都不符合申请抗诉案件审查的特点和规律。

实践表明,对于一部分案件,根据当事人提交的申请抗诉材料就足以明确作出不抗诉的判断,对于极少部分案件甚至足以作出抗诉的判断,并非一定要经过调卷才能作出准确、充分的判断。事实上,在现行办案模式下,受理后不立案的案件都是仅仅根据当事人提交的材料即"材料审查"作出的。新民诉法实施后,这部分案件将不经所谓"立案"阶段而直接进入正式审查,如果硬性规定审查必调卷将明显不妥。对于这种"材料审查"方式,最高人民法院《关于适用〈中华人民共和国民事诉讼法审判监督程序若干问题的解释〉》(法释[2008]14号)第19条②以及《关于受理审查民事申请再审案件的若干意见》(法发[2009]26号)第

---

① 张步洪:《新民事诉讼法讲义——申诉、抗诉与再审》,法律出版社2012年版,第102页。

② 最高人民法院《关于适用〈中华人民共和国民事诉讼法审判监督程序若干问题的解释〉》(法释[2008]14号)第19条第1款规定:"人民法院经审查再审申请等材料,认为申请再审事由成立的,应当径行裁定再审。"

13条、第14条、第15条①均予以了明确肯定。检察机关审查申请抗诉案件与人民法院审查申请再审案件在审查内容、标准上具有同一性,应当也对"材料审查"方式予以肯定。具体可规定:经审查当事人提交的再审申请抗诉书等材料,足以认为申请抗诉理由不成立的,应当作出不抗诉决定。对于听证审查,可规定:对于拟决定抗诉及提交新证据的案件,经组织当事人听证,足以认为申请抗诉理由成立的,可以决定抗诉。之所以将听证限定在拟决定抗诉案件及提交新证据的案件,一方面是慎重考虑,另一方面是对于新证据案件应当听取被申请人的意见,充分保障被申请人的权利。

总体来看,申请抗诉案件的审查方式应包括材料审查、调卷审查、检察机关调查核实、询问当事人、组织当事人听证。调卷审查无疑是基本的审查方式,但不应是必用方式、必经阶段。修改《办案规则》应具体规定上述方式尤其是检察机关询问当事人、组织当事人听证、调查核实的适用情形,体现根据不同案情需要而选择适用的灵活原则。

四、余论

本文没有把申请抗诉成为当事人法定的诉讼权利所带来的理论问题作为探讨重点,并不表明这些问题不重要。笔者认为,以下理论问题尤为值得思考:

1. 申请抗诉作为一种诉讼权利,其基础和性质是什么。是私权意义上的当事人诉权,还是由公权意义上的检察机关对民事诉讼的法律监督权衍生的当事人法律监督请求权?私权性的诉权与公权衍生性的监督请求权有着重要区别,前者是私权救济主导,后者仍是公权监督主导;前者的对象仍是另一方当事人,后者的对象表现为公权力机关的具体行为及结果(例如裁判);私权性的诉权具有相对的独立性,公权衍生性的监督请求权本身是从属的,它从属于检察机关的

---

① 最高人民法院《关于受理审查民事申请再审案件的若干意见》(法发[2009]26号)第13条规定:"人民法院审查再审申请案件,采取以下方式:(一)审查当事人提交的再审申请书、书面意见等材料;(二)审阅原审卷宗;(三)询问当事人;(四)组织当事人听证。"第14条规定:"人民法院经审查再审申请人提交的再审申请书、对方当事人提交的书面意见、原审裁判文书和证据等材料,足以确定申请事由不能成立的,可以径行裁定驳回再审申请。"第15条规定:"对于以下列事由申请再审,且根据当事人提交的申请材料足以确定再审事由成立的案件,人民法院可以径行裁定再审:(一)违反法律规定,管辖错误的;(二)审判组织的组成不合法或者依法应当回避的审判人员没有回避的;(三)无诉讼行为能力人未经法定代理人代为诉讼,或者应当参加诉讼的当事人因不能归责于本人或者其诉讼代理人的事由未参加诉讼的;(四)据以作出原判决、裁定的法律文书被撤销或者变更的;(五)审判人员在审理该案件时有贪污受贿、徇私舞弊、枉法裁判行为,并经相关刑事法律文书或者纪律处分确认的。"

法律监督权、"监督意义上的诉权"①。这些差异对申请抗诉受理审查程序有着内在的重要影响。如果申请抗诉权是一种私权性的诉权,那么,程序的构建及运行应当遵循诉权的规律,处分原则、平等原则、辩论原则等将发挥支配性作用;如果申请抗诉权是一种公权衍生性的监督请求权,那么,程序的构建及运行则应当更多体现公权监督的规律和特点。

新民诉法第209条将当事人向人民法院申请再审作为向人民检察院申请抗诉的前置条件,第208条又将检察机关抗诉事由与当事人申请再审事由同一化,这种立法安排表明,当事人向人民检察院申请抗诉是向人民法院申请再审的一种继续。而一般认为,当事人向人民法院申请再审的基础是诉权,是一种再审之诉,由此,申请抗诉是否是申请再审这一诉权行使的一种延续,申请抗诉是否也是一种诉权性质?这种立法安排可能越来越形成这种客观事实:检察机关民事抗诉由"维护国家法制"整体上"悄然"转变为"权利救济";②检察机关民事抗诉只在纯粹外部性上具有监督意义,而在内容上的监督意义和差别意义则逐渐淡而化无。然而,这样的结果是否符合检察机关对民事诉讼法律监督的真义,是否符合民事抗诉是对公权力监督的性质,是否表明现行立法和实践已然异化和迷失?当事人向检察机关的申诉(申请抗诉)从信访性权利上升到诉讼权利,是我国民事抗诉制度立法的一个重大进步,但是权利性质或基础的迷失会严重影响它继续进步。

2.当事人申请抗诉与检察机关依职权抗诉的关系问题。如果立法和实践没有将检察机关抗诉限于当事人申请抗诉这唯一渠道,而仍包括有关机关交办转办、当事人和利害关系人申诉、在办理案件中发现等途径,那么,将必然存在检察机关依职权抗诉,也将必然存在它与当事人申请抗诉的关系问题。这涉及如何准确解读新民诉法第208条、第209条,尤其是这两个条文的关系。目前有这些代表性观点:一是只存在当事人申请抗诉这一种情形,民诉法第209条规定了当事人申请抗诉的受理条件,第208条规定的是检察机关的抗诉条件;二是从条文的排列顺序看,应理解为以依职权抗诉为原则,接受当事人申请启动抗诉为例外;三是申请抗诉应为一般情形,依职权抗诉应限定在少数特定情形。从现实看,客观上会存在一部分没有申请抗诉或者不符合申请抗诉条件的当事人会通过各种途径寻求检察机关依职权抗诉,这些情形可能是多样而复杂的。例如,没有申请再审或者没有经法院驳回申请就直接寻求检察机关抗诉;没有在2年期限内申请再审转而向检察机关申诉;超过申请抗诉期限或者已经检察机关审查并作出过结论仍坚持要求检察机关抗诉,等等。完全将这些情形排除在抗诉监

---

① 王桂五:《王桂五论检察》,中国检察出版社第2008年版,第363页。
② 宋小海:《论民事抗诉制度的程序法定位》,载《中外法学》2010年第4期。

督之外是不现实的,但不加区分地只要符合抗诉事由就抗诉显然又将危害现行的当事人申请抗诉制度,使申请抗诉制度的立法实际变得虚无。这一难题有待破解。

研讨实录

《民事诉讼法》修改系列研讨会(三)会议实录

■ 记录整理人:杨秀清、张力等

内容提要 为了契合全国人大民事诉讼法修改进程,推进民事诉讼法学研究,民事诉讼法学研究会继第一场在清华大学法学院、第二场在北京师范大学法学院举办民事诉讼法修改系列研讨会之后,2011年6月11日,又与最高人民法院、中国政法大学在中国政法大学共同举办以"民事诉讼法修改"为主题的第三次研讨会。民事诉讼法学研究会名誉会长江伟、全国人大常委会法工委民法室副主任扈纪华、中国法学会副会长周成奎及最高人民法院副院长江必新、中国政法大学校长黄进分别致辞,来自国内高校的部分专家学者、全国人大法工委民法室的有关负责同志以及最高人民法院的法官参加了会议。与会代表围绕"审判监督程序立法完善、公益诉讼制度立法研究、审前程序立法完善、抑制恶意诉讼立法研究"四个议题进行了深入的研讨。最高人民法院副院长江必新在致辞时强调,民事诉讼法的修改应当立足于中国国情,关注社会期待,契合科学发展与构建和谐社会之内在要求,达到进一步促进司法公正、切实保护当事人权利的目的。一部好的诉讼法应当具备三个要素:一是要尊重诉讼的基本规律,符合程序的基本理性,契合程序法的本质属性;二是要面对现实,因应国情,解决实践中存在的突出问题;三是要平衡价值,处理好各种价值之间的关系。江必新同时指出,为了达到这个标准,民事诉讼法的修改应该妥善处理好七个方面的关系:一是处理好公正与效率的关系,不能顾此失彼;二是处理好当事人诉讼处分权与法院程序主导权的关系,共同致力于纠纷解决的目标;三是处理好司法最终解决与多元纠纷解决机制的关系,尤其要注意完善诉讼与非诉讼的衔接机制;四是处理好裁判的稳定性与有错必纠的关系,兼顾法安定性、合目的性与合正义性三大价值;五是处理好方便当事人诉讼与建构最低限度的正当程序的关系,使当事人能够接受有程序保障的司法服务;六是处理好当事人的意思自治与国家干预的关系,依法维护社会公共利益、国家利益和公民权益;七是处理好尊重当事人诉权、诉讼权利与防止其滥用诉权、诉讼权利的关系,采取有效措施减少恶意诉讼与虚假纠纷。

主持人宋朝武教授:

尊敬的各位领导、各位来宾,大家好!我们今天齐聚在中国政法大学召开民事诉讼法修改第三次研讨会,这是民事诉讼法学界一次盛会,也是学界以及实务部门共同关注的一次盛会。本次研讨会由中国法学会民事诉讼法学研究会主办,由最高人民法院和中国政法大学共同承办,并由中国政法大学诉讼法学研究院协办。首先介绍一下本次会议的各位领导和来宾,另外还有些新闻记者等新闻单位也来参加,在此表示感谢。请允许我代表主办和承办单位对各位领导的莅临和各位学者在百忙之中参加本次研讨会表示衷心的感谢和热烈的欢迎,下面有请中国政法大学黄进校长致欢迎辞。

黄进校长致辞:

今天我们在初夏时节,齐聚在中国政法大学举行民诉法修订的研讨会。这次会议是一次非常重要的会议,受到社会各界的广泛关注。首先,我想代表中国政法大学对各位领导,各位专家学者的到来表示欢迎,对这次会议的召开表示祝贺,同时也想借此机会,对我国民事诉讼法学界对民事诉讼法修改投入的这种热情表示敬意。大家知道,我们的国家和社会正处在一个转型的时期,是一个改革开放的时代,经过30多年的努力,我们国家的法制建设取得了长足的发展,特别是立法方面进步最大,吴邦国委员长在全国人大会议上庄严宣布,中国特色社会主义法律体系形成,应该说这是一个了不起的成就。中国特色社会主义法律体系形成以后,并不是意味着我们所追求的依法治国建设社会主义法治国家的目标实现了,实际上我们还有很多工作要做,还有很长的路要走。我想在中国特色法律体系形成以后,有两个非常重要的任务,第一个就是我们法律体系形成以后基本上解决了有法可依的问题,但是有法必依、执法必严、违法必究的问题还是非常严重的。也就是说,我们的政府能否依法执政,我们的司法机关能否依法公正执法,我们的人民、老百姓能否依法行为、依法活动,我们能否把法治真正作为一种生活方式,还存在很多问题。另外一个问题就是中国特色社会主义法律体系的形成,是否就意味着我们的法律制度完美无缺。尽管我们建立了这个体系,但是我们的法律制度还有许多值得完善的地方,民事诉讼法的修订能提到全国法律立法部门的工作议程也表明了这一点。在民事诉讼法和刑事诉讼法被列入全国人大法律修订日程的背景下,在我们国家广大民事诉讼法的专家学者长期以来研究的问题基础上,在民事诉讼法的现代化成果积淀的基础上,特别是在中国广大司法机关实施民事诉讼法、按照民事诉讼法依法办案经验非常丰富的基础上,召开这个民事诉讼法修订的研讨会具有深远意义。我想,这次大会经过大家共同的努力,通过广泛的观点交流,深入研究我们民事诉讼司法实践面临的一系列的问题,一定会对我国民事诉讼法发展进程提出真知灼见,这次会议一定会取得圆满成功!最后,再次感谢在座的专家学者,感谢大家长期对中国政法大学的关心支持和帮助,也祝愿我们这次会议圆满成功,谢谢大家!

主持人:

下面有请全国人大常委会法工委民法室副主任扈纪华同志致辞。

扈纪华副主任致辞:

1991年的民事诉讼法实施到现在,2007年做了部分修改,解决执行难、申诉难的问题,到现在又面临着一次修改。这项工作我们去年一直在做。这次修改是一次重要的中国民事诉讼立法的历史契机。我觉得这几次研讨会的召开都应该载入历史史册,因为它正逢其时,对我们的立法起到了相当大的影响、帮助和支持。

这次修改应当是在司法实践和理论研究的积累上进行的,其基础是很雄厚的。我们这次修改的指导思想是要解决司法实践中突出的问题,老百姓反映强烈的问题。在这次修改中要把握一些原则,比方说公正与效率的问题。为了实现公正可能会施予更多的救济,但是还要兼顾效率问题,正所谓迟到的公正就是不公正。简易程序的修改、小额诉讼的增加,实际上就是在解决这个问题。比如说保障当事人的诉权和遏制恶意诉讼的问题,滥用诉权损害国家利益、公共利益问题,在近些年的司法实践中比较突出,我们在民诉法修改的过程中就应该考虑这些问题。我们在召开座谈会的时候,各界反映诉讼法中突出的问题为三难一烦:立案难、取证难、执行难和调解烦。为了不让民事多元化纠纷解决机制、大调解格局走向异化,我们必须要解决这些问题。目前的修改有了厚实的理论和实践基础,一定会对修改起到很好的影响和基础作用。

在此,非常感谢诸位专家、实务部门的领导举办这次会议。这是我们每个在座的人对立法的一份责任,也是对国家立法的支持和负责任的态度。这三次会议我都坚持参加,参加会议对我们有很大的影响,每一次会议都能带来一些新鲜的东西。最近三周我们的工作是对专家稿一条一条地研究。专家稿是我第一次参加在清华举行的研讨会带回去的。江伟老师、杨荣馨老师和张卫平老师的专家建议稿我们人手一份,每天都在讨论,建议稿中哪些已经吸收,哪些没有吸收,相关负责人员都要说明理由,所以每次会议对我们都有很大的帮助,非常感谢。下周我们对专家建议稿的研究就告一段落了,非常感谢大家。我所讲的就是这些,预祝这次会议成功,让我能带回去更多的东西。

主持人:

感谢扈纪华主任提出了很多研究会需要的东西。现在有请中国法学会周成奎副会长致辞。

周成奎副会长致辞:

首先,要肯定民事诉讼法学研究会这一段的工作,桂明同志去世后,民诉法研究会在卫平同志的主持下,靠全体同志们的努力,工作还是卓有成效的。加上之前在清华和北师大的两次,这已经是第三次民诉法专家研讨会了,之后还要在北大召开一次,再加上七月份的民诉年会。我们的研讨工作频度大、工作紧、成效大,江老师、张老师和杨老师的建议稿人大法工委都在认真讨论研究,这说明我们的工作还是很有成效的。刚才我也跟扈纪华同志讨论,她告诉我学术研讨会议对她个人有很大影响,然后她把这些影响又带回去给法工委的其他同志,避免了过去"自拉自唱自己听"的弊端。这几次民诉研讨会实务部门还是很认真的,最高人民法院和最高人民检察院都来了很多同志,这种方式很好。我们专家学者和实务部门在一起探讨一些问题。这些问题我们作为专家学者提出来,实务部门听了以后,他们会有收获有启发,在实际立法过程中体现出来。这就是理论联系实际。我们起到了我们应起的作用,所以我觉得这种方式很好。

其次,既然是研讨,我们还是希望能对法制建设真正有所促进。1991年民诉法相比以前还是有很大进步的。我最近看了江平同志写的那本著名的书《沉浮与枯荣》,里面讲到民诉法这一段立法过程,很多收获的元素可以体现出来,比如其中提到协议管辖的问题。我原来没有意识到那么高的高度,看了他的书对我的影响还是很深的。当然还有很多其他的东西,在上一次民诉法的修改当中都有所体现。我希望在这次修改中能再往前推进一步。另外,在1992年底,七届换八届的时候,我们在大会堂开了一次学术小会,彭冲同志参加了。他那时候是副委员长兼秘书长,另外还有几位副秘书长,以及机关的几位局长,很小的范围。在这次会上,彭冲同志讲了几点意见,因为他自己要退下来了,他说希望我们的民主政治建设的步伐,已经走出去的步伐,不要往后退,他留下了一个政治交代。这个交代我始终记在心里,快二十年了。这二十年当中,我们的民主政治建设是有进步的,我们的法制建设是有进步的。刚才黄校长也说了,社会主义法律体系已经形成,但是,形成不等于完成,这个任务还重得很。我们距离法治国家还有一段距离,我们还要付出几代人的努力才能把我们的法治国家真正建立起来。成绩很大,但是仍然不能骄傲自满。我希望民诉法的修改能够进一步推进社会主义民主政治建设,但是究竟何为推进,希望大家能够进一步研究,需要有一个标准。我认为还是有希望的。刚才我问了一下扈纪华同志,究竟这次修改要解决什么问题,法工委的具体计划,这些都是很重要的。我相信学者专家的意见不会白提,大家的心思不会白花,只要我们把自己内心真实的话讲出来,我们的立法机关会听到的。民诉法的修改幅度大的话,还要提交人大审议的,希望通过大家共同的努力,把民诉法修改好,希望只有进步,没有退步。这就是我的想法,谢谢大家。

主持人：

听了周会长的致辞,我感到我们法律工作者对中国法治建设的推进承担着重大的责任。下面有请最高人民法院江必新副院长致辞。

江必新副院长致辞：

谢谢各位领导、专家！同志们,在这里我也想表达几个观点:第一个观点,司法公正或者说司法公信现在是社会的普遍需求,是群众的强烈愿望。司法公正、司法公信一定要有高度正当性和科学性的程序保障。我们说程序有利于实体的实现,有它的独立价值,但是程序的价值是相对的,是有条件的。只有当这个程序是科学的,高度正当性的、合理的,它才能够实现目的。如果程序是不合理的、不科学的,就会起到坏的作用,所以(程序)一定要有高度正当性和科学性。第二个观点,高度正当性和科学性应该从实践的问题中来,从古今中外的经验中来,从我们诉讼法本身的理性中来,从法律的规律中来。第三个观点,在修改程序法的过程中一定要有不同观点的交锋。这种交锋是不同价值平衡的过程、不同利益竞争的博弈过程。从我们多年立法的经验来看,如果只有一种声音,往往会出现剑走偏锋的情况,往往会一种倾向掩盖另一种倾向,所以一定要有不同观点。而且我还有一个观点,认为在立法过程中不可能同时产生相互对立的观点,人们往往赞同被采纳的观点,其实更应该关注那些没有被采纳的观点,因为那些观点有利于法律制度的完善,避免问题的片面性,避免一种倾向掩盖另一种倾向,事先应该有这种制度可能出现问题的制度预设,才能更好地作为一种理性的制度来出现。这是我想的几个关于修改过程中的观点。我觉得我们在修订过程中讨论研究并且让理论界与实务界一起参加到这个会议中是十分必要的,而且不同的利益主体以不同的视角、怀着不同感悟来交流探讨是十分必要的。我认为,一部好的诉讼法应当具备三个要素:一是要尊重诉讼的基本规律,符合程序的基本理性,契合程序法的本质属性;二是要面对现实,因应国情,解决实践中存在的突出问题;三是要平衡价值,处理好各种价值之间的关系。为了达到这个标准,民事诉讼法的修改应该妥善处理好七个方面的关系：一是处理好公正与效率的关系，不能顾此失彼；二是处理好当事人诉讼处分权与法院程序主导权的关系，共同致力于纠纷解决的目标；三是处理好司法最终解决与多元纠纷解决机制的关系，尤其要注意完善诉讼与非诉讼的衔接机制；四是处理好裁判的稳定性与有错必纠的关系，兼顾法安定性、合目的性与合正义性三大价值；五是处理好方便当事人诉讼与建构最低限度的正当程序的关系，使当事人能够接受有程序保障的司法服务；六是处理好当事人的意思自治与国家干预的关系，依法维护社会公共利益、国家利益和公民权益；七是处理好尊重当事人诉权、诉讼权利与防止其滥用诉权、诉讼权利的关系，采取有效措施减少恶意诉讼与虚假纠纷。

最后我想表达的是，修改一部民事诉讼法，最大受益者是我们的国家和人民，法院也是最大的受益者之一，因此法院对民诉法的修改是有义务的。感谢主办、协办单位，感谢在座各位专家学者百忙之中参加这次活动，期待在这次活动中大家能提供真知灼见，以期供立法机关参考，使我们国家更加和谐，更好地保障公民、法人的合法权益。

主持人：

感谢江院长对我们民诉法修改提出的希望和意见，下面进行专题讨论。本次研讨会主要分四个单元进行讨论。

第一单元
审判监督程序立法完善

主持人：罗东川（最高人民法院研究室副主任、中国应用法研究所所长）

大家好，我们开始第一单元的讨论。刚才开幕式各位领导给我们整个会议开了个很好的头，作了重要的指引。下面我们开始具体问题的讨论。首先，热烈欢迎江伟老师给我们这个单元作第一个发言。

江伟教授致辞：

我首先说一个问题，我们的民事诉讼法于1982年公布，曾经受到过不少非议，说职权主义太重，对这个批评我持反对意见。大家知道第一部民诉法的起草我是小组成员，当时用"三结合"的办法——专家学者、法官、领导一起起草。但是学者在其中起了很大的作用。当时法官和学者非常和谐地制定，汇总了全中国司法实践运作的情况，完全符合中国的国情。比如说当时的关于立案的规定。法院必须在7天之内作出立案或不立案的决定并说明理由，这就是根据实践情况,是一种保护诉权的规定,当时需要单位介绍信等复杂条件才能立案,所以作出这样的规定。另外,强调法院的调查权。由于当事人能力较弱,因此单独凭借自身的能力不能很好地完成诉讼,这就需要强调法院调查或者说某种程度上的主导。自古以来中国也存在着这样的传统。所以,法官不能过于中立,过于"轻松",这样会给当事人增加很大负担。这个问题西方国家跟我们的制度不同,律师制度发达程度不同,不能完全照搬,要考虑国情。1991年对民诉法的修改较多,2007年是局部修改。但是无论怎样修改民诉法,都要明确一个原则:基本的原则制度不能变。首先要强调,不能根本推翻它,要进一步完善它。民诉法施行的20多年的进程可以证明它是符合国情的,不能颠覆它的基本的东西。另一点是我们这次修改要有不同的意见,不但要提出修改意见,而且还要提出修改理由。过分强调"调解优先,调判结合"的调解理论不是很合适,过于强调法律体系的形成而不重实行是空谈。目前,有法不依,执法不严,谈不上法治社会。不应该强调"大调解",这对诉讼的发展是有害的。"调解优先,调判结合"不应该规定在法律之中,如果作为法院的工作原则倒是可以的。有的法院人员说,调解不用查明事实、分清是非,这是不对的。法治要讲规则之治,方方面面都要遵守规则。生活中的小事都做不到,更加不用想走向法治国家。当年有人提出应将"依靠群众,调查研究,就地解决,调解为主"16字方针直接写在法律中,我表示反对。我不是反对这个方针,而是不同意将这种没有具体内容的语言写入法律之中。今天也是如此。因此,当今实践出现的问题,反映到民诉法的修改中,哪些应该修改,哪些不应该修改,都应该好好研究讨论。过分强调调解会造成十分恶劣的影响,比如说著名的彭宇案,出现这种案件结果是很罕见的,为司法权威蒙上了污点。

主持人:

谢谢江伟老师作为民诉法学界的元老用自己的亲身经历介绍了民诉法立法在历史进程中一些重大的问题,这对这我们日后法律的修改都有重要意义。适才江老师提到的调解问题在日常的工作中也经常遇到,也希望以后我们能有机会再请江老师和大家一起研究有关的问题。下面有请南京师范大学教授、民事诉讼法学研究会副会长李浩教授为我们发言。

1. 李浩(南京师范大学法学院党委书记兼副院长、教授、民事诉讼法学研究会副会长):

2007年我国立法机关对民事诉讼法作了局部修订,审判监督程序便是那次修订的两大程序中的一个。此次修订被定位于对民事诉讼法作全面修订。既然是全面修订,当然也就不排除审判监督程序,尽管这一程序在四年前作过大的修订。

我个人认为,此次对审判监督程序的修订,可考虑围绕以下内容进行:

①第178条【当事人申请再审】 当事人认为发生法律效力的判决书、裁定书、调解书确有错误的,应当向人民法院申请再审。

当事人向人民法院申请再审的,可以向上一级人民法院提出,但不停止判决、裁定的执行。

再审申请被法院驳回后,不得再以相同的事由申请再审,但当事人坚持认为原审法律文书有错误的,可以向人民检察院提出申诉。

修订理由:

我国民事诉讼法规定了启动再审程序的三种方式——当事人申请再审、法院决定再审和人民检察院提出抗诉。从再审启动的实践看,绝大多数源于当事人申请再审。法院依职权发动再审和检察机关抗诉启动再审,一般也是由于当事人向法院或者检察院提出申诉。

目前民事诉讼法对申请再审和向检察机关申诉未规定先后顺序,在实践中造成了有的当事人不是向法院申请再审,而是直接找人民检察院,要求检察院抗诉;或者在申请再审的同时,又向人民检察院申诉,造成了两机关对同一案件进行审查,既浪费了司法资源,也造成了当事人的诉累。

该条第1款体现了申请再审优先的精神。增设申请再审优先的规定后,当事人如果认为生效法律文书确有错误,要先向法院申请再审,法院经过审查后,如果认为当事人主张的法律规定的再审事由,并且再审事由也的确存在,就会决定再审。这与申请检察机关抗诉相比,是一种更为直截了当的纠错方式,有利于当事人迅速获得救济。

申请再审优先,也体现了对再审启动程序的诉权化改造,把申请再审看作是当事人的一项诉讼权利。

从法院公布的再审案件的改判和发回率看,当事人申请再审的案件高于检察机关的抗诉,所以也不必担心申请再审优先会不利于错误裁判的纠正。

实行此规定,可以把相当一部分确有错误的案件,通过申请再审这一途径得到解决。

当事人申请再审被法院驳回后,当事人仍然不服的,可以再向人民检察院申请抗诉。这样设计,体现了对当事人申请救济的权利进一步的程序保障,同时也有利于通过检察机关的审查和处理程序,一方面说服当事人接受法院原本是正确的裁判,另一方面也使得检察机关认为确有错误的那些案件,有可能通过抗诉进入再审。

上述制度设计,也可以减轻检察机关抗诉监督的负担。法院每年办理的民事案件占到办案总数的85%~88%。如2010年,全国法院审结的一审案件数为7022142件,其中民事案件数为6112695件,占全部一审案件数的87.05%;审结的二审案件数为730931件,其中民事案件593373件,占全部二审案件数的81.18%。相对于数量大、种类多的民事案件,检察机关内从事抗诉监督的检察人员数量有限,常常不得不以一个处室面对法院多个民事审判庭。实行申请再审优先后,到检察机关申诉的案件数量为大为减少,案件数量的减少反而有利于检察机关集中力量办理那些疑难复杂的案件。

②【申请再审的补充性质】 申请再审,只有在当事人非因自己的过失而不能在原审中以提出异议、申请复议、提起上诉的方法提出时,才准许提出。

修订理由:

此条文体现了再审的补充性原则。所谓再审的补充性,是指再审相对于上诉、申请复议等救济途径而言,是一种补充性的救济方式。造成裁判错误的事由,有些在第一审程序中就已经存在,对此,当事人完全可以通过上诉、提出异议和申请复议等这些常规的方式寻求救济,而不应当等到判决生效后再来提起再审之诉。如果当事人明知能够用上述方式提出却没有提出,则会产生失权的效果,即不允许再以申请再审的方式提出。如当事人在一审中就得知了法官应当回避的情形,却没有提出回避的申请,一审判决作出后,该当事人也未提出上诉,等到一审判决生效后,再来以法官应当回避而未回避为由申请再审,对此种情形,根据再审补充性的原则,就不应当允许。

增设此规定的具体理由是:

第一,补充性原则是反映再审程序性质和诉讼内在规律的原则,它既有利于一、二审程序的充分利用,也有利于错误得到及时纠正,还有利于保持生效裁判的稳定性。实行再审的补充性也符合"两便原则"的要求,有利于当事人进行诉讼,也有利于法院行使审判权。

第二,建立再审制度的大陆法系国家多数都实行这一原则。如《德国民事诉讼法》第579条、第582条,《法国新民事诉讼法》第595条,《日本民事诉讼法》第338条。

第三,我国"两高"正在起草的建议条文中也都体现了这一原则。最高人民法院的建议条文中设有不得申请再审的规定,其中情形之一即是"一审判决、裁定后,当事人无正当理由放弃上诉的";最高人民检察院的建议草稿中,方案之一便是在第187条后增加一条,规定:当事人对可以上诉的一审判决、裁定在发生法律效力后向人民检察院申请抗诉的,应当说明未提出上诉的理由;没有正当理由的,人民检察院不予受理。

除了这两点之外,还有案外人申请再审、对裁定的抗诉、检察建议等内容,鉴于时间有限,我就不再说了。谢谢大家。

主持人：

谢谢李浩老师给我们带来的精彩发言。下面有请我们第二位发言人——最高人民法院审监庭庭长宫鸣。宫鸣庭长长期在审监庭工作，对审判监督这项工作有最深刻的体会，而且最高法院关于再审制度的改革任务主要是由审监庭来承担的，我想他会把在实践当中、修法当中最高人民法院的观点，以及他自己的观点带给我们。欢迎宫鸣庭长。

2. 宫鸣（最高人民法院审监庭庭长）：

我想谈的就是江伟老师所说的问题，关键的两个字：完善。我们这个单元的题目是审判监督程序的完善，不是推翻。为什么我要提这个话题呢？因为上一次的修改我们也参加了，是以解决执行难和申诉难为目的，这次我们得到修法的消息后，出现了很多议论。有的人主张应该以解决审判监督为目的；还有的同志提出应以解决现实中存在的问题，解决群众最关心的问题为思路。但是我的忧虑是，作为一个法律体系的修改，如果我们关注于解决某一类问题，就会发生像江必新大法官所说的，以一个倾向性取代另一个倾向性，这样就谈不上完善了，就只有"完"而没有"善"。当然，我说的"完"是完成任务的"完"，我们完成了立法修改的任务，解决了存在的问题，但是会留下来另一个倾向性的问题。我想谈以下三个问题：

第一，在有中国特色社会主义法律体系形成的背景下，我们应该追求法律体系内部的整体的科学和统一。网上有一篇博文，题目很精彩，叫"社会主义法律体系大厦主体完工之后，应当抓紧进行内部精装修"。如果进行精装修，风格就要统一，不能修修补补。我们可以设想，就民事诉讼法修改而言，如果前面贯穿的保护当事人权利和规范行使权力的理念在一、二审程序体现得很好，到了审判监督程序问题就不多了。如果过去既有的强职权主义那种势态进一步加强，民诉法的体系就失去了完整性和统一性。我们通过昨天的新闻看到，中央领导同志很重视司法改革，民事诉讼法的改革也是在中央司改的大任务之下提起的。我就很担心，会不会为了完成某几项司改任务而结束这次民诉法的修改，失去了一次对民事诉讼法审判监督程序进行完善的机会？

第二，我谈一下审判中的一些基本情况。2008 年全国申请再审的案件是146458 件，其中高级法院受理 42512 件，占全国案件的 29%，这是修法实施的当年，最高人民法院受理了 1625 件，当年再审了 39719 件。2009 年全国法院受理了申请再审的案件是 126794 件，高级法院受理的占到了 70122 件，占 55%，高级法院受理的申请再审的案件占全国的一半以上，最高人民法院受理了 2085 件，全国再审了 41575 件。2010 年有所下降。前面这些数字未包括西藏。2010

年申请再审案件 121643 件,高级法院受理 50664 件,占 41%,最高人民法院受理 2081 件,当年再审案件是 45710 件,申请再审的案件进入再审的占 21.72%。我想说的是,第一点,申请再审案件大量集中到了高级人民法院和最高人民法院。全国 3000 多家基层法院,300 多家中级法院,30 多家高级法院。原来这十多万件案子是分布在 3000 多家基层法院、300 多家中级法院、30 多家高级法院以及最高人民法院分别进行审理的,现在有一半集中到了 30 多家高级法院和最高人民法院。虽然增加了人员和机构,但仍然无济于事,长期超负荷使队伍疲惫。第二点,再审案件是上升的,这似乎是一个好的势头,但是我们发现再审案件中改判、发回的比例下降。修法之前,有一半的案子改判发回,但是从 2010 年数据分析看,改判和发回只占 38%,也就是说维持的比例增多了。出现这种问题,法院的法官们就在思考,再审程序到底用来做什么?如果再审程序维持比例过高的话,它的意义到底何在?老百姓中流行一个小笑话,叫作"小法官否定大法官的结论",裁定书是署院长的名,院长一般为大法官,但是经过再审审理,维持原判了是署合议庭的名。老百姓觉得很奇怪,大法官都决定再审了,合议庭却维持原判。

第三,2010 年出现了一个新的问题。一审案件上升,二审案件下降,再审案件上升。这两升一降说明了有一部分当事人不走二审程序,一审之后就申请再审或申请抗诉进入再审程序。所以解决再审案件上提一级的问题,有这样一个思路,一个是原生效裁判经过审委会讨论的案子上提一级,配套设施如李浩老师刚才说的,设置当事人申请再审在前,检察院抗诉在后;还有一种方式向法院申请再审之后,让当事人到原审法院进行一定的释明,可称为软性的上诉许可。实践证明,很多法院这么做以后,当事人搞清楚了判决意图之后,就没有回到上级法院继续申请再审,可减少申诉上访。另外一种方式是分清事实审和法律审。

第四,因为时间原因只简单说明一下,审判监督程序的特点决定了我们必须要防止和克服片面性。一些法官和我个人的观点认为,一是要进一步畅通当事人申请再审的渠道,同时在立法上明确再审申请书的形式要件。规定再审申请书状是必要的。德国、日本再审内容不多,但也规定了再审申请书状。二是进一步整合再审事由。三是进一步调整申请再审的期间。我们现在存在的问题是两年对一般事由来说太长,对特殊事由又显得太短。我们建议将两年调整为六个月,六个月后特定事由在知道和应当知道的情况下仍然可以行使权利。四是要进一步理顺再审的混乱状况,明确不能再审的情形。我们"两高"有一个加强法律监督的文件,明确当事人一审判决之后不上诉的,又向人民检察院申请抗诉的,要对其理由进行审查,我们希望这一成果能在立法上得以体现。

我们希望对于再审程序进行科学的规范,再审审理范围和审理期限等作出规定。最后还希望在案外人申请再审方面作出修改,要明确赋予案外人申请再审权,规制恶意诉讼和虚假诉讼。另外,审判监督程序名字似乎也应改为再审程序。我说的就是这些,谢谢大家。

主持人:

感谢官庭长的发言。下面第三位是中南财经政法法学院的蔡虹教授,中国法学会的常务理事。我们有请蔡教授为我们发言。

3. 蔡虹(中南财经大学法学院教授、民事诉讼法学研究会副会长):

非常高兴有机会来参加这次会议。关于再审程序,我想谈四个观点。

第一人观点是关于现行审判监督程序民诉法第16章章名的修改。我与官庭长的观点一致,现在的章名与里面规定的内容逻辑上是不相符的,是有问题的。法院启动再审和检察机关抗诉引起的再审称为审判监督程序没有问题,但是当事人申请再审显然不是一个监督范畴的问题,而是一个救济层面的问题。因此有必要修改,把监督层面的再审和救济层面的再审区分开,将再审事由和抗诉事由在技术层面分开。这个是可以达到的,因为监督性的再审和救济性的再审目标的设定是不一样的。这就是第一个想法。

第二个观点是关于再审之诉,也就是当事人申请再审。我看过了专家建议稿,对于里面的这方面观点还是比较赞成的,但是我认为关于再审事由的规定还要进一步再加以考虑。我们怎么来把握当事人申请再审入门的问题和检察院抗诉区别的分流的问题,由于时间原因简要谈一下。

除了再审事由,我还对再审的次数和前面学者提到的案外人申请再审的问题有不同的观点。第三人撤销之诉也就是已经生效的法律文书通过第三人参加之诉的方式(予以撤销),似乎更符合法律的目的。所以我个人更赞成把案外人申请再审改为第三人撤销之诉。

第三个观点是关于检察院抗诉问题。在抗诉事由方面,应当将检察机关抗诉的事由与当事人申请再审的事由区别开来,应将抗诉理由严格界定在"违法的民事审判活动或审判行为"及审判人员在审判该案件时有贪污受贿、徇私舞弊、枉法裁判行为。在申请救济途径的以当事人申请再审为主,与抗诉的事由不应该有功能上的混同,检察机关也不应该是一个救济的途径。2008年就有当事人在法院申请再审失败后去找检察院的情况。这是不合理的。

最后我想补充一点,很多当事人申请再审的法律文书存在问题,我们是否可以在修改再审事由时将这个事由的规定范围再向前延伸。再审的审判质量的问题要引起我们足够的重视,包括我们谈论中涉及的要有一个审前程序的问题。在一审、二审的审判质量不能保证的情况下再收紧再审的口袋,这是对当事人非常不公平的。另外我觉得,这一次民诉法修改的契机非常难得,我们要强调通过再审程序之外的程序纠错也是十分重要的,尽量在不触动既判力的情况下进行纠错。比如说没有经过二审的不应该允许再审。还有遗漏诉讼请求的,也不应该再审,而且可以通过补充判决的形式解决。民诉法目前对既判力没有规定,在修改中应予以考虑。

主持人:

现在有请最后一位发言人,也是最重要的一位发言人——最高人民检察院研究室副主任韩耀云同志。

4. 韩耀云(最高人民检察院研究室副主任):

各位老师、各位专家、各位同仁,大家上午好。非常高兴应邀参加这次研讨会,并且被安排在审判监督程序立法完善这个单元来作这样一个发言。这次民诉法修改,波及民事检察制度,主要有三个方面:一是民事审判活动的监督,二是对民事执行活动的监督,三是民事公益诉讼制度。根据会议的安排,我仅仅就如何完善民事检察监督制度作些发言,主要从四个方面,就完善民事检察监督制度提点建议或者是意见。一是要能进一步扩大明确监督范围,包括三个方面的内容,第一是明确检察机关对调解的监督权以及监督的自由。就从咱们国家的民事审判实践来看,应该说这些年调解结案的案件普遍效果比较差,在目前这个纠纷解决机制多元化、调解在审判中的作用越来越重要的情况下,对一些违法调解情形有必要明确下来。检察机关对调解能不能进行检察监督?这么多年我们认识不够。在民事调解这方面,是需要检察机关的民事检察监督的,此外还有枉法调解的责任问题。我记得在1999年,省检察院在搞检察机关、立案侦查和立案标准的规则的时候,比方说贪污贿赂罪和渎职罪,里面涉及第399条第2款,民事案件枉法裁判罪。这个犯罪能不能包括枉法调解?当时我们征求最高法院的意见,最高人民法院给出的书面意见是枉法调解不属于枉法裁判的范畴,调解不属于裁判活动,有贪污受贿行为的按贪污贿赂罪处罚。第二就是希望能明确检察机关对判决、裁定以外其他违法的审判活动进行监督。民诉法总则规定检察机关对民事审判活动进行监督,对违法的支付令、决定等也应该进行监督;关于生效裁判当事人由于种种理由,应该上诉而没有上诉应不应该进行处理,也需思考。应该增加监督方式,比如说检察建议。"两高"的有关修法文件里对检察建议作了规定。我们建议在这次民诉法修改中进一步完善这一措施的刚性,引入抗诉机制于其中,改为再审检察意见。第三是要完善抗诉级别和再审级别。第四是强化配套措施。这是我的一点个人意见,并不代表检察院,谢谢大家!

主持人：

下面是自由发言时间。

发言人一：

1. 对一审没有上诉的二审案件，我认为不应允许再审。
2. 对二审改判的无论何理由都应允许再审。
3. 二审维持原判的不能申请再审。

发言人二：

1. 以当事人申请再审为原则，以检察院抗诉为补充，未经上诉的，不能申请再审。但是要设置例外，一审判决生效后新发现证据的，因为没有这种情况，当初就没有上诉的必要。

2. 申请再审为主，抗诉为辅。申请再审失败后转为抗诉，比例很高，达到20%。这20%的案件法院的改判率是多少，如果改判率比较高的话，说明当事人走再审的路仍然是不畅通的，本应自己申请再审并纠错的仍然没有纠错，还是要靠检察院。这需要做一个实际数据的分析。

第二单元
公益诉讼制度立法研究

主持人：孙佑海（人民法院报社社长）

我们现在进行本次研讨会的第二单元。我和罗东川负责了这次民诉法修改的办公室的一些具体工作，这次请我来，也体现了我们的同事情，另外我也希望《人民法院报》能更好地为人民法院提供服务。现在我们进入主题。

在市场经济迅猛发展的情况下，加大社会公共利益的保护力度，对维护我国社会的社会稳定，对保护最广大人民群众的根本利益意义是十分重大的。在实践当中，一些国家机关、社会组织和公民，以维护社会公共利益为目的，不断向人民法院提起公益诉讼。按照现行《民事诉讼法》第108条对原告主体的资格限制为与本案有直接利害关系的公民法人和其他组织，所以人民法院在受理公益诉讼方面存在着一定的法律障碍。随着市场经济条件下侵犯国家利益和社会公共利益的问题日益突出，社会各界也纷纷呼吁建议建立公益诉讼制度。就建立公益诉讼制度，学界已经做了大量研究，并且建立了很好的理论基础，司法实践也都有展开。从目前情况来看，建立公益诉讼制度总的意见来说都是相对集中的。

但是在立法的过程当中,就一些具体问题争论还是不小的。比方说公共利益内涵的界定,公益诉讼边界的界定,提起公益诉讼的主体资格,公益诉讼的受理范围,公益诉讼的程序的机理,以及诉权滥用的防范,证明责任,诉讼费用等,在很多问题上有着不同的争论。今天民事诉讼法修改研讨会专门涉及公益诉讼的立法研究这一单元,就是希望各位代表针对建立公益诉讼制度面临的突出问题进行讨论,提出建议和对策。希望各位代表对这些问题畅所欲言,提出意见。

1. 刘荣军(北京师范大学法学院教授、民事诉讼法学研究会副会长):

谢谢!我谈两个方面的问题。首先,我们要打开公益诉讼这扇大门。这个门是大是小,这跟公益的界定有着密切关系。在现在的议论里面,把国家利益、政府利益、多数人利益考虑进里面的趋势比较明显,尤其是检察机关提起公益诉讼的时候,主要考虑的是国家利益。这跟我们今天要谈论的公共利益是有所不同的。我自己觉得在两个问题上应该认真对待,一个是国家利益、政府利益和公共利益的区别,两者不能相等同。为什么这么说?在市场经济发展的过程中,国家所代表的利益是代表一个抽象的利益,政府所代表的利益由于市场经济的影响,已经与公共利益有某种程度对立,简单地将政府利益、国家利益等同于公共利益在制度上和现实中有一定难度。第二是要区别多数人利益与公共利益。多数人利益并不是说人数一多就代表公共利益,甚至全国人民都赞成也未必是具有公共利益的性质。我是从以下几个方面来考虑:第一是从区域范围来说,可以涵盖全国的,或者涉及某个局部区域利益的。第二从它所涉及到的关系上面,肯定是与国计民生密切相关的。例如相关的政府部门所提倡的,与让老百姓过更幸福、更有尊严的生活相类似的涉及重大国计民生的关系,如与之不相关则不能成为公共利益。第三,从历史的角度上看,是对重大的社会价值的升华或者变更,也就是说原有的社会价值在公共利益的面前必须作出变更的时候,通过公益诉讼的形式实现变更。第四,从影响来看,所谓公共利益影响的必然是长远的利益、重大的利益,这样才能构成我们所说的公共利益。如果根据这样的界定来划分,我们会发现在中国我们所议论的公共利益的范围就要窄得多。在其他国家,也会遇到同样的问题。我们知道,公益诉讼最兴盛的是印度,但是印度的公共利益,其范围是非常宽泛的,由此造成印度的公益诉讼形同虚设,所以我们要吸取这样的教训。

下面设计立法安排的问题。既然我们对公共利益的这个口子无法界定清楚。如果要界定的话,我认为能够由公共利益引起的纠纷未必是特别多,因此这个口子可以开,是不是大开就要加以考虑。我的建议是,在这次民事诉讼法修改时设专章是没有必要的,可以在涉及检察院提起诉讼方面增加某些条文,根据我们国家社会公共利益发展情况以及我们明确的现实调查结论的基础,进一步确定之后,下一步我们可以制定公共诉讼促进法,用特别法来对普通法进行补充。另外,在立法上对公共诉讼的提起主体,目前来说,学者有三种意见,即个人提起、社会提起和国家机关提起特别是检察机关。有些学者认为公权优先,然后是个人。我认为应当三者并行,检察院依据公权提起的公益诉讼往往着重于维护国家利益,跟我们所说的公共利益不完全一样。作为公共利益的真正维护方,如果检察机关和公共机关能够积极提起,这个当然应该提倡。但是为了防备受到国家权力影响的公权机关在提起公益诉讼上出现有所保留或者有所偏离的情况,保留社会提起和个人提起是有必要的,也就是说,三足鼎立的诉讼主体应该给予保障。这就是我作的简单发言,谢谢各位。

主持人:

刚刚刘教授对公共利益的范围作了很好的界定。按我的理解,公益诉讼的范围不宜太大。特别有意思,他提出了印度为例子,因为在印度公共利益的范围很大,对公共利益的保护反而不太好。对印度我还是有点发言权,最近刚刚访问过,他们那边社会管理很混乱,所以从刚才刘教授讲的内容让我们很受启发。下面我们请中国政法大学教授肖建华同志发言。

2. 肖建华(中国政法大学教授、民事诉讼法学研究会常务理事):

我简明扼要地对我的几个观点进行说明。第一个问题是关于公益诉讼立法的体例。我看到了不同学者的建议稿、最高检察院的立法建议和最高人民法院的立法建议。大家在立法建议稿中对公益诉讼提出了不同意见,有的学者主张单独列为一章,或者作为特殊程序、特别程序的一部分,还有部分学者建议在有关条文当中加以规范,最高人民法院设想在第108条后增设一条作为起诉要件。江伟教授主张在当事人一章专设公益诉讼一节规定由检察机关作为代表人这样的一个立法立例。我对这个立法提议觉得有值得商榷的地方。第一,我们在制定公益诉讼立法时是一项制度创新,但这个创新并不表明我们要在立法时单独规定一章,理由是什么?它不属于特殊程序,也不属于特别程序,它是一个用通常诉讼程序,也可能适用简易程序来进行的诉讼,它应该是属于一个当事人双方对抗的程序,因此我的立法提议是对公益诉讼不可以设立专章,设立专章会造成体例上的排斥。这个不科学。放到第108条也不合适,因为那是对起诉要件的要求。这个要求在检察机关提起诉讼时又设立了很多条件,有些应该是诉讼要件,因此更强化了诉讼要件的审查。这样规定我也觉得不合适。我认为它属于民事诉讼法第49条规定的民事诉讼当事人能力这个范畴,即本来对这类案件没有赋予检察机关起诉的能力,但是通过制度安排使它获得了这样的能力,所以我建议在第49条加上一款:当国家利益或集体利益受到损害是的时候需要排除妨害、制止违法行为,检察机关有权提起民事诉讼。我说的是排除妨害和制止违法行为,也就是说限定了只是针对这种行为要求被告不作为,请求法院发布一个禁令性的判决。这是限定其起诉资格,这个和一般情况相比具有特殊性。第二个关于主体。刚刚孙加瑞代表高检的民行厅提出了一个看法,检察机关没有提起民事公诉的职责,却让我们提起民事公诉,我们民事审判监督者的地位和提起公诉作为当事人的地位的关系如何协调?我觉得我们国家整个司法制度的安排缺少落实实体法的主体,公民受到侵害的时候由公民自己起诉,法人是这样,其他组织也是这样,国家受到侵犯的时候缺少一个主体,司法部没有这个权利。行政机关中,也只有《海洋环境保护法》里提到了行政机关可以提起对海洋污染的诉讼。为什么这样?因为海洋管理行政机关比较超脱,或是海洋污染来自国外的比较多,所以海洋管理行政机关可以超脱地提起公益诉讼?假如行政机关身处其中,要么不作为,要么滥作为,这时让行政机关提起公益诉讼就不合适,检察机关介入就有必要了。如果不安排检察机关来担当这个角色,我们整个司法制度就会让另外一个机关做这个角色。所以,我们觉得应该比照刑事公诉的角色来安排。我觉得这是我们整个司法制度的创新,它的意义是很大的,就是说西方经验我们可以借鉴,如同我们在资料当中看到的,有德国的,有俄罗斯的,有美国的。在大陆法系中的公益诉讼,毫无疑问我们都知道的,检察机关可以提起公益诉讼。在这点上,英美法系更明确。公益诉讼是英美法的概念,我们在立法的时候最好不要提出来,这样会造成很大的混乱,就是因为对公益解释不清。美国人处理得很好。有一个河北大学的硕士论文,专门研究美国父权诉讼,它是从英国借鉴来的。英国的普通法上,父亲有监护权,如果监护不力,有时候由国家委托检察机关提起诉讼。后来这成为一种制度,关于弱者权益、未成年人权益、精神弱智权益、环境污染、关于消费者权益、关于垄断,检察长都可以提起诉讼。美国是分权制的,联邦和州分权,一部分赋予联邦,一部分州政府,一部分给了人民,因此它在处理的时候是把权力赋予州检察长,来代表州政府对于刚刚提到的行为提起诉讼。这可以用一个词来代表——公益。公益诉讼的范围,在美国利用判例法来实现。我国学者的建议稿也没有界定范围,这个范围可能会发生争执。既然检察机关提起公益诉讼是比较适当的,但是有时候会遇到一个比较尴尬的境地,就是它要不要成为被告,或者说案件对它不利的情况下可不可以上诉,这是一个角色的安排。我觉得检察机关有两个角色,一个是公诉人的角色,另一个角色就是监督,我们通过检察院组织法和民事诉讼法的安排,使检察机关的两种职能都能很好地体现出来。第二个问题是公益诉讼中的和解问题。张卫平教授的建议稿中建议禁止和解,我觉得不合适。因为在公益诉讼就是要鼓励国家的代言人和被告和解,甚至在诉讼前就达成和解。但是张教授高明的地方在于建议公益诉讼的判决应该公告。英美法也是这样规定的。第三个问题是公益诉讼判决的效力。公益诉讼判决对不特定人发生效力，不特定人可拿着禁止有关行为人继续排污或禁止作为的禁令，请求法院给予赔偿，但是检察院就不提起这样的诉讼了。这个思路会涉及很多的主体。另外我想提到的一点是，集团诉讼和父权诉讼是互相补充的，不是一回事。父权诉讼中，国家代表了受害人，由律师担任检察长助理以国家名义提起的诉讼，他正好可以替代集团诉讼。还有调查权问题，我觉得不仅是再审程序当中检察机关应该有，在民事公益诉讼当中也应该有。

主持人：

建华同志对检察机关在公益诉讼中的地位和作用等发表了自己看法，还引用了英美法系、大陆法系的规定，让我们很受启发。下面让我们请最高人民法院民四庭副庭长王彦君同志发言。

3. 王彦君（最高人民法院民四庭副庭长）：

利用有限的时间，向大家汇报一下民诉法修改关于公益诉讼目前的情况。我本来是搞海事审判的，和水有关，因为是关于水资源保护，所以会涉及公益诉讼的问题。因为这个是全国人大代表要求的，每年也是全社会的热点问题。人大代表每年都提议案，让我们有个交代，有个说法，我们这两年在这个问题上花费的精力会多一些。这个问题我们最高法院刚刚也提了一个建议，我们本意是提供一个平台。是不是公益诉讼这个问题太复杂、太深奥，牵扯的面也很大，从我们研究的结果来说，水污染的研究好像还透点亮，还有些把握。像公益诉讼中公共利益的范围还包括哪些，确实不好把握。我们的稿子里有水资源保护，还有消费者权益，和法工委也沟通了这个情况。对于公益诉讼，我们是这么想的。我们的建议稿主要是提出一个主体问题，再一个是范围问题。主体是目前的法律的一个缺失。现在有很多的水资源污染案件是什么情况呢？每个具体的公民法人或者特定的社会组织发生了损害，就按照普通的民事赔偿程序进行解决了。哪些不能解决呢？有一些权属是国家的，比如说河流、土地权属都是国家的，它的使用却涉及社会的各个方面，所以其具有双重属性，一个是国家的资源，同时也是社会公共利益。比如说，在松花江污染案件，因为河流不是个人的，个人不可能要求法院赔偿，那么，就涉及谁代表这个资源，谁来起诉侵害方。从这方面来说，法律是有缺失。我们以前也想利用现有的一些法律来解决这个问题，结果立法机关说还是要通过立法解决。对于公益诉讼这个问题，我们还是想搭建一个平台，作为公益诉讼来说很复杂。刚刚大家也说了，无论从主体方面、公共利益的认定方面，还是公共利益制度的机制，有很多问题都有待解决。有几个问题我们已经察觉到了。比如说公共利益的特性，体现在诉讼制度里面，与很多普通的民事诉讼程序可能会产生不同运作规范。另外,公益诉讼并不是普通的民事案件,支付钱就拉倒了。环境的水资源案件往往是要求修复、清除,通过具体行动来进行,恐怕就一个水资源,就有很多恢复工作需要很多年,三五年、十来年的也有。他赔的这笔钱由谁来执行,谁来恢复,这些都是问题。另外,公益诉讼评估机制也需要建立。而环境保护这方面,不是法院判加害者输了就可以,他还要有赔偿能力,比如现在海上油污,动辄就好几个亿。污染单位如果没有赔偿能力该怎么办?判了最后也是白纸一张,所以就会涉及执行的问题,也涉及调解。美国很多大案件最终是通过调解来解决,百分之八九十都是这样,为什么这样?因为对环境的评估证据都不是百分之百的,都是一个评估,一个大概数。在这种情况下调解结案的几率就非常高。关于主体的问题,我们还是从水资源来讲。其举证、评估,绝对不是一个单个的公民能够承担得了的。他的举证责任、评估能力、费用都需要考虑。先期就需要费用,个人并不可能解决得了。如果公民作为主体,他可能一纸诉状告到法院,并在媒体上做宣传,难题就交给法院了。同时还得防止滥诉。所以我们说还是得靠国家主管机关和一些有资质的民间团体,比如说中华环保联合会。环保部、海事局、海洋局,还有渔业局,都是专业单位,最终还是得他们来做这类事。你让法院做,法院也没那么多精力,这些活儿也不是一天两天的。美国在水资源方面搞公民诉讼,听着是公民,其实也是有限制的。只有当国家环保署不履行职责的时候,一个叫 NRDC 的组织和一个环保民间组织,只要和他有一点利益关系,或者和他的会员有一点利益关系,它就可以作为代表提起公民诉讼,其实也不是公民提出来的。因为这些组织确实从法律上和专业业务上,都很精通,他可以使审判资源,包括行政资源得到有效利用。所以在公益诉讼范围方面,要等待以后再研究,我们等成熟了再立法,现在先有个平台就可以。我就是这个意思,以后可以继续通过试点来解决。

主持人:

非常感谢啊!我们刚刚听到王彦君的发言和两位学者的发言还是有很大不同,他是更加注重操作的问题。他以水域污染为中心,就诉讼主体和范围,发表了自己的看法。他还提出了一个平台说,也就公益诉讼的损害评估等提出了一些见解。接下来我们有请最高人民检察院民行厅副厅长郑新俭同志发言。

4. 郑新俭(最高人民检察院民行厅副厅长):

各位领导,各位专家,大家上午好,非常感谢邀请我参加这个研讨会。我在此仅谈一点个人的认识。我想谈五层意思。

一是公益诉讼的范围应当很广我认为,如果从民事和行政的角度来讲,应当分别考虑适用民事法律的公益诉讼和适用行政法律的公益诉讼。

二是由检察机关提起公益诉讼是法律监督的应有之意,对于这点我仅谈一下个人意见,不代表最高检的意见。我认为宪法第129条规定,中华人民共和国检察院是国家的法律监督机关。根据这条规定,检察机关的基本职责是法律监督,法律对什么是法律监督没有作出规定,但是学理上的解释是法律监督是对遵守法律和执行法律实行的国家监督。我认为这是准确的。所以法律监督既包括守法监督,也包括执法监督。接下来问题是,检察机关是怎样进行守法监督和执法监督的?我个人认为,检察机关是通过提起公诉的方式进行守法监督,通过行使各种监督权进行执法监督。执法监督很复杂,与主题无关,我们主要探讨守法监督。现在回到公益诉讼这一主题上来。我认为检察机关提起公益诉讼在性质上是属于守法监督的范畴。当然,如何界定还需要深入研究。我建议当检察机关提起公益诉讼时称为提起公诉而不叫公益诉讼,提起行政公益诉讼叫作行政公诉,提起民事公益诉讼时叫提起民事公诉,这样也与刑事公诉一致。

三是哪些案件由检察机关提起公益诉讼,哪些由机关、团体提起公益诉讼,需要认真研究。我认为,在民事行政领域应尽可能考虑由机关、社会团体来提起公益诉讼。对检察机关在什么情况下提起,应尽可能作限制,应将其界定为最后的保障手段。

四是具体的公诉范围应当根据实体法的内容加以界定。就检察机关提起公诉而言,实际上存在着行政公诉、民事公诉和刑事公诉三种公诉的形式,这三者之间有各自的特点。我在这里仅谈谈民事公诉的问题。就民事公诉而言,我认为一定要结合民事法律加以界定。民事法律是调整市场经济的法律,实行的是意思自治,由当事人自行管理自己的事务。所以在提起公诉问题上,如果是在意思自治的范围内,检察机关对民事守法无需监督,也不存在民事公诉问题。只有在法律有强制性规定,在存在不遵守民事法律的强制性规定的情形并且没有特定的权利主体时,或者虽有权利主体却不能代表所有人的利益时,才考虑由检察机关进行监督,提起公诉。但这种情况非常少,我认为现在只有环境污染属于这种情况。

五是督促履行职责问题。有同志认为检察机关在公益诉讼中主要是督促监管机关提起公益诉讼,我很赞同这种观点。但我想说两点,第一,检察机关在这个问题上应该是督促监管机关履行职责,而不限于督促其提起公益诉讼;第二,在这种情况下应该是行政公益诉讼问题,而非民事公益诉讼。就检察机关来讲,应该是督促履行行政管理职责的问题。

主持人:
下面是自由发言时间。

1. 孙家瑞(最高人民检察院民行检察厅处长):

刚才肖老师提到了我的一些看法,实际上我不完全是那个意思。我说的意思是什么呢?我觉得检察院提起诉讼面临一个法律上的障碍,即民诉法第14条的规定:人民检察院对民事审判活动进行监督。如果检察院提起民事公益诉讼会遇到一个问题,就是对哪个民事审判活动进行监督。对于起诉来说,它没有审判活动。所以说,如果一定要规定这一制度的话,我们的民诉法的总则必须修改。这是第一个问题。第二个问题:谈到公益诉讼,很多人说外国都有这项制度,我认为这种说法不是很准确。王厅长他们去美国考察过,美国没有公益诉讼这个概念;德国以前有检察院提起民事诉讼的制度,现在也没有了;英国检察院也没有这个制度,英国检察院从1986年以后才开始,它只有刑事起诉,和民事公诉也没有关系;法国的亲子案件也不应该算是公益诉讼。所以,如果说外国有公益诉讼制度,是不准确的。

刚才肖老师提到,实体法需要一个落实的部门,在行政机关不作为的情况下要检察院出面。他说得非常好。也就是说,行政机关不依法履行职责的,我们应督促他履行职责。还有种说法是检察院是公益保护机关,所以应提起公益诉讼。我觉着这种说法不太准确,因为宪法规定检察院是法律监督机关,不是公益保护机关。另外,和公益保护能联系上的是《检察官法》第8条关于检察官义务的规定里面提到:检察官有维护国家利益、社会公共利益、公民和其他单位的合法权利的义务。如果按这个思路走下去,俄罗斯的规定更恰当:为了维护不特定主体的利益可以提起公益诉讼。如果规定,可能这样会更合适。

2. 刘芝祥(中国政法大学副教授):

我是政法大学的刘芝祥,我提两个建议。第一个是上一个单元的问题,上个单元没有机会发言,我现在补充一下。我建议取消或者限制发回重审制度。这一制度造成很多问题,比如说拖延诉讼造成当事人诉累,并且还会给检察院和法院带来很大干扰。这是我的第一个建议,由于时间问题就不展开谈了。第二个就是公益诉讼方面。刚才郑厅长提出了五点意见,有关立法的这一点我简要谈一下。据我所知,目前行政诉讼法暂时不会修改,并且民事诉讼法和行政诉讼法之间有一个关系,即行政诉讼法没有规定的可以适用民事诉讼法的有关规定。所以我建议在民事诉讼法这次修改时,把行政公益诉讼和民事公益诉讼一并做出规定,虽然两者确实有区别。

3. 李刚(北京市资略律师事务所主任):

大家好,我是李刚。我写的博士论文就是《公益诉讼》,我自己做了一个网站叫公益诉讼网,自己也代理了几个案件。我对公益诉讼问题有一些感受。第一,不管国外是否有公益诉讼这个名词,在中国已经约定俗成了,在老百姓心目中已经有了神圣不可替代的地位。第二,目前就我的观察而言,相当部分的所谓公益诉讼还不是真正的公益诉讼,事实上真正的公益诉讼我们法院不受理,比如说北京大学的教授和学生对松花江污染事件提起的公益诉讼。相当一部分"公益诉讼"案件实际上是私益诉讼,该类案件试图通过其示范性来解决其他类似案件中当事人利益保护问题。当前不少法院环境法庭作了一些努力。据我观察,当前相当一部分诉讼中,检察院或行政机关有一种冲动,而环境保护部门则怠于履行其职责。第三,虽然公益诉讼术语比较模糊,公益诉讼难以定义,但也不是完全不能把握,我国澳门民诉法和行政诉讼法中都有相应的规定,我认为可以借鉴。对大家公认是公益诉讼的,立法可以采取列举与排除结合的方式予以规定。第四,我想说一下当事人问题。现在有一种趋势,大家很害怕以个人名义提起公益诉讼,希望把公益诉讼提起主体限定在检察机关或特定行政机关和社会团体。我个人认为,检察机关当然当仁不让具有这项权力;但是对于行政机关,我持保留态度,因为相当一部分情况是行政机关在其行政职权范围内应该做的事情却没有做好。对于社会团体,我持非常谨慎的态度,这是因为我国社团设立的弊端所导致的。我们真正民间社团是很难成立的,最近发生的中国环保联合会在不同的地方提起的四起公益诉讼是比较特殊的。最后我想说一下立法体制问题,我认为这个制度不仅涉及当事人的问题,还涉及既判力的问题,所以应当作专门规定。另外,民事诉讼法立法还应该和实体法有机地结合在一起。

4. 蔡彦敏(中山大学法学院教授、民事诉讼法学研究会副会长):

第一,在实务上已经敞开了公益诉讼尝试的大门,在立法上也到了规定公益诉讼制度的时机。第二,公益诉讼提起的主体应该是多面的,包括有关组织——例如NGO、个人和检察机关。第三,在基本原则部分要把原来对民事审判的检察监督扩展为对民事诉讼的检察监督。第四,正确处理检察机关公诉权和受害人权利之间的关系。检察机关不代受害人提起民事公益诉讼,也就是说检察机关提起公益诉讼不影响受害人提起民事诉讼。检察机关提起公益诉讼,其诉讼请求应该有所限制,只能要求对方当事人排除妨害、消除影响等,不可代受害人要求赔偿。第五,检察机关提起民事公诉之后,也应该适用民事诉讼的基本原则,和民事诉讼当事人法律地位相同。基于此,检察院也具有民事和解的权利。最后,费用方面,我认为个人和团体在提起公益诉讼的时候应当免收诉讼费用。

5. 陈刚(华东政法大学教授、民事诉讼法学研究会常务理事):

应该鼓励律师参与公益诉讼。

6. 张永泉（苏州大学法学院教授、民事诉讼法学研究会常务理事）：

我认为国家利益和集体利益有强大的力量予以保护。公益诉讼是一个私法问题，也就是说国家会侵害不特定的少数人的利益。在美国的公益诉讼是指由于国家等大的利益侵害少数人的利益所提起的诉讼。我们的公益诉讼却赋予了国家利益等含义。在社会转型时期，发生了很多以国家利益的名义侵害私人利益的情况，我们可以考虑以公益诉讼制度对此进行遏制。

7. 张晋红（广东商学院教授、民事诉讼法学研究会副会长）：

首先，我为张卫平的建议稿作些辩护。我认为张卫平建议稿中认为公益诉讼之所以不适用处分原则和调解，是因为其理论基础是公益诉讼的诉讼请求仅限于停止违反公共利益的行为。如果这样，肯定不适用处分原则和调解。我认为立法应该对诉讼请求进行限制，只限于停止侵权行为。在这一情况下，公益诉讼不可以普遍地提起，只有在检察建议之后有关行政机关仍不作为的情况才可以提起公益诉讼。也就是说检察监督是第一位的，提起公益诉讼是第二位的。

第三单元
审前程序立法完善

主持人：潘剑锋（北京大学法学院教授、民事诉讼法学研究会副会长）

各位领导、各位老师、各位同学，下午好。今天下午的讨论现在开始，第三单元按照大会的安排有三位报告人：分别是蔡彦敏老师，来自中山大学法学院；毕玉谦教授，来自国家法官学院；还有姜启波庭长，来自最高人民法院。今天讨论的话题是关于审前程序的完善。大家都知道审前程序在这次民诉法修改中也属于重点问题，是因为它在整个程序中占有十分重要的地位，如何进行案件审理及其相关的工作都是很重要的。时间上的关系，我们还是按照大会的要求，三位发言人都有十分钟的发言时间，希望三位发言人都能够遵守这个要求，之后呢我们还有半个小时的自由发言时间。下面我们就开始下午的讨论。首先有请我们的毕玉谦教授。

1. 毕玉谦（国家法官学院教授、民事诉讼法学研究会常务理事）：

各位领导、各位专家，下午好。我今天的发言的题目是：对现行民事诉讼审前程序的结构性改造与立法建议。这个题目比较大，我尽量缩短时间。审前程序是我们这次立法中的一大结构性的问题。这个结构性的问题涉及它与审理程序怎么样来协调它们之间的关系，也就是说我们要改造这个结构会给我们带来深刻的变化。首先,回顾一下我们国家现行的民事诉讼法在审前阶段规定的制度有哪些弊端。我认为,主要的弊端从主体上来说它是一个法院内部封闭性的行为,本来审前程序应当是当事人与法院之间的互动,而现在却是一个法院内部的封闭性活动,法院做一系列审前的准备工作:送达;告知当事人诉讼权利、合议庭组成人员;调查必要的证据;审核诉讼材料;通知必要的诉讼人参加等大量工作,是不是应当留在庭审当中解决,需要考虑。总之,这个阶段工作是封闭的。其次,它在行为上体现了法院的一种超职权主义,就是说法院在这一部分司法能动表现得特别强烈,它没有和当事人互动,这也是我们体制中的一个问题,同时也与我们的文化以及长期的官本位有关系。最后,在功能上也有严重的缺陷。所谓严重的缺陷,因为法官在开庭审理时要做大量的工作,对事实审要设定一个框架。现行的法律也有本质上的问题与缺陷,也就是要求起诉人的义务是提交诉讼材料,对答辩却没有作出规定严格的程序,这就导致案件事实在什么样的框架下构建无从谈起。此外,被告没答辩就会导致被告没有举证的行为,从而使对方无从知晓应该提交什么样的证据。除此之外,还有诉讼正当性、具体操作都有严重的缺陷,所以我认为对它的改造是非常有必要的。

对审前程序的改造,我认为有以下几个问题。一是我们要借鉴国外的一些有益做法。从两大法系来说,美国的审前程序是一个全面的当事人主义,当然现在对于程序管理也加强了。它的特征就是审前程序是一个相当大的框架。就我从美国考察的结果来看,他们有97%的民事案件是通过审前程序予以解决,只有3%的进入程序。而大陆法系是职权主义很强的,同时它的当事人主义色彩也逐渐地体现出来。我们知道德国在1971年斯图加特改革中强调开庭的集中化,强调一次性解决,这也使它的结构产生了变化。我们国家在构建审前程序时应当依据我们国家的国情,我觉得应当从这几个方面考虑:

第一,单纯的司法能动必须转换。司法与当事人之间的互动,当事人之间的互动,这就是要求双向互动必须加强。此外,要改革现在答辩不强制的这个制度,强调不答辩的后果,如果不答辩就视为不应诉,必须强调相应的法律后果。

第二,借鉴美国,当事人互动必须要有一定的措施,比如书面质询,允许当事人可以向对方提出书面质询,这就使争点更为明晰。再一个就是允许一方当事人要求另一方当事人进行自认。这也是为了强化当事人在这方面的互动。此外,应当把一些程序前置。最高人民法院在最近几年的司法解释中在这方面是作了有益的探讨,比如说庭前的证据交换。实际上庭前证据交换自2001年颁行以来,在各地推行还存在缺陷。但是证据的披露和交换、争点的固定必须在审前做好,这样才能保证当事人的举证做到有的放矢,才能在审理程序之前把证据固定下来。

第三,要确定多渠道机制。所谓多渠道,就是指要因案而异,要加以分类,不能一刀切。因为这里面有合同案件、侵权案件、财产关系案件、婚姻家庭案件、身份关系案件,有简单的、有复杂的,包括我们现在所说的小额、简易程序案件。这些案件肯定不能照搬一套固定的模式,那么,审前有简有繁,要做到案件分流也有要求。

  第四,确定举证时限。举证时限在目前来说争议很大,最高人民法院司法解释颁行十年以来,各个地方执行起来情况也各不相同。我认为举证时限首先应当规定,同时也应当有一定的弹性,增加当事人协商的空间。应当如何设定举证时限,从事实这个角度来说,首先是当事人有诉求,诉求以后有相应的证据支持这个诉求,然后对方在答辩时也有相应的证据来反驳这个诉求,这就是所谓的证据交换。接下来就是争点的整理,确立诉讼框架和举证时限。最后就是开庭上的质证等一系列诉讼行为。我觉得举证时限的确立不能像现在这样僵化,通过改造,能够解决现在实践中所存在的新证据如何界定的问题,从根本上我认为它是与举证时限有一定的关系,与举证时限确立的不科学、不合理有关。所以在这部分还必须与新证据一并解决。

  就举证时限的条款而言,我认为这样规定:在诉讼过程中,人民法院可以据情规定不同的举证时限。为什么这么规定呢?因为案件的难易程度是不同的,有的是财产关系案件,有的是身份关系案件,所以只能是据情规定,只能是原则上的一个规定。在第2款可以规定举证时限也可以由当事人之间协商确定,也就是补充了法官的据情确定。凡经当事人协商确定的举证时限应经人民法院确认,这是从程序上对当事人协商确定予以认可。其实还有一个问题,就是要解决当事人在举证时限内未能提交任何证据,且在主观上存在故意或重大过失的情况下,经一方当事人申请,人民法院可不予采纳。这是有相当弹性的并且是有比较法根据的。最后举证时限是限制当事人的,并不是限制法官的。我想在第4款中规定:为了查明事实真相,人民法院依职权要求当事人提交的证据不受举证时限的限制。这样就明确举证时限是限制当事人的,不是限制法官的。

主持人:

  好,谢谢我们的毕玉谦教授的发言。毕玉谦教授从审前程序与开庭审理程序之间的关系入手,分析了我们国家现行民事诉讼法审前准备程序存在的缺陷,比如说内部封闭、超职权主义、功能缺失等。在这个基础之上,提出了对我们审前准备程序如何改造的建议,主要是关于强制答辩、当事人与法院的互动、证据交换、举证期限等问题。就我个人而言,我认为有两个问题很值得我们思考:一是涉及强制答辩。这就涉及答辩是权利还是义务,或者从某个角度来说它是两种性质不同的行为。二是涉及举证期限。虽然这是一个很老的问题,但是在这次修法过程中,应该要很认真对待。因为我很清晰地记得在2000年研究《证据规定》时,最大的一个亮点就是关于举证期限。同时在调研过程中,相当多的地方都提出要建立举证期限制度。好,我们接下来请来自中山大学法学院的蔡彦敏教授发言。

2. 蔡彦敏(中山大学法学院教授、民事诉讼法学研究会副会长):

关于我们国家民事审前程序的立法完善,我个人有一种跟过去传统观点不太相同的观点。我把审前理解为两个层面,也就是广义上的审前程序。第一个审前是我们传统意义上的审前,也就是正式开庭审理之前的那个审前;第二个审前是扩大意义上的,也就是第一审程序之前的一个程序。我觉得我们国家传统民事诉讼的一审程序是没有作太多的区分,所以我们国家一切案件起诉到法院就只有普通程序和简易程序这两种区分。我个人认为,我们可以考虑在我国程序设置上面遵循一个区分和多元的指导思想,也就是说将我们的审判程序作一些区分。我们可以将一审的前置程序赋予当事人一个多元化的纠纷解决机制,在这个机制里面,可以考虑将基层法院一分为二,一部分叫作基层的速裁和调解法院,一部分叫作基层第一审法院。速裁和调解法院作为第一审法院的前置性的程序,特别是在基层的一审法院,我们有80%的民事案件在基层,同时我国也拥有80%的基层法院,所以纠纷在基层,法院在基层。从这个角度而言,如果我们能够区分出一个前置程序,也就是所谓的速裁和调解,那么,当事人在一定期间内没有提出诉讼的话,这些速裁裁决和调解书就可以进入执行程序。如果当事人在法定期间内提起一审的正式诉讼,就必须按照一审程序来进行处理。这样的话,我们国家的一审程序就不再是传统意义上简易与普通不分的程序,而是一种规定得更为全面和系统的主干诉讼程序。我非常赞同王亚新教授在前几年所提到的以对抗与判定的一种结构来作为制度和实践中改革的方向。对抗与判定实际上就是要确立严格的、规范的、正式的民事诉讼机制,也就是说,将那些不需要进入正式诉讼程序的案件进行分流以后,正式的诉讼程序就应该专业化,包括一些制度的配套与落实。比如明确要求律师的强制代理、程序的严格与规范,同时,对于当事人起诉与应诉的要求也应当走向专业化与正规化。在这样的基础之上,应当明确审前程序的主旨,也就是审前程序合议庭组织当事人交换证据、明晰争点,或者是促进当事人和解。在这一点上,我们不再强调传统意义上的法院调解,应当是促进和解为主旨的。同时,对于审前会议而言,当事人应当参加审前会议,如果不参加,就会导致当事人权利受到损害。

在审前程序,我觉得还应当明确法官的释明责任。法官应当向当事人明确证明责任以及后果,促使当事人积极客观、诚实地承担证明责任。再有就是应当强调审前程序促进和解的功能,在这个阶段,法官主要承担的不是调解人的角色,而是促进双方当事人达成合意并且制作具有法律效力的和解协议书。

总的来说,我是希望在我们的民事诉讼中,该正规的程序一定要正规化,使中国的民事诉讼制度走向现代化和法治化。如果我们不作区分的话,公正与效率就很难兼顾。

主持人:

谢谢蔡彦敏教授的发言。蔡教授的报告有她的创新之处,她谈到了审前程序广义上的含义,其中设置一种速裁与调解的模式作为一个正规审判的前置程序。当然,她这个设置科学不科学,我觉得要进一步的推敲,因为速裁也是一种审理方式,但是她这个观点还是很有创新之处的。另外,她谈到正规程序时也谈到了一定的模式,包括与毕教授一样的观点,谈到应诉的问题、答辩的问题、借鉴国外的相关经验。这些建议是很有积极意义的。但是另一方面我也在思考,如果这些措施真正实施起来会不会遇到什么障碍,其中一个问题就是举证期限问题已经在我国举步维艰,证据披露就更要求社会的诚信制度达到一个很高的水平。目前而言,我国立法、司法得不到很有效的推进,主要是诚信体系不够完善。下面就有请来自最高人民法院立案庭的姜庭长发言。

3. 姜启波(最高人民法院立案一庭副庭长):

第一,我给大家报告一个真相:审判监督程序大家都很关注,近几年来到最高人民法院申诉和申请再审的案件数量,每年都在2.3万~2.5万件案件,其中85%案件的当事人是重复申诉和申请再审的,当事人不断地要求法院裁定再审,而法院不予再审,这样就出现了申诉难。另外,我们法官也面临一个难题,即这2.5万件案件中真正符合司法标准、能够启动再审和改判的比例相当低。我们判断的标准一是要有错误,二是能够改判。如果案件确有错误且能改判,而且改判的效果还比较好,我们就一定会裁定再审的。因为通过改判当事人就不再申诉或者申请再审了。但遗憾的是,在这么多案件中,只有2000多件案件能够通过初步的立案审查,大概占十分之一左右。而裁定再审的又占审查案件的十分之一左右,也就是说两万多件案件最后能裁定再审的只有两三百件。另外一个问题是,在审查材料时,如果当事人没有任何理由,我们就会裁定驳回,但是这种情况只占少数。85%重复申诉的案件一般都有司法过错,而启动再审又不符合标准,但又是可以申诉的。这时法官就不知道该怎么办。如果驳回其申请,但其申请再审的理由是成立的。比如说案件合议庭组成有问题,结果却没有问题,所以我们不能以没理由予以驳回,但是能再审吗?也不能。所以法官处理申请再审和申诉很难。之所以说明这个真相,是想请各位老师和学者清楚一点,我们应作出一个判断,不能寄希望于审判监督程序或者其他程序保证整个民事案件的审判质量,那是不可能的。因为审判监督程序、再审程序只是纠正错案,但是现实并非如此。现实是一审、二审中出现的瑕疵问题比较多,所以要提高案件的审判质量关键是一审和二审。

接着说审前程序。我认为审判监督程序和审前程序是有关联的。之所以会出现这么多申诉和上访,很大原因就是我们没有审前程序。上午江伟老师说"调解优先,调判结合"这一原则跟民事诉讼法的自愿、合法的调解原则不相吻合,确实有这种情况。但是我们国家几十年来民商事审判或者调解总是在两个极端,要么是高审判率,要么是高调解率。我觉得其中一个重要原因也是我们没有建立审前程序。现在法院提出的"调解优先,调判结合"也是不得已而为之,也是符合现代社会需求的。否则一审大量的判决、二审大量的上诉和大量的申请再审是没办法解决的,效果也不好。所以民事审前程序是民事诉讼法修改重点中的重点,在我看来也是最重要的,它不仅关系到民商事审判,还关系到法院能否走出困境。

第二,有的老师说民事诉讼法修改理论上是否准备得不够充分,我认为其他领域可能存在这个问题,但是审前程序不存在这个问题。因为我自己关注这个问题就有十六七年,据我了解,我们学校的老师也研究二十几年了,各地法院也实践了十几年。所以我呼吁修改审前程序。

第三,关于内容方面。上午我看了张老师、江老师和杨老师的建议稿,我觉得都很好。怎么设计呢?首先,我觉得要是加入审前会议,其只适用于10%~20%的疑难案件,大多数案件是不能适用的,否则会造成资源的浪费、诉讼的拖延,我们就会重复英美国家诉讼低效的教训。审前程序要规定,但是不要规定得太多。比如说法官的释明权、和解、促进调解都可以规定进去。甚至我们可以大胆地将支付令、小额诉裁、起诉和受理都规定进去,一个程序全部解决了。这样大量的案件就要繁简分流,其中10%~20%的进入审前会议、证据交换、争点的整理阶段。

第四,我们之所以关注审前程序,一个方面是因为我们立案庭要承担审前程序的一部分工作,更重要的是,如果审前程序实施了,没有这么多的申请再审和申诉,我们的负担就减轻了。

主持人:

谢谢姜庭长。姜庭长关于审前程序谈得很深刻,他的发言给我印象最深刻的是他强调审前程序非常重要,是民事诉讼法修改的重中之重,甚至把它排在第一位。把实践中出现的问题,如申请再审多、调解和判决比例前后摇摆等都归于审前程序不好。另外一个印象比较深刻的是审前程序承担的功能非常多,包括调解、立案、起诉和受理。但是他没有谈具体的阶段,相关的功能应包括在那个阶段,可能是由于时间上的关系。基于我对姜庭长的了解,在公正和效率的主导思想上,他基本上坚持效率优先,但他提出这个看法可能是来源于现实工作中的体会。这就涉及民事诉讼中两个最基本的价值——公正与效率,它们在修法中如何平衡。

下面是自由发言时间。

1. 刘敏(南京师范大学法学院教授、民事诉讼法学研究会常务理事):

蔡教授提出了增加速裁程序等,法院实际上不只是诉讼,还包括仲裁、调解,目前美国的法院是这样的。刚才蔡教授提出的速裁调解应该不是美国的,我估计是日本的。在起诉之前,当事人申请法院调解,达成调解协议,其具有法律效力,应该是属于日本式的,这个我是支持的。法院调解分为两类,一个是任意调解,一个是强制调解。当事人可以在审前自愿申请调解,其应属于任意调解。目前生活当中的调解是没有法院参与的,经过改造可成为日本式的速裁调解,我认为是具有可行性的。关于毕教授的观点,审前程序不再是我们目前的审前程序,既包括准备程序,也包括诉讼程序,准备程序跟现在一样需要完善。如果要增加诉讼程序的话,有几个程序是需要完善的,包括调解程序、美国式的简易判决程序。而毕老师支持强制答辩,我认为,如果要规定强制答辩,就应该设置简易判决程序,否则就不需要。

2. 孙加瑞(最高人民检察院民行检察厅处长):

我认为审前程序很重要,内容也很多,对此也有很多争论。因此,我们首先要明确审前程序的目标,是分流还是什么。明确目标后再确定哪个方案能很好地实现该目标。比如说举证期限问题,法院立案后受理书和出庭通知书一块发送,这样就缺乏准备证据的时间。法院想的是尽快结案,至于事实是否查明、判决是否正确则无法顾及。所以说我们很多时候坚持的是一种手段而不是目标。第二种情况,我们考虑问题时应注重实际情况和实践,关注我们的国情。如,现实中存在明明能送达而公告的情形等。所以我们一定要关注我国的国情,另外还要注意制度之间的衔接。最后,有人认为抗诉要限制次数和时间,但是抗诉一次是否会增加其不改的决心呢?如果允许无数次抗诉,也许能制约其纠正错误。

3. 邵明(中国人民大学教授):

我主要谈两个问题:第一,按照孙博士的观点,我们制度的构建是体系的构建,立法者立法都有一定的目的,这个目的取决于什么,这个我们一定要明确。在此基础上,我们要搞清楚审判监督程序和审前程序之间的关系。从历史发展的角度来说,审前准备程序以前的作用就是为庭审的顺利进行做准备的。随着社会和法律制度的发展,审前程序中又出现了一种不平等,比如说通过当事人合意的方式解决纠纷,比如说和解和调解。但是审前程序不具备正当程序保障的功能,因此不能作出强制解决纠纷的判决,但是可以通过合意的方式解决纠纷,这点和庭审程序不一样。因此,我们不能淡化庭审程序。第二,程序制度设置的一个重要原则就是程序参与原则。程序参与原则是在国际人权条约当中作了规定,各个国家也在宪法中有所规定。所以我们在修改法律的时候也应该符合时代发展的潮流,保障当事人的程序参与权。当事人的程序参与权大体来说包括两个方面,一个是诉讼知情权,一个是诉讼庭审权。诉讼知情权是保障当事人和其他参与人的知情诉讼的权利,其最重要的就是送达制度,保障当事人最有效的就是直接送达,最不可取的就是公告送达。

4. 张卫平(清华大学法学院教授、民事诉讼法学研究会会长):

我先提一个问题,2008 年最高人民法院对举证时限调研后准备修订,而且制订了修订稿,不知道现在是一个什么样的状态,是认可呢,还是不认可呢?

我表明几个观点:第一个观点是审前程序与现行审前准备有区分,区别就是我们把诉讼程序分为两块,一个就是审前程序,一个是审理程序,审前程序是一种相对独立的程序,不是单纯为庭审做准备的。第二个观点是审前程序的功能有三个方面,一是获取证据,二是争点整理,三是解决纠纷。第三个观点是审前程序与举证期限是相关的,举证时限存在的问题就是举证期限设置的起算点和期限长短。审前程序中要在争点确定后再来决定举证时限的起算点,即先由双方协商,协商不成再由法院决定。如果被告不应诉或者是在审前程序证据交换中对此无争议的就可以直接裁判。我国审前程序与其他国家的区别是第一次开庭准备争点、被告答辩,通过庭审确定争点。如果审前程序中无争点,案件就结束了,这就把诉讼分流了。

5. 韩波(中国政法大学副教授):

就审前程序,我主要谈四点想法:第一,关于理念问题。我国目前在审前举证时限制度的实施中,高级、中级和基层法院是存在差异的,基层法院一般不适用举证时限,一次开庭后,还有证据需要补充就庭后补充,补充以后是否开庭不得而知,基层法院法官认为这样更有效率。但是我们觉得在修法的时候要认真考虑一下,这难道真有效率么?也可能是没有提高效率却损害了实质正义。第二,举证时限制度的不利后果可能给当事人带来不安定的因素并引发信访或闹诉的现象。举证时限的不利后果和它产生方式的矛盾,其原因不在于目前的立法,而在于司法实践中的操作。《证据规定》规定得很清楚,约定优先,约定不成职权确定,然而实践中往往是一纸举证通知书就确定 30 日内举证,逾期将产生不利后果。我经历和观察到的案件,几乎都是这样。哪个案件要当事人去约定举证时限？我问过很多人，都说没有。如果在修法时要有所作为，那就在民事诉讼法中明确规定法院应告知并促使当事人约定举证时限的责任，举证时限的确定就从职权确定转化成了一种契约化状态。第三，审前程序的位序结构问题。现在很多人都说："不要和我谈举证时限，因为我都不知道争点，怎么限期举证，这是不公平的。"这是一个实际问题。但是，现在争点由谁确定仍然是一个令人困惑不解的问题。现在有人认为争点应由法院确定，但按照当事人主义，争点应该由当事人确定。当事人在什么时候确定争点呢？前面老师的观点是应该在送达程序中确定，这才能体现处分主义。我认为应该先证据的交换，然后再确定举证时限，因为有的争点是随着证据交换展现出来的。前面老师们提出的强制答辩等我是认同的，但是有必要为之提供一个缓冲带。第四，取证权是审前程序运行的基础。之前赵律师提到的调查令问题是一个取证权的问题。举证时限制度实施不了，很重要的原因是当事人及其律师取证权不充分。如果当事人及其律师的取证权更充分，就有了实施举证时限制度的良好基础。我认为这不仅仅是一个调查令的问题，而是一个协助义务的问题。在对妨碍民事诉讼行为的强制措施中，不协助法院调查是妨碍民事诉讼，但是不协助律师或者其他代理人的调查没有任何责任，这难道不是妨碍民事诉讼吗？这难道就不需要加以制裁吗？如果不加以制裁，这种社会的风气又如何去扭转呢？这是很值得我们思考的。最后一句话，审前会议是个关键，因为我们审前程序有两个功能，一个是固定证据和争点，另一个是合意化解纠纷。就这两项功能而言，必须要有一个制度性的空间来完成。

主持人：

谢谢韩老师的发言。随着韩老师发言的结束，我们这一单元也就结束了。应该说在这一小时十分钟的时间里，我们对审前准备程序进行了热情的、广泛的讨论，但在深度上还有一定欠缺。在三位报告人精彩的报告以及众多老师和来宾的发言下，我们这个单元的工作顺利完成。

第四单元　抑制恶意诉讼立法研究

主持人：赵钢

下面进入今天研讨会第四个单元，研讨主题是抑制恶意诉讼的立法研究。一段时间以来，我们一方面在扩大当事人行使诉权渠道，加强权利保障，同时也出现了恶意诉讼现象，并引起了包括理论界、实务界的关注。借这次民诉法全面修订的契机，重点将其作为一个单元的议题加以研讨。

陈刚（华东政法大学教授、民事诉讼法学研究会常务理事）：

下午好。对于恶意诉讼我有以下观点：第一，恶意诉讼和虚假诉讼的法律责任追究问题在很大程度上不是一个立法问题，而是一个法律的适用及完善问题。因为根据现有的理论立法和司法实践都已证明，对恶意诉讼现象的处理不是无法可依，而是有法不依，因此只要人民检察院和人民法院本着有法必依、执法必严的法治精神就可以依据现行法律遏制和处理恶意诉讼的问题。第二，恶意诉讼的行为不依法予以追究的原因来自各个方面。例如，我们现在满街都是制造假证件的广告，实际上这是一种公开的犯罪行为，但各相关机关都视而不见。在民事诉讼中，我们应当以伪造公司、企业、事业法人和人民团体印章罪追究制作和使用假证件者的刑事责任，但我们现在有意或无意地放纵这种犯罪行为。第三，在民事诉讼中，放纵犯罪行为的情形不仅仅限于恶意诉讼，还包括对刑事化民事案件的放纵。什么叫作民事案件的刑事化呢？比如说涉及一房两卖的问题时，人民法院和人民检察院应当法定程序中考虑追究诈骗者的犯罪行为。再比如，在民事诉讼中长期不对未成年人抚养的一方或者双方追究刑事责任，人民检察院和人民法院应当考虑追究行为人的犯罪行为的刑事责任。所以作为结论，我认为不应当将恶意诉讼和虚假诉讼的概念写入民事诉讼法，因为这样会制造更多的麻烦，我国刑法不太可能对恶意诉讼专设一个罪名，我国民法也不可能为恶意诉讼专设一个损害赔偿。这是不入法的原因。第五，我们在学理上有必要对恶意诉讼进行法律追究，如何进行追究？我认为我们应当请民法专家和刑法专家一起讨论现有的民法规定和刑法规定，把这些违法犯罪行为框进去，如果框不进去，再考虑增加条文的问题。据韩国媒体报道，2003年韩国被以伪证罪起诉的有1343人，2001年的时候是1198人。请大家注意，这些行为人被追究伪证罪的情形大部分发生在民事诉讼中，因为在刑事诉讼中他们根本不敢作伪证。就恶意诉讼的对策和民事诉讼法的修改，我就作这些汇报。

接下来我谈谈审前程序的问题。为什么会有审前程序，为什么会引起争议，这个来源在哪里呢？来源于20世纪最高法院启动的审判方式改革。最高法院启动改革的目的是加强庭审，防止庭审形式化，于是上海的法院就搞了一个一步到庭的政策。一步到庭改革举措出来以后，我和我的同学就写了一篇文章：《一步到庭民事审判方式改革的一大误区》。提出一点，因为不搞审前程序，搞一步到庭，当庭宣判等是不可能的。尽管可以提前彩排好，但是如果当事人当庭提出一个证据，所有的庭审彩排就将完不成。国外为什么搞得成功？因为他们有一个审前程序和美国的discovery。于是广东出现证据交换，全国各地都开始证据交换。在这种情况下，我们有老师又写一篇文章，说证据交换也搞不下去，为什么？因为人家采用的是证据适时提出主义，我国民事诉讼法规定的还是随时提出主义。在随时提出主义下，怎么可能把证据交换搞好呢？于是就出现最高法院举证时限的问题。我认为诉讼的模式有两种：一种是分阶段的，一种是不分阶段的，不分阶段的是大陆法系。那么在分阶段和不分阶段之中我们就要考虑一个问题，究竟是采取随时提出主义呢，还是适时提出主义的问题。德国可以采取适时提出主义，因为其有强制律师制度。韩国2002年想搞审前程序，但是失败了，因为他们不采取强制律师制，当事人的辩护能力有限。日本在这方面做得是很谨慎的。对于台湾，因为司法官对司法本身就是持怀疑态度，所以没有完整意义上的审前程序。我们的立法究竟是否采取两段式，是我们必须要考虑的问题。两段式的好处是审前和庭审分开，注重效率，它是在诉因一次性解决、纠纷一次性解决的模式下产生的，但是它不利于一个制定法国家的民事法律权益的保护。如果采取分段式的话，中国能不能走？能走下去。证据交换能不能搞下去？能搞下去。建议我们的扈老师一定要将第108条的第3款写清楚，具体的诉讼请求、事实和理由，我建议改成请求的内容和请求的原因。请求的原因很难理解的话，我在立法稿里面写得很清楚，请求的内容加要件事实。有这两样为什么就可以成功呢？我想请许可博士在自由提问时回答。对于证据交换、举证时限没有目标，没有意图的，在我们制定法下要导入三段论式的诉讼，否则是不行的。谢谢。

主持人：

陈刚谈了一个话题——恶意诉讼。他认为相关制度现在已经有规定，只是相关单位严格执法的问题。这个观点是不是可以理解为，恶意诉讼在司法解释层面应有一些规定，但上升到法律层面可能会有相应的困难。恶意诉讼，至少在理论层面还是值得探讨的。究竟什么样的行为构成恶意诉讼？刚才你也侧面提到了恶意诉讼和虚假诉讼的关系，怎么去识别判断它？是以什么样的标准？是主观标准还是客观标准，还是主客观相结合的标准？一旦标准科学确定以后，将它变成规则的条文表述还是有一定的探讨余地的。

陈刚（华东政法大学教授、民事诉讼法学研究会常务理事）：

有建议条文的，但既然要写就写成对违法犯罪行为的追究。分了三个层次：第一，人民检察院在法律过程中发现实施违法行为的应当司法建议，对于构成犯罪的依照法定程序予以追究。第二，任何单位、公民、组织有依法向检察机关进行检举的责任。第三，人民法院应当依法追究民事诉讼中的违法行为，对于构成犯罪的应当告知检察机关予以处理。

主持人：

有请中国政法大学宋朝武教授。

宋朝武（中国政法大学教授、民事诉讼法学研究会副会长）：

由于章武生教授临时有事，所以由我给大家作这段发言。我不是很赞同陈刚教授的观点，他认为在我国民事诉讼法当中不写恶意诉讼的规制规则。我的观点恰恰相反。在我国当前的社会，由于我国处于转型时期，在转型时期各种矛盾、各种纠纷不断变化而上升，其中重要的原因是中国目前在各个环节包括在诉讼当中需要一个诚信。比如说在诉讼中，当事人之间丧失了诚信，也包含各个环节的诚信丧失是导致案件数量上升的原因。诚信丧失之后，有些人就利用我们国家法律的空子（即在法律上对恶意诉讼在概念上没有进行界定）。对恶意诉讼进行的处罚，包括民事处罚和刑事处罚，目前都没有作出明确的法律规定，因此一些当事人就胆大妄为，蔑视法律，以非法形式侵占国家、集体、他人的合法权益或者达到某种非法目的。我曾参加河南恶意诉讼研讨会，我个人认为恶意诉讼在我们国家目前状况下在民事案件中是经常发生的，而且如果当今的社会对有关行为不作法律规定就会造成愈演愈烈的发展趋势。这是我对陈刚教授观点的回应。

第一个问题，关于恶意诉讼概念的界定。目前理论界和实务界对恶意民事诉讼还没有形成一个明确的概念，比如说有的叫虚假民事诉讼，有的叫恶意民事诉讼。根据我对英美法系和大陆法系立法的研究，目前国外立法和法学理论中对恶意诉讼也没有统一的概念。虽然在古罗马时期就有对恶意诉讼的处罚规定，但是在国外没有形成统一的概念，比如国外的立法中，有滥用诉讼权利、滥用诉权、诉讼欺诈等之类的语言来界定恶意诉讼的现象。根据国外的规定和我在中国的审判实践中了解的一些中国恶意诉讼现象，我个人认为，恶意民事诉讼当然主观存在恶意，不是过失。当事人通过虚构事实，伪造变造证据，或者虚构诉讼主体的方式，借助民事诉讼程序要谋求不当利益，或者要达到某种非法目的，这种诉讼叫恶意诉讼。它跟正常的诉讼是不同的，一般的诉讼是当事人正当实现诉权的方式。就我国改革开放三十多年来，包括民诉法1982年和1991年两次立法，诉权在我国基本得到保障，法院保证了当事人的诉权。但是恶意诉讼是当事人根本没有合法的诉权，或者借助诉权这种形式来实现非法侵占他人的合法权益的目的。如果没有非法侵占，就不能叫恶意诉讼。现在我国在转型时期利用虚假诉讼转移国有资产，企业改制签订虚假合同将国有资产转化为私有，这种现象经常发生，而不是鲜见。一种情况是利用虚构当事人形式搞假债务，还有一种滥用诉讼权利情况，如滥用申请回避、申请财产保全权利、为了损坏对方当事人的商业信誉而滥诉。面对这种状况，我们国家必须对恶意诉讼进行立法，对恶意诉讼进行规制。恶意诉讼既浪费了司法资源，也严重干扰了民事诉讼程序，并损害了司法的权威。我个人认为恶意诉讼在一定程度上影响到司法在群众中的威信。为什么现在上访多,不相信法院呢?有当事人恶意诉讼的原因,也有法官和当事人串通造假的原因。为什么在中国会产生这种情况?我个人认为是立法上的空白造成的。

立法建议:第一,将诚实信用作为一项原则规定在民事诉讼法中。原则是贯穿整个民事诉讼行为的准则,如果将诚实信用原则规定出来,会为规制恶意诉讼奠定基础。第二,在立法中要求原告答辩、起诉必须如实陈述,否则以不诚实予以训诫、罚款、拘留。以英国为例,诉答必须诚实,否则以藐视法庭罪处罚。第三,完善审前程序。我们上午讲到审前程序的主要功能有证据交换和确定争点,包括和解、调解。我认为和解、调解是不是审前程序的主要功能仍值得考虑。我国法院的审前程序主要是证据交换和确定争点,为开庭做好准备。借鉴国外的规定,在审前程序,当事人必须如实提供真实的证据材料,如果故意提供虚假材料、伪造或变造的包括证人证言在内的证据,要承担相应的民事法律责任,甚至刑事法律责任。比如西班牙规定在民事诉讼中提供虚假证据的,判三年以下有期徒刑,并处罚款。我国应当加大罚款力度,包括诉讼费用承担,损害赔偿。

主持人:

光有原则不行,还要有具体的完整的规则,同时宋教授对恶意诉讼定义很细,但是主观方面多。另外完善立法、加大惩罚力度从逻辑上很好,但是应找到必要性和可能性的契合点。强制措施具体适用需要进一步探讨。下面有请最高人民法院立案二庭副厅长林文学。

林文学(最高人民法院立案二庭副庭长):

刚才两位教授一位说不需要立法,另一位说要加大处罚力度。就我们的体会来说,恶意诉讼严重侵害了利害关系人的合法权益,更重要的是损害了司法的公信力。如何遏制恶意诉讼,需要从道德的、经济的、法律的各个层面去解决,就民事诉讼法这方面来说,我想提四点具体的建议:

第一,关于案外人申请再审的途径,或者修改案外人申请再审的规定。现行民事诉讼法第204条规定,案外可以依据《最高人民法院关于民事审判监督程序的司法解释》第5条申请再审。上述规定有具体条件,一是已经进入了执行程序,二是只有对执行标的物主张权利,三是无法提起新的诉讼解决。在实践中,恶意诉讼也好,虚假诉讼也好,未必都能进入执行程序,在对象上也未必都是对执行标的主张权利,实践中我们遇到的最多的是损害了债权人的利益。债权人的利益怎么保护?按照有关法律的规定无法申请再审。我举个我们办过案子做例子。发包人欠承包人600万块钱,承包人欠材料供应商500万元,承包人起诉发包人要求支付600万工程款,最后双方达成调解协议,200万元结案。这个时候,材料供应商——这个第三人申请再审,你的 600 万元变成 200 万元了,那么我的 500 万元权利去哪了?关于这个案子是否涉及恶意诉讼我们不得而知,但是如果是恶意诉讼,那么,按照我们现行法律是无法提起再审的,因为他是对债权,而不是对标的物,也无法提起诉讼来解决。因此,我们建议对于案外人申请再审制度作一个扩大的规定,作一个扩大的解释。大致是这样的,与诉讼标的或者案件处理结果有法律上利害关系的案外人,因不能归责于本人的事由未参加诉讼,有证据证明发生法律效力的判决、裁定、调解书损害其合法利益的,可以向人民法院申请再审,这是一个建议。这个建议也可以用另一种制度解决,也就是第三人撤销之诉。如果设定第三人撤销之诉,案外人申请再审的叫法就不用了,或者对案外人申请再审进行完善的话,对于第三人撤销之诉也就不用规定了。总体上是一样的。

第二,修改现行民事诉讼法第 100 条,要对出庭义务适当强化。无论是恶意诉讼还是虚假诉讼,原告不出庭的现象是最为普遍的,因为出庭面对法官的疑问就会出问题。证人、鉴定人对于当事人的委托进行虚假证明也可以不用出庭,这种情况很容易形成恶意串通,因此对强制出庭义务进行适当的强化,会对此种情形有所规制。

第三,是在处罚力度方面的规定,要对现行民事诉讼法第 102 条、第 104 条作相应的修改。对串通行为、虚假代理、伪证等民事责任、行政责任、刑事责任作出符合实际的规定,改变行为人的利益及风险预期。

第四,在实践中对法官的调查行为要适当加强。主要是两个加强,一是法官认为当事人有恶意串通可能的,对证据进行审查核实,特别是对自认证据。二是涉及可能损害国家利益、公共利益、其他人的利益和司法权益的,人民法院可以适当地予以职权主动调查收集证据。

作为立案庭的法官,对民事申请再审有一定的体会,对这方面的情况比较着急,可能有些在实务中应当要解决的问题大家没有注意到,有四个问题:一是对于调解书明确再审审查的结案方式。现在再审出具调解书没有法律依据,但是法院还是注重调解,有些人会说我这个是调解书,没有进行一审、二审,所以我们现在是先提审,再调解。二是明确对调解书申请再审驳回的法律依据。现在我们驳回判决、裁定,民诉法第 181 条有规定,但对调解书没有规定,所以有必要将第 181 条和第 182 条顺序调换,或者在第 181 条中加入调解书。第三是合议庭署名的问题。当事人争议很大,我认为现在没有必要院长署名了。第四是改变裁定再审案件一律中止执行的规定,对于是否中止执行至少要有申请人申请。这是四个在实务中急需解决的问题。

主持人：

三位发言人分别从学理以及规制的可操作性方面来讨论这个问题。刚才林法官说的实际上是三加一的模式，第一是案外人申请再审要进行修改。第二要强化民事诉讼法第100条现有的规定强化出庭义务。当然当事人，强制出庭，究竟是义务还是什么，还有待讨论。现在这个强制力度还是不够大的。第三就是加大处罚力度，能不能详细地说一下，其实处罚力度是加大了的，这是个没执行到位的问题。

自由发言：

张晋红（广东商学院教授、民事诉讼法学研究会副会长）：

说到恶意诉讼和虚假诉讼的界定问题，我记得浙江高院做了一个课题就是关于虚假诉讼的研究报告，它对于虚假诉讼的特征作了明确的归纳。我个人认为，虚假诉讼广义上来说恶意诉讼的一种，但是现在虚假诉讼是双方在诉讼之前就已经是恶意串通侵害第三人合法权益的。恶意诉讼范围更广，是在诉讼当中一方当事人利用其权利侵犯另一方当事人的利益，也包括一方当事人某些诉讼行为是恶意，比如说在上诉问题。因次，我们在对待恶意诉讼的处理方式上是不一样的，根据我们三个专家稿，我们很大程度上针对的是虚假诉讼。一定要界定它的适用范围。对于其他的恶意行为，要通过诉讼中其他的路径来纠正。第二就是对于虚假诉讼的处理问题。我们现在的专家稿更注重事后的救济，但是我们应该更关注如何在诉讼进行中尽可能保证法官能够发现这些虚假诉讼，毕竟事后救济的纠错成本较高，而且有些损失是无法挽回的。所以在立法上，如果要在虚假诉讼这里加大力度，我个人认为在审前程序以及证据这块对于发现虚假诉讼应加大立法力度。第三是对于第三人针对虚假诉讼提出撤销之诉的问题。看了专家的建议稿，我提出一点具体的建议，程序的设计应当具有可操作性，不要留给程序上可操作性的自由空间太大，这样当事人和法官无法适用。另外，第三人撤销之诉的时间有没有限制的问题，我们现在申请再审有两年的时间，那么，第三人撤销之诉是不是也有两年的时间？要不要规定？规定多长的时间？目前是没有这个规定的，而我认为这个是必要的。还有就是对于第三人撤销之诉的程序问题。如果不是按照再审的立案程序走，它涉及到提起的条件由谁审查？在多长时间内决定立案？如果驳回，是否有救济途径？这些在建议稿中没有。因此如果要设立规定，这些具体的事项都应有规定。

刘芝祥（中国政法大学副教授）：

对于恶意诉讼，个人认为不是民事审判的问题，而是刑事审判的问题，在民事诉讼中很难解决。在案件审理中很难发现这个问题。即便发现,也涉及法官怎么发现的问题,而且一般都是事后发现。我觉得这种行为主观和客观恶性大,因此应纳入刑事法律体系解决。民事诉讼更需要解决诉讼量不断增长、滥用诉权的行为、不当诉讼的行为和拖延诉讼等。如何处置,由于法律没有依据,最多用强制措施解决,但这不是一个很好的解决方法。是否可以采取这样的措施:不当诉讼败诉,对方负担产生的所有的诉讼费用和支出,当事人也可以提出相关的要求,这样在一定程度上也可减少不必要的诉讼。赞成江院长的平衡观念。我个人认为立法方面拓展一下,将恶意诉讼拓展不当诉讼。我赞成审前程序和立案阶段合并立法,并不是说我赞同这两个阶段是一个阶段,这是两个问题。但是这从技术上可解决很多问题,我们可以延展或者可拓展到立案的问题,因为现在立案的问题也很大。第二个问题就是诉的预备和诉的合并制度。诉的合并在日本和台湾是比较成熟的了,现在我们法官在整理争点和确定争点时,要么提出赔偿,要么违约,可选其中之一提出选择,一个不行可提另一个,这样诉讼效率提高了,诉累减轻,反诉也是如此。还有就是调解书的问题、现在的调解书极大地损害了权利出让方,每个调解书都是附条件的契约,但调解书不把这个条件写进去,对于不认账情况,附条件的契约,条件不成立的契约是无效的,而调解书是永远有效的,我们能不能将所附条件写进立法,能否在制度上解决。

董少谋(西北政法大学教授):

就这个议题我说三句话,对于恶意诉讼的概念问题、构成要件问题,民法学界已经讨论得很清楚。恶意诉讼很简单,就是原告针对被告的行为,一种故意的行为,一种损人不利己的行为。对恶意诉讼问题,过去在侵权责任法草案都有明确的设定,但是人大法工委里稿子没用,侵权责任法里没用。为什么没有?可能是认为这种侵权行为不需要专门规定,所以说,对于恶意诉讼问题,我们民诉法界没有必要考虑那个问题。恶意诉讼问题引申出另外一个虚假诉讼问题,民法学界对虚假诉讼进行了研究,下有定义:虚假诉讼是原、被告之间串通损害案外人利益,分别在三个立法建议稿中有统一的认识。另外,对于双方当事人串通损害案外人利益如果进入执行程序,我们有民诉法第204条去解决。如果构成标的物的问题,我们刚才已经讲了一个很简单的办法,案外人适用再审的范围稍微扩大一下去解决。下面我们第三个问题就是在诉讼中的问题。这个问题是我们民诉法需要研究的问题,也是民诉法修改需要解决的问题。诉讼中损害,这时候案外人能不能介入到诉讼中来?我看咱们这次会议的论文题里面有咱们法大的老师提的一篇文章,就是借鉴日本旧民诉法独立参加人的规定。这是特别好的办法。除了这个办法,我再说两个办法:一是告知,就是说如果法官认为原、被告可能是虚假诉讼的话,法官可以告知有关案外人;当然,如果案外人发现以后,也可以主动向法院反映情况。紧接着第二个问题是对于虚假诉讼。我们法律规定一条法官可以依职权调查取证,那么就是民法上提到的一个问题,对于这类案件可以依职权调查取证,对参与虚假诉讼的当事人、律师和法官,我们根据民诉法有关规定可以进行处罚。这是我的三点意见。

主持人:

实际上董老师介绍了民法学界已有的研究成果,根据他们已有的成果,根据你介绍的情况,恶意和虚假是并列关系,恶意是单方针对对方,虚假是双方进行串通,是并列关系。下面有请北京第一中级人民法院黄海涛法官。

黄海涛(北京第一中级人民法院民一庭副庭长):

我来介绍一点我们对恶意诉讼调研的情况。实际上,我们理解的恶意诉讼是个大概念,包括诉讼欺诈、虚假诉讼和滥用诉权。诉讼欺诈包括单方和双方的一种欺诈行为,这里面再包含虚假诉讼,双方串通的行为。就浙江高院关于虚假诉讼的调研与它的规范性意见来讲,针对的是双方串通行为。我们专门做了诉讼欺诈的调研,从调研的情况来看,里面新问题很多,从诉讼欺诈目前在我们司法实践中的表现来看,对民诉法的要求实际上是多方面的。第一个是立案审查。我们受理了一批案件,就是一个人以十几个人的名义起诉要劳务费的案子,这个人借了十几个身份证,伪造起诉书起诉,这种案子在立案审查的时候如何处理?我想这是一个问题。除了立案登记之外,还涉及正式的诉讼要件审查问题,有一个就是当事人的问题,特别是第三人。咱们现在的有独立请求权第三人和无独立请求权第三人制度能不能扩张,利害关系人能不能作扩充的解释和规定?我觉得这也是个问题。包括最高人民法院立案厅有关解释中关于案外人的规定,也是有条件的,不能给案外人相应的、充分的救济;还有就是再审。实践中再审比较突出的问题就是调解书的再审,因为现行民诉法没有规定调解书的再审。最后关于强制措施的问题。从2007年民诉法的修改来看,强化了处罚力度,对个人的罚款额度从一万提高到三十万。但是有一个值得注意的现象是,现在案件的诉讼标的额是提高了的,特别是我们做的房地产案件、房地产买卖、二手房以及开发房地产的,一套房子几十万、几百万、几千万的案件,罚款多少合适呢?还有对案外人的案件,比如出具假证言的证人、出具虚假证明的单位怎么处罚?这些都是民诉法修改过程中需要解决的问题。

主持人:

下面有请河北大学教授柯阳友。

柯阳友（河北大学教授）：

我讲三点：第一点是赞成修改民诉法时规制恶意诉讼。刚才董老师谈到民法学界三个建议稿都规定恶意诉讼为侵权行为。但是通过的侵权责任法里面没有规定这种侵权行为，正好我们民诉法修改的时候可以弥补民法的缺憾。我们民诉学界对恶意诉讼、滥用诉权、滥用诉讼权利诉讼欺诈、滥用法律程序都有研究，当然用词不一样，实践中也存在这种问题。第二点是如何规制恶意诉讼。它主要有两个办法，除确立诚实信用原则之外，还要考虑程序性制裁。其关键是对于恶意诉讼，已经立案的要驳回起诉，诉讼费用要让恶意诉讼人承担。此外还可以在民诉强制措施里面规定罚款制度，还有对于恶意诉讼造成损失的可以要求侵权损害赔偿。第三点是保障诉权，防止滥诉。在与恶意诉讼关系上，我认为应当侧重保障诉权。在我们国家这种立案审查制度和法院的审查立案司法政策下，存在一定程度的起诉难。张卫平老师2009年底在《法学研究》上发表的一篇文章是专门研究起诉难的。在这两个关系上，重点侧重保障起诉权，兼顾规制恶意诉讼。保障起诉权就要改革立案审查制度，我的观点是以立案登记制为原则，以立案审查为例外。立案审查制适用于新的案件、疑难案件，敏感案件和群体性纠纷案件，一般的案件实行立案登记制，强化诉权的保障。我们不能一味用提高起诉条件防止恶意诉讼，这些问题在修改民诉法过程中值得注意。

张永泉（苏州大学法学院教授、民事诉讼法学研究会常务理事）：

我认为恶意诉讼有三种表现方式：一种是双方串通的虚假诉讼。第二种是一方伪造证据、虚构事实或者是隐瞒事实真相的诉讼欺诈。第三种是其他滥用诉讼权利的行为，比如滥用管辖权异议、滥用诉权进行上诉。要区别这三种情况，就要设置不同的法律要件。如果虚假诉讼是在诉讼过程中被发现的，或者法官怀疑他通过虚假诉讼侵害第三方利益，可以通知第三方，或者第三方主动提出加入诉讼。第二种恶意诉讼的表现形式是伪造事实、伪造证据等，这个就涉及公法制裁的问题和民法中的侵权责任。但是应当注意，一定要有受害人提出申请。浙江省高院的一个规定强化法院的职权的程度实在太大。我们在处理恶意诉讼的时候更多应注重对权利的保护，就是对于恶意诉讼一定要侵害权利，要有人提出来。对于第三种情形，滥用诉讼权利的情形，要注意拖延诉讼时间也是损害对方利益。对于有管辖权的法院，被告不断提起管辖权异议，拖延本身就是对对方的一种损害，但对方一定要提出来，因为这种行为表面上是行使上诉权或者起诉权，但是他是以这个合法形式掩盖拖延诉讼的动机。我觉得在民诉法中应当制定滥用诉权的公法制裁条款以及民法要有相应的侵权责任，或者在刑法领域研究设置相应的罪名。刑法当中不一定用恶意诉讼之罪，它分散于不同的罪名，在审判实务中也处理了不少刑事的案件，也有一些相应的规定。要通过公法、私法等综合起来对恶意诉讼的三种情况分别规定。要件不一样,承担的后果也不一样。

刘敏(南京师范大学法学院教授、民事诉讼法学研究会常务理事):

支持上述三分制,赞同在立法上对恶意诉讼进行规制。进行虚假诉讼的目的是想得到诉讼的裁决,由此获得某种权益。我专门针对虚假诉讼说一点看法。在我国,有关资料表明,虚假诉讼80%是由虚假调解造成的,所以在对恶意诉讼中的虚假诉讼进行规制的时候也应当对虚假调解进行规制。虚假调解如何规制呢?刚才张老师也谈到受害人要提出申请,但是虚假诉讼如果以虚假调解的形式出现,如果涉及案外人的私人利益的,比如夫妻一方通过虚假诉讼损害另一方利益,基于私人利益,他可能提出来要求撤销;但是如果涉及公共利益,通过虚假诉讼损害的是国家利益,是将国有资产据为己有,这个时候如果等受害人自己提出申请有一定难度。因此对于虚假诉讼的规制,基于虚假诉讼会通过虚假调解的方式出现的状况,应采取一个多元化的规制形态,既可以由受害人提出第三人撤销之诉,通过再审程序,也可以通过强化法院的审查职能来进行发现,并同时赋予检察机关对于虚假调解的监督力度。

扈纪华(全国人大法工委民法室副主任):

我说两个问题。第一,对于恶意诉讼和虚假诉讼,除了大家说的费用和强制措施,如果在法律中直接规定发现虚假诉讼、恶意诉讼的不支持其诉讼请求,行不行?因为在恶意诉讼和虚假诉讼的规定中涉及很多条款,一个是诚实信用原则,一个是不论原告还是被告,对恶意诉讼和虚假诉讼不支持其诉讼请求。对于没有第三人受害的情况,比方说并不侵害第三人利益,利用虚假诉讼打一个官司,利用判决吸引社会关注,搞一个驰名商标。还有就是呆账的处理。实际上它不侵害其他人利益,它侵害的是国家利益,利用虚假诉讼在诉讼中调解将一千万变成五百万或者免除,用一个诉讼达到非法目的,它没有第三人。这种情况我们直接在诉讼中驳回或者不支持他的诉讼请求,行不行?

主持人:

我认为原则上是行,但是这个要件式的描述肯定是要有的,另外一个最高人民法院司法解释要跟进。

会议总结

张卫平(清华大学法学院教授、民事诉讼法学研究会会长)：

首先要感谢与会的各位同仁、各位领导,也谢谢赵钢教授。

关于第一个议题审前程序：审前程序在含义上,在今天的报告中有相当大争议,一个是比较传统的,将在实体审理或者说开庭审理之前的程序统称审前程序。蔡彦敏教授在传统的审前程序界定基础上作了一个二分制,将速裁和调解程序称之为前置程序,把它作为审前程序的一个环节,相对来说这样就复杂了。多数人还是认为审前程序主要是两个含义：一个是庭审前准备程序,一个庭审前准备程序以外的程序内容。传统的审前程序应当是庭审前准备程序,是为开庭审理即实体审理做准备。但从我们现在的建议稿和学者们的探讨来看,审前程序还应当包含庭审前准备程序以外的程序,比如说类似于美国民事诉讼中的诉答程序。这中间也包含了扈主任提到的如果发现是虚假诉讼应立即驳回的程序。诉答程序实际上也具有这样的功能。如果原告提出诉讼请求而被告没有答辩,这个时候,原告作为申请人可以向法官申请立即作出裁判承认其诉讼请求,诉讼到此结束。这样的程序我们应不应该将它规定到审前程序当中呢？关于审前程序当中的证据交换、争点整理、举证时限是大家争议的焦点。举证时限制度、证据交换制度、争点整理归纳是相互联系在一起的,举证时限制度尤为复杂。从多数人的观点来看,对举证时限制度基本上持同意设立的态度,只是在举证时限的起算时间、举证时限长短、举证时限是当事人商定还是法院指定的具体规定方面有不同意见。就最高人民法院《关于民事诉讼证据的若干规定》中对新证据作出规定的第43条、第44条应当怎么来理解,目前存在不同看法。但总的来说,大家认为《关于民事诉讼证据的若干规定》中规定的举证时限还是有现实意义的。关于证据交换,不少学者认为我们的证据交换缺乏类似美国证据交换中的强制开示那样的制度以及证据交换中许多具体的配套制度,这样使我们的证据交换制度存在不足。当然,也有教授提出来关于限时举证、证据交换、争点整理的先后次序问题。这个问题的确存在争议。我认为举证期限、提出证据是争点整理的前提。关于审前程序还需要探讨其具体内容如何进行立法语言的描述。这是当前我们要继续深入的地方。

关于第二个议题公益诉讼制度：这个议题争议也很大。刘荣军教授提出"何为公益"本身就是一个有争议的话题。国家利益、集体利益、多数人的利益,是否都应当确定为公共利益？怎么来确定公共利益的公共性、社会性？如果不先把公共利益确定下来,公益诉讼制度的设置就会很有问题。涉及公益诉讼的第二个问题是公益诉讼的范围。究竟哪些诉讼应当是公益诉讼？对此争论也比较多。第三个问题是公益诉讼的原则应当是什么？是否应当不同于一般民事诉讼的原则？对此，大家的意见也不统一。第四个问题就是公益诉讼提起的主体。公益诉讼的主体是谁？通常认为是检察机关、国家行政机关、民间团体。刘荣军教授提出说如果公益诉讼主体包含民间团体，在我国目前的情况下公益诉讼可能会被滥用。而检察机关究竟是督促行政机关行政执法，还是直接参与诉讼？究竟是提起诉讼还是督促行政机关完成行政执法？这些问题也有争议。从我的感受来讲，国外尤其是西方国家对公益诉讼的强调可能有一个不同的背景：它是一个小政府大社会的格局。它必须要通过诉讼才能够实现对多数人利益的救济或者是对公共利益的救济。在我国实际上是比较强势的大政府格局。在这种格局下，即使我们赋予检察机关这样的权力，在具体实践中能否实现公益诉讼的效果和目的，仍值得考虑。比如说，最近曝光率比较高的哈药总厂的污染案件，为什么事先没有得到节制？为什么受害人没有能够得到足额的赔偿？实际上还是行政机关不作为。行政机关的不作为导致这种情形，检察机关能做到这点吗？值得考虑。从扈主任的发言中我们得知，人大代表、政协委员、社会各界对于公益诉讼的呼声很高。我们在立法上必须要回应这样的诉求，但在哪些方面具体加以规定呢？是在当事人适格的部分提出一个公益诉讼的起诉主体，还是在判决的效力部分，尤其是既判力效力的扩张上作出规定呢？还是在证据调查方面、在处罚原则的例外方面作出规定呢？都还值得探讨。

　　关于第三个议题恶意诉讼：对于恶意诉讼，大家讨论得很热烈。如果要我总结，我觉得关于恶意诉讼是否有必要在民事诉讼法中予以制度化是有争议的。陈钢教授的说法是刑法上、民事实体法上都有规定。如果情节严重的就刑事制裁，一般情况下按照民事侵权案件处理。民事诉讼法还需要加以规定吗？但是从我们最高法院几位法官的观点来看，我注意到，他们特别强调在民事诉讼中规制恶意诉讼，防止恶意诉讼。在防止或者抑制恶意诉讼方面的一个难题是怎么界定恶意诉讼。宋朝武教授的观点基本上是二分法，要区分主观要件与客观要件，行为人主观上是故意，客观上造成损害。主观要件怎么来确定？其中有一个难题是在诉权的自由化和诉权的滥用之间加以辨别，这是比较困难的。对于恶意诉讼的形态，根据今天的探讨，恶意诉讼基本上分成三种类型：第一种是滥用诉讼权利，第二种是恶意诉讼，第三种是虚假诉讼。滥用诉讼权利，比如说滥用上诉权、滥用管辖权异议权、滥用申请再审的权利，要不要进行制裁？怎么制裁？这类问题的解决存在困难，因为管辖权异议、上诉、申请再审都是一种权利，如果对这样的行为进行制裁，是否会造成影响权利行使的后果呢？我觉得这个问题是值得探讨的。至于虚假诉讼和恶意诉讼，它们是两种平行状态（也存在一种观点是恶意诉讼是更大的概念，里面包含虚假诉讼），两种形态不同。不管对于哪种形态，实体法上的相关规定是不可缺少的。我们也可考虑英美法中在此情形下由败诉人负担对方的律师费的制裁方式。

关于第四个议题：再审问题。关于再审的问题是非常复杂的。首先，这个程序叫审判监督程序还是叫再审程序？还是说像蔡虹教授说的那样，把它分成两个部分，一部分是审判监督程序，一部分是再审之诉程序？这涉及对审判监督必要性的认识，涉及对于人民法院的监督权和检察机关的检察监督权的定位问题。第二个问题是关于再审的范围。按照李浩教授说的补充性原则，凡是可以利用的救济的手段必先穷尽，没有穷尽申请再审之外的救济渠道而是放弃了这类权利，不能申请再审。这有一定的道理。当然，在实践中也有人对这个方案提出异议：当事人没有上诉可能是因为判决书没有合法送达而导致的，能说他没有行使上诉权利，就不能提出再审申请吗？这可能存在理解上的差异。因为我没有放弃上诉权利，是因为判决书没有合法送达导致了我没能行使上诉权利。这和放弃了救济的权利是有区别的。来自法院的同志普遍认为，既然已经达成调解协议了，这种情形下就不应该把调解书作为再审的对象。不知道厘主任对这个有没有作出限制。是否将调解书完全排除在再审范围之外？第三个问题涉及申请再审的期限问题，把申请再审时限压缩短，分不同的案件情形，在立法上可能有一定难度。第四个问题是申请再审次序优先的问题。对于检察机关的抗诉启动，首先应当是当事人向法院申请再审，没有向法院提起再审申请不能向检察机关提请抗诉，检察机关也不宜提起抗诉，我们的主要依据是司法资源消耗原理。实际上，从实证数据来看，通过申请再审启动再审程序的比例是很高的，无需再通过检察机关再提起抗诉。这个现象值得关注。关于再审还有很多问题，比如，再审是否要规定单独的程序，这个程序是否有别于原来一审、二审，是否形成一个特殊的程序？关于案外人申请再审的问题，由于大家的看法已经形成共识，这次可能在修法中承认案外人申请再审制度。它也可以和其他制度协调起来，比如虚假诉讼和恶意诉讼制度。通过这个制度设置能解决很多问题。

研究会年鉴

中国民事诉讼法学研究会 2012 年度学术活动大事记

1. 活动主题：中日民事诉讼法研讨会

时间：2012 年 3 月 25—26 日

地点：南京师范大学

主办单位：南京师范大学法学院

活动概要：应我会常务副会长、南京师范大学法学院李浩教授的邀请，日本桐荫横滨大学小岛武司教授专程来华参加交流。南京师范大学法学院、南京大学法学院、扬州大学法学院、苏州大学法学院、南京农业大学法学院、南京航空航天大学法律系、江苏省高级人民法院、南昌师范大学法学院等机构的数十位学者和实务界人士参加了研讨。

围绕小岛武司教授所做的"民事裁判装置的更新——日本之选择"和"接近司法——日本司法改革的一个侧面"等两个专题演讲内容，我会常务副会长、南京师范大学法学院李浩教授，南京师范大学法学院刘敏教授分别进行了精彩的点评。南京农业大学的孙永军副教授、南京航空航天大学的汤鸣副教授、扬州大学的曲升霞副教授、南京师范大学的陈爱武教授、江苏省高级法院的马杰法官也参与了讨论。

2. 活动主题：比较视野下的多元纠纷解决与法律实务

时间：2012 年 4 月 12—13 日

地点：汕头大学

主办单位：汕头大学法学院、厦门大学法学院

活动概要：本次国际研讨会邀请了日本神户大学、英国肯特大学、英国伦敦

大学亚非学院、法国索邦第一大学、香港大学、厦门大学、汕头大学、广东省高级人民法院、福建省高级人民法院、上海经贸商事调解中心等机构的50余位国内外专家学者,共收到论文30篇。我会副会长、厦门大学法学院教授齐树洁率领16名诉讼法博士生、硕士生参加研讨会。

本次研讨会将域外的成功经验带进了会场,从而引发新的论题,迸发出新的思想火花。就法院调解制度而言,调解员的资格和培训、强制调解类型的规定、禁止调解类型的划定、证据开示制度的确立、诉讼费用改革等都是改革和完善我国法院调解制度的"他山之石"。此外,申诉专员职能的扩展、调解员的责任豁免、商事调解的制度构建、人民调解发展的资源等论题的研讨,也具有重要的启发意义。

3. 活动主题:台湾地区民事诉讼法专题研讨会

时间:2012年5月24—26日

地点:南京师范大学

主办单位:南京师范大学法学院

活动概要:应我会常务副会长、南京师范大学法学院李浩教授的邀请,台湾大学终身教授邱联恭先生赴南京师范大学参加本次交流活动。南京师范大学法学院、南京大学法学院、华侨大学法学院、扬州大学法学院、南京农业大学法律系、南京航空航天大学法律系、江苏省高级人民法院、扬州市中级人民法院、南昌师范大学法律系、山东农业大学法律系等机构的数十位学者和实务界人士参加了研讨活动。

交流期间,邱联恭教授先后做了"程序主体权论在台湾地区的发展动向"、"民事诉讼法的基本原理"以及"家事事件法在台湾地区的发展动向"等三场专题演讲。南京师范大学法学院李浩教授、刘敏教授、陈爱武教授,华侨大学法学院院长许少波教授先后作了精彩点评。扬州大学法学院曲升霞副教授,扬州市中级人民法院民一庭副庭长刘毅法官,南京大学法学院吴英姿教授、严仁群副教授,扬州大学法学院罗飞云副教授,南京农业大学法律系孙永军副教授,南京航空航天大学法律系汤鸣副教授,江苏省高级人民法院马杰法官等先后参与了发言和讨论。

4. 活动主题:《民事诉讼法》修改再建议

时间:2012年6月16日

地点:清华大学

主办单位:中国民事诉讼法学研究会、中华全国律师协会

活动概要:本次论坛共邀请到在京知名学者和律师共计50余人,我会副会长刘荣军教授主持论坛,会长张卫平教授、中华全国律师协会副会长金山律师出席会议并致辞。会议结合全国人大常委会《民事诉讼法修正案草案(二次审议

稿)》,重点围绕全国律协《民事诉讼法修改律师再建议稿(草拟稿)》展开了热烈的研讨。

此次律师再修改建议稿提出的主要立法建议包括:①确立调查令制度(授权调查制度);②确立律师费等合理费用由败诉一方当事人负担机制;③确立当事人资格异议制度;④确立交叉诉讼制度;⑤明确金钱担保金额不得超过保全请求金额的10%;⑥明确规定限制高消费的执行措施;⑦明确要求其他利害关系人必须参加诉讼并规定必须开庭审理;⑧确立举证次序机制;⑨取消法院可以判决第三人承担民事责任的规定;⑩限定适用简易程序案件争议金额为50万元以下。与会代表逐条对这些立法建议发表见解,现场气氛十分热烈,并达成了共识。作为建议稿主要起草执笔人之一的全国律协宪法与人权委员会主任吴革律师表示全国律协将充分考虑学者们的意见和建议,进一步充实、完善建议稿之后送呈有关部门审阅参考。

法制日报、《中国律师》杂志、《中国律师网》、人民法院报、检察日报、南方周末报、南方都市报、财新传媒等新闻媒体派记者对会议进行了采访报道。

5. 活动主题:第四届中韩民事诉讼法国际学术研讨会

时间:2012年8月4日

地点:宜昌市

主办单位:中国民事诉讼法学研究会、韩国民事诉讼法学会

活动概要:本次国际学术研讨会由湖北省宜昌市人民检察院承办,中韩双方民事诉讼法知名学者近40人参加了会议。开幕式由华东政法大学陈刚教授主持,我会会长张卫平教授、最高人民检察院民行厅副厅长郑新俭、湖北省人民检察院副检察长郑青、宜昌市人民检察院检察长孙光骏、韩国民事诉讼法学会会长孙容根教授出席会议并致开幕词。会议围绕我国民事诉讼法修改中的热点问题——民事诉讼中的诚实信用原则以及公益诉讼制度进行了热烈深入的探讨。

本次会议设立了"诚实信用原则的制度架构和司法运用"以及"公益诉讼的制度架构"两个报告单元。每一单元均由中韩两国学者分别进行两场主题报告,并邀请对方学者担任报告评论人。中韩两国学者分别以"中国民事诉讼法上诚实信用原则的制度构建与司法运用"(张卫平)、"中国的公益诉讼"(刘敏、李浩)、"韩国民事诉讼法上诚实信用原则的制度构建与司法运用"(胡文赫)、"多数当事人诉讼的发展与展望——以公益诉讼为中心"(吴始暎)为题作了精彩的报告,北京师范大学法学院刘荣军教授、首尔高等法院部长法官卢泰岳、中南财经政法大学蔡虹教授、韩国中央大学咸永辏教授分别进行了点评。

闭幕式由海南大学法学院副院长王琦教授主持,西北政法大学董少谋教授、延世大学校法学专门大学院教授、韩国民事诉讼法学会第一副会长孙汉琦教授分别对大会作了精辟的总结。中国法学会法律信息部主任、《中国法学》杂志社

副总编、我会秘书长李仕春教授致闭幕词。

中韩民事诉讼法国际研讨会是中韩两国在民事诉讼法领域最高规格的常态性学术交流活动，得到了全国人大法工委、最高人民法院、最高人民检察院、全国律协等有关方面的高度重视和大力支持。最高人民检察院民行厅、湖北省人民检察院作为本届研讨会的指导单位，给予了很大的支持。同时，本届研讨会出席本届会议的韩方代表共18人，是历届研讨会外方代表最多的一次。

6. 活动主题：民事诉讼法国际学术研讨会

时间：2012年11月17日

地点：西南政法大学

主办单位：西南政法大学法学院

活动概要：本次研讨会的主题是"小额诉讼的理论与实践"。来自国外的有韩国首尔大学、成均馆大学，日本广岛大学等，国内的北京大学、中国人民大学、北京师范大学、厦门大学、武汉大学、上海交通大学、南京师范大学、中国政法大学、华东政法大学和西南政法大学等高校的众多杰出学者、实务专家参加了本次研讨会。

开幕式由西南政法大学法学院执行院长唐力教授主持，西南政法大学副校长刘想树教授、西南政法大学田平安教授、韩国首尔大学胡文赫教授先后致辞。

本次会议共举行了一天。上午的两节研讨会，分别由西南政法大学李祖军教授、北京师范大学熊跃敏教授主持。日本广岛大学官永文雄副教授、广东省高级人民法院民二庭庭长丁海湖法官、首尔大学胡文赫教授以及武汉大学赵钢教授分别作了主题发言，随后华东政法大学的陈刚教授、西南政法大学的李龙教授和中央财经大学林剑锋副教授、中国人民大学的肖建国教授、中国政法大学纪格非副教授进行了相应的回应和点评。下午的两节研讨会，由上海交通大学王福华教授、唐力教授主持。韩国成均馆大学的郑圭相教授、厦门大学的齐树洁教授、中山大学的蔡彦敏教授和北京大学的傅郁林教授等先后进行了主题发言。随后韩国嘉泉大学的张松青教授，南京师范大学的陈爱武教授，西南政法大学的廖中洪教授、马登科教授和王杏飞副教授等进行了精彩的点评。最后，郑圭相教授和赵钢教授对本次会议进行了总结。

本届研讨会是在2012年民事诉讼法修正案新增设小额诉讼制度的背景下召开的。这也是继2011年西南政法大学第一次中日韩民事诉讼法调解制度研讨会后，又一次的国际性民事诉讼法学术研讨盛会。

中国民事诉讼法学研究会 2012 年年会综述

2012 年 10 月 26 日—28 日,中国民事诉讼法学研究会 2012 年年会在南京国际会议中心成功举行。本次年会由南京市中级人民法院和南京师范大学法学院承办,最高人民法院审委会专职委员、民一庭庭长杜万华,中国法学会党组成员、秘书长林中梁等领导和专家学者近 300 人参加了会议。本次年会共收到论文 136 篇,与会人员围绕年会主题"新民事诉讼法的理解和适用"进行了热烈深入的探讨,大会通过了增补常务理事和理事的决定,宣布了第三届全国青年民事诉讼法学优秀成果奖评审结果,总结了前一年度研究会的各项工作,并对 2013 年的工作作了部署。

26 日晚,会长张卫平教授主持召开常务理事会议。通过了本次年会的议程,会议通报了第三届全国中青年民事诉讼法学优秀科研成果奖评分结果并确定了获奖名单。

27 日上午 9:00,常务副会长李浩教授主持大会开幕式。根据大会特别议程,全体与会人员首先起立默哀,表达对今年逝去的中国民事诉讼法学研究会名誉会长江伟教授、杨荣馨教授和资深副会长谭兵教授的深切缅怀,感恩他们过去数十年来对中国民事诉讼法学研究、民事诉讼立法发展、法学人才培养做出的卓越贡献。

在开幕嘉宾致辞中,南京市人大副主任、市法学会会长杨植同志发表了热情洋溢的欢迎致辞。研究会会长张卫平教授代表研究会发表了真诚感人的答谢辞。最高人民法院审委会专职委员杜万华同志在讲话中介绍了最高人民法院积极准备和落实民事诉讼法实施的有关情况,分享了他对民事司法深刻体会立法精神、不断提高执法水平,以及不断强化程序意识、切实加强诉权保障的认识,同时特别期望中国民事诉讼法学的研究视角更贴近民事审判实践。中国法学会秘书长林中梁同志在讲话中高度评价了中国民事诉讼法学研究会在中国法学会所属的 53 家研究会中所具有的重要地位以及在全国日渐提升的学术影响力,并表示相信研究会必将百尺竿头,更进一步,赢得更为美好的未来。

接着,在副会长潘剑锋教授的主持下,李浩教授作 2011—2012 年度工作报告,从研究会组织了八次全国性的研讨会为民事诉讼法修改献计献策、学术影响力不断扩展和提升、出版研究会会刊、在学术刊物上发表的研究成果取得喜人成绩,研究会队伍不断壮大、增补常务理事和理事,组织中青年民事诉讼法学成果评奖、改革完善评奖程序,扩大国际或区域性的学术交流等方面总结汇报了研究会在过去一年的主要工作。

在大会主旨报告阶段,全国人大法工委民法室正局级巡视员扈纪华同志就民事诉讼法修正案的几个重点问题包括诚实信用原则和小额诉讼、公益诉讼制度的增加,立案程序、审前准备程序、证据制度和第二审程序的完善,以及检察监督的强化等问题进行了立法目的上的解读。最高人民检察院民行厅副厅长郑新俭同志向大会介绍了最高人民检察院对实施民事诉讼法修正案的专门部署,并围绕"三个问题和四个并重"阐释了他对检察机关依法实施民事诉讼检察监督权的深刻认识。南京市鼓楼区人民法院院长衡阳同志通过对南京鼓楼区和玄武区两个基层人民法院相关情况和具体数据的对比分析,分享了来自南京基层法院试点小额诉讼的实践经验,并提出了"小额诉讼应限定为金钱给付案件、小额诉讼程序的启动应当具有强制性、审理程序应当更为高效便捷,并应注重小额诉讼的配套制度建设"等重要建议。三位报告人分别来自最高立法机关、检察机关和基层审判机关,从不同视角作了精彩的主旨发言,在主持人潘剑锋教授幽默而富有激情的推进下,活跃了大会的气氛,为分组专题研讨营造了热烈而郑重的学术氛围。

上午最后一个时段,副会长汤维建教授主持通报了第三届全国青年民事诉讼法学优秀成果评奖情况和结果,主持选举通过了研究会常务理事和理事增补名单。增补后的中国民事诉讼法学研究会为260人,其中常务理事会(含会长、副会长、秘书长)50人。

27日下午到28日上午第一阶段为分组讨论阶段。会议共分为"总论与审判程序,法院调解与非讼程序,证据制度与检察监督,以及公益诉讼、恶意诉讼、小额诉讼、第三人撤销之诉"等4个大组合计16个单元,在专题设置上涵盖了此次民事诉讼法修正案的方方面面,从各组各单元的主持人、报告人、评论人设置上看,除了自由发言之外,共有80人获得了大会秘书处根据年会论文投稿情况事先确定的发言机会。会长、副会长以及常务理事等学术骨干齐齐上阵,组织带动各位报告人和评论人与各位参会人员积极互动,将各个主题下的学术探讨推向深入。大家在发言中既对诚信原则、公益诉讼、小额诉讼、恶意诉讼等规范制定的破冰之旅和检察监督的强化以及立案程序、审前准备程序、证据制度和第二审程序等方面规定的完善感到欣慰,又对诸多制度由于过于简约而在实施中可能要带来的问题表达了忧虑。

28日上午第二个阶段,大会在副会长张晋红教授的主持下,听取各组代表的总结发言。王福华、唐力、翁晓斌、陈爱武四位教授,认真组织、高度凝练、准确传达了各组讨论的主要观点和情况,使参会人员即时分享了其他各组讨论的主要学术观点和思想碰撞,把年会推向高潮。

28日上午11:20,大会闭幕式由副会长刘荣军教授主持。常务理事傅郁林教授介绍了其赴莫斯科参加国际诉讼法学学会2012年年会的有关资讯和感受。研究会秘书长李仕春教授就第三届全国中青年民事诉讼法学优秀成果奖的评审过程和后续安排、研究会官网——"中国民事程序法律网"的建设以及年会的筹备工作作了介绍和总结汇报。

随后,副会长蔡彦敏教授作了本次年会的总结发言,并代表研究会特别感谢本次年会的承办单位。此次年会得以在六朝古都南京最负盛名的中山陵景区国际会议大酒店顺利召开,与会的全体代表得以在优雅舒适的环境和服务中投入年会主题的研讨和交流,归功于此次年会承办单位南京市中级人民法院由副院长姚志坚同志率领的南京中院法官团队和南京师范大学法学院李浩教授领导的南师大团队真诚、细致、周到的工作和奉献。全体代表对承办单位致以热烈的掌声表示感谢。

闭幕式的最后,副会长赵钢教授代表常务理事会宣布了2013年工作计划。在下一年度,研究会将深入开展新民事诉讼法理解与适用的研讨活动,积极配合两高的司法解释起草活动,将举全会之力编写中国民事诉讼法评释全书(多卷本),进一步办好会刊、官网,进一步拓宽对外学术交流平台,等等。

至此,本次年会取得圆满成功。在张卫平教授为会长的常务理事会的领导下,本次年会还开启了不设主席台以体现学术性、不印制纸质年会论文集以体现环保性等一系列新做法,收到了良好的成效。同时,民诉研究会所创设的会议分组分单元并事先确定发言角色的做法由于极大地激发了会议代表的参与性、代表发言的针对性和效率性,受到了一致的肯定。可以说,本次年会既强调了年会的规范化、程式化,又大胆创新,是一次充满理性和激情的大会,是一次学术和情谊相互交辉的大会!

(本综述根据蔡彦敏教授的年会总结发言改编而成)

民事诉讼法学研究会 2013 年工作计划

■ 赵 钢*

一、持续推动以新《民事诉讼法》理解与适用为主题的学术研讨活动。2013年1月1日新《民事诉讼法》的实施将推动我国民事诉讼迈向新的台阶。同时,一些在学理论证中不易察觉的实务难题也将浮出水面。新民事诉讼法律规范、民事诉讼理论和民事诉讼实务的对接与碰撞过程中将产生一系列具有时代意义的课题。未来几年,民事诉讼法学者应大有作为,也必然会大有作为。在2013年,民事诉讼法学研究会将尽最大努力,持续推动、支持各高校、研究机构以及实务部门以新《民事诉讼法》理解与适用为主题的学术研讨活动。

二、进一步落实《民事诉讼法评释》体系书的编撰与出版工作。就大陆法系国家而言,《民事诉讼法评释》体系书是一国民事诉讼法学综合研究水平的标志。民事诉讼法学研究会成立以来一直致力于充分调动研究会各位理事、会员的积极性以及各方面的资源来推出我国的《民事诉讼法评释》体系书。这是一件功在当代、泽被后世的大事。为此,研究会在去年年底专门在厦门大学召开会议。今年,研究会将紧锣密鼓地进一步落实《民事诉讼法评释》体系书的编撰与出版工作。

三、进一步加强民事诉讼法学研究会会刊的建设。研究会会刊是我研究会及各位会员面向外界的一个窗口,也是研究会各位会员交流学术成果的平台。在厦门大学出版社的大力支持和各位会员的积极参与下,会刊第一辑已经与大家见面。希望各位会员能提出宝贵的建议与意见,让我们会刊的质量"更上一层楼"。2013年,会刊将本着作者自愿原则从本次年会论文中择优选稿。在自由投稿之外,从年会论文中择优选取的稿件将成为今后会刊的重要稿件来源。此外,会刊将登载记述研究会重要活动的"大事记",也就是研究会活动年鉴。希望各高校、研究机构能确定专门人员及时向研究会秘书处报送与民事诉讼研究活动相关的信息,以充实年鉴内容,全面反映我研究会的社会贡献。

四、进一步加强研究会网站建设。经过研究会秘书处的努力,网站建设已经取得很大成绩,已成为同类网站中的佼佼者。2013年,研究会秘书处将进一步

---

* 武汉大学法学院教授,中国民事诉讼法学研究会副会长。

完善网站建设,为各位会员提供更好的资讯服务。

五、力争尽快完成研究会社会团体法人注册工作。2012年,我研究会已经为研究会社会团体法人注册工作做好了全方位的准备工作,目前处在待审批状态。我研究会将继续跟进此项工作,力争尽快完成研究会社会团体法人注册工作。

图书在版编目(CIP)数据

民事程序法研究.第9辑/张卫平主编.—厦门:厦门大学出版社,2013.6
ISBN 978-7-5615-4642-0

Ⅰ.①民… Ⅱ.①张… Ⅲ.①民事诉讼法-中国-文集 Ⅳ.①D925.104-53

中国版本图书馆 CIP 数据核字(2013)第 107467 号

厦门大学出版社出版发行

(地址:厦门市软件园二期望海路 39 号 邮编:361008)
http://www.xmupress.com
xmup @ xmupress.com

沙县方圆印刷有限公司印刷

2013 年 6 月第 1 版 2013 年 6 月第 1 次印刷
开本:787×1092 1/16 印张:17 插页:2
字数:323 千字 印数:1～1 200 册
定价:40.00 元

本书如有印装质量问题请直接寄承印厂调换